南京大学域外汉籍研究所专刊

国家“双一流”建设学科

“南京大学中国语言文学”资助项目

江苏省2011协同创新中心

“中国文学与东亚文明”资助项目

南京大学文科卓越研究计划“十层次”资助项目

域外汉籍研究入门（增订版）

张伯伟 著

凤凰出版社

图书在版编目（CIP）数据

域外汉籍研究入门 / 张伯伟著. -- 增订版. -- 南京 : 凤凰出版社, 2024.5
ISBN 978-7-5506-4128-0

Ⅰ. ①域… Ⅱ. ①张… Ⅲ. ①汉语－古籍－研究－世界 Ⅳ. ①G256.3

中国国家版本馆CIP数据核字(2024)第042560号

书　　名	域外汉籍研究入门（增订版）
著　　者	张伯伟
责任编辑	吴　琼
装帧设计	陈贵子
责任监制	程明娇
出版发行	凤凰出版社(原江苏古籍出版社) 发行部电话025-83223462
出版社地址	江苏省南京市中央路165号,邮编:210009
照　　排	南京凯建文化发展有限公司
印　　刷	江苏凤凰通达印刷有限公司 江苏省南京市六合区冶山镇,邮编:211523
开　　本	889毫米×1194毫米　1/32
印　　张	15.875
字　　数	368千字
版　　次	2024年5月第1版
印　　次	2024年5月第1次印刷
标准书号	ISBN 978-7-5506-4128-0
定　　价	98.00元

(本书凡印装错误可向承印厂调换,电话:025-57572508)

目次

第一章　导言

一、 域外汉籍的定义

本书要介绍给大家的，是有关域外汉籍的研究。但什么是域外汉籍，学术界的意见并不完全一致。在我的认知中，域外汉籍是站在中国人的立场上，对于某一类文献的总体称谓。所谓“汉籍”，就是以汉字撰写而成的文献，“域外”则指禹域之外，也就是中国疆域之外，“域外汉籍”指的就是在中国之外的用汉字撰写的各类典籍，其内容大多植根于中国的传统学术。20 世纪初叶前后，亚洲学术先后发生了由传统向现代的转型，因此一般而言，这也就是域外汉籍的时间下限。具体说来，域外汉籍可以包括三方面内容：第一，历史上域外文人用汉字书写的典籍，这些人包括朝鲜半岛、越南、日本、琉球、马来半岛等地的文人，以及 17 世纪以来欧美的传教士。从主体来看，他们集中在东亚（包括东北亚和东南亚的部分），也就是大家熟知的汉字文化圈内。第二，中国典籍的域外刊本或抄本，比如大量现存的中国古籍的和刻本、朝鲜本、越南本等，以及许多域外人士对中国古籍的选本、注本和评本。第三，流失在域外的中国古籍（包括残卷），这些本来完全属于中国的文献，历史上由于种种原因，它们在中国已无存。经过前辈和当代许多学人的努力，虽然不能说网罗无遗，但这些流失在外的中国古籍的基本面貌已经为学术界所认识。而对于前二者的规模和内容还谈不上有全面的把握和了解。以上定义目前已得到学术界较为普遍的接受。

有的学者对于“域外汉籍”的称谓有不同理解或不同看法，一是针对“域外”之称，觉得其中含有对周边的歧视或轻视；二是针对“汉籍”之称，认为这是对中国典籍的特指，不能加以泛化。所以，我们对这两点“异见”需要略加辨析。如上所述，域外汉籍之称是站在中国人的立场上而有的称谓，因此，“域外”即指中国疆域之外，相对于中国本土，外邦即可称“域外”或“异域”。在历史上，外邦人士往往自称“域外”或“域外人”，如朝鲜李睟光《次渡大同江》云：“华夏封疆隔一水，域外咸仰明天子。”[1]洪良浩《太史氏自序》云：“域外诸国，各用其国之货，如龟贝刀皮之类，用作国信。”[2]日本冈千仞云：“余域外人，与中人异所见。”[3]同样，外邦人士若站在本国的立场上，也有将中国称作“域外”者，如洪大容《与秋庫书》云：“顾此布衣浪迹，无以充使价之任；双亲在堂，再难为域外之游。”[4]姜玮《金小棠奭准从事将赴燕……》云：“英年志北学，域外恣驰骋。”[5]现代外国学者则或将其论述中国文化的著作自名为“异域之眼”[6]。由此可见，无论是古代还是现代，无论是自称还是他指，“域外”或“异域”等名词都未必存在什么歧视或轻视的意味。我们固然可以用国别区分汉籍，

---

〔1〕 李睟光《芝峰集》卷十四，《韩国文集丛刊》第66册，景仁文化社，页132。

〔2〕 洪良浩《耳溪集》卷十八，《韩国文集丛刊》第241册，页326。

〔3〕 冈千仞《观光纪游》卷六《燕京日记》下十一月四日条，小岛晋治监修《幕末明治中国见闻录集成》第20卷，ゆまに书房，1997年版，页183。

〔4〕 洪大容《湛轩书外集》卷一，《韩国文集丛刊》第248册，页113。

〔5〕 姜玮《古欢堂收草》诗稿卷十一，《韩国文集丛刊》第318册，页433。

〔6〕 兴膳宏《異域の眼——中国文化散策》，筑摩书房，1995年版。

分别命名为“朝鲜—韩国汉籍”“日本汉籍”“越南汉籍”等,也可以用“东亚汉籍”指称上述地区的汉字典籍,但却无法包括现存于欧美地区的汉籍以及传教士的汉文著述。因此,如果要使用统一的命名来加以概括,似乎还找不出比“域外”更为恰当的命名。至于“汉籍”,尽管它可能最早是由日本人使用,其初也的确是专指中国人所写、在中国刊刻的汉文典籍,而将非中国人(如日本、朝鲜人)的汉文著述称作“准汉籍”,将日本刊刻的中国典籍称作“和刻本汉籍”,但站在中国人的立场上看,我们可以把历史上用不同文字撰写的典籍分别称为“藏文典籍”(藏籍)、“满文典籍”(满籍)或“蒙文典籍”(蒙籍),把用汉文撰写的典籍称作“汉籍”,也是顺理成章的事。那么,在中国之外的汉文典籍,无论是何人所写,只要是使用汉字撰写的,就是“域外汉籍”。任何一个词义,都有时间上的衍生和空间上的转移,即以现代人频繁使用的“汉学”一词,它原本是与“宋学”相对的,指的是以考据为特征的学术,区别于以义理为特征的学术,如江藩有《国朝汉学师承记》《国朝宋学渊源记》,方东树有《汉学商兑》等书。江户时期的日本人,又以“汉学”表示有关中国的学问,而与“国学”(日本学)、“兰学”(西学)相对而言,后来又用以作为“Sinology”一词的对译[1]。类似的还有诸如“国学”“国文”“国书”等词,假如只能使用其最原始的惟一之意的话,现代汉语中的许多表述都要被人为地取消或判定为错误。退一步说,即便在日本,“汉籍”也并非总是专指中国人写、在中国刊行的汉文典籍。平安时代藤原佐世的《日本国见在书目》,其著录的虽然主要是中国典籍,但其中也含有日本典籍。到了现代,这种情形更为常见。比如冈村繁《对马宗家文库汉籍(朝鲜

---

〔1〕 有些人会将“域外汉籍”与“海外汉学”相混淆,其实是两个不同概念。“海外汉学”概指海外学者对中国传统学问的研究,其借以表述的语言文字绝大多数是本国家、本民族的,而非汉字,这是一个根本性的区别。

本）提要》[1]，其所谓“汉籍”，既包括朝鲜刊刻的中国典籍，也包括朝鲜人以汉文编纂著述的作品。又如今人所撰《坦堂文库目录稿·汉籍》和《佐川町立青山文库西谷文库汉籍目录》[2]等，其中作者有中国人、日本人、朝鲜人、英国人、美国人，其刊刻地也包括了中国、日本和朝鲜，但因为最终呈现出来的形态是以汉字撰著，因此也都以“汉籍”之名总括。还可以援作类比的是“汉文大藏经”之称，这是20世纪初由日本学者站在汉传佛教的立场，以流传佛经的不同语种而赋予的命名，相对而言则有“巴利大藏经”“藏文大藏经”“蒙文大藏经”“满文大藏经”“西夏大藏经”等等之称[3]。而所谓“汉文大藏经”，除了汉译佛经之外，还包括了中国、日本和朝鲜半岛僧人的著作。

因此，对于上文举出的三类文献，我觉得可以统称为“域外汉籍”。而作为域外汉籍的主体，我的看法是第一类文献，即域外人士用汉文撰写的各类典籍。这也是本书所针对的主要研究对象。

二、域外汉籍的研究范围

在中国历史上，汉文化曾经给周边国家、民族和地区以很大的影响，以汉字为基础，从汉代开始逐步形成了汉文化圈，直到19世纪中叶，在同一种文化精神的熏陶下，表现出惊人的内聚力。今天，我们将历史上主要以汉字为书写工具的国家和地区，称之为“汉文化圈”。它不仅包括中国，同时也包括朝鲜—韩国、日本（含历史上的琉球）和越南等国家。

---

〔1〕《冈村繁全集》第7卷《日本汉文学论考》，上海古籍出版社，2009年版。

〔2〕分别刊载于《斯道文库论集》第三十七辑、三十八辑、四十四辑。

〔3〕参见方广锠《中国写本大藏经研究》，上海古籍出版社，2006年版，页5。

什么是汉文化圈？关于这个问题，前人已经有了不少论述，这里姑且借用日本学者西嶋定生（Nishijima Sadao）的说法。他指出：

> “东亚世界”是以中国文明的发生及发展为基轴而形成的……随着中国文明的开发，其影响进而到达周边诸民族，在那里形成以中国文明为中心，而自我完成的文化圈。这就是“东亚世界”……这样的“东亚世界”，是以中国为中心，包括其周边的朝鲜、日本、越南以及蒙古高原与西藏高原中间的河西走廊地区东部诸地域……构成这个历史的文化圈，即“东亚世界”的诸要素，大略可归纳为一、汉字文化，二、儒教，三、律令制，四、佛教等四项……其变化乃至独自性，是与中国文明相关联而呈现出来的现象。因而共通性并非抹杀民族特质，相反是民族性的特质以中国文明为媒体从而具备了共通性。[1]

西嶋氏所说的“东亚世界”，大致即本文所指的汉文化圈。作为其本质的特征，列为第一的就是“汉字文化”。而在法国学者汪德迈（Léon Vandermeersch）看来，“这一区域的共同文化根基源自萌生于中国而通用于四邻的汉字。所谓汉文化圈，实际就是汉字的区域。汉文化圈的同一即‘汉字’（符号 signes）的同一”[2]。由汉字构成的汉籍就是汉文化圈的载体。

汉字在汉文化圈中享有崇高的地位，尽管在周边国家和地区也有其本国的文字，比如日本在 8 世纪出现的假名、朝鲜世宗大王（1419—1450 在位）时代创建的谚文以及越南在胡朝（1400—1407）和西山朝（1786—1802）推行的喃文，但其使用的场合往往通行于民

〔1〕 西嶋定生《东亚世界的形成》，载刘俊文主编《日本学者研究中国史论著选译》第 2 卷，中华书局，1993 年版，页 88—92。

〔2〕 汪德迈《新汉文化圈》，陈彦译，江西人民出版社，1993 年版，页 1。

间或女性。朝鲜时代人将本国文字称作“方言”，将国文诗歌称作“俚语”或“俗讴”[1]，用日语写作的和歌、物语被男性贵族轻视为“女文字”或“女流文学”[2]。而且“女の文学”并不一定以作者性别为区分标准，而是以文字来决定的。汉字是男性的文字(男のことば)，假名是女性的文字(女のことば)[3]。日语还受到朝鲜时代知识人的轻视[4]，而汉文学则保持了正大的和正统的地位。因此，在20世纪以前，汉文化圈中在正规场合使用的正统文字都是汉字，也因此而遗留下大量的汉文献，比如目录文献、文学文献、史学文献、儒学文献、宗教文献、教育文献、石刻文献、地理文献、艺术文献、医学文献等。这些就构成了域外汉籍的研究范围。

从内容上来看，域外汉籍涵括了传统的四部之学，以韩国目前已经出版的汉籍为例，经部如《韩国经学资料集成》，史部如《韩国史书丛刊》，子部如《稗林》，集部如《历代韩国文集丛书》。若再作细分，经部有对五经四书的各种阐释；史部有正史(如《高丽史》)、编年史(如《高丽史节要》)，有地理(如《新增东国舆地胜览》《大东地志》)、典章制度(如《大典会通》《增补文献备考》)、行纪(如《燕行录全集》

---

〔1〕日本学者小仓进平《增订朝鲜语学史》指出：“向来在朝鲜使用‘方言’一语的内容，并非dialect之义，而是与中国的汉语相对应的‘本来的朝鲜语’之义，亦可称‘乡言’‘谚语’等。”河野六郎补注；刀江书院，1964年版，页126。其说甚是。案：沈守庆《遣闲杂录》云：“近世作俚语长歌者多矣。”(《大东野乘》本)即指以谚文所作之歌。许筠《惺叟诗话》云：“郑松江善作俗讴。”(《惺所覆瓿稿》卷二十五)即指其《思美人曲》等歌谣，此下又引用其友人李安讷(子敏)诗云：“江头谁唱美人辞，正是江头月落时。惆怅恋君无限意，世间唯有女郎知。”可见传唱歌谣者多为女性。

〔2〕西乡信纲、永积安明、广末保著《日本文学の古典》第四章《女の文学》指出：“女流文学之称并不限于指称女性所作的文学，平安时代的物语是每个女性闺房中的文学。”又云：“在男性贵族看来，他们将本国文字轻视为女文字。”岩波书店，1971年版，页50—51。

〔3〕金田一春彦《日本语》，岩波书店，1957年版，页47。

〔4〕赵庆男《乱中杂录》四云：“有弘法大师者……以倭人不解文字，依方言以四十八字分作倭谚。其谚之杂用文字者，酷似我国吏读。不杂文字者，酷似我国谚文。”(《大东野乘》本)这里的“文字”乃指汉字。

《燕行录全集日本所藏编》《燕行录选集补遗》)、目录(如《海东文献总录》《韩国册板目录》)、金石(如《韩国金石全文》),有各种族谱家谱(如《古文书集成》)等;子部有儒家(如《韩国儒学资料集成》)、小说家(如《韩国野谈史话集成》《韩国文献说话全集》)、佛家(如《韩国佛教全书》《韩国高僧集》)、书画(如《朝鲜画论集成》);集部有总集(如《东文选》《国朝诗删》)、别集(如《韩国文集丛刊》)、诗文评(如《韩国诗话丛编》)等。这些都仅是举例,但已不难看出,域外汉籍是一个怎样巨大的文献宝库。它不能以某一个学科或门类来限制,其包容量大、结合力强,使得该领域的研究具有极为广阔的前景。

需要进一步说明的是,我们如何处理敦煌学和汉译佛教的资料问题。这两个门类的资料是自成系统的,而同时,其中有大量的资料是现存于域外的。那么,是否应该将它们纳入域外汉籍的研究范围呢?就敦煌学的资料而言,本来都是在中国并且一直保存在中国。1900 年藏经洞被发现,但未能得到应有的保护。从 1907 年到 1923 年的十六年中,英、法、日、俄、美的“探险队”相继来到这里,将大量敦煌文物和文献劫夺至国外。所以,这些资料都是在 20 世纪初叶才流失国外的。而且,敦煌学作为 20 世纪“世界学术之新潮流”[1]也早已为人熟知。因此,不宜将敦煌学资料纳入域外汉籍的范围。至于汉传佛教资料,我以为是应该纳入域外汉籍范围之中的。这不仅因为佛教是构成汉文化圈的要素之一,也不仅因为东亚僧人的彼此互动和佛教文献的传播由来已久,而且这些资料,与当时的历史、语言、文学、艺术、天文、地理、医学、习俗、民族、交通等诸多领域有着密切的关系,特别是,将汉传佛教当作一个整体来研究,是一个非常重要但

〔1〕 陈寅恪《陈垣敦煌劫馀录序》,《金明馆丛稿二编》,上海古籍出版社,1980 年版,页 236。

又未曾受到应有重视的领域。以学术研究的基础——文献学而言，20 世纪 80 年代中叶，任继愈曾经说："佛教文献学在我国还是一门有待开创的学科。"[1]但总体看来，时至今日，尽管已有少数学者在这方面做出卓有成就的研究[2]，但一方面这类成果太少，另一方面，学者还仅仅对于日本的汉文佛教资料有所注意，至于韩国和越南的佛教文献，则鲜有人关注，更不要说将这些文献当成一个系统作整体考察并进而作综合研究[3]。而且即便就日本的佛教资料而言，与现存大量的文献相比，目前得到关注的程度和范围也仍然是远远不够的。因此，将汉传佛教资料纳入域外汉籍的研究范围，就可能在一定意义或某种程度上对这一研究有所推动。

三、 域外汉籍研究史简述

中国人过去有一个以自我为中心的天下观念，从《史记》开始，中国的正史已具有世界史的规模。因此，对于中国以外的汉文献的认识也由来已久。杜佑《通典 · 边防典 · 东夷上》指出："大抵东夷书文并同华夏。"[4]朱权《原始秘书》也指出："高丽之学始于箕子，日本之学始于徐福，安南之学始于汉立郡县。"[5]可以说，对域外汉籍的研究发轫于对这些汉籍的收集和刊印。例如统一新罗时代的崔致远在唐代为宾贡进士，他的《桂苑笔耕集》曾著录于《崇文总目》及《新唐

---

〔1〕 方广锠《中国写本大藏经研究》，页 650。

〔2〕 除上注提及的方氏著作外，如李富华、何梅《汉文佛教大藏经研究》（宗教文化出版社，2003 年版）也是值得推荐的著作。

〔3〕 例如张曼弓《汉传佛文化演生史稿》（台湾新文丰出版公司，2005 年版），讨论的其实仅仅是中国汉唐之间佛教文化的演生，严格说来，是一个夸大的书名。

〔4〕 杜佑《通典》，中华书局校点本，第 5 册，1988 年版，页 4985。

〔5〕 朴趾源《热河日记 · 铜兰涉笔》引，《燕岩集》卷十五，《韩国文集丛刊》第 252 册，页 324。

书·艺文志》,《中山覆篑集》则见录于宋代《秘书省续编到四库阙书目》,其书在中国亦有不少传本。高丽时代的李齐贤,其《益斋集》被刻入《粤雅堂丛书》,其词被刻入《彊村丛书》。朝鲜时代的许兰雪轩(景樊),作为女性作家的代表,在中国大受欢迎,李宜显从中国返回后说:"明人绝喜我东之诗,尤奖许景樊诗,选诗者无不载景樊诗。"[1]这完全可以在《列朝诗集》《明诗综》等大量现存明清之际的选本中得到印证。又如徐敬德,其《花潭集》入《四库全书》集部。朝鲜末期金泽荣一生的大部分著作,都是在江苏南通翰墨林印书局出版。此外,如日本山井鼎、物观的《七经孟子考文补遗》入《四库全书》,市河宽斋(河世宁)怀着"传之西土,以观国之华"[2]的愿望而编纂《全唐诗逸》,且最终收入鲍廷博《知不足斋丛书》中,越南黎澄的《南翁梦录》编入多种中国丛书,朝鲜许浚的《东医宝鉴》在中国也有翻刻本。至于中国流失在外的典籍,也曾大量回流,如皇侃《论语集解义疏》即从日本舶回,入《四库全书》。江户时代林衡编纂《佚存丛书》,大量收集刊印保存在日本的汉籍,其中如太宰纯校《古文孝经孔氏传》和隋朝萧吉《五行大义》等,后来皆收入《知不足斋丛书》。甚至历来被视为"小道"的小说类,如张鷟《游仙窟》也在晚清从日本回流中国[3]。至于元代以下的中国诗歌总集,往往收录周边国家和地区诗人的作品。在现存文献记载中,也还有中国方面以官方的名义向周边国家征书的情况,最著名者为《高丽史·宣宗世家》八年(1091)六月丙午的记载:

---

[1] 李宜显《陶峡丛说》,《陶谷集》卷二十八,《韩国文集丛刊》第181册,页455。

[2] 市河宽斋《与川子钦》,载市河三阳编《宽斋先生馀稿·宽斋漫稿》,游德园,1926年版,页105。关于《全唐诗逸》的编纂,蔡毅《市河宽斋与〈全唐诗逸〉》一文有详细考论,收入其《日本汉诗论稿》,中华书局,2007年版,可参看。

[3] 参见金程宇《〈游仙窟〉回传考》,收入其《域外汉籍丛考》,中华书局,2007年版,页113—151。

> 李资义等还自宋,奏云:"帝闻我国书籍多好本,命馆伴书所求书目录授之。乃曰:'虽有卷第不足者,亦须传写附来。'凡一百二十八种。"[1]

这里所访求的是中国佚书。又《通文馆志》卷九记载,肃宗四年(康熙十七年,1678),清使"求观东国文籍,赍去石洲、挹翠、荷谷、玉峰、兰雪、圃隐等集,《正气歌》《桂苑笔耕》《史略》《古文真宝》及近代墨刻法帖,东人科体表赋诗论十二篇"[2],这里访求的"东国文籍",除了东人撰著者外,还包括中国书籍的东国刻本。

域外汉籍进入中国,当然多少也会受到一些评论,从学术史的角度看,不妨视作研究的权舆。但除了汉传佛教典籍部分[3],历史上中国人对于域外汉籍的认识,往往是从展现本国"文教之盛"或"礼失而求诸野"的心理出发。如况周颐《蕙风词话》卷五在评论越南阮绵审《鼓枻词》和朝鲜朴訚《撷秀集》云:"海邦殊俗,亦擅音阕,足征本朝文教之盛。"[4]就是一个小小的例证。20世纪初以来,社会和学术开始由传统向现代转型,学者重视新材料的发现,也以研究的态度对待之。比如晚清杨守敬在日本访得并携归空海《文镜秘府论》一书,又在《日本访书志》(光绪二十三年刊,1897)中予以介绍,对于中国文学史上齐梁至唐初的"声病"问题的研究有很大推动。储皖峰曾就其中部分资料作校笺,罗根泽撰写《中国文学批评史》也根据此书确

---

〔1〕《高丽史》卷十,亚细亚文化社影印本,1983年版,页212。关于朝鲜文献中这一记载的研究,参见屈万里《元祐六年宋朝向高丽访求佚书问题》,载《东方杂志》复刊第8卷第8期,1975年。

〔2〕《通文馆志》卷九"纪年",韩国明昌文化社据日本总督府1944年版影印,1991年版,页134。

〔3〕如宋僧遵式《方等三昧行法序》云:"山门教卷自唐季多流外国,或尚存目录,而莫见其文,学者思之,渺隔沧海。《方等三昧行法》者,皇宋咸平六祀,日本僧寂照等赍至,虽东国重来,若西乾新译。"《大藏经》第46册,页943。案:此类事至今未绝,如上海古籍出版社便有"日藏佛教孤本典籍丛刊",陆续印行。

〔4〕《蕙风词话　人间词话》合刊本,人民文学出版社,1960年版,页124。

认沈约提出“八病”说的结论，并撰写《文笔式甄微》[1]。又比如胡适在1938年9月2日给傅斯年信中，言及他在同年八月苏黎士举办的史学大会上宣读的《近年来所发现有关中国历史的新资料》(*Recently Discovered Material for Chinese History*)中，提到殷商史迹、出土金石、敦煌卷子、大内档案以及禁书逸书等，同时也提到“日本朝鲜所存中国史料”[2]，这最后一方面的史料(其中绝大部分都是汉文史料)也就部分接近本书所说的“域外汉籍”。虽然这些史料已经引起了当时一些有识之士的注意，但总体说来，其价值和意义尚未能得到学术界的普遍认识和重视。而在中国的周边国家和地区，由于西洋学术的大举进入和近代民族意识的觉醒乃至高涨，汉籍受到了空前的冷落。对于国文学研究者来说，虽然本国文学史上存在大量的汉诗文，但因为是用汉字撰写，所以难为“国粹”，以至于在众多的朝鲜文学史或日本文学史中，汉文学或者缺席，或者仅为点缀，要么就是专门的“日本汉文学史”或“朝鲜汉文学史”。小岛宪之是日本汉文学的专家，他在1968年的一部以《国风暗黑时代的文学》命名的著作自序中，将书名解释为“换言之，即研究平安初期汉风讴歌时代的文学”[3]。这里的“国风”即“日本风”，在现代日本学者的眼中，“汉风”是根本不配代表“国风”的，“汉风”鼎盛之日即“国风暗黑”之时。这也在整体上昭示着汉文学研究之式微。

在国际上，真正对域外汉籍开始重视，始于20世纪80年代。如旅法学人陈庆浩提倡汉文化整体研究，在域外汉文小说的整理与研究方面取得了成绩；台湾联合报国学文献馆组织“中国域外汉籍国际

---

〔1〕 罗根泽《文笔式甄微》，载《中山大学文史学研究所月刊》第3卷第3期，1935年1月。

〔2〕 王汎森辑《史语所藏胡适与傅斯年来往函札》(十七)，载《大陆杂志》第93卷第3期，1996年9月。

〔3〕 小岛宪之《国风暗黑时代の文学》上，塙书房，1968年版，页1。

学术会议”,从1986年到1995年举办了十次。在日本和韩国,虽然其本国的历史典籍多为汉籍,即以文学而言,也具备自身的汉文学研究传统,但较大规模地影印汉文学古籍,纷纷成立汉文学研究会,也是最近二十多年来的事,这已经成为学术界的共识。台湾“中研院”中国文哲研究所图书馆主任刘春银指出:

> 全球各地有关域外汉籍之研究,系自1980年代起在各国各地纷纷展开,如联合报国学馆自1986年起所举办之“中国域外汉籍国际学术研讨会”,至1995年,共计举办了10次。而南京大学则于2000年正式成立了“域外汉籍研究所”,这是全球首设之专门研究机构,目前已出版《域外汉籍研究集刊》《域外汉籍研究丛书》,该所系有系统地针对域外汉籍的传布、文献整理、文化交流、研究领域及对汉文化之意义等面向进行研究与学术交流。[1]

日本九州大学大学院人文科学研究院教授静永健指出:

> 学术研究本来就没有“国境线”! 然而在现实之中,与研究日本文学的学者一样,研究本国文学的中国学者们,也同样陷入了一种被种种无形的“国境线”封锁了视野的迷茫之中。正是在这种学术背景之下,中国大陆兴起了一种新的中国学研究方法。这就是南京大学域外汉籍研究所所长张伯伟教授提出的“域外汉籍研究”。我个人认为,这是建立在批判传统“只关注本国文学与文献资料”的研究方法基础之上、一个试图打破学术研究之

〔1〕刘春银《提要之编制:以〈越南汉喃文献目录提要〉暨〈补遗〉为例》,载《佛教图书馆馆刊》第46期,2007年12月。

"国境线"的崭新的研究理念。[1]

法国国家科学研究中心研究员陈庆浩也指出：

> 汉文化整体研究观念是上世纪八十年代初我在台湾提出来的，到现在也快三十年了。自观念提出到现在，回顾起来可分成前后两个阶段。第一阶段是观念的传播和古文献的整理与研究，通过举办国际会议、编纂目录和域外汉文献的整理和研究开展的……2000年，南京大学建立"域外汉籍研究所"，可以看成是域外汉籍研究一个新时代的开始。2005年起创办《域外汉籍研究集刊》，主编《域外汉籍资料丛书》和《域外汉籍研究丛书》，形成了一个完整的域外汉籍研究系统，发展未可限量。大陆近年已有很多研究机构或个别学者，进行相关资料整理或研究，又出版了多种书目、丛书及研究论文，使域外汉文献之整理与研究成为一个新兴的学科，展望未来将有更好的发展。[2]

这大致概括了自20世纪80年代以来的研究趋势。

就域外汉籍的研究现状而言，可以用"方兴未艾"四字来形容。在韩国各大学，有众多的汉文学研究会和研究期刊，如《韩国汉文学研究》《东方汉文学》《大东汉文学》等；在日本，二松学舍大学于2004年成立了"构筑世界性的日本汉学研究基地"（即21世纪COE计划），出版《日本汉文学研究》。该计划针对目前日本学术界对于日本汉籍、准汉籍、和刻汉籍这一庞大的资源，尚未获得充分整合研究的现状而提出，目的是对日本汉字文献做总括性、综合性研究。关西

〔1〕 静永健《新・中国学のヒソト(#1)域外汉籍研究》，载《东方》第348号，日本东方书店，2010年2月。

〔2〕 节录自陈庆浩《汉文化整体研究三十年感言》，载《书品》2011年第5期。

大学于2008年创办“东亚文化交涉学教育研究据点”(即全球化COE计划),出版《东亚文化交涉研究》。在台湾,台湾大学2002年成立了“东亚文明研究中心”,以东亚文献、东亚教育、东亚儒学为主要研究方向,出版了“东亚文明研究丛书”“东亚文明研究资料丛刊”“东亚文明研究书目丛刊”三大系列丛书近百册。“中研院”中国文哲研究所下设若干研究方向,在“经学研究群”和“诗与诗学研究群”中,都有关于日本、韩国的经学与汉诗研究。台北大学中文系的王国良教授为研究生开设了“东亚汉文文献研究”的课程。在中国大陆,自20世纪90年代以来成立的众多日本文化或韩国学研究所,也或多或少涉及汉籍研究。本世纪伊始,南京大学、上海师范大学、复旦大学也相继成立了一些专门的研究机构,主办学术会议,出版学术论著,培养学术人才。其他一些南北著名高校,也承此风气,纷纷成立相关的研究机构。总之,域外汉籍研究在中国虽然尚处于起步阶段,但已显示出诱人的学术魅力和宽广的学术前景。

四、域外汉籍的意义

20世纪中国学术得到很大发展,其根本动因是在学术研究中获得了新材料、新视野和新方法。以传统学术的研究而言,20世纪最有影响力的学术机构公认有两个,都在这一方面为我们留下了宝贵的经验。

第一是清华学校研究院(后改名为“清华国学院”)。陈寅恪1930年在《陈垣敦煌劫馀录序》中指出:

> 一时代之学术,必有其新材料与新问题,取用此材料,以研求问题,则为此时代学术之新潮流。治学之士,得预于此潮流

者，谓之预流，其未得预者，谓之未入流。此古今学术史之通义，非彼闭门造车之徒，所能同喻者也。[1]

1934 年，他又在《王静安先生遗书序》中总结以王氏为代表的学术典范：

一曰取地下之实物与纸上之遗文互相释证；

二曰取异族之故书与吾国之旧籍互相补正；

三曰取外来之观念与固有之材料互相参证。[2]

第二是"中央研究院"历史语言研究所。傅斯年 1928 年在《历史语言研究所工作之旨趣》中指出：

（一）凡能直接研究材料，便进步。凡间接的研究前人所研究或前人所创造之系统，而不繁丰细密的参照所包含的事实，便退步。

（二）凡一种学问能扩张他研究的材料便进步，不能的便退步。

（三）凡一种学问能扩充他作研究时应用的工具的，则进步。不能的，则退步。[3]

傅氏又指出：

西洋人作学问不是去读书，是动手动脚到处寻找新材料，随时扩大旧范围，所以这学问才有四方的发展，向上的增高……我们很想借几个不陈的工具，处治些新获见的材料，所以才有这历史语言研究所之设置……我们最要注意的是求新材料……总而言之，我们不是读书的人，我们只是上穷碧落下黄泉，动手动脚

---

〔1〕 陈寅恪《金明馆丛稿二编》，页 236。

〔2〕 陈寅恪《金明馆丛稿二编》，页 219。

〔3〕 《傅斯年全集》第 4 册，联经出版事业公司，1980 年版，页 256—258。

找东西![1]

从陈氏的总结和傅氏的宣言中来看,其涉及的核心问题,就是材料(地下实物、异族故书)、视野(扩充、扩张、扩大)和方法(外来观念、不陈工具)。这三个方面构成了一项原则,可以说贯串整个古典学,亦可称学术研究获得发展之金科玉律。

尽管在20世纪30年代胡适列举当时的“新资料”时,已经提及“日本朝鲜所存中国史料”,部分接近于这里所说的“域外汉籍”,但对于这些资料的利用,从整体上来看,可以说微乎其微。1986年首届中国域外汉籍国际学术会议召开,在其后出版的会议论文集卷首《编者弁言》中,编者既归纳了会议论文的若干主题,涉及不同方面的域外汉籍资料,同时也特别指出:“这些学术论著多是以往汉学家们不曾注意,或是根本生疏的。”[2]一方面是域外汉籍本身所固有的重大价值,另一方面是许多学者对这一学术资源的陌生,甚至由于陌生而导致对其价值的漠视或贬低,形成了鲜明的对比。因此,尽管距离胡适的说法已经过去了八十多年,域外汉籍仍然是今日从事古典学研究的“新材料”。

域外汉籍虽然是以汉字撰写,但却不是限定在汉民族或华人圈内。当我们把历史上的汉字文献赋予一个整体意义的时候,我们的眼光自然就超越了国别的限制;当我们观察问题的视野超越了一乡一国而扩大到天下整体的时候,我们所得出的结论就可能具有不同凡响的意义。域外汉籍是一个丰富庞大的学术资源,它会向我们提出许多新鲜的学术话题,形成新鲜的学术方法和学术理念,从而引导

〔1〕《傅斯年全集》第4册,页258—264。

〔2〕《第一届中国域外汉籍国际学术会议论文集》,台北联合报文化基金会国学文献馆,1987年版,页1—2。

出一门新学问或新学科的产生。域外汉籍的大量存在,明确昭示了一个既往的事实,即汉文化圈的作用和影响。文化可以超越人种、语言、民族的界限,可以超越政治、经济、信仰的差异。以文化圈为单元,就是我们今天所需要的“新视野”。

在陈寅恪总结的王国维的学术成就和治学方法的三点特色中,“取异族之故书与吾国之旧籍互相补正”是其中之一。域外汉籍绝大部分可归入“异族之故书”的范围。在这里,“互相补正”所表现出来的旨趣是平等的,它超越了传统史家天下一统或“中心—四裔”的观念,值得我们在域外汉籍研究中加以发扬和倡导。诚然,域外汉籍与中国典籍之间存在着密切的关系,但今天的研究如果还仅仅从证明自身“文教之盛”的角度去看待周边国家和地区的汉文化,就未能摆脱“礼失而求诸野”的思想牢笼,未能消释他人“慕华”“事大”的心理优越,最终不利于域外汉籍研究事业的发展。“中心—边缘”的二元化区隔,只会限制域外汉籍的研究意义。在王国维、陈寅恪、陈垣等人建立起来的学术传统中,无论是揭示事实真相,还是提炼历史认识,都能打通中心和边缘,追寻对人的精神世界的理解和体验。这样,域外汉籍的价值就不只是中国典籍的域外延伸,不只是本土文化在域外的局部性呈现,不只是“吾国之旧籍”的补充增益。它们是汉文化之林的独特品种,是作为中国文化的对话者、比较者和批判者的“异域之眼”。所以,域外汉籍既是古典学重建过程中不可或缺的材料,其本身也应该成为古典学研究的对象。

裘锡圭《中国古典学重建中应该注意的问题》指出:“在近现代,往往由于观念、方法的更新或重要新资料的发现,在较短的时期内就发生了剧烈的变化,呈现出新的局面。这可以称为古典学的重建。”[1]他把

---

〔1〕 裘锡圭《中国出土古文献十讲》,复旦大学出版社,2004年版,页2。

第一次重建的时间定于20世纪一二十年代,把今天受赐于“出土资料”而“走出疑古时代”,看成是第二次古典学重建的开始。事实上,每一次重建都是由材料和观念决定的。而现代的所谓“新材料”,是包括而不限于“出土资料”的。2002年11月,北京大学中国古代史研究中心就举办过“古代中外关系史:新史料的调查、整理与研究”国际学术研讨会,其论文集以《中外关系史:新史料与新问题》[1]为名,内容涉及七个方面:(1) 图像·文本·碑铭:新发现与新解读;(2) 简牍与文物:考古新发现与研究;(3) 舶来品与外来文化:新问题与新探索;(4) 手稿·游记·著作:明清来华传教士研究;(5) 天文·地志与舆图:多角度的新观察;(6) 域外遗珍:海外史料的调查与研究;(7) 周边文献与地方史料:新旧资料的互证。从文献的角度言,上述七方面有若干项通向了域外汉籍。阅读并使用这些新材料,学者就必然会获得一个新视野,因此,它也孕育着古典学的一次新的重建。

需要强调的是,无论是新材料还是新观念,它们与旧有的材料和观念是相配合、相表里、相参证的关系,而不是相对立、相剋伐、相取代的关系。王国维1923年在《殷墟文字类编序》中已指出:

> 新出之史料在在与旧史料相需,故古文字古器物之学与经史之学实相表里。惟能达观二者之际,不屈旧以就新,亦不绌新以从旧,然后能得古人之真,而其言乃可信于后世。[2]

如果将这一理念再往上溯,则可举出朱熹的两句诗:“旧学商量加邃

---

〔1〕 荣新江、李孝聪主编,科学出版社,2004年版。

〔2〕《殷墟文字类编序》,《王国维遗书》(据商务印书馆1940年版影印)第4册,《观堂别集》卷四叶三上,上海古籍书店,1983年版。

密，新知培养转深沉。”[1]旧学不经过新知商量，难臻邃密；反之，新知不经过旧学培养，也难致深沉。

五、 域外汉籍的研究方法

材料由观念统帅，方法由研究对象和研究目的决定。中国学术之由传统向现代的转型，始于20世纪初。如果学术之升降可以且应该于百年而论的话[2]，对于身处21世纪初的关心学术前途、承担学术命运的学者来讲，这是尤其值得注意的思考起点。谈论域外汉籍的研究意义和方法，也需要以此为起点。

中国的现代学术，是在西方学术观念和方法的冲击和启示下形成的。在世界范围内的自19世纪以来的汉学研究，尽管有从汉学(Sinology)到中国学(China Studies)的转变，但说到底，也都是西方学术的组成部分之一。而当我们回顾百年来的中国学术，就会立刻发现，除去文献、人物和史实的考辨以外，其学术方法、理论框架以及提问方式，占据主流的都是“西方式”的或者说是“外来”的。应当看到，在外来的理论、观念和方法的启示下，中国学术曾经得到了长足的进步，甚至仍然可能继续产生有价值的学术成果。胡适当年强调用科学的方法整理国故，而其所谓“科学的方法”，就是西洋人做学问的方法。傅斯年所想“借”的“几个不陈的工具”，说穿了也是西洋的方法。王国维去世后，其日本友人狩野直喜评价说：“正确理解西洋的科学研究方法并用于中国学问之研究，是王静安所以成其为卓越

---

〔1〕《鹅湖寺和陆子寿》，郭齐《朱熹诗词编年笺注》卷四，巴蜀书社，2000年版，页405。

〔2〕阮元《十驾斋养新录序》指出：“学术盛衰，当于百年前后论升降焉。”《钱大昕全集》第7册，江苏古籍出版社，1997年版，页1。

学者之故。”[1]而在陈寅恪的表述中，他只是“取外来之观念，与固有之材料互相参证”。不幸的是，此后汗牛充栋的论著，其绝大部分早已不是什么“参证”，外来的观念和方法愈演愈烈为学术研究的起点（提问方式）和终点（最后结论）。由于对西洋方法的迷恋，学术界在不知不觉中把方法看成治学的万能钥匙，而不甚读书。陈寅恪在1932年有云：

> 以往研究文化史有二失：旧派失之滞……新派失之诬。[2]

又在1936年9月26日讲授欧阳修课上说：

> 今日中国，旧人有学无术；新人有术无学，识见很好而论断错误，即因所根据之材料不足。[3]

“学”是传统学问，“术”是西洋方法。旧派乃抱残守阙、闭户造车之辈，新派则据外国理论解释中国材料，并标榜“以科学方法整理国故”者。在陈寅恪看来，旧派之闭目塞听、陶然自醉，固然难有作为；新派之高自标置、鲁莽夸诞，时或流于“画鬼”。惟有兼通，方有学术之可言。20世纪80年代，当台湾大学历史研究所邀请严耕望前往任教之时，钱穆的反应是：“应该讲讲，给青年们一些影响，否则他们都不懂学问究该如何做了。”[4]这涉及一个更大的背景，就是中西文化之争。从鸦片战争以来，中国在与西方列强的对峙中，政治、军事、经济诸方面皆连遭失败，这种现实世界中的万事不如人，也就激发起一些人以为的中国文化不如人，必欲尽去之而后快。五四运动的“打倒孔家

---

〔1〕 狩野直喜《王静安君を忆ふ》，原载《艺文》第十八年第八号，1927年8月。后收入其《支那学文薮》，みすず书房，1973年版，页370。

〔2〕 蒋天枢《陈寅恪先生编年事辑》（增订本）附录二，上海古籍出版社，1997年版，页222。

〔3〕 卞僧慧《陈寅恪先生欧阳修课笔记初稿》，载《中国学术》第二十八辑，商务印书馆，2011年版，页2。

〔4〕 严耕望《钱穆宾四先生与我》，台湾商务印书馆，1992年版，页113。

店”的口号,就代表了对中国传统文化的否定。更多的人即便不作如是想,但对于自己的文化,也同样不敢堂堂正正地加以承担、发扬。胡适倡导的整理国故,其目的是为了打倒国故。因此,在20世纪前期的中西文化之争中,西学占了绝对的优势。如果借用“赋诗断章”的做法,《诗经·邶风·简兮》中“云谁之思,西方美人。彼美人兮,西方之人兮”云云,就是这一背景下学术研究主流的传神写照。20世纪80年代以来,大量的西方译著在中国学术界涌现,即便就其中的汉学部分而言,其数量也是惊人的。各种专以“海外汉学”“国际汉学”或“海外中国学”为名的期刊、集刊比比皆是,各种相关研究机构纷纷成立,以此为对象的论著也层出不穷,中国学界对于海外汉学拥有了前所未有的热情。中国现代学术的不成熟,表现之一就是求“新”的欲望远大于求“真”的欲望。陈澧说:“我未见贵远而贱近者也,大都贵近而贱远耳。于近时之风气则趋而效之,于古人之学术则轻而蔑之。”[1]在今日则贵西学而轻中学,用《邶风·静女》的句子来形容,真是“匪女之为美,美人之贻”了。反之,欧美汉学在其自身的学术传统中,早已形成了其优越感,这正如萨义德所指出的:“那就是,西方文化内部所形成的对东方的学术权威……它被人为构成,被辐射,被传播;它有工具性,有说服力;它有地位,它确立趣味和价值的标准;它实际上与它奉为真理的某些观念,与它所形成、传递和再生的传统、感知和判断无法区分。”[2]在汉学研究中,欧美汉学家所乐于承认的中国学者的工作价值,往往只是体现在文献的整理考证上。对此,我们似乎应该平心静气地加以反省:在我们自身的研究工作中,是否缺乏原创的理论和方法?在传统人文学的研究中,是否仅仅

〔1〕 陈澧《东塾读书论学札记》,黄国声主编《陈澧集》第2册,上海古籍出版社,2008年版,页357。

〔2〕 萨义德《东方学》,王宇根译,生活·读书·新知三联书店,1999年版,页26。

重视了文献的收集整理，而忽略了问题的提出与分析？假如我们的研究工作，在课题选择、理论假设、思考框架、主题意义和价值上都取法乎欧美汉学，那又如何能够奢求汉学家的重视呢？也就更谈不上真实意义上的中国学术了。

在学术上，中国学者能否提出并实践一种有别于西方的知识生产方式，这是我所体认到的当代中国学术所面临的问题和所处的困境。当我们试图重建中国古典学的时候，需要有这样一个方法论的思考。从20世纪80年代以来，在海外的汉学界已经开始对此反省，比如美国学者柯文（Paul A. Cohen）的《在中国发现历史——中国中心观在美国的兴起》和日本学者沟口雄三（Mizoguchi Yuzo）的《作为方法的中国》，就是东西方汉学界反躬自省的代表作。而余英时在《试论中国人文研究的再出发》一文中，归结点在于强调"今天是中国人文研究摆脱西方中心取向、重新出发的时候了"[1]。在这样的背景下从事域外汉籍的研究，就应该有更高的追求。为此，我提出了"作为方法的汉文化圈"[2]，用以概括十多年来我在学术上的一个努力方向，也是试图对当代学术所面临的问题和困境作一个初步的回应。诚如沟口雄三指出："回顾以往，不仅仅是中国，通过取道欧洲来看待亚洲的视角，尤其就近代的问题而言，实在是太普遍了。"[3]因此，他提出了"以中国为方法"，其目的是"从中国的内部出发，根据中国的实际情况，试图发现相对于欧洲原理的另一种譬如中国原理之类的研究……把中国作为方法，就是要迈向原理的创造——同时也是世界本身的创造"[4]。20世纪的中国研究，是以西方的、欧洲

〔1〕 余英时《知识人与中国文化的价值》，时报文化出版公司，2007年版，页296。
〔2〕 张伯伟《作为方法的汉文化圈》，载《中国文化》第30期，2009年秋季号。
〔3〕 沟口雄三《作为方法的中国》，孙军悦译，生活·读书·新知三联书店，2011年版，页27。
〔4〕 同上注，页131—133。

的、美国的观念为中心，为了摆脱其困境，掀开历史的新篇章，21 世纪的中国研究，应该返回东方、返回亚洲、返回中国。然而从中国出发不是局限于中国，而是要以文化圈为单元，以中国和周边国家和地区的文化为参照，在更深入地理解汉文化的同时，也提供一幅更好地理解当今世界的图景。这是用任何别的方法所无法达到的。不仅中国研究是如此，韩国学、日本学、越南学的研究，很可能也是如此。这样，相对于西方的、欧洲的、美国的知识生产方式，就可能发明一个东方的、亚洲的、中国的知识生产方式，沟口雄三所追求的“迈向原理的创造——同时也是世界本身的创造”的目的，就不会是十分遥远的了。汉学研究也好，中国学术也罢，一旦真正的“出其东门”，我们可以看到的就不止是“有美一人”，而是“有女如云”。

以上是从研究目的的层面讨论研究方法，就研究对象的层面言方法，我曾经提出“实证性和综合性”[1]这两条相辅相成的原则。离开了实证的综合是空洞的，达不到综合的实证是平庸的。对于实证性在学术研究中的重要，近年的文史学界已作了反复强调，然而对于由实证而可能导致实证主义的倾向，学术界却警惕不足。正如 R. G. 柯林武德在《历史的观念》一书中的概括，实证主义的最大特征“就是空前的掌握小型问题和空前的无力处理大型问题这二者的一种结合”[2]。而在我看来，为了防止研究工作中的实证滑向实证主义，就应将绵密的实证上升到综合研究，在确定事实的基础上，发现事实与事实之间，甚至与事实以外、事实背后的因果或联系。由于域外汉籍常常伴随着新材料的发现，因此，对于材料的“迷恋”就容易导致自身在材料中的“迷失”。

〔1〕 张伯伟《域外汉籍研究——一个崭新的学术领域》，载《学习与探索》2006 年第 2 期。
〔2〕 柯林武德著，何兆武、张文杰译《历史的观念》，中国社会科学出版社，1986 年版，页 149。

以文献学为基础的实证性和综合性研究，只是域外汉籍研究所应秉持的基本原则。如果把“方法”一词分解成“方”与“法”，它就蕴含了方向性（perspective）和法则性（methodology）的双重意义。我们提出的基本原则属于“方向性”的，至于“法则性”的内容，需要针对材料所属的不同方面、试图解决的不同问题和期待达到的不同目的，分别作出探讨和总结，而无法也不必将它们“固化”为若干不变的模式。法则的不同组合，其方程式是开放的，因而也是无穷尽的。

第二章　总说

域外汉籍涉及的文献，主要出自历史上的朝鲜半岛、日本、琉球和越南，17世纪以降来华传教士留下的资料也颇为丰富，只是内容稍显单一。本章写作的目的，是要介绍域外汉籍研究的基本资料。内容以本人亲见者为范围，闻其名而未能目睹原书者则从略，唯恐误导读者，故挂一漏万诚所难免。读者按图索骥，或可得其大概。

一、工具书

这里所说的工具书，指的是20世纪以来中外学者编纂的能够提供各种信息的具有研究辅助性质的书籍。

（一）目录

1. 朝鲜—韩国部分

20世纪30年代京城帝国大学（即今韩国首尔大学校的前身）附属图书馆目录系编《朝鲜书志之书志》，连载于京城朝鲜图书馆研究会所编之《朝鲜之图书馆》杂志[1]。以下列举的，主要是此后编纂

〔1〕《朝鲜书志の书志》，载《朝鲜之图书馆》第4卷第3号，第5卷第1号、第2号、第3/4号，韩国亚细亚文化社，1972年影印。

者,其范围也不限于书籍目录。

(1)朝鲜—韩国人编纂

金日成综合大学图书馆编《图书目录》,金日成综合大学图书馆,1958年油印本。此书是金日成综合大学图书馆截止到1957年10月31日所藏汉籍目录(原书表述为"汉书分类目录"),作者包括中国与朝鲜半岛。其分类方式以丛书居首,以下分经史子集。丛书分四类:丛书、目录、辞典、类书;经书分九类;史书分十六类;子书分二十类;文集分六类。附录金日成综合大学图书馆汉书分类、类纲目一览表;图书名索引;著者名索引;著者别号索引。

李圣仪、金约瑟编《新罗·百济·高句丽·罗丽艺文志》,1964年弘文书馆油印本。由于《三国史记》和《高丽史》都未有"艺文志"或"经籍志",李、金二氏于1964年由弘文书馆出版了该书,收录了从三国时代到高丽时代的著作共735种,一一注明书名、卷数、册数、作者、解题及历代著录。

大韩民国国会图书馆司书局编《罗丽文籍志》(非卖品),大韩民国国会图书馆,1970年发行。本书著录了直到高丽末期有文集传世的153人的著述。包括作者传记、著作名称、纪事文献、文集内容、物质形态、序跋及藏弃之所。全书依作者姓氏的韩语音序排列,最末附索引。所涉书籍除韩国国内各图书馆外,还包括日本公私图书馆、文库及私人藏本,颇有参考价值。

诸洪圭编著《韩国书志关系文献目录》,景仁文化社,1976年版。本书汇集自1900年至1975年在韩国、中国、日本刊行的与韩国书志学相关的论著目录,以著作、论文、学位论文为序,其中略分书志学一般、版本·印刷·活字、佛典(大藏经·寺志)、历史地理(地图·地志·纪行)及目录·索引诸项。末附补遗篇。资料丰富,便于参考。

韩国东国大学校佛教文化研究所编《韩国佛教撰述文献总录》，东国大学校出版部，1976 年版。该书日文版易名为《韩国佛书解题辞典》，日本国书刊行会，1982 年版。全书分撰述部和资料部。前者以时代为序，从三国·新罗时代、高丽时代到朝鲜时代，后者分传记篇、寺志篇和其他杂部。末附参考文献、人名索引、书名索引及部类索引。

首尔大学校图书馆编《奎章阁韩国本图书解题》，1978 年至 1987 年间陆续出版。以四部分类，各部中以音序排列。计经、子部 1 册，史部 4 册，集部 2 册，索引 1 册。解题颇详，若能有人译成汉语，当便于中国学者参考。1994 年至 2003 年奎章阁又出版了《奎章阁韩国本图书解题续集》，仍然依四部分类，计经、子部 2 册，史部 6 册，集部 2 册。

奎章阁编《奎章阁图书韩国本综合目录》，1981 年出版，1994 年又出"修正版"，正文 2 册，索引 1 册。该书延续正祖时代所编《奎章总目》和《西库藏书录》以四部分类的传统，著录了奎章阁所藏书 33088 种 113820 册，并分别注明书名、作者、刊行年代及刊行地、卷数、册数、板式、刊记、藏书印、序跋、书号等，便于检索。

诸洪圭编《古代文献目录》《韩国古活字印本目录》，这两种目录都作为其《韩国书志学辞典》的附录，景仁文化社，1982 年版。前者收录了自高句丽、新罗、百济至高丽朝的文献目录，简单标注书名、卷数、册数及编纂者的时代和姓名。后者则详细列举各种不同时期和字体的印本，如癸未字、庚子字、甲寅字、丙辰字、庚午字、乙亥字、乙酉字、辛卯字、甲辰字、癸丑字、印经木活字、丙子字、私家木活字、癸酉字、庚辰字、训炼都监字、实录字、行书体木活字、仁祖实录字、戊申字、显宗实录字、韩构字、芸阁印书体字、芸阁笔书体字、地方木活字、艺阁印书体木活字、司译院木活字、观象监木活字、壬辰字、丁酉字、丁酉韩字木活字、生生字、箕营木活字、整理字、聚珍字、全史字、印谱木活字、学部木活字、显宗实录字体木活字、韩构字体木活字、印书体木活字、全史字体木活字、整理字体木活字、木活字等,并附有各种字体的图板,颇便参考。

韩国精神文化研究院(今韩国学中央研究院)图书馆编《韩国小说目录》,1983 年版。本书收录了韩国精神文化研究院、国立中央图书馆、高丽大学校图书馆、首尔大学校图书馆(含奎章阁)以及金东旭教授私人所藏韩国小说 1437 种 4869 册。以书名音序排列,每种书注明其作者、文字、板式、册数、印章、刊记或笔写记、收藏地、书号等。

张忠植编《韩国金石总目》,东国大学校出版部,1984 年版。此书汇聚朝鲜半岛各地在 1980 年之前所发现的各种金石文,全书以地域编排:一首尔地区,二京畿道,三忠清北道,四忠清南道,五全罗北道,六全罗南道,七济州道,八庆尚北道,九庆尚南道,十江原道,十一黄海道,十二平安北道,十三平安南道,十四咸镜北道,十五咸镜南道,十六地域不确定。每种金石文,先列标题,然后分别注明原发现地、现藏处、时代、尺寸、字径、书体等,并附参考文献。末附索引。

李相殷编《古书目录》,保景文化社(民昌文化社),正文 2 册,索引 1 册,1987 年版。此书汇集四个机构的藏书目录,即奎章阁图书韩国本 33088 种 113820 册,藏书阁图书韩国本 12769 种 40569 册,国立中央图书馆本 23351 种 83672 册,国史编纂委员会本 4175 种 19569 册。以书名音序排列,每书分别注明书名、编著者、刊行年代及刊行地、卷数、册数、板式、刊记、藏书印、序跋、书号等,并记录缺佚者。

沈隅俊著《日本访书志》,韩国精神文化研究院,1988 年版。此书为作者对日本宫内厅书陵部、内阁文库、尊经阁文库、东洋文库、静嘉堂文库、大东急文库、国立国会图书馆、庆应义塾大学图书馆、琳琅阁、蓬左文库、天理大学附属天理图书馆、足利学校遗迹图书馆、横山重私人藏书等公私藏书机构进行调查后撰写，多附书影，并详细记录书名、卷数、编纂者、刊行地、板式、刊行时间、册数、书号等，此外对书的内容、作者、纸张等也有详细考论，有很高的参考价值。

金庠基编《高丽时代의著书目录》，附载于金氏著《高丽时代史》第八章《高丽时代의文化》，图书出版民族文化，1989 年版。该目录颇简明，以书名音序排列，共有三项内容，即书名、著者及备考，共著录352 种。

韩国民族文化推进会编纂《韩国文集丛刊解题》，景仁文化社，1991 年开始出版，共出版 6 册，对 663 种韩国文集作了解题。这项工作做得极为详细，有关书志的形态，著者的生卒年、字号、籍贯、谥号、家系、经历、配偶，文集刊行过程，底本状况等，皆有叙述。本书是为配合《韩国文集丛刊》而作。与此项工作相关联的，是其简明本《韩国文集丛刊便览》，由韩国古典翻译院 2010 年出版。读者手此一册，可以快速了解韩国历代文集的大致面貌。

朴现圭编著《台湾公藏韩国古书籍联合书目》，台湾文史哲出版社，1991 年版。本书根据台北市内十三家图书馆古书目录，从中截取韩国古书部分汇编成帙，详列书名、卷数、作者、刊行时间、板式、序跋、刊记、刻工名、印章等，并略附参考文献。

金学主、吴金成编《韩国重要图书馆所藏明清人文集目录》，学古房，1991 年版。本书以韩国国立中央图书馆、首尔大学校中央图书馆、奎章阁、延世大学校图书馆、高丽大学校图书馆、成均馆大学校图书馆、梨花女子大学校图书馆、东国大学校图书馆、岭南大学校图书馆、启明大学校图书馆所藏明清人文集编成，明、清单独排列，以作者姓氏为序，简单排列作者、书名、卷数、刊行年、收藏地等。

苏在英、金槿泰、张庚男等编《韩国古典文学关系研究论著总目录(1900—1992)》，启明文化社，1993 年版。资料共分十类，第九类为汉文学，包括诗话、杂录和批评等，以一般论文、硕博士论文和单行本分类收录，其排列方式乃依作者音序。

黄忠基编《历代韩国人编著书目录》，国学资料院，1996 年版。收书范围从三国时代到公元 1900 年以前出生者，全书以作者姓氏音序排列，附其生卒年、著作名称、收藏之所等，并附书名索引。

忠南大学校图书馆编《鹤山文库目录》，1997 年版。本目录为鹤山赵锺业先生个人藏书，寄赠忠南大学校图书馆。古书部分共 1014 种 2247 册，其中有较为稀见者，如朝鲜刊本《唐宋分门名贤诗话》。

曹喜雄著《古典小说异本目录》，集文堂，1999 年版。此书资料丰富，甚有价值。以朝鲜时代著名小说《九云梦》为例，首先是“异本研究”，其次是“版本年代”，综述金东旭、柳铎一、丁奎福、李昶宪等人的研究，最后详列各种版本，包括国文抄写本、国文京版本(指在京城开版)、国文完版本(指在完山开版)、国文版刻本、国文活字本、汉文抄写本、汉文罗州本(指在全罗道开版)、汉文完版本、汉文版刻本、汉文誊写本、汉文悬吐本、日语翻译本、英语翻译本等。

东洋史学会编《韩国东洋史研究者论著总目录(1948—1998)》，景仁文化社，1999 年版。本书以研究者姓名音序排列，收集论文(含硕博士论文)、说丛、著作(含译著)以及国外的相关论著目录，说丛包括书评、研究动向、回顾与展望、研究纪行、历史随笔等。后附索引，颇便检索。

高丽史学会编《高丽时代史论著目录》，景仁文化社，2000 年版。此书分类较细，颇便参考。第一是总类，下分通论、概说、时代区分、研究史、书评、人物、史料集、用语辞典、遗址和其他；第二是政治，下分通论、中央机构、地方制度、官职与官阶、官吏铨选与任用、势力与运营、军事、对外关系、政治思想；第三是经济，下分通论、土地制度、土地制度之特征、公田论、私田论、农业生产力、赋税与财政制度、商业、手工业和其他；第四是社会，下分通论、身份、家族、民众抵抗、乡村社会、法制、社会设施、社会思想、人口；第五是文化，下分通论、教育、学术、文学、科学技术、美术、音乐舞蹈和其他；第六是宗教，下分通论、佛教、儒教、道教、风水图谶、民间信仰；第七是民俗，下分通论、衣食住、冠婚丧祭、日常生活、岁时风俗、传统信仰、传统音乐、传统游戏和其他。末附索引。

高丽史学会编《朝鲜后期史论著目录·文化》，景仁文化社，2001年版。本书收录自1890年至2000年韩国、朝鲜、日本、中国、美国、俄罗斯、欧洲相关研究论著目录共约16000则。末附作者索引和主题词索引。

李基淳编《韩国人物史论著目录》，景仁文化社，2003年版。分总类和人物两大类，总类下区分著作和论文，人物下以音序排列，末附索引。

千惠凤等编《海外典籍文化财调查目录——日本宫内厅书陵部韩国本目录》，韩国海外典籍调查研究会，2001年版。此书收录韩国本636种4678册，以四部分类法排列。此书所谓“韩国本”，包括在韩国刊印、抄写的中国、日本人撰写的著作，详细列举书名、卷数、作者、板式、刊行时间、纸张、序跋、印章、刊记、分类号等，值得参考。

奎章阁编《奎章阁所藏文集解说》，民昌社，1995年起陆续出版。本书按时代出版，计15—17世纪14册，18世纪14册。其解说细化到文集中的每一篇文章，功夫甚深，值得参考。

启明大学校童山图书馆编《古书综合目录》,2004 年版。此书著录启明大学童山图书馆所藏汉籍 61215 册,分通论、哲学、宗教、社会科学、语言、科学、技术、艺术、文学、历史,每一类中按音序排列,末附书名及作者索引。其中不乏海内孤本。

全寅初主编《韩国所藏中国汉籍总目》,学古房,2005 年版。这是迄今为止对韩国现存中国典籍最为全面的调查,含括了韩国各图书馆的二十八种古籍书目:庆尚大学校图书馆《汉籍目录》(1996);高丽大学校中央图书馆《石洲文库目录》(1973)、《新庵文库目录》(1974)、《华山文库汉籍目录》(1976)、《晚松金完燮文库目录》(1979)、《公亮文库目录》(1982)、《贵重图书目录》(1980)、《汉籍目录:旧藏》(1984);国史编纂委员会《古书目录》(1983);檀国大学校栗谷纪念图书馆《汉籍目录》;韩国国会图书馆《李朝书院文库目录》(1969);东国大学校中央图书馆《古书目录》(1981);首尔大学校图书馆《奎章阁图书中国本综合目录》(1982);首尔大学校人文大学附设东亚文化研究所《补订奎章阁图书韩国本总目录》(1980);成均馆大学校中央图书馆《古书目录》(1979)、《古书目录》二(1981);雅丹文化企划室《雅丹文库藏书目录二:古书》(1996);延世大学校中央图书馆《古书目录》(1977)、《古书目录》二(1987);龙仁大学校传统文化研究所《古书目录》(2000);梨花女子大学校韩国文化研究院《古书目录》(1981);藏书阁《藏书阁图书中国版总目录》(1974);忠南大学校图书馆《古书目录》(1993);韩国国立中央图书馆《古书目录》一、二、三(1970)、《外国古书目录:中国·日本篇》一、二、三、四(1976);韩国民族美术研究所《涧松文库汉籍目录》(1967);韩国精神文化研究院《藏书目录:古书篇》(1991);中韩翻译文献研究所《藏书目录》(2003)。本书的收录范围包括:刊刻于中国而流传于韩国的中国典籍;刊刻于韩国的中国典籍;中国典籍的韩国选注本。其编排大致依照四部分类法,同类书中又以书名音序排列。每一书名下分别纪录编撰者、版本、刊行地、刊行年代、册数、卷数、板式、刊记、序跋、印章及收藏地等,著录总数达 12500 馀条。

尹忠男、金成焕编著《哈佛燕京图书馆韩国贵重本解题》(*The Annotated Catalogue of Korean Rare Books at the Harvard-Yenching Library, Harvard University*),景仁文化社,2005 年版。本书是对美国哈佛燕京图书馆所藏韩国本的解题。全书共五卷,前四卷为解题,末卷为索引。其编排方式依"哈佛在线图书馆信息系统"编号,略分经学、哲学、伦理学、宗教总论、佛教、基督教及其他、历史科学、传记、家谱、榜目与实记、史地、中国及日本历史、韩国历史、韩国地理、社会科学总论、通计、社会学、经济学、政治学及法学、教育学、言语学、韩国文集、韩国言语、韩国文学、美术、音乐、自然科学、工业、书志学及丛书等,总计 3850 种。每种书著录其书名、作者或编者名、刊行地及时间、册数、版本,并略作解题,其中文集部分较为详细。索引区分为资料名及编著者两类,皆依韩文音序排列。

《伯克莱大学东亚图书馆所藏韩国古典籍目录》,高丽大学校民族文化研究院编辑出版,2009 年版。本书著录美国加州伯克莱大学东亚图书馆所藏韩国典籍,以经史子集排列,著录书名、作者、版本、刊行地与时间、版式、刊记、序跋、印章及书号等。末附书名索引和人名索引。

(2) 日本人编纂

朝鲜古书刊行会编《朝鲜古书目录》,明治四十四年(1911)刊行。此书依据法国人 Courant 的《朝鲜书籍解题》及《文献备考》《海东绎史》等朝鲜时代的书目,并参考当时韩、日公私藏书目录编纂而成，收书约3000部。其分类如下：第一、经籍儒家之部；第二、历史地理之部；第三、制度典章其他之部；第四、诸子百家其他之部；第五、文章诗歌其他之部。附各国人（包括中国、日本和其他外国人）有关朝鲜之新旧著书，略依时代先后排列。其著录颇简单，仅书名、卷数、作者，朝鲜板中国著作则往往注明其册板所在地。

朝鲜总督府编《朝鲜图书解题》，大正四年（1915）刊行，大正八年增补。此书据朝鲜总督府所藏朝鲜图书，依四部分类法略作解题，并附书名五十音索引。解题包括书名、卷数、作者小传、内容大要等。韩国图书出版民族文化于1995年据原刊本影印。

高桥亨编《庆北庆州郡内书院藏书家目录》，此书著录了玉山书院、龟冈书院、李成德、霞溪书塾、李大源、孙明镐藏书。对于了解20世纪初岭南地区的书院及私家藏书尤有帮助。

《大阪府立图书馆韩本目录》，大正五年始刊行。此书著录本馆所藏朝鲜本，依《四库全书》分类，收书1000种5210册，其中5080册为佐藤六石收集。

《烧失したる东大附属图书馆所藏贵重书》，载《史学杂志》第三五编第三号，大正十三年三月。上一年东京大地震时，东大图书馆白山黑水文库所藏稀觏之朝鲜四部典籍有七百馀种被毁，占其所藏总数之大半，此为被毁图书目录。白山黑水文库所藏者，是白鸟库吉在明治四十二年（1909）以后，依满铁会社之嘱在朝鲜和中国东北地区大肆收罗而来的朝鲜本，其中有珍贵者如古铜活字本，亦有海内无双之孤本如《广史》《说海》《汇丛》等大型丛书。此外，尚有自高丽至朝鲜时代之名公巨卿、鸿儒宿德的笔迹数百通及辽、金时代碑拓等。

《宫城县图书馆朝鲜本解说》，昭和三年（1928）。该馆藏书承袭了藩学养贤堂及青柳馆文库的藏书，有为数不多的朝鲜书。值得注意的是，该解说中的“藏书印考”和德富猪一郎所撰《杜樊川文集夹注に就て》一文颇具参考价值。

中村荣孝编《事大纪行目录》，载《青丘学丛》第一号，昭和五年(1930)。此著录朝鲜时代赴中国纪行之作，即今日俗称“燕行录”者，虽然不够完备，但为最早网罗此类文献者。

末松保和编《高丽文献小录》，连载于《青丘学丛》第六号、第八号、第十二号，昭和六年至八年。此据《三国史记》《三国遗事》《新编诸宗教藏总录》辑录高丽时代僧俗文献。

三木荣著《朝鲜医籍考》，载《中外医事新报》第 1189—1215 号(昭和七年一月至十年一月)，《补遗》载《中外医事新报》第 1225—1226 号(昭和十年十二月)。全书构成如下：朝鲜固有医书 90 种；中国医书之朝鲜版 55 种；医药关系朝鲜本 25 种；朝鲜医书之中国版 3 种；朝鲜医书之日本版及关系书 23 种；朝鲜医书目录 14 种，共计 210 种，以隆熙元年(1907)之前为限。其解题包括书名、卷数、册数、著者、刊记、板式、序跋、引用文献、著者小传及内容总评，多有参考价值。三木氏另有《朝鲜医学史及疾病史》《朝鲜医事年表》等著作。

中山久四郎编《江户时代来聘朝鲜通信使迎接应待笔语唱和图书目录》，载小田先生颂寿记念会编《小田先生颂寿记念朝鲜论集》，大阪屋号书店，1934 年版。自高丽朝恭愍王十五年(1366)起，就有向日本派遣使者的外交行为，现存最早的朝鲜使臣日本行纪文献，是宋希璟于朝鲜世宗二年(日本应永十六年，1409)出使日本的《老松日本行录》。但现代学者的注意力较为集中在江户时代的朝鲜通信使文献，也就是始于朝鲜宣祖四十年(日本庆长十二年，1607)、终于纯祖十一年(日本文化八年，1811)的十二次使行资料。较为完备的目录是由高桥昌彦编纂的《朝鲜通信使唱和集目录稿》，原载《福冈大学研究部论集》A 六(八)2007 和 A 九(一)2009,其后修订增补为《朝鲜通信使唱和集目录稿》,收入松原孝俊编的《全球化时代的朝鲜通信使研究》(《グローバル時代の朝鮮通信使し研究》)一书,日本福冈花书院,2010 年版,是迄今为止网罗相关文献最为全面的目录。

《李王家藏书阁古图书目录》,昭和十年(1935)。此就藏书阁所藏古图书 5382 种 56076 册及新图书 2577 种 4096 册制成目录,其中古图书依四部分类,并区分朝鲜版、中国版和日本版。

樱井义之编《明治年间朝鲜研究文献志》,京城书物同好会,1941 年版。全书分七大类:一、朝鲜事情一般;二、历史、传记;三、内政、外交;四、经济、产业;五、地志、纪行;六、教育、文艺;七、宗教、卫生。该目录具有丰富的历史文献价值,以其中著录的目录类而言,如明治四十一年(1908)的《韩籍目录稿本》,隆熙三年(1909)的《帝室图书目录》,明治四十四年的《朝鲜书籍目录》,同年的《朝鲜古书目录》,明治四十五年的《朝鲜艺文志》等,对于研究朝鲜目录学史,皆有重要帮助。其后又有《补遗》,分为八类,增加了"朝鲜地图"一目。末附书名索引和编著者名索引。

前间恭作编《古鲜册谱》,此书为前间氏未定之遗稿,作者自撰之例言作于大正乙丑(1925),追记作于昭和三年,存于东洋文库,身后由东洋文库出版。第一册由樋口庆千代、久野升一整理,于昭和十九年发行;第二册由山根幸夫、田中正俊、田川孝三整理,于昭和三十一年发行;第三册由田川孝三整理,于昭和三十二年发行。全书以所著录书名之五十音为序排列,每一种书皆列书名、作者及小传、各种不同版本的序跋、收藏地、各类文献的相关记载、书影等,参考价值极大。韩国图书出版民族文化于 1995 年据东洋文库本影印。

《今西博士搜集朝鲜关系文献目录》,书籍文物流通会,昭和三十六年(1961)发行。这是日本的朝鲜史专家今西龙的个人藏书目录,略分三类:第一汉谚文类,下分经、史、子、集、丛书、杂类,各类中又以笔画多少为序;第二和文类;第三欧文类,以音序排列。末附书名笔画索引。

《大阪府立图书馆藏韩本目录》,大阪府立图书馆,昭和四十三年发行。著录本馆中的朝鲜本共 1023 种 5237 册,大略以四部分类,子目分类则根据该馆自定样式。著录方式为书名、板别、国别、著编者名,略传则参考《古鲜册谱》,以下为序跋及刊行时间。卷末附书名和著者索引,以五十音序排列。

《增补东洋文库朝鲜本分类目录》,昭和五十四年发行。该书目分新旧两部分,古书以四部分类,新学以总记、哲学、历史、社会科学、自然科学、工学、产业、艺术·美术、语学、文学分类。古书著录书名、卷数、著者、印记、册数及藏书番号等。卷末附书名及人名索引,以五十音序排列。

《东京大学总合图书馆藏阿川文库朝鲜本目录》,誊印本,编纂时间不详。此书以五十音序排列,分别著录各书名、著者名、年代、版别、卷册、函架及备考。

《京都大学附属图书馆所藏河合文库图书目录》,誊印本,编纂时间不详。今西龙编《河合弘民博士搜集书籍目录》,大正六年冬至七年春编成。以上两种书目,皆日本京都大学讲师河合弘民搜集之朝鲜本目录,河合氏身后其藏书皆为京都大学购入,前者为图书馆所编,故有登录号及分类号,方便检索。

《天理图书馆所藏今西博士收集朝鲜本マイクロフィルム目录》,这是根据该馆所藏今西龙收集之朝鲜本制成的缩微胶卷目录。

誊印本,编纂时间不详。总共154个胶卷,收书671种。

《国立国会图书馆所藏朝鲜关系资料目录》,昭和五十年(1975)编纂,昭和五十九年发行。本书著录馆藏朝鲜关系资料1002种,附高丽板《大藏经》。大致依《四库全书》分类而略有调整,分别著录书名、著者、卷数、册数、刊行时间、书号等,末附人名及书目索引,按照西文音序排列。

名古屋朝鲜史研究会编《四方朝鲜文库目录》,1978年发行。此书目为四方博自1945年以来搜集的朝鲜关系书籍,约4000种。该书目以现代分类法编纂,分别著录书名、编著者名、发行年代、发行地、发行所,发行时间皆以公元纪年。续编为洋书和杂志。末附书名索引,以五十音序排列。

渡部学编《朝鲜の民间流布初学入门书目录》(附解说),中央大学图书馆,1986年发行。渡部氏乃研究朝鲜时代教育史的专家,此类书皆寄赠中央大学图书馆,故此乃一专题书目。略分总说、千字文类、童蒙先习·童蒙须知类、击蒙要诀类、启蒙篇类、明心宝鉴类、十九史略通考·通鉴节要类、字书·韵书类、旧韩末学部编集教科书类、诗文类、其他。每一类之前有对该书之总论,然后就每一种书详列其作者、时代、版本、藏所等。又附50帧书影。末附书名索引。

《东京经济大学图书馆所藏樱井义之文库目录·朝鲜关系文献》,1976年编。樱井氏为著名文献学家,曾编纂《明治年间朝鲜研究文献志》及《续编》,本书乃其所藏朝鲜关系文献700馀种之目录。据现代编目法编纂,以日文书为主,兼收西洋文书。末附索引,以西文音序排列。

学习院东洋文化研究所编《朝鲜史关系所藏图书目录》,1975年发行。该所由著名朝鲜史专家末松保和主持,自1953年至1972年,曾出版过重要的朝鲜史料如普及版《李朝实录》56册和“学东丛书”12种，对日本的朝鲜学研究多有推动。此书即为该所收藏之朝鲜史关系目录，以现代编目法编纂。后附末松保和之《学习院东洋文化研究所と普及版李朝实录と学东丛书と》一文。

《友邦协会·中央日韩协会所藏朝鲜关系文献·资料总目录》，昭和六十年(1985)编。本书著录了约5700种朝鲜关系文献资料，根据内容区分为朝鲜·满蒙关系图书之部、一般图书之部、文书等之部、杂志·报纸之部、洋书之部、录音磁带之部。以“日本十进分类法”编纂，分别著录书名、著者名、出版地、出版年、页数、册数等，末附作者及书名索引。其著录之资料，皆由学习院大学东洋文化研究所保存和管理。

从《今西博士收集朝鲜关系文献目录》到上书共12种书目，韩国骊江出版社于1990年曾汇编为一，题名《日本所在韩国古文献目录》，分四册出版。

朝鲜史研究会编《战后日本における朝鲜史文献目录(1945—1991)》，绿荫书房，1994年版。本书自汇编自1945年8月15日至1991年12月31日在日本国内刊行的有关朝鲜史研究的关系论著目录。分著作编和论文编两类，前者收录约3000种，后者收录约10000篇。著作编分类如下：(1)通史(含一般通史和专门史)；(2)目录、工具类；(3)前近代(考古、古代、高丽、李朝)；(4)近代(自开埠至解放)；(5)现代(解放以后)；(6)在日朝鲜人史；(7)一般(含美术、文学、民俗学)；(8)论文集；(9)史料。论文编分类为：(1)通史、史论；(2)目录、书志、学界动向；(3)考古、古代；(4)高丽；(5)李朝；(6)近代(自开埠至解放，含解放前在日朝鲜人问题)；(7)现代(解放以后)；(8)在日朝鲜人问题(解放以后)；(9)一般(含美术、文学、民俗学)；(10)史料。每类按出版时间排列，同一年内按音序排列。后附编著者名索引。

疋田启佑著《韩国文集丛刊解题》，该解题分十五次连载于日本福冈女子大学《香椎潟》39期至48期(1995—2002年)和《中国哲学论集》31期至36期(2006—2010年)，乃据韩国民族文化促进会出版之《韩国文集丛刊》所作之解题，包括版本、作者小传、内容、文风特征等。陈玮芬将《香椎潟》上的103种文集解题译为中文，自2000年《中国文哲研究通讯》第10卷第2期至2003年第13卷第3期陆续刊出。

藤本幸夫著《日本现存朝鲜本研究·集部》，京都大学学术出版会，2006年版。本书是对日本现存朝鲜本的集部著作的解题，分类仿照《修订版奎章阁图书韩国本综合目录》，同一类目中则依照书名音序排列。共著录1910年以前朝鲜本3000种，其著录项达28目，即书名、撰者、版种、刊者、刊年、刊地、装帧、尺寸、纸质、版式、版心、构成、序文、跋文、刊记、原刊记、刻工名、内赐记、谚解、悬吐、书扉、藏书印、识语、注记、撰者传、蓝本、研核、所藏者，可谓巨细靡遗，末附参考文献及索引(含CD－ROM)，故甚有参考价值。十二年后，作者又出版了《日本现存朝鲜本研究·史部》，其著述项同前书，为28目，共著录史部文献2960种。由韩国东国大学校出版部出版，2018年版。

夫马进著《日本现存朝鲜燕行录书目解题》，原载《京都大学文学部研究纪要》第42号，2003年，后经修订收入其著《朝鲜燕行使与朝鲜通信使》(伍跃译)，上海古籍出版社，2010年版。夫马氏与韩国东国大学校林基中合编《燕行录全集日本所藏编》，本文对收藏于日本的33种燕行录作解题，包括书名、卷数、收藏地、版本、作者简介、旅程以及内容，凡有特别之处皆作提示，颇有参考价值。

高丽大学校民族文化研究院海外韩国学资料中心与日本京都大学人文科学研究所附属东亚人文情报学研究中心合编《京都大学附属图书馆所藏河合文库目录》,作为“东方学资料丛刊”第 26 册,于 2019 年由京大人文研附属东アジア人文情报学研究センター出版。本书著录了河合弘民收集的朝鲜时代典籍,在此前日本、韩国学者如金西龙、田川孝三、藤本幸夫、千惠风等人的工作基础上,增补修订完善而成。以经史子集四部分类,各种资料分别著录书名、登录号、编著者、版本、发行地、物质形态(如册数、插图、框郭、行数、字数、版心等)、注记事项(如版心题、书根题、序跋、刊记、赐记、内赐记、藏书印等)。后附索引。

(3)中国人编纂

杭州大学图书馆、杭州大学韩国研究所编《韩国研究中文文献目录(1912—1993)》,杭州大学出版社,1994 年版。此书为“韩国研究丛书资料编之一”,收录八十年间在中国国内发表的有关韩国人文社会科学方面的研究论著条目共 3000 馀条,分为专著和论文两部分,附录引用报刊、论文集一览表和作者姓名索引。

杭州大学图书馆、杭州大学韩国研究所编译《韩国研究日文文献目录(1912—1993)》,杭州大学出版社,1995 年版。此书为“韩国研究丛书资料编之二”,收录八十年间在日本发表的有关韩国人文社会科学方面的研究论著共 5000 馀条,分专著和论文两类,末附作者姓名索引。

李仙竹主编《北京大学图书馆馆藏古代朝鲜文献解题》,北京大学出版社,1997 年版。李氏于 1992 年曾与玄英子编纂《北京大学图书馆馆藏朝鲜学书目汇编》,此书则专就古代朝鲜文献作解题。全书共著录 300 多种文献,依《四库全书》分类,而略加损益。著录内容有书名、卷数、作者、板式、作者小传、内容概说等,并附书号。附录部分包括日文版古籍书目、1949年以前中文版和日文版报刊、古代朝鲜金石拓片目录、书影及索引,以汉语拼音及笔画两种方式编排。

黄建国、金初升主编《中国所藏高丽古籍综录》,汉语大词典出版社,1998年版。书名中的"高丽"并非指高丽王朝,而是代指今日之朝鲜—韩国。此书著录了中国51家图书馆藏朝鲜半岛1911年以前的文献2028种,以四部分类,著录书名、卷数、作者及版本。附录涉及1911年以后的出版物及中、日两国有关朝鲜的资料。末附书名索引,以笔画多少排列。

陈华编译《韩国研究西文、俄文文献目录》,上海译文出版社,2000年版。此书为"韩国研究丛书资料编之三",收录1912—1995年国内外发表的西文、俄文有关韩国人文社会科学方面的研究论著共2800馀条,分专著和论文两类,末附作者姓名索引。

2. 日本部分

(1) 日本人编纂

佐村八郎著《增订国书解题》,六合馆,明治三十三年(1900)初版,大正十五年(1926)增订改版。日本历史上专对本国书籍作解题,始于林春斋(恕)《日本书籍考》,其后有幸岛宗意《和版书籍考》、田口明良《典籍秦镜》、村井量令《群书备考》、尾崎雅嘉《群书一览》、西村兼文《续群书一览》等,其收录典籍皆有限。本书为第一部具有较大规模的日本国书解题之著,计约25000部。时人以为可与中国之《四库提要》相媲美,甚至以为"四库"著录合存目不过7000馀部,而此书收录数量更可凌驾而上。全书以书名日语音序排列,下列汉字书名,卷数、作者,正文为作者小传和内容提要,后列小传资料出处。末附作者索引、书籍分类索引及书名笔画索引。

桂五十郎编《汉籍解题》，日本图书センター，明治三十八年(1905)版。本书选录宗旨有二：一为历代学者必读书或必参考书，二为在日本通行之书。虽然著录者都是中国典籍，但其中关于该书传入日本的时间经过，对于了解汉籍流传颇有帮助，而在注解、参考部分，又多列日本人的相关著作。其目次为经、史、子、集、政法、地理、金石、目录、小学、修辞、类书、杂书、丛书，末附索引四种，分别为字画、假名、异名和作者。

吉泽义则著《日本古刊书目》，东京帝都出版社，1933 年版。本书收录范围自奈良时代至文禄末年(1592—1596)，略分奈良时代、平安时代、镰仓时代和室町时代四期，分别著录书名、卷数(或帖数)、收藏地点、识语、刊记、序跋，末附日本古刊书年表及索引。

宫内厅书陵部编《图书寮典籍解题・历史篇》及《续历史篇》，养德社，1950 年、1951 年版。《历史篇》分四大类，即撰史、日记、古文书、系图，每类之下，又分若干小类，如撰史下分总说、官撰国史、私撰国史、年代记类、历史物语、战记物语、史论书、史传类等。解题内容包括书名、册数(或卷轴数)、编号、版本、版式以及内容、撰写经过、撰者略传、版本系统等，如有序跋识语等一并载录。末附书名和人名索引。《续历史篇》则分法制、朝仪、官职补任、部类记、陵墓及杂项共六类，每类之首为总说，是对此类文献的总体描述，其后是对该类书目的解题，方式同上。末附书名索引。该书尚有《文学篇》和《续文学篇》，但其内容不包含汉文学，故从略。

龙谷大学图书馆编《佛教学关系杂志论文分类目录》，百华苑，1961 年版。本书汇集昭和六年(1931)至昭和三十年间日本各杂志刊登的佛教关系论文目录，分佛教部和真宗部。佛教部分二十类，即研究方法论、语学、典籍、古文书、地志、金石铭文、教理思想、印度佛教(附印度学)、南方佛教(附南方史)、中国佛教、西域佛教、西藏·蒙古·满洲佛教、朝鲜佛教、日本佛教、欧美佛教、佛教文学、佛教美术、佛教仪礼、佛教与现代文化、杂类。真宗部分七类,即研究方法论、目录、典籍、教义、历史、美术和杂类。末附收录杂志一览表及索引。

山根幸夫、小川尚编《日本现存明人文集目录》,大安印刷,1966年版。本书依作者姓名音序排列,收录了上野图书馆、京都大学人文科学研究所、京都大学文学部、宫内厅书陵部、静嘉堂文库、尊经阁文库、东京大学东洋文化研究所、东洋文库、内阁文库和蓬左文库等十家机构所藏明人文集,除中国明清至民国刊本外,也包括日本和朝鲜的写刻本。末附作者姓氏索引,以汉语音序排列。

龙谷大学佛教学研究室编《佛教学关系杂志论文分类目录》,永田文昌堂,1972年版。本书汇集昭和三十一年(1956)至昭和四十四年间日本各杂志刊登的佛教关系论文目录,分佛教部和真宗部。佛教部分二十二类,即研究方法论、文献(言语)、史料、地志、教理思想、教团、印度佛教、南方佛教(附南方史)、中国佛教、西域·中亚佛教、西藏·蒙古佛教、朝鲜佛教、日本佛教、欧美佛教、印度学、海外佛教(印欧及其他)、比较思想、佛教文学、佛教艺术、佛教仪礼、佛教与现代文化、杂类。真宗部分八类,即研究方法论、典籍、教义、历史、史料、美术、现代与真宗和杂类。末附索引。

原田尾山撰《日本现在中国名画目录》,临川书店,1975年版。本目录调查制作于1928至1932年间,初版于1937年。著录保存于日本的中国名画,自唐代吴道子始,以时代先后为序,无名氏列于各时代之终。著录时代、画家、画题、材质、样式、尺寸、所在、款识、题跋、收藏印记、著录、传入日本、画家传记和备考诸项,后附日语音序及笔画索引。

市古贞次编《国文学研究书目解题》，东京大学出版会，1982 年版。本书收录自明治时代以降至 1980 年有关国文学研究之书目约 2400 种，这些研究著作也包括了相邻学科如文学艺术通论、国语学、国史学、民俗学、宗教学、演剧学等。略分国文学通论、上代、中古、中世、近世、近代部分，每一部分中皆含有汉文学，末附书名索引。

东京大学东洋文化研究所编印《海外所在中国绘画目录》，美国·加拿大编（1977 年版，1994 年改订增补版）、欧洲编（1981 年版，1992 年改订增补版）、东南亚编（1981 年版，1997 年改订增补版），《日本所在中国绘画目录》，寺院编（1982 年版）、博物馆编（1982 年版）、个人收集编（1983 年版），《日本所在中国绘画目录续编》（1998 年版）。本书分册出版，分别著录世界各地所藏中国绘画，依次为整理编号、（传称）作者名、作品名、（传称）时代、形质、尺寸、登录号等，后附题材及画家索引。

森末义彰、市古贞次、堤精二等编《增订版国书总目录》，岩波书店，1963—1976 年初版，1989—1991 年增订版。本书以 170 万张书目卡片为基础编成，收录自上古以来至庆应三年（1867），即明治时代以前日本人所著编撰译的书籍。全书以书名日语音序排列，解题包括书名、卷册数、别称、分类、著编者、成书年代及各类版本。各卷皆列"图书馆·文库一览"和"引用书目一览"。音序之后列"丛书目录"及"补遗"。第一至第八卷为正文，第九卷为作者索引，名下列其所有著作、出版时间以及在该目录中的卷数和页码。

国文学研究资料馆编《古典籍总合目录》，岩波书店，1990 年版。此书为《国书总目录》之续编，收录文献 43000 种，其中《国书总目录》未收者约 10000 种。其编纂宗旨和方式同于上书。

朝鲜史研究会编《战后日本朝鲜史文献目录(1945—1991)》,绿荫书房,1994年版。本书汇集1945年8月15日至1991年12月31日内日本国内刊行的有关朝鲜史研究的著作、论文目录。全书分专著和论文两类,专著类分通史一般、部门通史、目录·工具类、前近代(考古·古代、高丽、李朝)、近代(自开埠至解放)、现代(解放以后)、在日朝鲜人史、一般(含美术·文学·民俗学)、论文集、史料(考古·古代)、史料(高丽)、史料(李朝)、史料(近代)、史料(现代)、史料(在日朝鲜人问题)、史料(一般),著录作者、书名、出版社、出版时间、页数。论文类分通史·史论、目录·书志·学界动向、考古·古代、高丽、李朝、近代(自开埠至解放,含解放前在日朝鲜人问题)、现代(解放以后)、在日朝鲜人问题(解放以后)、一般(含美术·文学·民俗学)、史料,著录作者、篇名、刊物名、卷期号、时间、页码。末附编著者名索引。

二松学舍大学21世纪COE计划《江户汉学书目》,2006年版。本书汇集了现存及散佚的汉学书籍,第一部为“准汉籍书目”,以四部分类法编辑,无法归类者则以日语音序排列。第二部为“日本汉文书目”,亦以日语音序排列。后附索引。一、二册为正文,第三册为索引,分书名索引、著者名索引和丛书细目一览。

二松学舍大学21世纪COE计划《江户明治汉诗文书目》,2006年版。本书收录自日本庆长元年(1596)至明治四十五年(1912)期间汉诗文目录。全书分三部分:一为“江户明治汉诗文刊行年表”,以年代先后排列;二为“江户明治汉诗文书目”,以书名为主题;三为“江户时代汉诗文书目”,以编著者为主题。后二者皆以日语音序排列。

(2) 中国人编纂

李玉编《北京大学图书馆日本版古籍目录》,北京大学出版社,

1995年版。本书收录北京大学图书馆藏1867年以前由日本刊印或抄写的汉文和日本典籍共1409种,北大藏和刻本汉籍多数原属李盛铎藏书,书上多存有李氏题记,颇涉考证。全书以经史子集四部分类,丛书另立一类。卷首有编者文章,简析北大馆藏日本版特色。

王宝平主编《中国馆藏和刻本汉籍书目》,杭州大学出版社,1995年版。本书收录中国68家图书馆中所藏和刻本汉籍共3063种,凡明治时期及以前的和刻本皆在收录范围之内。全书以经、史、子、集、丛五部分类,每书著录书名、卷数、版本及收藏单位。末附书名索引,以笔画为序。

李锐清编《日本见藏中国丛书目初编》,杭州大学出版社,1997年版。本书收录日本16所图书馆及文库所藏中国丛书共计2400馀目,以汇编、类编区分,类编中又分经史子集四类,著录书名、编撰者、版本及藏所,其不见于《中国丛书综录》者,以特别符号标志。后附索引。

林庆彰、连清吉、金培懿编《日本儒学研究书目》,台湾学生书局,1998年版。本书以关仪一郎、关仪直编《近世汉学者著述目录大成》、森铣三等编《近世文艺家资料综览》、近藤春树编《日本汉文学大事典》所列儒学家为对象,按学派分类,并依生年先后排列,收录其著作及后人研究成果,并利用《全集丛书细目总览·古典篇》《古典篇续》和《国会图书馆藏书目录》,将江户时代以来与日本儒学直接相关的丛书收录于此。全书共分六编:第一编总论,第二编古代至中世,第三编近世,第四编近代,第五编现代,第六编丛书。除儒学外,本书也兼收部分日本思想史、哲学史和教育史的资料。全书收录资料的时间起讫乃自上古至1998年6月。每一论著之下,著录作者、书名、卷册数、出版地、出版时间及页数。若内容涉及两类以上者,则以互见方式著录。末附引用工具书目录及作者姓名笔画索引。

王宝平主编、李国庆副主编《中国馆藏日人汉文书目》,杭州大学出版社,1999 年版。本书收录中国 68 家图书馆藏日本明治时期及以前日人用汉文编纂的书籍 2000 馀种,分总记、哲学、历史、社会科学、自然科学、技术、产业、艺术、言语、文学诸大类,著录书名、卷数、作者、版本及藏所。末附书名索引,以笔画为序。

张宝三主编《台湾大学图书馆藏珍本东亚文献目录:日本汉籍篇》,台湾大学出版中心,2008 年版。本书收录台大图书馆特藏组所藏日本汉籍,分两部分:第一部分为汉籍、准汉籍(指以汉籍为对象所作之注释、编辑等,还包括"抄物""国字解"等),以经、史、子、集、丛分类;第二部分为日本人汉文著述,分为总记、儒教、神道、佛教、历史、政治・法制、艺术、语学、文学。附录为"日治时期台湾及朝鲜书"。著录项包括书名、卷数、作者、版本、编号等。末附书名和人名索引。卷首有编者导言,详细论述台大藏日本汉籍之来源、特色、价值等。

严绍璗编著《日藏汉籍善本书录》,中华书局,2007 年版。本书著录了现存日本的中国善本,即明代以及明代以前的各种写本和刊本,按经、史、子、集排列。内容包括正题、按语和附录:正题著录书名、卷数、著者、版本及藏所;按语记录版式、序跋题记、刻工、印玺及其他相关文献;附录包括古来著录、流传记录以及日本古刊本(包括手写本、刻印本及活字本)。书末有全书附录五种,一为"《书录》著录日本汉籍主要文库一览表",二为"汉籍东传日本的轨迹与形式",三为"日本军国主义者在中国掠夺的文化资料",四为"《书录》编著参考书目",五为"日本藏汉籍珍本访察随笔"。最后附书名索引,以汉字笔画为序。

黄仕忠著《日藏中国戏曲文献综录》,广西师范大学出版社,2010年版。本书收录日本公私藏书机构所藏中国古代戏曲相关文献,正文共七编,即杂剧、传奇、曲选、花部曲本及选集、曲谱、曲话(含曲韵、曲目)、其他,以作者时代为序排列。著录书名、卷数、册数、版式、编撰者、评点者、刊印者、刊印方式、刻工、牌记等,并注明藏书处及索书号,后附参考书目及书名索引。

张伯伟著《日本世说学文献序录》,凤凰出版社,2021 年版。本书对日本有关"《世说》学"文献作了全面序录,全书分现存文献和存目文献两大类。现存文献共收录注释 23 种,辑佚 2 种,考订 4 种,仿作 8 种,和刻 2 种,未见 10 种。存目文献收录注释 17 种,考订 3 种,仿作 1 种,和刻 1 种,是迄今为止收罗最富、考订最精之著。作者此前编著《日本世说新语注释集成》(凤凰出版社,2019 年版),收录相关著作 29 种(未收日文著述),可以参看。

3. 琉球部分

琉球大学编《琉球文献目录》(*Bibliography of the Ryukyus*),琉球大学,1962 年版。此书以英语和日语双语编成,收录 28 个图书机构所藏琉球关系文献约 3000 种。分类如下:(1) 书志、记录;(2) 自然科学;(3) 记录、解说、报告、书简;(4) 人类学、人种学;(5) 社会生活、社会组织;(6) 宗教;(7) 语言;(8) 文学;(9) 歌谣、民谣;(10) 舞蹈、戏曲;(11) 音乐;(12) 工艺、美术;(13) 考古学、史前学;(14) 历史;(15) 传记、系谱;(16) 统治与行政;(17) 经济;(18) 公共卫生;(19) 教育;(20) 绘画。内容包括编者姓名、文献名、刊发杂志及出版时间、收藏地。

琉球政府立冲绳史料编集所编《冲绳关系文献目录》,非卖品,1972 年版。本书收录自明治年间至 70 年代日本与冲绳研究相关论著目录，按照“乡土资料分类表”，略分总记、哲学、历史、社会科学、自然科学、工学、产业、艺术·美术、言语、文学等类别。区分著作和杂志两类，著录著者名、书名或论文名、发行所、杂志名、发行年代或杂志卷号以及专门杂志（如《おきなわ》《琉球》《冲绳文化》等）目录。

高津孝、荣野川敦编《琉球关系汉籍调查目录》，文部省科学研究费补助金总合研究（A研究成果报告书），1994年。本书收录者为汉籍、准汉籍以及琉球人之汉文著作。全书分六部分：第一为久米村士族之汉籍收集（即法政大学冲绳文化研究所《楚南家文书汉籍目录》）；第二为八重山士族之汉籍收集（即琉球大学附属图书馆《宫良殿内文库汉籍目录》和《石垣市立八重山博物馆所藏汉籍目录》）；第三为屋取之汉籍收集（即北谷町史编集室《北谷町金良家文书汉籍目录》）；第四为近代冲绳研究者之汉籍收集（即琉球大学附属图书馆《伊波普猷文库汉籍目录》、冲绳县立图书馆《东恩纳文库汉籍目录》及琉球大学附属图书馆《仲原善忠文库汉籍目录》）；第五为其他（即琉球大学附属图书馆《原忠顺收集汉籍目录》、法政大学冲绳文化研究所《赤木文库汉籍目录》《冲绳县立博物馆所藏汉籍目录》《京都大学文学部所藏琉球关系汉籍目录》《天理大学附属天理图书馆所藏琉球关系汉籍目录》《琉球大学附属图书馆所藏琉球关系汉籍目录》）。以经、史、子、集和琉球人编著作、日本人编著作为序，著录书名、卷数、编著者、版本、册数、保存状况以及印记、封面文字等。末附书名索引。

朱德兰主编《中琉历史关系学术会议论文集目录要览》，中琉文化经济协会，2002年版。本书收录第一届至第八届中琉历史关系国际学术研讨会263篇论文目录及提要，依据论文内容分为十五类，即历史·文化、地理、社会、经济、政治·外交、法制、宗教、学术·教育、文学、音乐·美术、考古、人物、海难·海岛、史料介绍及考证、其他。末附历史人名、地名、事项及作者索引。

4. 越南部分

松本信广《河内法国远东学院所藏安南本书目》，载《史学》第13卷第4号，1935年。远东学院为法国人为研究印度支那及周边国家之考古学、语言学而建立的研究机构，1901年设立于越南西贡（今胡志明市），次年移至河内。据1930年统计，其中藏书含有三类：一为用汉文记录之越南本，二为喃字本，三为汉籍的越南版。最早著录其书的是伯希和等1904年发表的《对安南史的安南资料之初步研究》（冯承钧曾翻译此文，题为《安南书录》），但仅仅著录175部。本文著录共计3440部，以书名笔画为序排列。

松本信广《越南王室所藏安南本书目》，载《史学》第14卷第2号，1935年。本文是上文的继续，略分《新书院守册·国书》《聚奎书院总目册》两种，后者又分为“国朝事典书目”“国朝钦定书目”和“历代书目”，“历代书目”下又分经、史、集，著录册数、作者、编著者、损坏情况、来源等。后附书名笔画索引。《新书院守册》乃越南维新六年（1912）阮性五等人编纂，原书分六卷，卷一经库，卷二史库，卷三子库，卷四集库，卷五国书，卷六西书。本文仅迻录其卷五“国书”部分。《聚奎书院总目册》乃越南黄虞班等人于成泰十四年（1902）编纂。

山本达郎《河内法国远东学院所藏字喃本及安南版汉籍书目》，载《史学》第16卷第4号，1938年。

山本达郎《巴黎国民图书馆所藏安南本目录》，载《东洋学报》第36卷，1953年。本文为作者于1951年至1952年在巴黎期间，调查巴黎国民图书馆所藏安南本而制成的目录，分为“汉文书籍目录”和“字喃书籍目录”两类，前者65种，后者108种，著录书名、版本、卷数、存佚、年代等。

山本达郎《河内法国远东学院所藏安南本追加目录》,载《东洋学报》第36卷,1953年。本文是对此前松本及山本本人所编目录之补充。汉喃研究院的安南本目录,多分三类:A为越南人士以汉文撰写之本;AB为字喃本;AC为中国汉籍之安南版。本文亦据此分类,其中A类398种,AB类33种,AC类18种。

山本达郎《巴黎亚细亚协会所藏安南本目录》,载《东洋文化研究所纪要》第5册,1954年。巴黎亚细亚协会所藏安南本,其来源多为著名越南史和越南语学者马伯乐(H. Maspero)之遗赠,多为写本,共计148种。其他越南本26种,含子目共96种。著录书名、册数、版本内容、作者、内容提要及序跋等。

东洋文库古代史研究委员会编《东洋文库藏越南本书目》,东洋文库,1999年版。本书为东洋文库所藏越南本目录,分为两部分:一为"越南本书目",其书为永田安吉的旧藏,1934年寄赠东洋文库。岩井大慧曾于1936年《史学》第14卷第2号刊登《永田安吉氏蒐集安南本目录》。永田氏在30年代任日本驻越南总领事,在任期间以私财购置越南文献,后归东洋文库。二为"越南本(写真本)目录",为战后在法国远东学院及越南诸多机构复制本,多为写本。全书以四部分类,记录书名、卷数、册数、登录号、编著者、出版(复制)年、版本(或写本、摄制本)、行数、字数等,卷末附书名笔画索引。

王小盾、刘春银、陈义主编《越南汉喃文献目录提要》,"中央研究院"中国文哲研究所,2002年版。本书工作基础为越南汉喃研究院和法国远东学院于1993年联合编辑出版之《越南汉喃遗产目录》(*DI SAN HAN NOM VIETNAM*: *THU MUC DE YEU*=*CATALOGUE DES LIVRES EN HAN NOM*),原文为越南文和法文,本书据此翻译为中文，并以经史子集四部重新分类及撰写提要。收录越南汉喃研究院图书馆、法国远东学院图书馆、法国国家图书馆东方写本部、法国东方语言学院及法国吉梅博物馆所藏汉喃本 5027 种。分别著录书名、编著者、序跋年代、版本及版式、内容提要、收藏地等。上册为正文，下册为索引，分汉文书名索引、越南文书名索引和汉文作者索引。

刘春银、林庆彰、陈义主编《越南汉喃文献目录提要补遗》，"中央研究院"亚太区域研究专题中心，2004 年版。本书为上书之补遗，其工作基础为越南汉喃研究院于 2002 年编印之越文版《汉喃遗产目录补遗》（*DI SAN HAN NOM VIETNAM*：*THU MUC DE YEU*：*BO DI I QUYEN THUONG*, *QUYEN HA*），据此翻译成中文。补遗部分为地方文献，共 2280 种。著录文献名、版本、版式、内容提要、书写文字以及馆藏编号。上册为正文，下册为索引，分汉文书名索引、越南文书名索引、神号索引、地名索引。附录四种：一为"荷兰莱顿大学汉学院图书馆馆藏汉喃古籍目录提要"，二为"越南各省名称中越文对照表"，三为"二十世纪末越南全图及各省道图"，四为"越南陈朝（西元 1225 年）以后历史简表"。

（二）年表

尹炳泰编《韩国书志年表》，首尔韩国图书馆协会，1972 年版。本书列举了自新罗真兴王六年（545）至朝鲜隆熙四年（1910）年间各种文献中有关典籍著述、刊布、交流等事项的资料，按年月日排列。资料丰富，便于查检。后附参考文献和索引。

三木荣编著《朝鲜医事年表》，思文阁，1985 年版。本书将上古时代至 1945 年与朝鲜医学、医疗、疾病相关的原始文献编制为年表，往往具体到年月日。而与朝鲜医学相关之中国、日本、西洋医学资料亦加以采撷。年表以公元、干支、中国、朝鲜、日本纪年相对应，分开辟至三国末期（668）、新罗统一时期（669—935）、高丽期（936—1392）、李氏朝鲜期（1392—1910）、代行政治期（1910—1945）等时间段。

日本对外关系史总合年表编集委员会编《对外关系史总合年表》，吉川弘文馆，1999 年版。本书将公元前 33 年至 1879 年将近二千年间日本与琉球、朝鲜、中国、越南、亚细亚、欧洲、俄罗斯、美国等关系事项制为年表，并简要注明文献依据。末附典据一览。

加藤友康、濑野精一郎、鸟海靖、丸山雍成编《日本史总合年表》，吉川弘文馆，2001 年版。本书将 1999 年之前有关日本之政治、经济、社会、文化诸项制为年表。自推古元年（593）之前，以日本、世界两栏对应，之后将日本一栏细分为“政治、经济”和“社会、文化”两栏，纪年以西历、干支、日本年号、琉球、朝鲜和中国相对应。正文之后为索引，列举人名、典籍史料名和重要事项，以音序排列。最后为“备要”，以通史、古代、中世、近世、近代区分，通史下附西历和历对照一览、方位时刻表、天皇一览、天皇系图、皇后一览、女院一览、摄政关白一览及藤原氏系图；古代下附古代朝鲜・中国年号・王朝・皇帝一览、冠位・位阶对应一览、官位相当一览、太政官官制一览、平城京复原图、平安京复原图、平安京内里图、平安宫清凉殿图及五畿七道一览；中世下附镰仓幕府将军一览、镰仓幕府执权一览、六波罗探题一览、室町幕府将军一览、室町幕府管领（执事）一览、室町幕府奉行人一览、镰仓公方一览、关东管领（执事）一览及院政一览；近世下附江户幕府将军一览、老中一览、若年寄一览、大坂城代一览、京都所司代一览、寺社奉行一览、町奉行一览、京都町奉行一览、大坂町奉行一览、勘定奉行一览及大目付一览;近代下附三职一览、太政官制一览、历代内阁一览、内大臣一览、枢密院议长一览、参谋总长一览、军令部总长一览、帝国议会一览、国会一览及政党主要系统图。

市古贞次、久保田淳编《新版日本文学大年表》,おうふう,2002年版。本书将日本上古时代直至当代的文学状况编制年表,共分五期,上代列文学、其他、人物、一般事项,中古和中世列韵文、散文、其他、人物、一般事项,近世列和歌·俳谐·汉诗文、小说·演剧、学问·艺术·其他、人物、外国文学、一般事项,近代列诗歌、小说·戏曲、评论·其他、人物·事件、外国文学、一般事项。二千五百多年间作者之生卒、作品之问世皆一目了然。

邓洪波编《东亚历史年表》,台湾大学出版中心,2005年版。本书将历史上的中国、朝鲜、琉球、日本、越南五国历史纪年汇于一编,以西历和干支纪年为基本对照,并附以道历、佛历、回历,内容丰富,使用方便。正文外附中国年号、朝鲜年号、日本年号和越南年号的笔画及拼音索引。

(三)辞典

此处以辞典内容区分,而不以作者国籍或文字区分。

1. 综合

池内宏、桥本增吉、滨田耕作、矢野仁一监修《东洋历史大辞典》,平凡社,1937—1939年版。本书以亚洲史为范围,收录包括东亚、西亚、中亚、南亚、北亚诸国历史上的人名、地名和书名,以及其他精神文化与物质文化的相关条目,并附插图,以音序排列。第九卷为补遗和索引。

国书刊行会编印《中国·朝鲜地名异称辞典》,1977年初版,

1987 年第二版。本书以中国、朝鲜地名之别称为对象编制而成。分中国篇和朝鲜篇，其依据之行政区划，由所据基本资料的年代决定，故中国以清代为准，朝鲜以 1530 年为准。其排列分两类：一类以府州厅县名、省名、别称（中国）和府州郡名、道名、别称（朝鲜）为序，一类以别称、府州厅县名、省名（中国）和别称、府州郡名、道名（朝鲜）为序。末附笔画检字表。

驹泽大学禅学大辞典编纂所《新版禅学大辞典》，大修馆书店，1985 年版。本辞典为与禅学内容相关之综合辞典，范围包括印度、中国、朝鲜和日本，条目有术语、人名、地名、书名、寺院名等。引用文献，多注明出处。正文以日语音序排列。卷末为图录、附录和索引：图录包括搭袈裟、坐禅、展钵、展坐具、大问讯、作法、云水、五山十刹图和禅宗伽蓝图；附录为“禅宗史迹地图”（包括印度、中国、朝鲜、日本、西域和东南亚）、禅宗法系谱、禅宗史年表、日本禅宗各派本山世代表、日本禅宗三派行事对照表、日本禅宗三派常用偈文经典读诵法对照、禅籍分类要览、西欧语译禅籍要览；索引含附录索引、本文索引和四角号码索引。

2. 朝鲜—韩国

吴世昌《槿域书画征》，启明俱乐部，1928 年版，韩国学文阁影印本，1970 年版。本书裒录朝鲜半岛历代书画家，全书分五编：第一曰罗代，第二曰丽代，第三、第四、第五曰鲜代，加上待考录和增录，总计 1117 人。起于新罗真兴王辛酉（541），迄于朝鲜末期庚戌（1910），首列年代便览、采用群书目和人名总目，正文列举书画家传记、评论资料，并注明出处。末附姓名、别号索引，有音序和笔画两种。

日本中枢院编印《朝鲜人名辞书》，1937 年版，韩国景仁文化社影印，1989 年版。本书收录自朝鲜上古时代至近世人物（已亡故者）

约 13000 名，介绍人名、字号、籍贯、家世、履历、任职、生卒年等，以姓氏笔画为序，并在文末注明文献依据。书前载引用书目，字画索引。正文后附字号索引、国朝榜目、官厅别号表、日鲜历代对照年表。甚为实用。

金荣华编《韩国俗字谱》，亚细亚文化社，1986 年版。朝鲜半岛遗留下的历代文献中，写本多有俗字，刻本多用帖体，故同音别体之字甚多，阅读不便，其字与中国敦煌及宋元以来文献中俗字有类同者。本书归纳数十种韩国汉文笔记小说中俗字，追究其俗写方式，类别区分得 19 条，其中与中国类同者 7 条，其馀则为韩国俗字特点。正文前列部首检字，以笔画多少排列，又列难检字表。正文上栏为正体字，其下列俗字，并标明文献出处。一字之俗写，少则有 1 种，多则达 15 种。末附俗字笔画索引。

诸洪圭编著《韩国书志学辞典》，景仁文化社，1982 年版。本书收录朝鲜半岛与古籍、古文书、古书画相关的书志事项用语并加以解说，在解说中吸收了学术界的相关研究，往往附有图片说明，使人一目了然。书末附录五种：（1）古代文献目录；（2）韩国古活字年表；（3）韩国古活字印本目录；（4）古活字标本写真，附图版 78 种；（5）韩中日历史对照年表。

李斗熙、朴龙圭、朴成勋、洪锡顺编著《韩国人名字号辞典》，启明文化社，1988 年版。此书收录人名约 20000，分别注明其姓名、生卒年、字、号、谥号、封号、籍贯，以及著作或书画作品，正文后附韩国人名别号一览，皆以音序排列。附录有九，包括韩中日年号一览、朝鲜主要官职便览、官厅别号表、建元对照表、甲子年一览表及年纪换算表（如檀君纪年 = 西纪+2333）、岁阴岁阳表、24 方位时刻表等。

崔成德主编《朝鲜文学艺术大辞典》，吉林教育出版社，1992

年版。本书收录朝鲜半岛历代文学、艺术(绘画、音乐、舞蹈、电影、建筑)词条4104条,包括名词术语、作家、作品、流派、社团、刊物等评介。所有词条按汉语拼音音序排列。附录两种:一为综合年表,栏目分中国朝代、朝鲜朝代、公元、朝鲜文学艺术、朝鲜历史和世界历史・文学艺术;二为分类年表,包括古典文学、古典文学研究年表、现代文学、古代美术、现代美术、音乐(国乐、洋乐)、戏剧、舞蹈、传统民俗艺术、电影、号谱(以汉语音序排列)。

韩国国立国语研究院编印《汉字略体调查研究》,1994年版。所谓"略体"即"俗体"。本书以五类文献为调查范围,即一般文献、实用文献、教学书、字典类、佛书。其正文之构成,一为标题字,以韩国"文教部告示教育用汉字"之字体为正字,注明读音(韩国语)、简体字、日本常用汉字,然后是与之对应的略体(俗字),并标明出处,共计4888字。末附部首索引。

同上《汉字字形调查(1)》,1996年版。本书汇集韩国文献中异体俗体字,编排方式略同上书。惟采集范围更大,包括金石文、字典、韵书、蒙学书、语汇集、诗文集等47种书48篇碑铭。正字之后列异体,并标明出处,以音序排列。

同上《汉字字形调查(2)》,1997年版。此书为上书之后续。调查文献范围相类,而具体书籍篇目不同,共253种。

李圭甲编《高丽大藏经异体字典》,高丽大藏经研究所,2000年版。本书以高丽大藏经为范围,收录正字7486个,其异体字总数为29478个,其中"凿"的异体字最多,达65个。其排列方式首为正字,继列该字小篆,然后分别以韩语、汉语、日语注音,并以韩、汉、日、英语释义。以下列举该正字之异体,并注明出处。后附索引四种,即异体字笔画总数索引、正字部首索引、正字笔画总数索引、异体字音序索引。末尾是待考字38个,合文共40个。

韩文影著《韩国书画人名事典》,汎友社,2000年版。本书收录韩国历代书名,以音序排列,分别介绍其生卒年、字号、经历、渊源、代表作,并附大量插图、书影。正文之后,附录健在书画家。

《韩国古典用语辞典》,财团法人世宗大王纪念事业会,2001年版。本书自《三国史记》等126种汉籍经书、史书、笔记、类书、总集、别集文献中选择出约55000词条加以解释,以音序排列,每一词条先列韩文,后列汉字,继为释义,最后是用例及出处。遍涉人名、物名、职官、身份、制度、民俗、书名、篇名、语词等,富有参考价值。

3. 日本

竹林贯一编《汉学者传记集成》,原版刊于1928年,又有名著刊行会1978年版。本书延续江户时代以来《先哲丛谈》及《后编》《续编》、《近世先哲丛谈正编》《续编》所载汉学者人物传记系统,复加补充,共汇聚381名汉学者。其排列次序亦依《先哲丛谈》,惟《先哲丛谈》等书皆以汉字撰写,此书则以日语为之。正文后附《汉学者年表》,末附索引。

大东出版社编印《佛书解说大辞典》,1933年初版,1964年改版,1968年重版。1975年和1978年分别出版增补两卷。本书收录以汉语和日语写成的佛教典籍约90000种,并分作五类,即藏经、全书、单行本和古写本、现在的单行本、古逸书,分别著录其题名、书名、异名、卷数、存佚、著译者生卒年、著译年代、内容解说、注释及参考书、写刊年代、现存处、出版社名等,以音序排列。增补部分新增典籍7300馀种。

山田胜美监修《难字大鉴》,柏书房,1976年版。日本古典史料多抄本,故亦多异体字和俗写字,也有日本自创汉字(如“畠”),本书收录1999个正字的各种异体俗写及草书,以笔画为序,末附笔画和音训索引及"名数要览",甚有参考价值。

国史大辞典编集委员会编《国史大辞典》,吉川弘文馆,1979—1997年版。本书网罗日本史全领域,包括考古学、人类学、民族学、民俗学、国语学、国文学等,就其中主要的典籍、古文书、古记录、书志学、古文书学、史料学、史学史等项目编为54000条,卷帙浩大,内容丰富。第15卷共3册为补遗和索引,后者包括史料、地名、人名和事项。

川濑一马著《日本书志学用语辞典》,雄松堂出版,1982年版。本书选择日本书志学用语加以解说,以音序排列,是一部简明扼要的手册。正文后附日本书志学关系著作目录,为作进一步研究者提供参考。末附索引。

市古贞次、野间光辰监修《日本古典文学大辞典》,岩波书店,1983年版。本书收录大正时代之前各类与文学相关的事项、人物、作品、编著等约13000条,解说严谨,考证有据,叙述平易,并附参考文,以音序排列,末附索引。后又发行简约版。

近藤春雄著《日本汉文学大事典》,明治书院,1985年版。本书包括与日本汉学、汉文学相关的人名、书名、事项、诗文等内容约6300则解说,以日语音序排列。内容详赡,极富参考价值。后附九种附录(日本汉文学年表、江户时代汉学者生没年表、日本年号索引、中国年号索引、四声韵目表、平声韵字概览、平仄便览、主要藩校一览和国名·都道府县名对照地图)及五种索引(人名索引、书名索引、事项索引、汉诗文索引、比较文学关系索引)。

有贺要延编《佛教难字大字典》,国书刊行会,1986年版。本书以佛教经典为主,收录各种难字(即异体字和俗字),除此以外,还收录写经体、碑别字、宋元以来俗字以及则天文字。全书共分五部分：第一部分“难字典”为本篇，以笔画为序；第二部分“难字笔画索引”；第三部分“佛教省文草体”；第四部分“假名文字一览”；第五部分“名僧笔迹集”。最后是资料解说和附录：一为《法隆寺传来细字法华经之研究》，二为《法华版经异体字研究》，三为《异体字小考》。

国学院大学日本文化研究所编《和学者总览》，汲古书院，1990年版。本书是对此前《国学者传记集成》一书的继承和发展，和学即日本学，范围包括有关神道、国史、地理、律令、格式、有职、考证、国语、国文、和歌等方面的学问，共收录11637人，年代上起庆长年间（1596—1615）后半，下至明治元年（1868），编排体裁依照此前出版之《汉文学者总览》（汲古书院，1979年版）。以人名音序排列，记载姓名、别称、出生及居住地、生卒年、学统以及参考文献。末附索引。

圭室文雄编《日本名刹大事典》，雄山阁，1992年版。本书收录了日本有代表性的寺院约5000所，以音序排列，同名寺院则以所在都道府县音序排列。每一寺院下，分别记录所在地、交通线路、宗派、山号、院号、本尊、开创年代、开山、开基、寺史、江户至明治时期本末帐、明细帐以及寺的石高、本寺、末寺、古文书和近世文书的数量、寺宝、特色等，最后是该寺刊行之寺史、史料集、所藏目录及参考文献。末附索引，乃根据不同系统编排，每一系统下又根据不同地域编排，计有奈良佛教系、天台宗系、真言宗系、净土宗系、净土真宗系、时宗、临济宗系、曹洞宗系、黄檗宗、日莲宗系、单立寺院、其他废寺等。

市古贞次监修《国书人名辞典》，岩波书店，1993—1999年版。本书收录庆应四年（1868）以前与语言文化活动相关者约30000人，介绍其所属领域、生卒年、名号、家系、经历、著作以及基本参考文献，以音序排列，末附补遗和索引。

井上宗雄等编《日本古典籍书志学辞典》,岩波书店,1999年版。本书收罗与日本古典籍相关的语汇加以解说。日本古典籍不仅指近世以前的日本书,也包括与之关系密切的汉籍,本书收录的语汇包括书志学的基本术语和用语,也包括与著名的古写本、古版本、书肆、藏书家相关的固有名词,以及事项、人物、作品、编者等,总计约3400条。词条以音序排列,首先注明类别,然后作简明解说,并附参考文献。末附索引。

加藤友康、由井正臣编《日本史文献解题辞典》,吉川弘文馆,2000年版。本书收录的项目有文书、记录、典籍、金石文以及近代的报纸、杂志等,对其卷数、内容提要、重要版本参考文献逐一列举,以音序排列。末附典籍、人名、事项索引。

子安宣邦监修《日本思想史辞典》,ぺりかん社,2001年版。本书收录有关日本佛教、儒教、神道、国学、诸思想(历史思想、武家思想、基督教思想、艺道・美学、石门心学)、洋学・科学、近代思想教育、文艺・言语、民俗・宗教、历史通识等领域中的事项、人名、文献等词条,词条下附参考文献。末附人名及文献名索引。

北京日本学研究中心文学研究室著《日本古典文学大辞典》,人民文学出版社,2005年版。此书分四部分:一是人物与作品解题;二是文学概念;三是基础知识(包括自然环境、生活空间、典章制度、天文占卜、宗教信仰和外来文化);四是附录(包括后宫与官职制度概要、中日对照文学史年表)。

日外アソシェ—ツ编印《美术家人名事典》,2009年版。本书收录日本绘画史上画家3515人,分别介绍画家姓名、生卒年、别名、出生地、学历、代表作等,以音序排列,后附索引。

4. 越南

郑克孟编著《越南汉喃作家辞典》,黎辉煌、阮黄燕译,台湾华艺数位股份有限公司学术出版部,2021 年版。此书原先在越南出版,第一版问世于 2002 年,共收录 703 位作者 1016 个辞条,本书以第四版为底本翻译,共收录作者 791 位,辞条 1137 则。全书以作者姓氏的越南语音序排列,末附参考资料,以及作家字号索引、作家姓名索引和作品索引。

(四)网站

兹介绍若干国家和地区与域外汉籍研究相关的网站:

1. 韩国

国史编纂委员会朝鲜王朝实录:https://sillok.history.go.kr/main/main

国史编纂委员会承政院日记:https://sjw.history.go.kr/main.do

国史编纂委员会韩国历史信息综合系统:https://www.koreanhistory.or.kr/

国史编纂委员会明实录·清实录数据库:http://sillok.history.go.kr/mc/main.do

韩国国立中央图书馆:https://www.nl.go.kr/

RISS 研究信息共享服务(需账号):http://www.riss.kr/index.do

成均馆大学韩国经学资料系统:http://koco.skku.edu/

韩国书志学会:https://koreabiblio.jams.or.kr/

韩国知识综合信息(需账号):http://www.krpia.co.kr/

韩国族谱资料系统:http://jokbo.skku.edu/index.jsp

韩国古典综合数据库(需 VPN):http://db.itkc.or.kr/

尚友千古:http://www.s-sangwoo.kr/

韩国历代人物综合信息系统:http://db.itkc.or.kr/

奎章阁韩国学研究院：https://kyu.snu.ac.kr/

高丽大学海外韩国学资料中心：https://kostma.aks.ac.kr/

朝鲜时代法令资料：https://db.history.go.kr/law/

韩国国会图书馆：https://www.nanet.go.kr/main.do

韩国古文献综合目录：https://www.nl.go.kr/korcis/index.do

韩国学数据中心：http://hnkostma.org/emuseum/service/

韩国国史编纂委员会：http://db.history.go.kr/

高丽大学海外韩国学数据中心：http://kostma.korea.ac.kr/

大韩民国新闻数据库：http://nl.go.kr/newspaper/index.do

韩国金石文检索：https://portal.nrich.go.kr/kor/ksmUsrList.do?menuIdx=584

高丽时代史料：http://db.history.go.kr/KOREA/

韩国国家电子图书馆：https://www.dlibrary.go.kr/

奎章阁原文数据库：https://kyudb.snu.ac.kr/index.jsp

朝鲜通信使数字档案：http://archive-tongsinsa.com/

韩国学数字档案：http://yoksa.aks.ac.kr/jsp/aa/Directory.jsp?fcs=f&cf=a&gb=1

《韩国文集丛刊》：https://www.krpia.co.kr/product/main?highlight=%ed%95%9c%ea%b5%ad%eb%ac%b8%ec%a7%91%ec%b4%9d%ea%b0%84%2c%e9%9f%93%e5%9c%8b%e6%96%87%e9%9b%86%e5%8f%a2%e5%88%8a&plctId=PLCT00005160

《韩国文集丛刊》人物年表：https://www.krpia.co.kr/product/main?plctId=PLCT00005162&is_simple_outAuth=N¤tLocale=ko

《燕行录丛刊》(需账号)：https://www.krpia.co.kr/product/

main？ plctId=PLCT00006852

《燕行录丛刊增补版》（需账号）：https://www.krpia.co.kr/product/main？ plctId=PLCT00004966

KISS 韩国学信息服务系统（需账号）：https://kiss.kstudy.com/index.asp

NAVER 韩国术语查询：https://terms.naver.com/list.naver？ cid=50280&categoryId=50280

东亚数字图书馆：https://eadl.asia/home/

东洋古典综合数据库：http://db.cyberseodang.or.kr/front/main/main.do

古典翻译书数据库（需账号）：http://db.mkstudy.com/zh-tw/mksdb/e/itkc-translationbook/p/

韩国地理风俗志丛书数据库（需账号）：http://db.mkstudy.com/zh-tw/mksdb/e/korean-geography/p/

韩国国立中央图书馆韩国古文献综合目录：https://www.nl.go.kr/korcis/index.do

韩国历代文集数据库（需账号）：http://db.mkstudy.com/zh-tw/mksdb/e/korean-anthology/p/

韩国民族文化百科全书：https://encykorea.aks.ac.kr/

韩国史数据库：https://db.history.go.kr/

韩国文化艺术人名检索：http://artsnet.co.kr/sub.php3？ cell=B&dir=webjin&load=index&lang=php

韩国学中央研究院韩国学数字档案：http://yoksa.aks.ac.kr/main.jsp

韩国学中央研究院韩国学图书馆：https://lib.aks.ac.kr/

韩国学中央研究院韩国历代人物综合信息系统:http://people.aks.ac.kr/index.aks

韩国学中央研究院韩国民族文化大百科辞典:https://encykorea.aks.ac.kr/

韩国学中央研究院韩国乡土文化电子辞典:http://www.grandculture.net/

韩国学综合数据库(需账号):http://db.mkstudy.com/zh-tw/

奎章阁韩国学研究院备边司誊录:https://kyudb.snu.ac.kr/series/main.do?item_cd=VBS#none

奎章阁韩国学研究院朝鲜王朝实录:

https://kyudb.snu.ac.kr/series/main.do?item_cd=JWS

https://kyudb.snu.ac.kr/series/main.do?item_cd=JWO

https://kyudb.snu.ac.kr/series/main.do?item_cd=JWJ

奎章阁韩国学研究院承政院日记:https://kyudb.snu.ac.kr/series/main.do?item_cd=SJW

奎章阁韩国学研究院古图书:https://kyudb.snu.ac.kr/main.do?mid=GDS

奎章阁韩国学研究院古文书:https://kyudb.snu.ac.kr/main.do?mid=GMS

奎章阁韩国学研究院内阁日历:https://kyudb.snu.ac.kr/series/main.do?item_cd=NGK

奎章阁韩国学研究院日省录:https://kyudb.snu.ac.kr/series/main.do?item_cd=ILS

岭南韩国学数据中心:http://yn.ugyo.net/

满蒙地理历史风俗志丛书数据库(需账号):http://db.mkstudy.

com/zh-cn/mksdb/e/manchuria-mongolia/p/

南溟学古文献系统:http://nmh. gsnu. ac. kr/2

2. 日本

东京大学史料编纂所:https://wwwap. hi. u-tokyo. ac. jp/ships/

东洋学文献类目:http://ruimoku. zinbun. kyoto-u. ac. jp/ruimoku/

京都大学日本所藏中文古籍数据库:http://kanji. zinbun. kyoto-u. ac. jp/kanseki

国立国会图书馆:https://www. ndl. go. jp/

国立国会图书馆数字馆藏:https://dl. ndl. go. jp

思文阁美术人名检索(需 VPN):http://www. shibunkaku. co. jp/biography/

国立情报学研究所 CINII 学术情报导航:https://cir. nii. ac. jp

东京大学综合图书馆汉籍目录:http://kanseki. dl. itc. u-tokyo. ac. jp/kanseki/source/sakuin/index. html

东京大学东洋文化研究所所藏汉籍善本全文影像资料库:http://shanben. ioc. u-tokyo. ac. jp/index. html

日本现存朝鲜本研究データベース史部・集部:http://www. fl. reitaku-u. ac. jp/~schiba/db/shuu/

近代朝鲜关系书籍データベース:http://www. ioc. u-tokyo. ac. jp/~koreandb/index. html

东亚数字图书馆:https://eadl. asia/home/

京都大学东方学数字图书馆:http://kanji. zinbun. kyoto-u. ac. jp/db-machine/toho/html/top. html

京都大学人文科学研究所汉字情报研究中心:http://www. kanji. zinbun. kyoto-u. ac. jp/

日本国文学研究资料馆：https://www.nijl.ac.jp/search-find/#database

日本国文学研究所日本古籍总合目录：https://base1.nijl.ac.jp/~tkoten/

日本国文学研究所馆藏和古书目录：https://base1.nijl.ac.jp/~wakosyo/

国书数据库：https://kokusho.nijl.ac.jp/

日本汉文文献目录数据库：https://www.nishogakusha-kanbun.net/database/search.cgi

宫内厅书陵部收藏汉籍集览：https://db2.sido.keio.ac.jp/kanseki/T_bib_search.php

国立公文书馆数字档案：https://www.digital.archives.go.jp/

早稻田大学古典籍总合数据库：https://www.wul.waseda.ac.jp/kotenseki/

国际日本文化研究中心数据库：https://www.nichibun.ac.jp/ja/db/

日本儒林丛书全文数据库：http://www2.sal.tohoku.ac.jp/jurin/

《日本书纪》全文检索：http://www.seisaku.bz/shoki_index.html

IDE-JETRO 近现代亚洲中的日本数字档案：https://d-arch.ide.go.jp/asia_archive/

J-DAC 日本数字档案中心：https://j-dac.jp/

J-STAGE 科学技术情报发信·流通综合系统：https://www.jstage.jst.go.jp/browse/-char/ja

ROIS-DS 人文学公开数据共同利用中心（CODH）：http://codh.rois.ac.jp/

ROIS-DS 人文学公开数据共同利用中心(CODH)近代杂志数据集:http://codh. rois. ac. jp/modern-magazine/

ROIS-DS 人文学公开数据共同利用中心(CODH)日本古典籍草书数据集:http://codh. rois. ac. jp/char-shape/

ROIS-DS 人文学公开数据共同利用中心(CODH)日本古典籍数据集:http://codh. rois. ac. jp/pmjt/

出版书志数据库:https://www. books. or. jp/

大阪大学网上怀德堂:http://kaitokudo. jp/Kaitokudo/navi/index. html

东京大学东洋文化研究所汉籍网(江户·明古代工程):http://kande0. ioc. u-tokyo. ac. jp/topmenu. html

东京大学东洋文化研究所近代朝鲜关系书籍数据库:https://www. ioc. u-tokyo. ac. jp/~koreandb/

东京大学东洋文化研究所所藏朝鲜半岛族谱数据库:https://www. ioc. u-tokyo. ac. jp/~koreandb/zokufuindex. htm

东京大学东洋文化研究所所藏汉籍目录数据库:http://www3. ioc. u-tokyo. ac. jp/kandb. html

东京大学双红堂文库全文影像资料库:http://hong. ioc. u-tokyo. ac. jp/index. html

东京大学东洋文化研究所亚洲电子图书馆:http://imglib. ioc. u-tokyo. ac. jp/

东京大学综合图书馆万历版大藏经(嘉兴藏/径山藏):https://dzkimgs. l. u-tokyo. ac. jp/kkz/

东洋文库存储库:https://toyo-bunko. repo. nii. ac. jp/

东洋文库水经注图数据库:https://static. toyobunko-lab. jp/

suikeichuzu/

宫内厅书陵部收藏汉籍集览：https://db2. sido. keio. ac. jp/kanseki/T_bib_search. php

古代文字资料馆：http://kodaimoji. her. jp/

国立历史民俗博物馆资料数据库：https://www. rekihaku. ac. jp/education_research/gallery/index. html

国立情报学研究所电子丝绸之路计划“东洋文库所藏”贵重书数字档案：http://dsr. nii. ac. jp/toyobunko/sitemap/index. html. ja#class1

国立情报学研究所新日本古典籍综合数据库：https://kotenseki. nijl. ac. jp/

汉籍存储库：https://www. kanripo. org/

花园大学国际禅学研究所：http://iriz. hanazono. ac. jp/frame/data_f00. html

京都大学道藏综合目录 · 大正新修大藏经目录 · 汉籍文本数据库检索：https://www. zinbun. kyoto-u. ac. jp/~dokisha/sakuin. html

京都大学电子版汉籍文库：https://www. zinbun. kyoto-u. ac. jp/~dokisha/text-archive. html

京都大学人文科学研究所东方学数字图书馆：http://kanji. zinbun. kyoto-u. ac. jp/db-machine/toho/html/top. html

京都大学拓本文字数据库：http://coe21. zinbun. kyoto-u. ac. jp/djvuchar

京都大学图书馆贵重资料数字档案：https://rmda. kulib. kyoto-u. ac. jp/

京都大学图书馆贵重资料数字档案谷村文库：https://rmda. kulib. kyoto-u. ac. jp/collection/tanimura

京都大学图书馆贵重资料数字档案河合文库：https://rmda.kulib.kyoto-u.ac.jp/collection/kawai

京都大学图书馆贵重资料数字档案吉田南综合图书馆所藏：https://rmda.kulib.kyoto-u.ac.jp/collection/yoshida-south

京都大学图书馆贵重资料数字档案金石集帖·续帖：https://rmda.kulib.kyoto-u.ac.jp/collection/kinseki

京都大学图书馆贵重资料数字档案平松文库：https://rmda.kulib.kyoto-u.ac.jp/collection/hiramatsu

京都大学图书馆贵重资料数字档案清家文库：https://rmda.kulib.kyoto-u.ac.jp/collection/seike

京都大学图书馆贵重资料数字档案维新特别资料文库：https://rmda.kulib.kyoto-u.ac.jp/collection/ishin

京都大学图书馆贵重资料数字档案藏经书院文库：https://rmda.kulib.kyoto-u.ac.jp/collection/zokyo

京都大学图书馆贵重资料数字档案重要文化财大日本史编纂记录（文学研究科所藏）：https://rmda.kulib.kyoto-u.ac.jp/collection/dainihonshi

京都大学西域行记数据库：http://www.kanji.zinbun.kyoto-u.ac.jp/~saiiki/

静嘉堂文库所藏宋元版（需账号）：https://j-dac.jp/infolib/meta_pub/G0000018SGDB

丽泽大学情报教育中心日本现存朝鲜本研究数据库史部·集部：http://www.fl.reitaku-u.ac.jp/~schiba/db/shuu/

琉球大学附属图书馆琉球·冲绳关系贵重资料数字档案：https://shimuchi.lib.u-ryukyu.ac.jp/collection

龙谷大学古典籍数字档案研究中心：http://www. afc. ryukoku. ac. jp/

平安时代汉字字书研究综合数据库：https://hdic. jp/

庆应义塾大学图书馆数字馆藏：https://dcollections. lib. keio. ac. jp/ja

庆应义塾大学文学部古文书室：https://kmj. flet. keio. ac. jp

青空文库：https://www. aozora. gr. jp/

日本汉文文献目录数据库：https://www. nishogakusha-kanbun. net/database/search. cgi

国文学研究资料馆史料情报共有化数据库（需 VPN）：http://base1. nijl. ac. jp/~isad/menu. html

日本人文数据库协会：https://www. jinbun-db. com/database

日本语史研究会检索系统：https://home. hiroshima-u. ac. jp/isasaki/japanese/

山口大学图书馆贵重资料数字馆藏：https://knowledge. lib. yamaguchi-u. ac. jp/rb/

淑德大学中国石刻拓本：https://www. shukutoku. ac. jp/university/facilities/syogaku/takuhon/cat1750. html

外务省外交史料馆：https://www. mofa. go. jp/mofaj/annai/honsho/shiryo/index. html

新订古事记~往古之追慕~古典文学电子文本集成：https://miko. org/~uraki/kuon/furu/furu_index1. htm

新日本古典籍综合数据库：https://kotenseki. nijl. ac. jp/? ln=ja

信州数字资源：https://www. ro-da. jp/shinshu-dcommons//

亚洲历史资料中心：https://www. jacar. go. jp

早稻田大学图书馆古典籍综合数据库：https://www. wul. waseda. ac. jp/kotenseki/

3. 越南

汉喃古籍文献典藏数位化计画：https://lib. nomfoundation. org/collection/1/

4. 美国

明清妇女著作：https://digital. library. mcgill. ca/mingqing/

哈佛大学哈佛燕京图书馆藏中文善本特藏资源系统：https://gj. library. sh. cn/org/harvard

哈佛大学图书馆数字馆藏：https://library. harvard. edu/digital-collections? _gl = 1 * 14ejzly * _ga * MjkzNTYxOTc4LjE2NzcxNDE1MjQ. * _ga_3CXC97RWEK * MTY3NzUwNTMyMS41LjEuMTY3NzUwNzI3OS40MC4wLjA.

哈佛大学图书馆中国拓片数据库：https://curiosity. lib. harvard. edu/chinese-rubbings-collection

哈佛大学图书馆中国学研究指南：https://guides. library. harvard. edu/Chinese

哈佛大学中国历代人物传记资料库：https://projects. iq. harvard. edu/chinesecbdb

宾夕法尼亚大学中国哲学书电子化计划：https://ctext. org/zh

哥伦比亚大学图书馆数字馆藏与在线展览：https://library. columbia. edu/collections/digital-collections. html

国会图书馆数字馆藏朝鲜半岛善本：https://www. loc. gov/collections/korean-rare-book-collection/about-this-collection/

国会图书馆数字馆藏日本善本：https://www. loc. gov/collections/

ainu-and-ezochi-rare-collection/about-this-collection/

国会图书馆数字馆藏《永乐大典》：https://www.loc.gov/collections/yongle-da-dian/about-this-collection/

国会图书馆数字馆藏中国善本：https://www.loc.gov/collections/chinese-rare-books/about-this-collection/

加利福利亚大学伯克利分校图书馆数字馆藏：https://digicoll.lib.berkeley.edu/

加利福利亚大学伯克利分校图书馆数字馆藏傅兰雅清末时新小说征文：https://digicoll.lib.berkeley.edu/search? cc=Qing+Dynasty&ln=en&c=Qing+Dynasty&jrec=1

加利福利亚大学伯克利分校图书馆数字馆藏中国善本：https://digicoll.lib.berkeley.edu/search? &sf=title&so=a&rm=&p=collection%3A%27EAL%20Chinese%20Rare%20Books%27&ln=en

普林斯顿大学葛思德东亚图书馆：https://library.princeton.edu/eastasian

普林斯顿大学东亚图书馆珍稀典籍：https://dpul.princeton.edu/eastasian/browse/all-exhibit-items

乔治华盛顿大学中国学数字资源指南：https://libguides.gwu.edu/c.php? g=931371&p=7471002

中国族谱收藏：https://www.familysearch.org/search/collection/1787988

5. 加拿大

加拿大英属不列颠哥伦比亚大学图书馆中文善本：https://open.library.ubc.ca/collections/chineserare

6. 欧洲

法国国家图书馆所藏中国相关数字资源：https://gallica.bnf.fr/

html/und/asie/france-chine/？ mode=desktop

法国远东学院徽州家谱：https://huizhou. efeo. fr/base/index. php/

英国汉籍联合目录：http://www. bodley. ox. ac. uk/rslpchin/search. htm

德国巴伐利亚州立图书馆东亚数字资源库：https://ostasien. digitale-sammlungen. de/？ locale=zh_TW/

德国海德堡大学清末民初时期中国女性杂志数据库：https://kjc-sv034. kjc. uni-heidelberg. de/frauenzeitschriften/

德国海德堡大学早期中文期刊线上平台：https://ecpo. uni-hd. de/

7. 中国台湾

台湾大学文学院佛学数位图书馆暨博物馆：http://buddhism. lib. ntu. edu. tw/BDLM/index. htm

韩国学综合 DB：http://db. mkstudy. com/zh-tw/

"中研院"历史语言研究所古典目录导航系统：https://ihparchive. ihp. sinica. edu. tw/ihpacbc/ihpacbkm？ 0. 010559270911379037

"中研院"历史语言研究所明实录、朝鲜王朝实录、清实录资料库：http://hanchi. ihp. sinica. edu. tw/mql/login. html

CBETA 中华电子佛典协会：http://www. cbeta. org/

雕龙中日古籍全文检索资料库（需账号）：http://www. udndata. com/promo/ancient_press/index. html

佛光山电子大藏经：http://etext. fgs. org. tw/

佛教藏经目录数位资料库：http://jinglu. cbeta. org/

台湾大学日治时期图书影像系统（需 VPN）：http://stfb. ntl. edu.

tw/cgi-bin/gs32/gsweb. cgi/login? o=dwebmge&cache=1469003817118

政治大学图书馆数位馆藏民国38年前重要剪报资料库：https://contentdm. lib. nccu. edu. tw/digital/collection/38clip/search

8. 中国香港

香港大学冯平山图书馆藏善本目录：https://fpslidx. lib. hku. hk/exhibits/show/fpslidx/home

香港浸会大学图书馆基督教古籍：https://sys02. lib. hkbu. edu. hk/libsca/dcp/booklist. html

香港中文大学历史系郭店楚简数据库：https://www. history. cuhk. edu. hk/tc/elkt/guodian/

二、资料集

这里说的“资料集”，指的是由今人编辑整理的原始文献。由于此类文献过于庞大，不可能作全面介绍，兹以朝鲜半岛文献资料为主体，以经史子集为序，兼及其他国家和地区的资料。在中国整理出版者，因较为易得，尽管其质量良莠不齐，也一并介绍。

（一）经部

成均馆大学校大东文化研究院编《韩国经学资料集成》，成均馆大学出版部，1988—1998年版。本书收录韩国高丽和朝鲜时代有关四书五经的注释、阐发资料，其中《大学》8册，《中庸》9册，《论语》17册，《孟子》14册，《书经》22册，《诗经》16册，《易经》37册，《礼记》10册，《春秋》12册，共计145册，又《总目录》1册。每册之前，冠以对该册收录文献之解题，包括作者小传和内容提要，然后是原文影印。其解题的四书部分已由李康齐译为中文，连载于台湾“中研院”《中国文哲研究通讯》第12卷第2期，第14卷第3期、第4期及第15卷第1期。《礼记》部分亦由李氏译出，载林庆彰主编《国际汉学论丛》第二辑，乐学书局，2005年版。

汪维辉编《朝鲜时代汉语教科书丛刊》，中华书局，2005年版。教科书在传统中属于小学类（或归入子部“译学类”），朝鲜时代为了推广汉语的学习，编纂了不少教科书，本书汇集了10种较有代表性的著作，即《原本老乞大》《老乞大谚解》《老乞大新释》《重刊老乞大谚解》《朴通事谚解》《朴通事新释谚解》《训世评话》《华音启蒙谚解》《你呢贵姓》《学清》。全书共四册，第一册为10种著作的点校（含解题），末附相关论著目录，后三册为原书影印。其后又有汪维辉、远藤光晓、朴在渊、竹越孝合编之《朝鲜时代汉语教科书丛刊续编》，中华书局，2011年版。本书作为前书之续编，收录了九题六种，即《象院题语》、《中华正音》（《骑着一匹》，韩国顺天大学图书馆藏本）、《骑着一匹》、《中华正音》（《骑着一匹》，日本驹泽大学濯足文库藏本）、《中华正音》（韩国学中央研究院藏书阁藏本）、《华音撮要》、《中华正音》（日本东京大学综合图书馆阿川文库藏本）、《关话略抄》、《汉谈官话》。全书共两册，上册为各书点校本（含解题），末附相关论著目录和俗别字表，下册为原书影印。关于《老乞大》《朴通事》的各种版本，韩国影印甚多，其他汉语教科书，则以鲜文大学校中韩翻译研究所朴在渊教授为首所做的贡献最大，其分册出版之“近代汉语资料丛书”“日帝占期中国语资料丛书”堪为代表。兹录其书目如下：

“近代汉语资料丛书”15种书目：《伍伦全备谚解》（学古房，1995年版），《训世评话》（太学社，1997年版），《吏文·吏文集览》（中韩翻译文献研究所,2002 年版),《华音启蒙谚解》(中韩翻译文献研究所,2002 年版),《你呢贵姓・学清》(中韩翻译文献研究所,2002 年版),《老乞大谚解》(中韩翻译文献研究所,2004 年版),《朴通事谚解》(中韩翻译文献研究所,2003 年版),《重刊老乞大谚解》(中韩翻译文献研究所,2003 年版),《朴通事新释谚解》(中韩翻译文献研究所,2003 年版),《老乞大新释谚解》(中韩翻译文献研究所,2004 年版),《老乞大・朴通事原文・谚解比较资料》(中韩翻译文献研究所,2003 年版),《华语类抄》(中韩翻译文献研究所,2004 年版),《马经抄解谚解》(中韩翻译文献研究所,2004 年版),《骑着一匹》(中韩翻译文献研究所,2008 年版),《中华正音》(中韩翻译文献研究所,2009 年版)。

"日帝占期中国语资料丛书"12 种书目:《京城会话》(中韩翻译文献研究所,2004 年版),《支那语集成》(中韩翻译文献研究所,2007 年版),《官话丛集》(中韩翻译文献研究所,2007 年版),《中国语自通》(中韩翻译文献研究所,2008 年版),《支那语大海》(中韩翻译文献研究所,2008 年版),《满洲语自通》(中韩翻译文献研究所,2008 年版),《汉语独学》(中韩翻译文献研究所,2008 年版),《华语教范》(中韩翻译文献研究所,2008 年版),《华语精选》(中韩翻译文献研究所,2008 年版),《速修汉语大成》(中韩翻译文献研究所,2008 年版),《汉语会话书(1910—1930 年代旧活字本 9 种)》(学古房,2009 年版),《中华正音(阿川文库)》(中韩翻译文献研究所,2010 年版)。

(二)史部

1. 正史

朝鲜半岛正史中最著名者为《三国史记》和《高丽史》,皆为纪传体。《三国史记》五十卷，金富轼（1075—1151）撰，成书于高丽仁宗二十三年（1145）。本书记述新罗 992 年（前 57—935）、高句丽 705 年（前 37—668）、百济 678 年（前 18—660）的历史，分本纪二十八卷（《新罗本纪》十二卷、《高句丽本纪》十卷、《百济本纪》六卷）、年表三卷、杂志九卷（其中《地理志》四卷、《职官志》三卷）、列传十卷。其取材一方面是中国史书，如《史记》《汉书》《三国志》等，另一方面是朝鲜半岛的古代文献，如《新罗古记》《花郎世纪》等。韩国民族文化推进会曾以中宗壬申（1512）刊本（世称正德本）为底本，并据异本及其他文献校勘，景仁文化社 1973 年版。中国学者的校勘本有两种：一为孙文范等校勘本，吉林文史出版社，2003 年版；另一为杨军等校勘本，吉林大学出版社，2015 年版。以后者参考文献较富，校勘亦更为详细。《三国史记》虽然是东国历史上第一部纪传体正史，但向来评价不高。如安鼎福（1712—1791）云："《三国史》荒杂无可言。"[1]"此书虽谓正史，而文献无征，只能继其年代。又取中国史以实之，中国人传外夷事固多谬误，皆不卞别，是可恨也。"[2]而权近更以为此书大义有乖于《春秋》，故撰《三国史略》以正之（详见下文）。《高丽史》一百三十七卷是另外一部正史，记载高丽王朝历史，郑麟趾等修纂。李氏王朝建立之初，太祖即命郑道传、郑聪等人撰述高丽国史，"以公羊三世之事，法司马编年之规"[3]，太祖四年（1396）成《高丽史》三十七卷，其序存《东文选》卷九十二。其后屡有修纂，至世宗朝乃命郑麟趾等人依纪传体重修《高丽史》，景泰二年（1451）完成。凡世家四十六卷、志（天文、历、五行、地理、礼、乐、舆服、选举、百官、食货、兵、刑法）三十九卷、表二卷、列传（后妃、宗室、诸臣、良吏、忠义、

〔1〕 安鼎福《东史问答·上星湖先生书》，《顺庵集》卷十，《韩国文集丛刊》第 229 册，页 544。
〔2〕 同上注，页 548。
〔3〕 《太祖实录》卷七"四年乙亥正月"条。

孝友、烈女、方技、宦者、酷吏、嬖幸、奸臣、叛逆）五十卷。《高丽史》在修纂中更加重视名分，有“世家”而无“本纪”，其凡例云：“按《史记》天子曰纪，诸侯曰世家。今纂《高丽史》，王纪为世家，以正名分。”又云：“辛禑父子以逆吨之孽，窃位十六年，今准《汉书·王莽传》降为列传，以严讨贼之义。”又多仿《元史》，以“志”为例，凡例云：“按历代史志，代各不同，至于《唐志》以事实组织成篇，难于考核。今纂《高丽史》，志准《元史》，条分类聚，使览者易考焉。”又如“论赞”，亦云“准《元史》不作论赞”。现存最古老的刊本为成宗朝乙亥字印本，韩国亚细亚文化社1972年据该本影印。韩国延世大学校东方学研究所曾于1955年据木版本《高丽史》影印行世，并于1961年编纂出版《高丽史索引》。同校国学研究院又于1995年编纂《增补高丽史索引》，由图书出版新书苑于1996年出版。尽管《高丽史》是一部较好的史书，后世仍有不满者，如安鼎福《东史纲目·凡例》指出：“是书世家失于繁冗，志失于脱略，列传失于疏漏，比诸金氏颇典实，而不能无后人之恨。”[1]洪汝河所撰《汇纂丽史》便是对之加以弥补的著作（详见下文）。在中国则出版了孙晓主编的《高丽史》标点校勘本（西南师范大学出版社、人民出版社，2014年版），该书以奎章阁藏光海君覆刻乙亥字本为底本，以明景泰二年朝鲜乙亥铜活字本、日本明治四十三年图书刊行会铅活字本及江户时期影抄本为参校本，订正讹误，统一字体，颇便阅读。

2. 编年史

朝鲜半岛史书，以编年类最为发达，此当与受朱熹《通鉴纲目》影响有关。第一部编年体史书为权近（1352—1409）等著《东国史略》（又名《三国史略》），他认为金富轼《三国史记》“凡例取法于马史，大

---

〔1〕 安鼎福《东史纲目》卷首，朝鲜古书刊行会，1915年版，页24—25。

义或乖于麟经。且一事之始终，率再书于彼此”[1]。因此，他要“仿编年法，合为一书”[2]。此外，其纪年方式亦不采用即位年称元法，而依礼改为逾年称元法。《东国史略》今存卷三、卷四，见《韩国史书丛刊》第1卷（骊江出版社，1986年版）。但《阳村集》卷三十四有《东国史略论》，可以有所弥补。以《东国史略》命名之书颇多，除权近书外，金烋《海东文献总录》还著录朴祥、李堣、柳希龄、闵齐仁同名书四种，学者不察，往往致误。如朝鲜总督府编《朝鲜图书解题》（1925年版）即将朴祥（1474—1530）撰《东国史略》六卷误作权近之著，前间恭作《古鲜册谱》亦沿袭此误。南京大学图书馆藏《东国史略》，乃杨守敬得之东瀛者，亦为朴著本，又见《韩国史书丛刊》第1卷。徐居正（1420—1488）编纂《东国通鉴》亦云：“历观修史之规，咸以编年为本。《通鉴》托始于涑水，祛马史传之冗长；《纲目》发挥于晦庵，得麟经衮钺之奥妙……（臣）博采群书，裒为巨帙。凡例皆仿于《资治》，大义实法乎《春秋》。”[3]洪汝河（1621—1687）云：“《春秋》鲁史而记周事，至于列国之事，亦皆备之，如《通鉴纲目》等书多载海外国事，此史家之法也。东国旧史不记中国之事，史家大纲领疏谬特甚。”又云：“国君嗣世，逾年改元，乃礼之正。金富轼《三国史》皆以先君薨年改元，大失《春秋》之义。故权近《史略》逾年称元，以正其失。徐氏《通鉴》，既论斥富轼而强从之，其谬甚矣。”[4]其他较为重要的编年体史书有徐居正《三国史节要》（亚细亚文化社，1973年版）、金宗瑞《高丽史节要》（明文堂，1959年版）、俞棨（1607—1664）《丽史提纲》（亚细

〔1〕 权近《进三国史略笺》，《阳村集》卷二十四，《韩国文集丛刊》第7册，页242。

〔2〕 权近《三国史略序》，《阳村集》卷十九，《韩国文集丛刊》第7册，页197。

〔3〕 徐居正《进东国通鉴表》，《东国通鉴》上，《朝鲜群书大系续》，朝鲜古书刊行会，明治四十五年（1912）版，页1—4。

〔4〕 《东国通鉴提纲凡例》，《韩国史书丛刊》第1卷，骊江出版社，1986年版，页529。

亚文化社,1973 年版)、林象德(1683—1789)《东史会纲》(亚细亚文化社,1974 年版)、安鼎福(1712—1791)《东史纲目》(朝鲜古书刊行会,1925 年版)、李益源(1792—1854)《东史约》(国史编纂委员会,1989 年版)等。

《朝鲜王朝实录》,国史编纂委员会,1955—1958 年版。此书是李氏朝鲜王朝 500 年 27 代 31 种实录的汇总。作为史书类别之一的"实录"起于唐代,《大唐六典》卷九"史官"条载:"史官掌修国史,不虚美,不隐恶,直书其事。凡天地日月之祥,山川封域之分,昭穆继代之序,礼乐师旅之事,诛赏兴废之政,皆本于起居注,以为实录,然后立编年之体,为褒贬焉。既终,则藏之于府。"《朝鲜王朝实录》详细记载了五百年间朝鲜的政治、经济、军事、文化、外交等各方面的情况,资料丰富,价值甚高。31 种实录如下:《太祖实录》《定宗实录》《太宗实录》《世宗实录》《文宗实录》《端宗实录》《世祖实录》《睿宗实录》《成宗实录》《燕山君日记》《中宗实录》《仁宗实录》《明宗实录》《宣祖实录》《宣祖修正实录》《光海君日记中草本》《光海君日记正草本》《仁祖实录》《孝宗实录》《显宗实录》《显宗改修实录》《肃宗实录》《景宗实录》《景宗修正实录》《英祖实录》《正祖实录》《纯祖实录》《宪宗实录》《哲宗实录》《高宗实录》《纯宗实录》。除最后两种外,皆按照高丽以来的传统,特设相关机构,编撰实录。而高宗、纯宗两朝实录,乃日据时代(1935)编纂。由于《朝鲜王朝实录》乃一资料宝藏,不少学者曾加利用,编纂出专题资料,如吴晗辑《朝鲜李朝实录中的中国史料》12 册(中华书局,1980 年版);又如韩国景仁文化社版《朝鲜王朝实录音乐记事资料集》《朝鲜王朝实录抄·满蒙史料》等,皆可资利用。关于此书的编纂,末松保和《李朝实录考略》有详赡分析(原载《学习院大学文学部研究年报》第五辑,1958 年),后收入其

《青丘史草》第二(笠井出版,1965年)。

3. 纪事本末

《燃藜室记述》《燃藜室记述续集》《燃藜室记述别集》,李肯翊(1736—1806)撰。本集三十一卷,记录太祖至宪宗朝事;续集七卷,记肃宗朝事;别集十九卷,记录朝鲜王朝各类典故。其《官职典故》中"登科总目"截止于正祖十八年(1794),则其书当撰写于此后。此书与韩致奫《海东绎史》、安鼎福《东史纲目》并称为朝鲜后期三大史书。本书博采朝鲜时期野史杂记,仿纪事本末之体,历叙自上古檀君至三国鼎立时代的沿革,分类叙述朝鲜太祖至肃宗朝政事。别集则依照朝代、祀典、事大、官职、政教、文艺、天文、地理、边圉及历代等主题,一一辑录其典故。撰者身历英祖、正祖、纯祖三朝,在党争激烈的时代,强烈主张"少论"之说。及"老论"派当政之时,备受打击,但其著述却能保持客观,不作偏至之论。其书"义例"云:"每于各条下书其引用书名,删削其繁冗处虽多,而不敢以己意增加论辨,窃附述而不作之义。自东西分党之后,彼此文籍毁誉相反,而记载者或偏主一边。余则并为据实收录,以俟后之览者各自定其是非焉。"[1]可见其著述宗旨。该书有延世大学校图书馆藏写本,又有韩国景文社1976年印本。

4. 别史

《三国遗事》五卷,僧一然(1206—1289)撰。此书与《三国史记》同为朝鲜古代史籍中的重要著作。书中言及"今至元年十八年辛巳岁",乃忠烈王七年(1281),则此书写作时间当在此年至其殁年之间(1281—1289)。在一然示寂前后,其弟子无极混丘(1251—1322)曾

〔1〕《燃藜室记述》卷首,延世大学校所藏写本。亦可见张伯伟编《朝鲜时代书目丛刊》第5册,中华书局,2004年版,页2350。

对此书加以注记。全书五卷，共分九类，即王历、纪异、兴法、塔像、义解、神咒、感通、避隐、孝善。其记述以三国时代为主，体裁既非纪传，亦非编年。“王历”是以新罗、高句丽、百济、驾洛与中国对照年表；“纪异”是对自古朝鲜以来至罗、丽、济、洛诸国遗事的记载；“兴法”是对传入佛教的高僧的记录；“塔像”为寺记和僧传；“义解”为高僧传记；“神咒”为异僧传记；“感通”专记灵验、感应等灵异之事；“避隐”专记隐遁之僧；“孝善”记录各种孝行、善行和美谈。可见这是一部以海东佛教为中心的史书，故日本大正时代新修《大藏经》也将该书收入。安鼎福《东史纲目・凡例》即云：“其书本为佛氏立教之源流而作，故间有年代之可考，而专是异端虚诞之说……是书也，只是异流怪说。”[1]现存最古老的版本为中宗正德本，刊行于1512年，日本古典刊行会曾据安鼎福手泽本于1932年影印行世，韩国学民文化社于2007年复据此本影印。其他版本及译注本颇多，最有价值的是日本学者三品彰英《三国遗事考证》，三品尽其一生之力撰著该书，并创设“三国遗事研究会”，生前陆续在杂志上刊载，昔未能完成，卒后作为遗著由塙书房出版。其上、中两册为三品遗著，至“纪异”为止。下三册由研究会同仁村上四男等人撰写。中国有孙文范等《三国遗事》（校勘本），吉林文史出版社，2003年版。该书综合正德七年（1512）本、朝鲜科学院本及李炳焘校勘整理本，标点出版。

《汇纂丽史》四十八卷，洪汝河（1621—1678）撰。该书全称《木斋家塾汇纂丽史》，可知原为家塾教本，缘“东国之士，类喜谈中国史，而于东国史则顾蒙然焉”[2]。全书依世家、志、传排列，叙述方式则依“中国史法”，其凡例云：“中朝历代史法，于外国兴亡战伐边境分割，

---

〔1〕《东史纲目》卷首，页24。
〔2〕郑宗鲁《汇纂丽史序》，页3。

皆在必书。而东国史未尝记中国之事,此史家大纲领错谬处,故今稍变旧例。”又云:“裒类为传,系以论赞,悉依汉晋唐宋史法。”又云:“史家句法,下字自有法例,东人不晓叙事法门,往往以俚语足之。今辄窜易,代下他字。”又云:“历代史皆有外夷附录,今辄依之,作契丹、日本等传。”故其标目及写法与《高丽史》颇有异同,尤其在“志”的部分,“依历代史法改撰诸志,错综成篇,五百年间天文、地理、礼、乐、兵、刑沿革之制咸萃一篇,提要备论,其得失了然睹矣”[1]。强调传志之体与编年之体并立互用,不可偏废。此书写成后藏于家中,门弟子间有抄本流传。安鼎福《东史纲目》撰于正祖二年(1778),其采用书目中未及此书,可推该书之刊行当在此后。今有韩国骊江出版社“韩国史书丛刊”影印本,1986年版。

《东史》三卷,李种徽(1731—1797)撰,著有《修山集》,乃其遗稿,《东史》见于卷十一至卷十三,为纪传体史书。有本纪四、世家四、列传七、年表三、表三、志十六。其古史观乃以高句丽为中心,故十六志中,属高丽者七(天文志、历志、五行志、选举志、舆服志、百官志、礼志),属高句丽者有六(艺文志、律历志、天文志、地理志、刑法志、五行志),未标明者三(礼乐志、食货志、神事志),但细考后三者,实际仍然以高句丽为中心叙述。又新罗、百济亦往往附见于高句丽(如律历志、地理志、五行志),与金富轼《三国史记》以来的史学观大相径庭。三国时代的高句丽文献流传后世者极少,本文能纪录者,亦不过“《留记》百卷、李文真《校正》五卷及乙支文德《遗于仲文》诗四句,与夫唐所赐《老子道德上下经》而已”,虽云“今分史家、诗家二类附于后以存其体”,实际亦无所可附者。今人李圣仪、金约瑟编《新罗·百济·高句丽·罗丽艺文志》,共著录高句丽二种、百济八种、新罗一百三十

〔1〕 以上均见《汇纂丽史》,页6。

五种，可见以文化发达程度论，三国时代实当以新罗为中心。《修山集》有韩国景仁文化社《韩国文集丛刊》本。

《海东绎史》七十一卷（一本作七十卷，乃将卷三十二“氏族”并入卷三十一“官氏志二”，其馀类目次序亦有所变），韩致奫（1765—1814）撰。此书乃撰者据中国和日本的文献记载，上自经传，下至丛稗，引用书目达540馀种，积十数年之功而编成的一部纪传体朝鲜半岛通史。分世纪、志、表、考等。虽引用大量中国、日本典籍，但往往能纠正其失，可资参考。惟《地理考》未及完编而弃世，从子镇书补成十五卷。韩氏仕途坎坷，专心治学，甚爱蓄书，家藏中东奇书数千种。《海东绎史》为其晚年撰述。去世后，阮堂金正喜挽之云：“宏雅王伯厚，精博顾亭林。以此评君者，犹非识君深。”[1]有韩国骊江出版社“韩国史书丛刊”影印本。

5. 传记

李相殷编《韩国历代人物传集成》五卷，本书根据《国朝人物考》72册2090人、《人物考》26册1700馀人、《高丽名臣传》6册382人、《海东名将传》3册45人、《海东名臣录》3册302人、《国朝人物志》3册2992人的资料，以人物为纲，将相关资料影印剪贴于名下，一册在手，诸种资料鳞次栉比于眼前，颇便利用。全书以人名音序排列，卷首列总目次。韩国民昌文化社，1990年版。

6. 古文书

韩国精神文化研究院（今韩国学中央研究院）编《古文书集成》。此书自1980年开始调查收集和整理工作，从1982年开始出版，至2010年共出版98册。该书以朝鲜半岛各地不同家族所保存的各类

---

〔1〕 韩日东《玉蕤堂韩公行状》引，《海东绎史》附，《韩国史书丛刊》第4册，骊江出版社，1987年版，页527。

古文书为收集对象，汇聚了大量有关社会经济史、法制史、教育史和语言学方面原始资料。其内容通常分作9类，即教令类、疏札启状类、牒关通报类、凭证类、明文文记类、书简通告类、置簿记录类、诗文类及其他。第1册为“完山金氏乌川古文书”，第98册为“南原顺兴安氏思齐堂后孙家篇”，每一册卷首皆有详细解题，有的在卷末附录索引。其资料以影印为主，也有少数是经过整理者。编排方式绝大多数以家族为单位，也有以藏弆处所为单位者，如第10到14册便是“藏书阁篇”，即以藏书阁所藏古文书汇集而成。由于藏书阁原为李王家藏书机构，因此保存了大量王室文书，与民间文书相比，显示了另一类不同的价值，如“外交类”。又有以书院或乡校为单位者，如第20册为“屏山书院篇”，第24册为“濫溪书院篇”，第25册为“德川书院篇”，第26册为“居昌乡校篇”，第31册为“陕川乡校篇”等，对于理解朝鲜时代的士风和教育皆为极其难得的资料。

7. 政法

《经国大典》，此书为朝鲜法制史的基本资料，最初成书于成宗二年（1471），是根据朝鲜立朝以来的判旨、条例如《经济六典》《续六典》等资料，由徐居正、崔恒等人编成，此后更加检校修补，于成宗十六年完成，成为历代遵守的大典。全书共六卷，分别为吏典、户典、礼典、兵典、刑典、工典。版本颇多，但较为适用者为1934年朝鲜总督府中枢院委托内藤吉之助所撰《校订经国大典》。该书以京城帝国大学（今首尔大学校）永年史库所藏内赐本《经国大典》为底本，以万历三十一年刊本、兵部本、大丘本、宋时烈旧藏本、平壤府开刊本、芸阁铸字印本等为参校本，1934年由朝鲜总督府中枢院印行，韩国保景文化社1995年又据以影印。

柳馨远《磻溪随录》二十六卷。柳馨远（1622—1673）为朝鲜时代实学派鼻祖,其人虽为身在草野的处士,却以现实问题为指针,读书思索,著为此书。全书以田制、教选(教育、考试)、任官(官吏任命)、职官(官制)、禄制(俸给)、兵制六大问题为纲,详加考述,并历叙该制度在中朝两国历史上的变迁。续篇上下两卷,涉及仪礼、风俗、度量衡、道路、奴隶、养老等问题。补遗则为作者之未完稿,讨论地方郡县废合问题。其书虽以"随录"为名,实乃一部大著作。洪大容以为,"东人著书中,以《圣学辑要》《磻溪随录》为经世有用之学"[1],并将此书赠送给其中国友人严诚。宋秉璿也说:"东儒所著之书……经世典章,无如《磻溪随录》。"[2]韩国古典刊行会曾据此书初刊本(1770 年刊行)及补遗(1783 年刊行)合为一编,由东国文化社 1958 年影印行世。

《增补文献备考》二百五十卷,此书为朝鲜历代文物制度之汇集,历经英祖、正祖和李太王时期编集而成。此书之形成,可追溯至英祖朝金致仁等撰修之《东国文献备考》,据《英祖实录》四十五年(1769)云:"命刊《东国文献备考》,其书凡例悉仿《文献通考》,而只收集我朝事。"次年完成,前后不到半年时间。书成,凡十三考一百卷,即象纬、舆地、礼、乐、兵、刑、田赋、户口、财用、市籴、选举、学校、职官。但成书匆促,阙误难免,故安鼎福《与洪参判名汉书》中就有对此书的考误(见《顺庵集》卷五)。丁若镛也专门有《文献备考刊误》,载《与犹堂全书》卷二十三。故正祖六年(1782)乃命李万运补续之。至二十年全书完成,增加物异、宫室、王系、氏族、朝聘、谥号、艺文诸考,计二十考二百四十六卷,易名《增订文献备考》。书成而未能刊印。至李太王时,又命阁臣在原书基础上删繁就简,以"物异"附于"象纬",

---

〔1〕《湛轩集》附洪大应《从兄湛轩先生遗事》,《韩国文集丛刊》第 248 册,页 323。
〔2〕《渊斋集》卷十七《杂著》,《韩国文集丛刊》第 329 册,页 276。

"宫室"附于"舆地","王系"改为"帝系"而以"氏族"附之,"朝聘"改为"交聘","谥号"附于"职官",凡十六考二百五十卷。全书完成于李太王十年(1906),纪事止于八年,又更名为《增补文献备考》,于隆熙二年(1908)以铅活字印刷。该书系统记载朝鲜半岛之各种典章制度,资料翔实可靠,是极为重要的历史文献。又有韩国亚细亚文化社1959年缩印本。

8. 地理

卢思慎等《新增东国舆地胜览》五十五卷,最初撰修于成宗十二年(1481),凡五十卷。至中宗九年(1530)李荇再加修订增删,成五十五卷。此书以梁诚之《八道地志》为蓝本,由卢思慎、徐居正等人以诗文添入地志,基本内容有建置沿革、郡名、姓氏、形胜、山川、土产、楼亭、学校、驿院、佛宇、祠庙、冢墓、古迹、名宦、人物、题咏等,体例仿照宋代祝穆《方舆胜览》和《大明一统志》,注重诗文,也显示了对人文地理的重视。此本中国传统,如《四库提要》评《方舆胜览》云:"诗赋序记,所载独备……虽无裨于掌故,而有益于文章,摛藻掞华,恒所引用。"由于此书成书于壬辰倭乱之前,其引用诸书在后世颇有亡佚,往往可资辑佚。有韩国明文堂1959年影印本。又日本朝鲜史学会曾于1930年整理出版《新增东国舆地胜览》,并于1941年编成出版索引,含地名和人名。韩国景仁文化社将此二者收入"韩国地理风俗志丛书",2005年版。

《舆地图书》55册,此书是英祖朝在收聚各道邑志的基础上改编而成,顾名思义,其书有图(各邑地图)有书(各邑邑志)。据《承政院日记》英祖四十一年十二月初八日记载,此书最早为洪良汉据《八道邑志》修正并上呈,其后金应淳复作修正,至徐命膺乃添删图录,定为凡例,并命名为《舆地图书》。此书是在《舆地胜览》编成270馀年后，对东国地理书的又一次改修补完，其中郡邑升降，与《舆地胜览》的时代颇有不同，其包含的资料共计邑志295种，营志17种，镇志1种。其所立门目多达40馀项，如疆域、坊里、道路、建置沿革、郡名、形胜、城池、官职、山川、姓氏、风俗、陵寝、坛庙、公廨、堤堰、仓库、物产、桥梁、驿院、牧场、关阨、烽燧、楼亭、寺刹、古迹、镇堡、人物、旱田、进贡、粜籴、田税、大同、俸廪、军兵等。本书为了解当时的历史、地理、政治、社会、军事、财政、交通等皆提供了一个可信赖的基本资料。韩国国史编纂委员会编纂发行，探求堂1973年影印行世。

金正浩《大东地志》三十二卷，金氏号古山子，主要活动于19世纪中叶。卷首列“门目”二十一项，并逐一说明。计有沿革、古邑、坊面、山水、形胜、城池、营衙、镇堡、烽燧、仓库、驿站、桥梁、牧场、土产、宫室、楼亭、庙殿、陵寝、坛壝、祠院、典故。卷一至卷二十四为各道邑志，卷二十五、二十六为山水考和边防考，惜已亡佚。卷二十七、二十八为程里考，卷二十九至卷三十二为方舆总志，都有与中国相关史料。韩国学文献研究所编，亚细亚文化社1976年影印行世。

9. 外交

郑昌顺等编《同文汇考》原编七十九卷、别编四卷、补编十卷、附编三十六卷，其后又原编一卷、原续编十七卷、补续编一卷、附续编六卷、原编续九卷、附编续二卷，共一百六十五卷。台湾珪庭出版社列入“中韩关系史料辑要”第4种，1978年分30册影印出版。本书是朝鲜与清代、日本朝贡及交邻关系史上的重要文献汇编，分类编纂与中国、日本的往来外交文书。在朝鲜正祖时代，当时承文院负责掌管对外文书，参阅考据颇感不便，乃于正祖八年(1784)命礼曹判书郑昌顺等人编纂此书，至十二年九月完成。之后仍续有增补，即纯祖十八年(1818)、纯祖二十五年、宪宗七年(1841)、哲宗即位年(1849)、哲宗七年(1856)、高宗元年(1864)、高宗八年、高宗十九年,最终收录文书止于高宗十八年。编者将与中国往来之“事大”文书,按年代顺序整理分类,此为本书之原编;又汇集崇德丙子(1636)至顺治甲申(1644)年间散佚文件纂为别编;将使行录等资料录为补编;最后将与日本往来的书契汇为附编。其内容如下:(1) 原编(含原续编、原编续),收录朝鲜与清代往来之事大文书,包括封典、哀礼、进贺、陈慰、问安、节使、陈奏、表笺式、请求、锡赉、蠲币、饬谕、历书、日月食、交易、疆界、犯越、犯禁、刷还、飘民、推征、军务、赙恤、倭情、杂令、洋船情形,可据此了解朝鲜与清代的朝贡关系,尤其是使行的人物与性质。(2) 别编,此编专收“丙子胡乱”至清人入关之间的文书,内容性质与原编同。(3) 补编(含补续编),收录使臣别单、使行录、事大文书式、诏敕录、迎敕仪节等文献。(4) 附编(包括附续编、附编续),收录朝鲜与日本之间来往交邻文书。细目有陈贺、陈慰、告庆、告讣、告还、通信、进献、请求、约条、边禁、争难、替代、漂民、杂令(附文书式等),是研究韩日关系的重要史料。哲宗初年,因《同文汇考》卷帙过大,考阅不便,于是就其书删繁就简,于哲宗二年(1851)七月编成《同文考略》,以“事大”“交邻”两大项为目,在细目上也较原书有所损益,计“事大”29 目,“交邻”15 目。与《同文汇考》类似,此书亦续有编纂,即哲宗七年、哲宗十四年和高宗十九年(1882),记事止于高宗十八年。日本学习院东洋文化研究所将此书列为“学东丛书第十一”影印行世,其中卷首至续一为内阁文库所藏本(16 册),续二、三为东洋文库所藏本(3 册),1972 年版。

林基中编《燕行录全集》100 册,韩国东国大学校出版部,2001 年版。自高丽时代开始,直至朝鲜时代末期,朝鲜半岛有大量的来华人员,留下了很多使行或旅行记录。在明代以前,这些记录多以“朝天”

为名，而从清代开始，则易以“燕行”之名。虽然尚未出版完整的此类文献的全集，但估计其总数当在700种以上。目前学术界将这批资料往往统称为“燕行录”，而在我看来，无论是“朝天”抑或“燕行”，都含有浓烈的政治意味。而就这类文献的渊源而言，可以追溯到周代的行人记录，所谓“其万民之利害为一书，其礼俗政事教治刑禁之逆顺为一书，其悖逆暴乱作慝犹犯令者为一书，其札丧凶荒厄贫为一书，其康乐和亲安平为一书。凡此五物者，每国辨异之，以反命于王，以周知天下之故”。贾公彦疏云：“此总陈小行人使适四方，所采风俗善恶之事，各各条录，别为一书以报上也。”〔1〕自汉代以下，此类文献多以“行纪”或“行记”为名，外国的使行记录，从文体演变来看，即为其流衍。中村荣孝编纂此类书目，亦以《事大纪行目录》（载《青丘学丛》第一号，1930年）为题。现代人整理古籍，如杨建新主编《古西行记选注》（宁夏人民出版社，1987年版），贾敬颜著《五代宋金元人边疆行记十三种疏证稿》（中华书局，2004年版），陈佳荣、钱江、张广达合编《历代中外行纪》（上海辞书出版社，2008年版）等，皆云“行纪”，颇得其实。所以，我主张以“中国行纪”来命名域外人士出使中国的记录文献。这些文献不仅是中国与朝鲜半岛的外交史料，而且能够反映中朝历史上的政治、经济、军事、社会、学术、语言等多方面的情况，是极为重要的研究资料。此书收集了朝鲜时代中国行纪资料380馀种，影印出版，是目前已经出版的同类资料集中规模最大的一种，具有非常重要的价值。遗憾的是，此书对入选诸书未作解题，读者参考不便，加上在编辑过程中，对于作者名字、生平以及史料的甄别等方面遗留下不少错误，在一定程度上影响了对该书的利用。左江撰《〈燕行录全集〉考订》（载《域外汉籍研究集刊》第四辑），漆

〔1〕《周礼注疏》卷七十二《秋官·小行人》，《十三经注疏》，中华书局，1980年影印本，页894。

永祥有《〈燕行录全集〉考误》(载《中国学论丛》第二十四辑),对其中重要问题加以考辨,厘清疑团,卓有贡献。漆永祥《燕行录千种解题》(北京大学出版社,2021 年版),则总其大成,最富参考价值。

最早汇编出版此类文献者,是韩国成均馆大学校大东文化研究院,1960 年出版《燕行录选集》上,收录 11 种,1962 年出版《燕行录选集》下,收录 20 种,共计 31 种。其后民族文化推进会出版《国译燕行录选集》,收录 20 种。台北珪庭出版社 1978 年出版《朝天录》4 册。但数量皆有限,故《燕行录全集》的出版,改变了以往的状况,提高了学术界对此类文献的关注程度。在此之后,学术界陆续出版了相关文献,如林基中、夫马进编《燕行录全集日本所藏编》,收录 34 种,由韩国东国大学校韩国文学研究所 2001 年影印出版;成均馆大学校大东文化研究院出版《燕行录选集补遗》,收录 20 种,2008 年影印出版;弘华文主编《燕行录全编》已出版第一辑,共收录 140 馀种,广西师范大学出版社 2010 年影印出版,该书收录较泛,有些内容是以往同类书中所未收者;复旦大学文史研究院与韩国成均馆大学合作编纂《韩国汉文燕行文献选编》,收录 37 种 30 册,内容多选自成均馆大学所出《燕行录选集》和《燕行录选集补遗》,由复旦大学出版社 2011 年影印出版。

张伯伟、徐毅、陈俐编校《朝鲜时代文献所见笔谈资料汇编》,凤凰出版社,2022 年版。本书收录了 124 种文献中所载朝鲜人与中国人笔谈资料,时间范围从 15 世纪到 20 世纪初,共 112 万字,是迄今为止收集整理朝鲜时代文献中笔谈资料规模最大、范围最广、内容最富的资料集。全书分为四卷,其中明代一卷,清代三卷,时段的划分寓有编者对笔谈内容、性质演变的判断。各种资料均冠以简要解题,其中对文献作者亦有考订,凡前人(包括当代韩国学者)论述有误者,皆予以纠正。卷首有张伯伟撰写之《东亚文人笔谈研究的回顾与展望》为"代前言"，对读者理解此类文献的价值和意义有一定的帮助。

10. 书目

张伯伟编《朝鲜时代书目丛刊》，中华书局，2004年版。朝鲜时代书目题跋之作甚多，其流传至今者，约有80种之多。但散见别藏，学者参考不易。自20世纪60年代以来，韩国曾单行影印出版若干种，虽极富价值，惜数量不多。亦有汇编类书目问世，又往往偏于一端。本书是迄今为止收录书目最多的一种丛刊，共选录朝鲜时代具有代表性之著26种，尽量选择最佳版本予以影印，根据其特点分为四类，即王室书目、地方书目、史志书目和私家书目，每一类别又以时代先后为序。以学术性前言冠于篇首，对朝鲜时代目录学体系有整体性论述。每书之前亦有解题，对编纂年代、编者、特色、意义作简明扼要的论述。全书细目如下：《奎章总目》《内阁访书录》《西库藏书录》《大畜观书目》《隆文楼书目》《宝文阁册目录》《群书标记》《摛文院奉安总录》《书香阁奉安总目》《承华楼书目》《考事撮要·书册市准·册板目录·书册印纸数》《庆尚道册板》《诸道册板录》《完营册板目录》《镂板考》《各道册板目录》《庆州府校院书册目录》《岭南各邑校院书册录》《东史·高句丽艺文志》《燃藜室记述别集·文艺典故》《海东绎史·艺文志》《东国通志·艺文志》《增补文献备考·艺文考》《海东文献总录》《洪氏读书录》《清芬室书目》。本丛刊前有目次，后附书名综合索引。

11. 金石

亚细亚文化社刊行之"韩国金石文全书"，汇聚此类资料颇多，录其目如下：李俣、李偘著《大东金石书》（1976年版），刘燕庭编《海东金石苑》（1976年版），朝鲜总督府编《朝鲜金石总览》（1976年版），李兰暎编《韩国金石文追补》(1976 年版),吴庆锡著《三韩金石录》(1981 年版),藤田亮策等著《朝鲜金石琐谈》(1979 年版),葛城末治著《朝鲜金石考》(1978 年版),许兴植编《韩国金石全文》(1984 年版),韩国学文献研究所编《海东金石文字》(2003 年版)。以上诸书编著者,除韩国学者外,有中国学者,也有日本学者。最初较有规模的资料集为日据时代朝鲜总督府编《朝鲜金石总览》,初版于 1915 年。李兰暎之《追补》,即以此后所获资料并限以高丽时代之前编纂而成,略分碑铭·塔志、钟铭、佛像铭、香炉·香碗铭、禁口·饭子铭、器皿铭、高丽墓志铭和附录,并配有 18 页图版。许兴植编著之《韩国金石全文》,古代卷 1 册,中世卷 2 册。此书将国内外所存韩国古代至高丽时代的金石文网罗殆尽,共 649 种,其中古代 143 种,高丽时代 506 种,并加校勘。后附"总目录",分别记载名称、年代、所在、原刊处及参考文献。另可参考张忠植编《韩国金石总目》(见上文"工具书·目录")。

斋藤忠编著《古代朝鲜·日本金石文资料集成》,吉川弘文馆,1983 年版。本书由五部分构成:第一部为古代朝鲜、日本金石文对照年表及主要金石原文、关系图版;第二部分为古代朝鲜、日本金石文拓本集录;第三部分为古代朝鲜、日本金石文所在地一览;第四部分为古代朝鲜、日本金石文参考文献一览;第五部分为古代朝鲜、日本金石文古文献集录。著者自年轻时代开始就对金石文抱有浓厚兴趣,许多资料为其亲自手拓,且多有后来不可能再拓者,故其资料极为珍贵。

12. 史料汇编

田村洋幸编《日丽关系编年史料》,峰书房,1967 年版。本书据《高丽史》和《高丽史节要》辑录高丽、日本两国关系史料。起自高丽忠定王二年(1350),迄于高丽灭亡(1392),对于倭寇、贸易等资料巨细无遗予以抄录。每条史料均注明出处,并多提示参考资料。

王其榘《清实录·邻国朝鲜篇》,中国社会科学院边疆史地研究中心自印本,1987年版。本书自清代十一朝《实录》和《宣统政纪》中辑录有关朝鲜的历史记载,又参照《满文老档》《清光绪朝东华录》《清光绪朝中日交涉史料》加以补充。原题《清实录钞·邻国朝鲜篇》,与《明实录钞·邻国朝鲜篇》(此书未见)相衔接。

张东翼编著《元代丽史资料集录》,韩国首尔大学校出版部,1997年版。编者有见于元朝与高丽之间的密切关系,在元人的记录中有不少珍贵的有关高丽王朝及人物的史料,因此著此书。本书正文共五章:第一章是有关元代资料中有关高丽关系纪事概观,略述资料现存状况、主题及分类、内容与特质;第二章是有关高丽王朝总体的纪事资料,略分一般、外交、贡女、佛教及高丽物产;第三章是有关高丽人物的纪事资料;第四章是有关元代高丽归化人的纪事资料;第五章是有关赴丽元人的纪事资料。附录有二:一是金代文集中的相关纪事,二是明代文集中的相关纪事。每种资料,多录其原文,并作校勘、注释及提要,且提示参考文献。2000年,编著者又出版《宋代丽史资料集录》,编纂方式同上。

杨渭生等编著《十至十四世纪中韩关系史料汇编》,学苑出版社,1999、2002年版。本书以宋丽关系资料为主,上册以中国方面资料为主,下册以高丽方面资料为主。中国资料除正史外,还包括宋帝诏令、制诰,宋朝使节原始记录,宋人历史著书及后人辑录之有关条目,政书、类书、方志、文集、笔记、诗歌、画鉴、佛书、僧传以及碑铭、塔记等,凡关涉高丽之族属、政治、军事、外交、经济、典章、文化、艺术、宗教、人物、风土、民俗资料皆广泛辑录,对所采资料均有简介并列其出处。

海上王张保皋研究会编《7—10世纪韩中日交易研究文献目录·资料集》，海上王张保皋纪念会，2001年版。本书分两大部分，前者为研究文献目录，后者为资料集。目录分为专书、论文和报纸，专书下分韩国、中国、日本、欧美及中东，下按作者姓氏音序排列；论文分类大致同前。收录范围自1900年至1999年12月31日。报纸收录范围自1970年至2000年。第二部分为资料，采撷范围包括韩国、中国和日本，韩国史料有《三国史记》《三国遗事》《高丽史》《高丽史节要》《东史纲目》《新增东国舆地胜览》《增补文献备考》《桂苑笔耕集》《朝鲜金石总览》《韩国金石遗文》《海东金石苑》等，中国史料有《隋书》《旧唐书》《新唐书》《五代史》《资治通鉴》《大唐六典》《唐律疏议》《通典》《文献通考》《唐会要》《五代会要》《册府元龟》《唐国史补》《全唐文》《宋高僧传》《佛祖统纪》《祖堂集》《元和郡县志》《宣和奉使高丽图经》《嘉定赤城志》《宝庆四明志》《天台全志》《牟平县志》《舆地纪胜》《樊川文集》《白氏六帖事类集》《唐朝名画录》等，日本史料有《日本书纪》《续日本纪》《日本后纪》《续日本后纪》《日本文德天皇实录》《日本三代实录》《日本纪略》《类聚国史》《扶桑略记》《帝王编年纪》《延喜式》《类聚三代格》《风土记》《元亨释书》《唐大和上东征传》《行历抄》《睿山大师传》《圆珍传》《智证大师年谱》《智证大师传》《寺门传记》《园城寺龙华会缘起》《乞台州公验状》《东京国立博物馆所藏文书》《安详寺伽蓝缘起资财帐》《镇西府公验》《圆珍牒》《入唐求法巡礼行记》等。末附人名及关键词索引。

杜宏刚、邱瑞中、崔昌源辑《韩国文集中的蒙元史料》，广西师范大学出版社，2005年版。此书从《韩国文集丛刊》第1至第6辑的26种文集中，将有关蒙元方面的史料辑出影印，内容涉及两国政治、经济、军事、外交、文化等状况。其后，编者又相继编出《韩国文集中的明代史料》和《韩国文集中的清代史料》，皆取材于《韩国文集丛刊》。

刘菁华、许清玉、胡显慧选编《明实录朝鲜资料辑录》，巴蜀书社，2005年版。此书以台湾“中研院”历史语言研究所1962年校印本为底本辑录相关资料，分上下两编。上编为“坦诚相见，友好交往”，下编为“患难与共，并肩抗倭”。颇便参考。惟编辑过程中，“对原书中出现的对邻邦不友好、不尊重、不利于团结的记叙，编辑时已酌情予以处理”[1]，这并不符合历史唯物主义的态度，反而有损于正确了解历史真相。相比之下，《清实录·邻国朝鲜篇》的编纂原则，“为了存真起见，对于当时朝廷所持‘卑视邻国，妄自尊大’的态度，均未加以删削，读者当能正确对待给予批判”[2]，这才是古籍资料汇编的正确做法。

（三）子部

1. 儒家

裴宗镐编《韩国儒学资料集成》，延世大学校出版部，1980年版。此书共3册，下册为中国资料，收录周、程、朱、陆、王、罗之书，上中两册收录高丽、朝鲜时代儒学系统的文集51种，从中选出有关性理学的资料。反映了朝鲜时代儒学三派（主理派、主气派、折衷派）的基本面貌，对入选文集皆作解题，并注明卷数、页码。末附“圣迹图”（含《道统源流图》《东方圣学源流图》《东方儒林渊源录》）。

近年在中国也整理出版了若干韩国儒学资料，如贾顺先主编《退溪全书今注今译》共8册，四川大学出版社、四川人民出版社，1991年至1995年版。此书大致依据《退溪全书》略加注释，并将原文翻译成

〔1〕《明实录朝鲜资料辑录》“说明”，巴蜀书社，2005年版，页1。

〔2〕《清实录·邻国朝鲜篇》“编辑说明”，中国社会科学院中国边疆史地研究中心，1987年版，页2。

现代汉语。韦旭升编《宋子选集》，中华书局，1999年版。宋子名时烈（1607—1689），字英甫，号尤庵，是朝鲜时代屈指可数的大儒之一，也是朝鲜儒学史上惟一以“子”相称者。此书从《宋子大全》中选出若干文章，涉及当时的政治、思想、学术、人物以及社会、风俗等方面的内容。宋时烈编《程书分类》，韩国徐大源点校，上海辞书出版社，2006年版。此书是宋子对《二程全书》的分类重编，由其门人崔邦彦、李喜朝、权尚夏整理。此校点本以韩国学民文化社影印本为底本，校以二程原著，作分段标点。

2. 释家

《增补校正朝鲜寺刹史料》，此书原由日本朝鲜总督府内务部地方局编，并于1911年出版。全书史料收罗于明治四十三年（1910），将朝鲜各地现存寺刹的碑文、匾额及其他古文书汇为一编，上自新罗、高句丽、百济三国鼎立时代，而以高丽时代为盛。由于20世纪的朝鲜战争，有的寺庙今已不存，其资料亦以此书而得到保存，故颇足珍贵。原书缺“忠清南道”和“全罗北道”篇，韩国国会图书馆乃据东国大学校佛教文化研究所的调查予以补充，又据权相老对该书的校正重新影印，中央文化出版社，1968年版。

《韩国佛教全书》14册，韩国东国大学校出版部，1979—2004年版。本书收录自新罗时代至朝鲜时代末期由朝鲜半岛人士撰写的现存佛教典籍，以新罗、高丽、朝鲜三时代为别，计新罗时代篇3册，高丽时代篇3册，朝鲜时代篇4册，补遗4册。共收录新罗至朝鲜时代朝鲜半岛僧侣所撰文献323种，每书选最佳版本为底本，并校以他本，颇便参考。佛教典籍内容浩瀚，除内典之外，还有其他重要资料。如义天之《大觉国师文集》《大觉国师外集》《圆宗文类》《释苑词林》中就有不少宋人的佚文、佚诗。又收录了不少僧人文集，是文学史研究的重要资料。

3. 杂家

佚名编《大东野乘》。此书原本藏朝鲜"统监府秘库",共有写本72册,其用纸板心有"桂苍山房"字。明治四十三年(1910)由朝鲜古书刊行会断句整理发行。李肯翊《燃藜室记述别集》"野史类"著录此书,亦不载编者姓名。案李氏《燃藜室记述义例》有"岁庚戌(1790)游枫岳,全帙借人而去"[1]云云,可知其书初稿此前已完成,由此亦可推知《大东野乘》的编年更在此前。此书收录朝鲜时代野史笔记共59种,计为成伣《慵斋丛话》,徐居正《笔苑杂记》,南孝温《秋江冷话》《师友名行录》,曹伸《謏闻琐录》,鱼叔权《稗官杂记》,任辅臣《丙辰丁巳录》,车天辂《五山说林草稿》,沈光世《海东乐府》,李陆《青坡剧谈》,李耔《阴崖日记》,许篈《海东野言》,金正国、安璐《己卯录补遗》,佚名《己卯录续集》,《己卯录别集》,李中悦子《乙巳传闻录》,金安老《龙泉谈寂记》,沈守庆《遣闲杂录》,李珥《石潭日记》,黄赫《乙丑录》,佚名《乙丑续录》,权鼈《海东杂录》,禹性传《癸甲日录》,佚名《癸未记事》,郑澈家藏《时政非》,申钦《象村杂录》,赵庆男《乱中杂录》,佚名《历代要览》,《再造藩邦志》,《光海朝日记》,《凝川日录》,《光海初丧录》,尹耆献《长贫居士胡撰》,朴东亮《寄斋杂记》《寄斋史草》,李廷馨《东阁杂记》,郑弘溟《畸翁漫笔》,柳成龙《云岩杂录》,尹国馨《闻韶漫录》《甲辰漫录》,李暨《松窝杂说》,权应仁《松溪漫录》,尹根寿《月汀漫笔》,尹斗寿《梧阴杂说》,李济臣《清江先生鯸鯖琐语》,黄有詹《丁戊录》,佚名《逸史记闻》,青白堂《青白日记》,申翊圣《延平日记》,佚名《癸亥靖社录》,安邦俊《默斋日记》,尹宣举《混定编录》,韩浚谦《柳川札记》,李德泂《竹窗闲话》

〔1〕 张伯伟编《朝鲜时代书目丛刊》第5册,页2432。

《松都记异》,金时让《紫海笔谈》《荷潭破寂录》《涪溪记闻》。朝鲜时代重要的笔记大多囊括于此书。

4. 医家

高光震等《东医宝鉴校释》,人民卫生出版社,2001 年版。《东医宝鉴》是朝鲜时代许浚之作,计二十五卷,其中内景编四卷、外形编四卷、杂病编十一卷、汤液编三卷,外加针灸编。此书不仅流传于朝鲜,而且在中国、日本亦颇有影响。《校释》以朝鲜甲戌岁(1814)内医院校正完营刊本之影印本为底本,校以朝鲜甲戌岁岭营开刊本、乾隆十二年(1747)杭州王如尊抄本、乾隆二十八年左翰文刻本、嘉庆二年(1797)刻本、光绪十六年(1890)上海校经山房石印本[此据日本享保九年(1724)翻刻],末附方剂索引。

5. 艺术

高裕燮编《朝鲜画论集成》,1965 年油印本,景仁文化社,1994 年版。编者是朝鲜绘画史专家,此书乃其在京城大学(今首尔大学校)美学科任助教时,充分利用奎章阁所藏文集,将新罗至朝鲜末期有关绘画资料辑录成编。生前未曾出版,遗稿得黄寿永整理后油印行世。资料以作者时代为序。

刘复烈编著《韩国绘画大观》,文教院,1979 年版。本书汇集韩国历代绘画作品,略分三国时代篇、高丽时代篇和李朝时代篇,后者又分初叶(前期、后期)、中叶、末叶。每一篇前皆有序论,概述该时代绘画特征。全书辑录绘画图版共 760 幅,以时代为序,每一作者名下皆附解说。作品分别著录标题、材质、尺寸及藏所,是一部较为系统介绍韩国绘画的资料。

秦弘燮编著《韩国美术史资料集成》,一志社,1987—2003 年版。全书共 9 册,第 1 册为三国时代至高丽时代资料,略分建筑、雕刻、绘画、书写、工艺，凡与韩国美术史研究之相关文献、金石文、碑铭等，皆尽量收入，所录资料，皆标明出处。前列征引书目，末附索引。第2册为朝鲜前期绘画篇，所谓"前期"即以明宗朝(1545—1567)为迄。绘画以题材分，并及图画署、画论、画家等。前列征引书目和参考书目，后附索引。第3册为朝鲜前期建筑、雕刻、书写、工艺篇，编纂方式同上(下同)。第4册为朝鲜中期绘画篇，所谓"中期"乃指宣祖朝(1567—1608)至景宗朝(1720—1724)。第5册为朝鲜中期建筑、雕刻、书写、工艺篇。第6册为朝鲜后期绘画篇，所谓"后期"即指英祖元年(1725)至韩末(1910)。第7册为朝鲜后期建筑、雕刻、书写、工艺篇。第8册为补遗篇，覆盖了三国时代至朝鲜时代。第9册为附录，共分三部分：征引总书目、参考总书目和项目总索引。

6. 类书

朝鲜半岛的类书，目前所能见到的皆出于朝鲜时代，由于这些类书多为个人著作，因此一般而言，其卷帙并不庞大，类似于中国的《太平御览》《册府元龟》《永乐大典》《古今图书集成》的规模是极为罕见的。

李睟光撰《芝峰类说》二十卷。据其凡例云："为说共三千四百三十五条。""所引书籍，六经以下至近世小说诸集，凡三百四十八家，所录人姓名，自上古迄本朝，得二千二百六十五人。"[1]全书分天文部、时令部、灾异部、地理部、诸国部、君道部、兵政部、官职部、儒道部、经书部、文字部、文章部、人物部、性行部、身形部、语言部、人事部、杂事部、技艺部、外道部、宫室部、服用部、食物部、卉木部、禽虫部，凡二十五部。其中"文章部"内容最广，占七卷之多，"经书部"占三卷，两者相合共十卷，占全书之半，可见作者撰述重心所在。其所

[1] 南晚星译《芝峰类说》附原文，乙酉文化社，1994年版，页486。

论虽无多新见，但范围广泛，材料丰富，而卷帙又不大，颇便浏览。南晚星将此书译成韩语，又附原文，乙酉文化社，1994 年版。

权文海《大东韵府群玉》二十卷。此书仿宋代阴时夫《韵府群玉》而为之，丁范祖已指出，阴氏之书"是犹中华之书，无当于东事，此草涧先生权公《大东韵玉》之所繇作也……是书法例实仿阴氏，而运用颇出衡量……当与阴氏之书互为经纬，而并传天壤间无疑也"[1]。洪汝河有感于东国缙绅先生不读东史而喜读中国史，乃"评东国撰述，以草涧此书为第一"[2]。此书以韵字排列，卷一至卷四为上平声，卷五至卷八为下平声，卷九至卷十二为上声，卷十三至卷十七为去声，卷十八至卷二十为入声。字下列词，再分地理、国号、人名、姓氏、覆姓、木名、花名、孝子、烈女等分门，列举东国之历史、地理、文学、思想、宗教、艺术、风俗、人物、草木、禽兽等故实。正文之前有"纂辑书籍目录"，分中国诸书和东国诸书，前者征引 15 种，后者 175 种。所谓"东国诸书"以内容决定，而非以作者区分，如徐兢之《高丽图经》、董越之《朝鲜赋》皆中国人所写。权氏乃朝鲜宣祖朝人，其纂辑该书尚在壬辰倭乱（1592）之前，故保留了大量已亡佚的文献，值得珍视。韩国亚细亚文化社 1975 年影印，并附韩国学文献研究所编索引，共两万馀词汇，还包含姓氏、孝子、烈女、守令、仙名等人名以及地理、国号、木名、花名、禽名等，按韩语音序排列。

安鼎福编《星湖僿说类选》。此书原著者为李瀷，说经之暇，因思虑所及，辄随手别录，有天地、人事、经史、万物、诗文五大篇，安氏为便于读者阅览，就五大篇中分门汇编，略作删减或合并，计天地篇上下，人事篇八，经史篇九，万物篇、诗文篇各一。明文堂，1982 年版。

---

〔1〕《大东韵府群玉》卷首《大东韵府群玉序》，亚细亚文化社，1975 年版，页 1。

〔2〕同上注，页 3。

（四）集部

1. 总集

徐居正等编《东文选》,“朝鲜群书大系续续”第八辑,朝鲜古书刊行会以活字本出版,韩国民族文化刊行会 1994 年影印。韩国庆熙出版社 1967 年据木刻本影印,同时影印了《续东文选》。太学社于 1975 年再次影印出版。《东文选》为朝鲜时代最为重要的文学总集,在此之前,虽然有金台铉的《东国文鉴》、崔瀣的《东人之文》、赵云仡的《三韩诗龟鉴》、金宗直的《青丘风雅》等,但正如徐居正所批评的:“金台铉作《文鉴》,失之疏略;崔瀣著《东人文》,散佚尚多。”《三韩诗龟鉴》仅三卷,《青丘风雅》也不过七卷,而《东文选》有一百三十卷。其编纂动机,一方面是为了“网罗放佚”,另一方面也有“文章华国”的意识在。其《序》称:“我东方之文,非宋元之文,亦非汉唐之文,而乃我国之文也,宜与历代之文并行于天地间,胡可泯焉而无传也哉?”又首尔大学校奎章阁 1998 年曾据自藏《别本东文选》影印,收入“奎章阁资料丛书·文学篇”。

李豫、崔永禧辑校《韩客诗存》,书目文献出版社,1996 年版。此书据清代咸丰、同治年间董文涣对朝鲜文人作品所作编选评点以及中韩文人唱和之作等资料汇辑而成。全书分上下两编,上编计有《海客诗钞》,录朝鲜诗人 6 人共 235 首诗;《韩客诗存》,录朝鲜人诗 150 首,清人唱和之作 199 首;《韩客文存》,录朝鲜人文 4 篇,清韩文人来往书信以及序跋等 44 篇;《砚樵山房日记手稿中朝鲜人资料》及董文涣墓志铭;下编为附录,有《左海交游录》,录朝鲜人与清人帅方蔚往来信札 44 通;《完贞伏虎图集》录朝鲜人和清人题画文字 21 篇;《竹亭先生遗事》为朝鲜朝思想家张潜(号竹亭)后人所撰,仅存山西大学古典所。末附“朝鲜人名索引”。

祁庆福《朝鲜诗选校注》,辽宁民族出版社,1999年版。此《朝鲜诗选》为明代吴明济所编,原为明万历庚子(1600)朝鲜刻本,但到了清乾嘉时期(即朝鲜英祖、正祖时期),朝鲜人已很难见到此书,李德懋、朴趾源、洪大容等人都对此书抱有很大兴趣,而皆未得见,今日韩国亦无所藏。此书据北京大学图书馆所藏本,先影印原文,其后为标点注释。前言论述该书的特色及价值。明人所编《朝鲜诗选》者不一,此本以外,蓝芳威编本亦颇有名,北京大学图书馆藏有一残本,朴现圭曾据北大所藏两种《朝鲜诗选》,交由韩国太学社影印,1998年版。俞士玲又有《朝鲜诗选》校考本,该书以美国加州大学伯克利分校东亚图书馆所藏蓝芳威《朝鲜诗选》为底本,以北京大学图书馆藏蓝芳威《朝鲜古诗》钞本、国家图书馆(原北图)藏吴明济编刊《朝鲜诗选》参校。在此基础上,还确定每首诗对应或可能对应的朝鲜传世文献中的“元诗”,呈现了《朝鲜诗选》文本的流动性。四川人民出版社,2023年版。

《夹注名贤十抄诗》,此书是高丽时期人所选以中国诗人为主的三十家作品(其中有崔致远、朴仁范、崔承祐、崔匡裕四位新罗诗人),每人十首,故以此命名。高丽末期僧子山为之注释,据其自序云:“本朝前辈巨儒据唐室群贤全集,各选名诗十首,凡三百篇,命题为《十抄诗》,传于海东,其来尚矣。”由此可知,其所选唐诗,皆自各家全集中抄出。故其文字与中国传世诗集颇有差异,而且保存了100多首唐人佚诗,其注释中也保存了不少中国已经失传的文献。有查屏球整理本,以奎章阁藏本为底本校点,并有附录两篇:《十抄诗与全唐诗异文对照》,《十抄诗中唐人佚诗考》。上海古籍出版社,2005年版。整理本便于阅读,得手亦较易,但其中也遗留下一些讹误。由于此书的重要性，引起了不少中韩学者的关注，其中以张鹏《〈夹注名贤十抄诗〉补正》（载《域外汉籍研究集刊》第四辑）讨论较为全面。又韩国精神文化研究院所藏《夹注名贤十抄诗》为目前所知最佳版本，韩国学中央研究院2009年影印出版。又芳村弘道《十抄诗·夹注名贤十抄诗》将北京大学图书馆所藏《十抄诗》和日本阳明文库所藏《夹注名贤十抄诗》一并影印，且附有详细解题，汲古书院，2011年版。

赵季《箕雅校注》，中华书局，2008年版。《箕雅》是朝鲜朝文人南龙翼（1628—1692）编选的一部通代诗歌选集，共十四卷，以诗体分类编排，每一体下按作者年代先后为序。前言对该书特征、价值均有介绍。诗下多附评论资料，颇可参考。

张伯伟主编，俞士玲、左江参编《朝鲜时代女性诗文集全编》，凤凰出版社，2011年版。现代人裒集朝鲜时代女性文集，始于20世纪50年代，如闵丙焘之《朝鲜历代女流文集》，共收相关文献15种，其中3种以谚文为之，故实收汉诗文12种。80年代后期，有许米子编《朝鲜朝女流诗文全集》4册影印出版，所收皆为汉诗文，较闵编本多出8种，但略去1种，实收19种。2003年许米子出版《韩国女性诗文全集》，此书在原编基础上又作增订，新增9种，使得朝鲜时代女性作品的总数增加到28种，影印出版。本书之编纂，乃在以上工作基础上进行，广搜博采，详考细校，就数量上而言，更新增11种，使总数达到39种，是迄今为止网罗文献最富之著。首列前言、凡例，正编部分为别家和家集，先作解题，继为文本校正，后加补遗及附录。附编为专书和选集。附录两种为“历代韩国女性诗文评论资料汇编”及“历代韩国女性诗文研究论著目录汇编”。末附参考书目及后记。

柳已洙编著《全高丽朝鲜词》，华东师范大学出版社，2019年版。此书最初在韩国出版，题为《历代韩国词总集》，韩神大学出版部，

2006年版。其中收入171位词人的1250首词作。其后编者继续搜罗，编成此书，共计词人315家，词作2072首。虽然不能说网罗无遗，但重要的词人词作已基本在此。该书以词人生年先后为序，列作者小传，介绍其字号、闾里、仕履、著述等。正文之后，附录有目无词、失调名（自度曲）及朝鲜汉文小说中的词。末附引用书目及作者索引。

2. 别集

较为大型的文集丛书有两种：

一是由以前的民族文化推进会、今天的古典翻译院自1986年开始组织编刊的《影印标点韩国文集丛刊》，由景仁文化社自1990年开始出版，精选自9世纪到19世纪的历代文集，到2012年底为止已出版正编350册663种，续编150册596种，共计500册1259种，同时也将完成若干附属工作，如索引、解题、手册等。

另一种也是由景仁文化社出版的《韩国历代文集丛书》，最初出版3000册约3500种。其收录的时间起讫范围更长，自公元7世纪新罗僧人圆测（613—696）至20世纪文人，以可考者言，出生最晚的是李载斗（1920—1946），去世最晚的是朴胜万（1901—1995）。有金成焕编《韩国历代文集丛书目录索引》3册，景仁文化社，2000年版。自2016年至2019年间，又继续出版3001—4000册，预计最后将出版5000册。

3. 诗文评

赵锺业编《修正增补韩国诗话丛编》，太学社，1996年版。最早的韩国诗话在高丽朝已经出现，现存4种，即李仁老《破闲集》、李奎报《白云小说》、崔滋《补闲集》和李齐贤《栎翁稗说》，其中《白云小说》非自撰，不尽可信。至朝鲜朝，诗话尤多。本书编者集三十年收集之劳，网罗高丽朝至20世纪东人诗话之著129目115种（其中有两种标为中国资料），是迄今为止收集相关文献最多的韩国诗话总集。但赵氏对于诗话取较为广泛之定义，凡涉论诗，皆可视作诗话，故将论诗诗、选集、文集、笔记中资料尽量收入。若以此为标准，则其书遗漏者便甚多。倘若以较为狭义之诗话定义来看，亦有可补充者。如南公辙《日得录》、李玄圭《诗话》、李熚《诗林琐言》、金泽荣《杂言》等。又如东京大学文学部小仓文库所藏《海东诗话》，与《丛编》所收 4 种皆不同，静嘉堂本《大东稗林》所载《诗话汇编》也为赵编本所未收。又东洋文库所藏《见睫录》、美国伯克利大学远东图书馆所藏《海上清云》等，皆为诗话，实可再作增补。蔡美花、赵季主编《韩国诗话全编校注》，人民文学出版社，2012 年版，共收录诗话 136 种，在数量上超过赵锺业编本，颇有参考价值。惟此书校注工作不够理想，有待改进。

以上列举资料虽不少，但与其实际存在相较而言，只是非常微小的部分。读者勿惮其难，循序渐进，自可大有收获。

三、 杂志和会议论文集

在韩国、日本、越南和中国出版的专业杂志甚多，但目前中国读者中能够阅读韩语、越语者不多，故从略。

（一）日语杂志

日本青丘学会编《青丘学丛》，该刊自 1930 年 8 月开始发行，至 1939 年 10 月为止，共出版 30 期。栏目一般由图版、研究、佥载、书评、汇报、资料、附录等构成。所载诸文以日语为主，间有汉语。代表了当时日本学界对朝鲜半岛历史文化研究的最高水平。

朝鲜图书馆研究会编《朝鲜之图书馆》，创刊于 1931 年 9 月。在日本统治朝鲜期间，曾在京城（今首尔）于1926年3月成立京城图书馆研究会，1931年8月25日改名朝鲜图书馆研究会，并于次月创办《朝鲜之图书馆》，至1938年7月终刊，共出版30期。该刊研究范围是有关图书馆学的论说、研究、批评、解题、感想等，其中最重要者有图版写真、书志学论文及读书会论文，皆以日文发表。韩国亚细亚文化社于1972年影印出版。

日本书物同好会编《书物同好会会报附册子》，书物同好会成立于1937年5月5日的汉城，每月皆有例会，围绕朝鲜文献展开讨论。该会乃一国际性学术组织，会员来自日本、朝鲜和中国，中国学者如谢国桢、孙海波、张寿林等皆为该会会员。该刊自1938年7月创刊，至1943年12月，共出版20期。是有关朝鲜书籍研究的专门期刊，但因为篇幅有限，故刊载之文章多为短文。《书物同好会册子》则为专题文章，有的篇幅较大，是从其他刊物中的抽印本，至1940年为止，共出版11期。日本龙溪书舍于1978年重印。

日本朝鲜学会编《朝鲜学报》，该刊自1951年5月创刊，一直出版至今。朝鲜学会属天理大学朝鲜学科研究室，其栏目最初分论部、说部、史部，以后演变为论说、研究札记、书评、汇报等栏目，是继《青丘学丛》之后又一种高水平刊物。南京大学域外汉籍研究所藏了自创刊号至一百七十辑，从1951年5月到1999年1月为止。

日本汉文学研究会编《汉文学：解释与研究》，汲古书院版。该刊创办于1998年，一年出版一期。所谓“汉文学”，在这里指的是日本汉学，即含有日本语言文学及思想的日本学的分支之一，与日本“中国学”的研究相并列。特别关注日本的语言、文学、思想之受到中国文化的影响，是包含了经、史、子、集诸领域的综合性刊物。而以“解释与研究”为副标题，显示了重视对原典的精密读解，以改变过去研究中的暧昧模糊的新观念。其栏目包括论文、研究札记、研究展望、注解及先贤风貌等。

二松学舍大学21世纪COE基地编《日本汉文学研究》,2006年创刊。2002年二松学舍大学以“日本汉文学研究之世界据点的构筑”得到文部省的支持,此刊即为此而创办,其所谓“汉文学”亦不限于纯文学,而是包括语言、文学、宗教、艺术、思想、民俗以及文献学在内的综合领域。其栏目包括论文、研究札记、资料介绍、书评等,至2022年已出版十七辑。以日语论文为主,间有英文。

松浦章编集《アジア文化交流研究》。该刊是关西大学亚洲文化交流研究中心(アジア文化交流研究センター)在2005年受到文部科学省私立大学“学术研究高度化推进事业”五年计划支持后产生,2006年创刊,每年出版一辑,至2010年结束,共出版五辑。该中心下设三个研究班,即言语文化班、思想仪礼研究班和交流环境研究班,所刊论文亦围绕以上三方面的主题。自第二辑开始,每辑皆有一特定专题,如“长崎与日中文化交流”“琉球冲绳与日中文化交流”“东亚文化交流——人物往来”和“幕末明治時期的日本文学、历史、思想、艺术之诸相”等。所刊论文以日语为主,间有中文。

陶德民编集《东アジア文化交涉研究》。该刊由文部科学省“全球化COE计划”(グローバルCOEプログラム)中“东亚文化交涉学教育研究据点”自2008年开始创办,刊登有关此一研究的论文。至2021年已出版十四辑。与此同时,还刊行“别册”,以刊登研究集会的论文,目前已出版八册。论文以日语为主,兼刊以中文、英文和韩文撰写的论文。

(二)汉语杂志

《域外汉籍研究集刊》,2005年创刊,由中华书局出版。本刊初为年刊，从第十一辑改为半年刊，至 2022 年已出版二十四辑。自第一辑至二十辑由张伯伟编，自二十一辑始，由金程宇、卞东波、童岭轮流编集。基本栏目有汉籍综合研究、朝鲜—韩国汉籍研究、日本汉籍研究、越南汉籍研究、欧洲汉籍研究、汉籍交流研究、书评、稀见资料介绍、文献汇编等。《集刊》宗旨如下：推崇严谨朴实，力黜虚诞浮华；向往学思并进，鄙弃事理相绝；主张多方取径，避免固执偏狭。总之，它重视以文献学为基础的研究，于多种风格兼收并蓄，而不拘泥采用何种方法、得出何种结论。这是世界范围内惟一以域外汉籍为研究对象的综合期刊。

此外，还有一些期刊也登载域外汉籍的研究论文，如《文献》《中国诗学》《文学遗产》《文史》《中华文史论丛》《国际汉学研究通讯》《国际汉学》《国际中国文学研究丛刊》等，亦可关注。

（三）会议论文集

《中国域外汉籍国际学术会议论文集》。该会议由台湾联合报文化基金会国学文献馆主办，自 1986 年至 1995 年共举办了十届，除第九届会议论文集因故未出版外，第七、八两届会议论文合为一册，共出版九届会议论文集 8 册，皆由联合报系文化基金会编印。每册分别有中文部分、日文部分和韩文部分，间有英文和法文部分，代表了 20 世纪 80 年代至 90 年代国际域外汉籍研究的基本面貌和水平。

王国良编《文学丝路——中华文化与世界汉文学论文集》。该会议由台湾文化建设基金管理委员会筹划主办，世界华文作家协会编印，1998 年版。本文收录该次会议论文 18 篇，作者分别来自中国、法国、韩国、日本、越南、新加坡、澳大利亚和瑞士，其中对于汉文小说的讨论是焦点之一。

台湾东吴大学中国文学系编《域外汉文小说国际学术研讨会论文集》。东吴大学中文系，1999年版。这是首届域外汉文小说国际学术会议论文集，由东吴大学文学院暨外语学院、法兰西学院朝鲜文化研究所主办，收录中国、日本、韩国、越南学者相关论文19篇。

中正大学中文系、语言与文学研究中心主编《外遇中国——中国域外汉文小说国际学术研讨会论文集》，学生书局，2001年版。本书收录中国、韩国、日本、越南、法国学者论文21篇，综合座谈6篇，代表了新世纪初域外汉文小说研究的最新成果。

张伯伟编《风起云扬——首届南京大学域外汉籍研究国际学术研讨会论文集》，中华书局，2009年版。本书是南京大学域外汉籍研究所于2007年主办的国际会议论文集，收录论文49篇，分为汉籍综合研究、朝鲜—韩国汉籍研究、日本汉籍研究、越南汉籍研究、汉籍交流研究、文士交流研究五类。另有会议侧记2篇。

复旦大学文史研究院编《从周边看中国》，中华书局，2009年版。本书是复旦大学文史研究院于2007年主办的国际学术研讨会论文集，收录论文30篇，摘要3篇，综述1篇。

卞东波编《缟纻风雅——第二届南京大学域外汉籍研究国际学术研讨会论文集》，中华书局，2021年版。本书是南京大学域外汉籍研究所于2017年主办的国际会议论文集，收录论文55篇，除开幕词、会议综述外，略分东亚古代汉文学研究、朝鲜半岛汉籍研究、日本汉籍研究、越南汉籍研究、东亚汉籍交流研究、东亚文人交流研究等栏目。

除此以外，还有许多相关的会议论文集，显示了这一领域的研究正受到学术界日益高度的重视。

第三章　实例

孔子说："我欲载之空言，不如见之于行事之深切著明也。"[1]故本章将以研究实例来说明域外汉籍研究的问题、方法、价值及意义。因为域外汉籍是一门涉及多个学术领域的学问，对此感兴趣的读者可能也拥有不同方面的学术背景，所以，这里选取的实例便兼顾了若干领域和方面，而有目录学、文学、史学、思想、宗教、女性等，以便读者根据自己的性之所近作选择性阅读。为了更好地达到"深切著明"的目的，我全部以自己的研究为例。这不是强迫读者接受其结论，更无意将自己的研究悬为"矩矱"，只是在说明研究工作中的"如何"以及"为何"等问题时，"如人饮水，冷暖自知"（借用《坛经·行由》语），可能较为亲切。

一、考证

域外汉籍首先遇到的是大量的新文献，文献有时代、作者、真伪、异同等问题，需要加以考证。由于这些文献多属域外人士撰写，因此，现代韩国、日本等学者对许多文献也或多或少有所考证，可以而且应该参考，但不能完全信从甚至依赖。事实上，经过现代学者考证

〔1〕《史记·太史公自序》引，中华书局，1959年版，页3297。

后的文献，有许多结论是需要重新评估的。

这里，我想以朝鲜时代女性诗文中的文献问题为例说明。

朱彝尊《静志居诗话》卷二十四云："明闺秀诗，类多伪作，转相附会，久假不归……吾于许景樊之诗，见其篇章句法，宛然嘉靖七子之体裁，未应风教之讫符合如是，不能无赝鼎之疑也。"[1]此由明代闺秀诗中多混杂伪作，引申及朝鲜时代女诗人许兰雪轩（1563—1589）的作品，认为亦"不能无赝鼎之疑"。朝鲜时代李圭景（1788—？）《诗家点灯》卷一"闺秀诗多讹难信"引其说云："此说果是明鉴，兰雪诗竟为钱牧斋姬河东君柳如是之手真赃绽露。今世传闺诗，每多浪传，令人可笑。"[2]则由兰雪轩诗中的伪作之被柳如是揭穿，引申到浪传当世的其他闺秀诗。20世纪20年代，安往居辑评《洌上闺藻》，刊于朝鲜《中外日报》，其序云："《洌上闺藻》，朝鲜妇人氏词藻也。自古东华妇人诗类多赝作，在中华尤甚，以其诗界博而赝界亦博也。然而在朝鲜，亦不无赝弊。先破其赝，评乃归正。"[3]但仅对个别作品有所辨证。由此可见，朝鲜时代的女性诗文集中，其文献问题早就引起了人们的注意。然而迄今为止，这些问题却尚未得到全面的清理。

朝鲜时代的女性多以谚文通音讯，或创作时调以抒情愫，汉诗文创作并不兴盛，流传至今的女性诗文集数量不多。许米子教授《韩国女性诗文全集》共收27种，这是韩国学者收集相关文献最多的总集。中国学者编纂的《朝鲜时代女性诗文集全编》，在其基础上又补充12种，总计39种，成为汇集朝鲜时代女性汉文著述最为完备之书[4]。周亮工《书影》卷一引用徐世溥的话说："诗文之传，有幸有不幸焉。

〔1〕朱彝尊《静志居诗话》，姚祖恩编，人民文学出版社，1990年版，页794。
〔2〕赵锺业编《修正增补韩国诗话丛编》第11册，太学社，1996年版，页679。
〔3〕转引自李能和《朝鲜解语花史》，新韩书林，1968年版，页230。
〔4〕张伯伟主编，俞士玲、左江参编《朝鲜时代女性诗文集全编》，凤凰出版社，2011年版。

幸而出于童子，则传者什九；幸而出于妇人女子，则一脱口，蔑不传矣。”周氏还进一步说：“以其为妇人也，故人不求备，不大望焉，于是并其陋者载之。”[1]岂止如此，有时为了夸大其辞，竟并其“伪”者载之。从明代晚期开始，朝鲜女性诗文陆续传入中国，并引起中国文坛的关注，在一些选集中加以采录。这些选集在促进朝鲜女性作品在中国流传的同时，也增添了新的文献问题。

（一）真伪

朝鲜时代女性诗文集中的真伪问题，以许兰雪轩最为引人瞩目，这首先是由于其得名太甚。相对而言，其他女性诗文集中的类似问题，注意者就不多。但其问题的严重和复杂，绝不是可以忽略不计的。兹举例如下：

1.《林碧堂遗集》

作者林碧堂金氏，乃义城金寿千之女，俞汝舟（1501—?）之妻。生活于16世纪初叶，生卒年不详。《遗集》由俞氏七世孙世基所编，共收金氏之作七篇，其中三篇见于《列朝诗集》所选，二篇出自家人所录（其中一篇又见许筠所编之《国朝诗删》），又二篇出于家藏金氏自笔自绣之枕面。俞世基编讫此书作《跋》云：

> 去岁之冬，友人金子昂斗明以书状赴燕，购得钱牧斋谦益氏所辑《列朝诗集》，归以示余。是集也，盖裒取洪武以后诸家诗编为一帙，吾东圃（隐郑梦周）、牧（隐李穑）以下百馀家亦得与焉。金氏三篇弁诸闺什之首……今因钱公之所撰，始得家乘所不载、世间所不传之三篇，并如前所有四篇为七篇，其亦多矣。[2]

〔1〕《书影》卷一，上海古籍出版社，1981年版，页25。
〔2〕《朝鲜时代女性诗文集全编》第1册，页15。

据《同文汇考补编》卷七《使行录》，金斗明作为书状官赴燕日期为朝鲜肃宗八年(康熙二十一年,1682)十月二十九日，此行购得钱谦益《列朝诗集》东归，并见示于俞世基。世基从中受到激励，乃增益家传及见于东国选本所存之篇汇为七首，由此亦能推断其编成《林碧堂遗集》之时间乃在肃宗九年(1683)。编成后除自撰跋文外，又遍请当代名流显宦如赵持谦(1639—1785)、尹拯(1629—1714)、赵仁寿、韩泰东(1646—1687)、南龙翼(1628—1692)、南九万(1629—1711)等作跋，并在俞氏家族内部流传。在诸人跋文中，令他们共同惊喜赞叹的是，金氏有"家乘所不载、世间所不传之三篇"作品，能够入选钱谦益之《列朝诗集》。如俞世基云:"地之相距不啻数千馀里，而华夷之所不同也；世之相后几乎二百馀年，而风声之所不及也。抑未知钱牧斋何从而得之欤?"[1]赵持谦云:"今世代垂二百年，吾东所不传之什，至于所不知何人，乃复得之于数千里之地外、风尘扫荡之后、文物灰烬之馀，此殆遗还也，实我文苑异事。"[2]尹拯云:"三篇得载于钱牧斋所编《列朝诗选》者甚奇。"[3]韩泰东云:"东人之所遗，裔孙之所未睹，而中州之士独得以裒次之，掇取馀馥，揽撷遗英，列之文艺之林者，抑何奇欤?"[4]南龙翼更是感慨金氏诗之入选于钱编:"岂非事尤奇而遇尤幸?"[5]就此而言，诚可谓东亚汉诗流传史上之奇事。但以将近二百年中，家人所不知，东国亦无传，忽然于钱氏《列朝诗集》中睹之，其文献来源如何，可信与否，实堪质疑。

《列朝诗集》所选三诗为《别赠》《贫女吟》《贾客词》，我们可以

[1] 《朝鲜时代女性诗文集全编》第1册，页15。
[2] 同上注，页17。
[3] 同上注，页18。
[4] 同上注，页20。
[5] 同上注，页23。

对这三首诗作一考察。

《列朝诗集》闺秀诗多出于柳如是之选，朝鲜部分当以吴明济《朝鲜诗选》为主，其不足者，复以他选补充。以上三诗，五律《别赠》以俞汝舟妻之名见载于《朝鲜诗选》。吴选文献皆来自于朝鲜，其中得许筠兄弟之助尤多，或有所依据。而《贫女吟》和《贾客词》二诗，则不见于吴选。在明末女性选集中，最早将此二诗归于俞汝舟妻名下的是托名钟惺的《名媛诗归》，除此二诗外，尚有《别赠》和《杨柳词二首》，共四题。此后，如《名媛汇诗》《古今女史》等书皆承袭之，《列朝诗集》也不例外，只是将《杨柳词二首》分别归到成氏和兰雪轩名下。故《名媛诗归》所录，除《别赠》之尚有待考馀地，其馀三题四首皆为许兰雪轩之作。所以，《列朝诗集》选入的金氏三诗，亦多可疑者。其中《贫女吟》更刊载于许筠(1569—1618)《国朝诗删》卷末“许门世稿”中，俞世基曾从《国朝诗删》中辑得金氏诗一首，而对《贫女吟》则视若无睹，其误遂沿袭至今。

其实这一问题在俞世基编成《林碧堂遗稿》后，立刻就为人发现。上文指出，俞氏编就此书后，曾邀请名流为之撰跋，并将六篇跋附在集后，最末一篇为南九万所撰。然而值得注意的是，这篇跋文实为南九万所撰之另一文《金夫人枕角绣诗序》，而他真正为此集撰写的跋文《题林碧堂七首稿后》，却被俞氏替换了。其原因何在，只要一读南氏以下文字即可清楚：

> 牧斋所编三首，声响稍促，辞采稍浮。且《贫女吟》《贾客词》皆蹈袭古人之陈语，其视《枕角诗》即事赋怀、悠然自得者，不啻径庭矣。且余曾入燕馆，得《名媛诗归》一帙，其中亦载夫人《杨柳词》二首，流于巧丽，殊乏风雅本色，固已疑之矣。更考《列朝诗集》，《词》之其一“条妒纤腰叶妒眉”，则以为朝鲜妇人

成氏之作；其二“不解迎人解送人”，则以为兰雪轩许氏之作，而又讥其偷取裴说之词。据此则其非出于夫人决矣。未知编《诗归》者从何得之，有此错置也。[1]

南氏曾于肃宗十年（康熙二十三年，1684）、十二年两次作为正使赴燕，得睹《名媛诗归》，故能发现问题所在。因此，尽管此跋乃应邀而作，尽管他还委婉其辞云：

《胡笳十八拍》古人以为六朝人拟作，幸得托名文姬，乃入《楚辞后语》。今此诸诗，无或亦类于是耶？然则毋论其诗之真赝，夫人以海外偏邦林居寒士之妻，乃为上国文苑诸公所称道，编录传于天下后世，是为盛也。[2]

俞世基仍以此文颇煞风景，故弃而不用。南氏仅仅指出《贫女吟》《贾客词》与《枕角诗》风格大相径庭而有疑，今则将其作者落实到许兰雪轩，可了结此一公案。

2.《玉峰集》

作者李氏（？—1592）号玉峰，为宗室李逢之之庶女，云江公赵瑗（1544—1595）之妾。赵氏后裔正万（1656—1739）于肃宗三十年（康熙四十三年，1704）编《嘉林世稿》，录其家族三代进士高祖云江公赵瑗、曾祖竹阴公赵希逸（1575—1638）及祖父近水轩公赵锡馨诗文，以《玉峰集》附于卷末。

今传《玉峰集》有两本，一为《嘉林世稿》附录本，凡三十二篇；一为抄本，凡十四篇，实际上是十二篇（最末两篇题金綵《次李子云》，实为金玏之作，见《栢岩集》卷二）。《世稿》本有二十篇不见于抄本。其诗真伪，亦不无问题。

〔1〕〔2〕《题林碧堂七首稿后》，《药泉集》卷二十七，《韩国文集丛刊》第132册，页455。

《世稿》本三十二篇中,十一篇见选于钱谦益《列朝诗集》。正万编辑其诗已指出:"《宝泉滩》诗载于《佔毕斋集》;《斑竹怨》《采莲曲》两诗载于李达诗集中,未详孰是。"[1]案而未断。李德懋(1741—1793)《清脾录》卷二"云江小室"条又补充云:"《秋恨诗》'梦觉罗衾一半空'句,载于《兰雪集》。……'妾身非织女,郎岂是牵牛'载于《诗学大成》。闺人志虑甚浅,闻见未广,故往往以古人诗集为枕宝帐秘,毕竟败露于慧眼。兰雪许氏,为钱虞山、柳如是所摘发真赃,狼藉几无馀地,可谓剽窃者之炯戒。"[2]则直指其为剽窃。

《列朝诗集》所选玉峰十一篇诗,皆有其文献来源。《登楼》("小白梅逾耿")、《漫兴赠郎》、《登楼》("红栏六曲压银河")、《自适》、《秋思》、《宝泉滩即事》、《咏雪次韵》七篇出于吴明济《朝鲜诗选》,《斑竹怨》《采莲曲》《归来亭》出于旧题钟惺《名媛诗归》,《秋恨》或出于汪伯英之《朝鲜诗选》[3]。其中真伪问题,实不止于赵正万和李德懋所述四首。如《归来亭》为李瑜(1469—1517)之《题归来亭》,见其《松斋集续集》卷一;《登楼》("小白梅逾耿")为林亿龄(1496—1568)《登官楼》之后四句,见《石川诗集》卷三;《登楼》("红栏六曲")末二句"明月不知沧海暮,九疑山下白云多"见许筠《鹤山樵谈》,乃郑百炼之作。《自适》为申光汉(1484—1555)同题之作,见《企斋集·别集》卷五。此类问题,或为后人误记所致,吴明济不察,编入《朝鲜诗选》,钱谦益《列朝诗集》沿袭之,复传入朝鲜,为朝鲜人所珍视,故据以编集,贻误至今。

《世稿》本三十二篇,除十一篇出于《列朝诗集》外,其馀二十一

---

〔1〕《朝鲜时代女性诗文集全编》第1册,页70。

〔2〕《青庄馆全书》卷三十三,《韩国文集丛刊》第258册,页27。

〔3〕原书未见,此据徐𤊹《笔精》卷五"外夷·朝鲜诗"所引,沈文倬校注,福建人民出版社,1997年版。

篇中也仍有真伪问题。如《咏梨花》为李湜(1458—1488)之《吴慎孙所画咏物·梨花》,见《四雨亭集》卷下;《七夕》为申光汉《七夕咏女牛》,见《企斋集·别集》卷四;《春日有怀》曾入选南龙翼《箕雅》卷十,署作李媛,洪万宗(1643—1725)已直斥该书“于作者名姓,亦多错录”,并作辨证云:“所谓闺秀赵瑗妾李氏〈春日有怀〉诗,即兰雪轩许氏诗也,载于本集。”〔1〕总之,《世稿》本三十二首中,至少有三分之一为他人作品混入者。

玉峰诗入选中国选本最多者乃《名媛诗归》,总计十三篇,即《斑竹怨》、《采莲曲》(“南湖采莲女”)、《古别离》、《归来亭》、《春日有怀》、《青楼怨》、《梦作》、《咏燕》、《采莲曲》(“莲叶裁成幄”)、《谩兴赠郎》、《自适》、《秋思》、《七夕》。除上文已考者六篇外,复有五篇可考为他人之作。如《古别离》为郑誧(1309—1345)之《怨别离》,见《东文选》卷七;《梦作》为许兰雪轩同题之作,见《兰雪轩集》;《采莲曲》(“莲叶裁成幄”)为任錪(1559—1611)之《采莲词》,见《鸣皋集》卷一;《青楼怨》实据李达(1539—1618)之《无题》而稍加改窜,原诗见《荪谷诗集》卷四;《咏燕》为李承召(1422—1484)之《燕》,见《东文选》卷七。其中伪作堪称连篇累牍,令人触目惊心。

3.《兰雪轩集》

兰雪轩素有海东第一女诗人之称,但围绕其人其诗却问题丛生,重心乃在作品之真伪混杂。兰雪轩辞世不久,许筠即着手整理编辑其集,并于次年(1590)编成。据许筠万历三十六年(1608)所作《跋》文,谓姊氏“平生著述甚富,遗命荼毗之,所传至鲜,俱出于筠臆记”〔2〕。可知兰雪轩大量诗文皆已焚毁,故文集之编纂俱出于许筠记

〔1〕《诗话丛林·证正》,《修正增补韩国诗话丛编》第5册,页489。
〔2〕《朝鲜时代女性诗文集全编》第1册,页158。

忆。尽管许筠记忆力之强颇为时人称许，如李瀷（1681—1763）云："记性之慧，近世以许筠为最。"[1]但经其手编就之《兰雪轩集》，羼入了他人之作，亦为事实。此在当时即有人质疑，文献所见最早指出者为金时让（1581—1643），他在光海君四年（1612）谪钟城，撰《涪溪纪闻》云：

> 金著作诚立之妻，许筠之姊也。能文章，早死，筠裒集遗稿，目为《兰雪轩集》，至受跋语于华人，以侈其传。或言其多剽窃他作，而余固不信也。及余谪钟城，求得《明诗鼓吹》于人，则许集中"瑶琴振雪春云暖，环佩鸣风夜月寒"一律八句载在《鼓吹》，乃永乐诗人吴世忠之作也。余于是始信或者之言。呜呼！取华人之作而欲瞒华人之目，是何异盗人之物而还卖于其人乎？[2]

其后如李睟光（1563—1628）《芝峰类说》卷十四云：

> 齐僧宝月作《估客词》曰："郎作十里行，侬作九里送。拔侬头上钗，与郎资路用。"今《兰雪轩集》中窃取全文，可笑。[3]

又云：

> 《兰雪轩集》中，《金凤花染指歌》全取明人"拂镜火星流日月，画眉红雨过青山"之句而点化之。《游仙词》中两篇，即唐曹唐诗。《送宫人入道》一律，则乃明人唐震诗也。其它乐府宫词等作，多窃取古诗。故洪参议庆臣、许正郎□乃其一家人，常言兰雪轩诗二三篇外，皆是伪作。而其《白玉楼上梁文》，亦许筠与李再荣所撰云。[4]

---

〔1〕《星湖先生僿说》卷十二"人事门·许筠记性"条，写本，韩国国立中央图书馆藏，页60。
〔2〕《大东野乘》卷七十二，朝鲜古书刊行会，明治四十三年（1910）版。
〔3〕南晚星译本附原文，乙酉文化社，1994年版，页538。
〔4〕同上注，页540。

申钦(1566—1628)《晴窗软谈》云：

> 集中所载，如《游仙诗》太半古人全篇。尝见其近体二句："新妆满面犹看镜，残梦关心懒下楼。"此乃古人诗。或言其男弟筠，剽窃世间未见诗篇，窜入以扬其名云，近之矣。[1]

金万重(1637—1692)《西浦漫笔》卷下云：

> 兰雪轩许氏诗出自李荪谷及其仲荷谷……海东闺秀，惟此一人。独恨其弟筠，颇采元明人佳句丽什人所罕见者，添入于集中，以张声势。[2]

洪万宗(1643—1725)《诗话丛林·证正》云：

> 余见许氏兰雪送其兄荷谷谪甲山诗五言律，颈联"河水平秋岸，关云欲夕阳"，即是唐人全句，无一字异同。此可谓活剥生吞者也。[3]

李圭景《五洲衍文长笺散稿》卷四十六"景樊堂辨证说"云：

> 金诚立裔孙金正言秀臣，家住广州。或问《兰雪轩集》刊本外或有巾箱秘本，则以为有兰雪手钞者数十叶，而其诗与刻本大异。且言今世传刻，本非尽出于兰雪，乃筠赝本云。其后孙之言乃如此，则想必其家世传之口实也。[4]

吴明济在万历二十七年(1599)编纂《朝鲜诗选》，得许筠之助尤多，其书所收作品亦以其姊氏许兰雪轩为冠，达五十八首(其次为郑梦周，仅十七首)。据吴氏序文，此前一年，长安缙绅先生闻其书，"皆愿

〔1〕《稗林》本，探求堂，1991年版，页33a。
〔2〕通文馆影印本，1971年版，页627。
〔3〕《修正增补韩国诗话丛编》第5册，页491。
〔4〕东国文化社影印本，1959年版，页487—488。

见东海诗人咏及许妹氏游仙诸篇”[1]。七年后朱之蕃出使朝鲜，自许筠处“得其集以归，遂盛传于中夏”[2]。因此，当柳如是奉钱谦益之命，校雠《列朝诗集》中的女性作品，发现脍炙人口的兰雪轩诗中竟多搀杂他人作品时，便毫不客气地予以揭露，在朝鲜文坛上引起愧恨交加的很大反响。

朝鲜女性作品真伪问题存在两种情况：一是见于朝鲜人所编诗文集，二是入选于中国的各种总集。也有交错二者的情况，就显得更为复杂。

纯粹出于朝鲜人所编者如《梅窗集》，其中虽混入李元亨之作，但梅窗与该诗本事有着密切关系。问题最严重的当然是许筠所编《兰雪轩集》。许氏兄妹篈（荷谷，1551—1588）、筠和兰雪轩为一母所生，故感情极深。许篈有《寄妹氏》《送笔妹氏》《题杜律卷后奉呈妹氏兰雪轩》等诗文，兰雪轩有《寄荷谷》、《送荷谷谪甲山》、《次仲氏见星庵韵》二首、《次仲氏高原望高台韵》四首等。故在兰雪轩身后，许筠即着手编辑其集，并在《惺叟诗话》《鹤山樵谈》中高度评价其作，其间亦多引用许篈评语为之张目。朱之蕃序文中称“许门多才，昆弟皆以文学重于东国，以手足之谊，辑其稿之仅存者以传”[3]，颇能洞见此举所蕴涵之深情。许筠表彰其姊为“天仙之才”，对其“生而不合于琴瑟，死则不免于绝祀”[4]深感痛惜，故在编辑之际，有意无意将他人之作混入，或捉刀代笔，以大其声势，实或难免。且许筠多有类似行为，如洪万宗《诗话丛林·证正》即云：“许筠《国朝诗删》，泽堂诸公皆称善拣，《诗删》之盛行于世，盖以此也。然其中所为鬼作两首伽倻仙女

〔1〕 吴明济编，祁庆福校注《朝鲜诗选校注》，辽宁民族出版社，1999年版，页239。
〔2〕 钱谦益编《列朝诗集》闰集第六，中华书局，2008年版，页6856。
〔3〕 《兰雪斋诗集小引》，《朝鲜时代女性诗文集全编》第1册，页97。
〔4〕 许筠《鹤山樵谈》，《稗林》本，页7b。

诗及李显郁诗,皆古人所作。故余表而出之,以破其虚妄。"并加以质疑道:"筠乃假设名姓,欲瞒后人眼目,何哉?"[1]统合观之,筠编《兰雪轩集》,似难免文人狡狯,故伎重演。如传兰雪轩八岁作《白玉楼上梁文》,骈四俪六,典故对偶,无不得心应手,绝非其龄所能。李睟光已谓此乃许筠、李再荣所撰,成海应(1760—1839)更直斥"二人皆轻薄无实"[2]。又《梦游广桑山诗序》,文末有许筠附记谓:"姊氏于己丑春捐世,时年二十七,其'三九红堕'之语乃验。"[3]亦似身后伪作,以显其谶。且此文开首"乙酉春,余丁忧,寓居于外舅家"数句,即启人疑窦。兰雪轩身为女性,何外舅(即岳父)之可言?乙酉为宣祖十八年(明万历十三年,1585),其父卒于庚辰(1580),其母卒于甲午(1594),此年又何忧可丁?凡此种种,皆甚为可疑,不足据信。

至于仅见于或首见于中国选集的朝鲜女性诗文,则多不可信。其原因盖出于编者态度之草率,如《名媛诗归》。编者又往往欲以多取胜,如柳如是所指责者:"此邦文士,徒见出于外夷女子,惊喜赞叹,不复核其从来。"[4]其实非但女性作品如此,如《列朝诗集》闰集载许篈《感遇》"君好堤边柳",编者借题发挥道:"篈女弟适金成立,贤而不爱,以此而发乎?"[5]后人编纂《荷谷先生诗集续补遗》虽据以收入,但编者云"不见于遗稿中,姑未可考信"[6],堪称审慎。实则此诗为明朱诚泳之《古意》,见《小鸣稿》卷一。以此类推,可见一般。此类讹谬当属明人之误题,不得视作朝鲜佚诗处理。在域外汉籍文献的收集整理中,我们往往会以域外文献中载录的中国文人之不见于

---

〔1〕《韩国诗话丛编》第5册,页486—487。

〔2〕《草榭谈献》三,《研经斋全集》卷五十六,《韩国文集丛刊》第275册,页174。

〔3〕《朝鲜时代女性诗文集全编》第1册,页157。

〔4〕《列朝诗集》闰集第六,页6857。

〔5〕同上注,页6837。

〔6〕《荷谷集·诗集续补遗》,《韩国文集丛刊》第58册,页386。

本集的作品当作其佚文佚诗,同样,也往往容易将中国文献中载录的域外文人之不见于本集的作品当作其佚文佚诗,其实,这些都是需要以非常审慎的态度来处理的。但普遍现象正像柳如是所描述的,人们往往是“惊喜赞叹,不复核其从来”。

（二）作者

朝鲜时代从事创作的女性,有些人的生平资料较少,或缺乏明确记录,其中尤以妓女为突出,需要旁稽博考,方得其实。

1. 金泠泠

金泠泠有《琴仙诗》,存抄本一册。首页首行下有“壬辰十月”字,许米子《韩国女性诗文全集·解题》据此推测此卷作年,或为纯祖三十二年(道光十二年,1832),或为李太王二十九年(光绪十八年,1892),如此,则作者当生活于19世纪。考《琴仙诗》中有《西警胜捷后宴芙蓉堂》云:“中华吾东邦,捷书报箕城。千官呼万岁,春台玉烛明。”[1]此中所含重要信息有:战胜一方为中国援朝军队,战事发生场所在平壤(箕城),其中所透露出对中国王朝的亲切(“中华吾东邦”)而又尊崇(“千官呼万岁”),不可能在清代出现,其情其事,似与壬辰(1592)倭乱相关。据史载,日军四月十三日于釜山登陆,六月十九日陷平壤。明军援朝,于癸巳(1593)正月初八日获平壤大捷,各道屯结之倭亦闻风而逃。《宣祖实录》二十六年癸巳正月记载:“中和、黄州一路连营之贼,闻平壤炮声,先已卷遁。”[2]又据宋应昌《经略复国要编》卷五载:“中和、黄州、剑水、凤山诸郡倭奴闻风逃回。”中和在平安道平壤之南,与黄海道接壤,黄州、剑水、凤山则均在黄海道境内。

---

〔1〕《朝鲜时代女性诗文集全编》第1册,页248。

〔2〕《朝鲜王朝实录》第21册,国史编纂委员会影印本,1957年版,页601。

琴仙乃黄海道海州人，平壤大捷，日军溃逃，乃当时大事。又据《新增东国舆地胜览》卷四十三"海州"条，其地著名之楼亭即有"芙蓉堂"，"堂在莲池中，极有清致"[1]。大捷后群官欢宴于此，实为适得其所。据此可推，琴仙乃朝鲜宣祖朝人。此卷所收为琴仙十三岁之作，书名下已注明。其《敬次碧城客戏赠韵》九首中，既云"行年今十三，不识人间缘"[2]，又《杂咏》云"年当十三岁，迷劣薄文质"[3]。而碧城客之赠诗，亦有"十三吐绮语，才比苏与薛"[4]之句。如此，则琴仙之生年当在宣祖十四年（万历九年，1581），卒年不详。

2. 黄氏

黄氏有《情静堂遗稿》一卷，《平海黄氏世谱》载其卒年为正祖十七年（乾隆五十八年，1793）。考黄氏曾向玉山县县宰李氏（李退溪后人）请得"情静堂"三字，遂以名堂。李氏妇又为印李退溪《陶山六曲歌》以赠之。此事见载于李汇宁（1788—1861）《情静堂逸稿序》，谓其事"忽忽已五十年沧桑矣"[5]。又李汇载《情静堂记》亦载其事，同样云"五十年前"[6]。此二文分别撰于己酉（1849）和戊午（1858），又并以此为五十年前事，若黄氏卒于1793年，时间颇有不合。姑志此以俟考。

3. 金锦园

金锦园（1817—1887后）有《湖东西洛记》，乃长篇游记。前半所述为其十四岁时女扮男装，游览国内大山名川之事；后半所记乃其成为奎堂学士金德喜（一作熙）小室后之事。但文中未作明确交代，颇

[1] 卢思慎等著，明文堂影印本，1994年版，页757。
[2][3] 《朝鲜时代女性诗文集全编》第1册，页253。
[4] 同上注，页255。
[5] 同上注，页683。
[6] 同上注，页693。

能使人误以为锦园于此行结束后即成为金氏之妾。如李能和《朝鲜女俗考》云:“其金刚山游览之时,乃纯祖三十年庚寅(1830)春三月也,芳年十四岁时。与奎堂学士结婚,亦同年也。”[1]此后韩国学者多沿袭其说,至今不改。考申纬(1769—1845)《金渊泉八十七叟以席上三女史诗属和》诗,其三为《和锦园校书韵》,有“春风十二街杨柳,拣遍高枝不肯栖”[2]之句,金履阳八十七岁,时在朝鲜朝宪宗七年(1841),锦园二十五岁,身为妓女,尚未有所属。又李裕元(1814—1888)《林下笔记》卷三十三《华东玉糁编》—“诸女史”条云:“金渊泉八十七,以三女史消遣。云楚女史名芙蓉,成都人;琼山女史名洛仙,碧城人;锦园校书名锦莺,蟾江人。未久皆散,锦园归于金侍郎德喜,诗文俱丽。”[3]可知锦园归金德喜乃在与金履阳(渊泉)交往之后,当在金德喜任龙湾伯(1845 年)前数年间。其卒年不详,但据郑万朝(1858—1936)《榕灯诗话》,谓已见到锦莺时,“年已七十馀”,则可推知其卒年当在高宗二十四年(1887)之后。

4. 朴竹西

朴竹西有《竹西集》一卷,其生年不详,韩国学者多定于纯祖十七年(嘉庆二十二年,1817)。案朴氏诗友金锦园生于此年,她在《竹西诗集跋》中云:“竹西少余几岁,少小同乡。”[4]似可据信,故拟定其生年为纯祖二十年(1820)。

(三) 校勘

“校”本字或作“斠”,有持平之意,“勘”则有审核之意,故校勘就

---

〔1〕《朝鲜女俗考》,翰南书林,1927 年版,页 150a。

〔2〕《警修堂全稿》册二十七《覆瓿稿》五,《韩国文集丛刊》第 291 册,页 598。

〔3〕《林下笔记》,成均馆大学校大东文化研究院影印本,1961 年版,页 831。

〔4〕《朝鲜时代女性诗文集全编》第 2 册,页 1227。

是对文本的字句作平定、审核。前人讲到校勘方法，如叶德辉在《藏书十约》中举出死校、活校。陈垣在《元典章校补释例》卷六“校法四例”中举出对校、本校、他校、理校四种方法，成为今日从事校勘工作遵循的基本原则。所谓对校，就是将底本与辅本对勘比较，录其异文，即为“死校”；本校是将本文前后作参照，以寻求内证；他校则取前人、后人之相关文献加以对勘，以寻求外证；理校则无文献凭借，而据物理人情、时地特征作推理，以寻求旁证。

域外汉籍的校勘自然也应遵循以上的基本原则，但由于文献的特殊性，所以也有需要特别加以留意之处。兹据校勘的四种基本方法，以朝鲜时代女性诗文集为例说明。

1. 对校

其中包括根据底本、辅本和选本的校勘。就朝鲜时代女性诗文集而言，除《兰雪轩集》曾经多次刊刻，并且有中国和日本的刊本外，大多数是抄本（有的不止一种）或初刻本。

《兰雪轩集》的情况是非常复杂的，李圭景《五洲衍文长笺散稿》“景樊堂辨证说”云：“金诚立（即兰雪轩丈夫）裔孙金正言秀臣，家住广州，或问《兰雪轩集》刊本外或有巾箱秘本，则以为有兰雪手抄者数十页，而其诗与刻本大异。”但从未有人见过。现存《兰雪轩集》最古老的朝鲜刻本是万历三十六年（1608）本，故可以此为底本，而明人潘之恒《亘史》所收之《聚沙原倡》亦即兰雪轩诗集，其刊刻时间也是万历戊申（1608），与最早的朝鲜刻本为同一年，而朝鲜本刻于是年孟夏，潘刻本则在此年春日，所以实际上更早，两本差别亦颇大。如《兰雪轩集》有五律《遣兴》八首，其中两首在潘刻本题作《杂诗》，为五绝。又如《四时词·冬》，虽然两本皆有，但文字出入甚大。至于其他个别题目、字句上的异文，就更加比比皆是了。在潘本刊刻之前，中国已经有沈无非序刻之《景樊集》一卷,时间当在万历三十四年(1606)之前[1],潘之恒曾经见过,故有"曩沈虎臣娣氏曾梓《景樊集》一卷,余读之"[2]云云,潘刻本甚至可能参照了沈刻本。一般说来,我们会以最早刊本的文字最为接近作品的原貌,但我们并不能因为潘刻本时间更早,就此断言朝鲜刻本所存在的异文是讹误。由于《兰雪轩集》的编纂者是许筠,因此,尽管作为朝鲜本正式刊刻的时间晚于中国本,仍然不能轻易更改其异文。

兰雪轩诗入选中国选本者甚多。李宜显(1669—1745)曾出使中国,后于其《陶峡丛说》(1736 年撰)中记载:"明人绝喜我东之诗,尤奖许景樊诗,选诗者无不载景樊诗。"[3]这种情形,实际上在清代依然如此。在校勘中,这些文献也是可资利用的。与《兰雪轩集》中颇多因袭中国诗句相对,中国诗选中题名许氏而不见于《兰雪轩集》者亦有不少。校书之难,不在于标异同,而在于定是非。正如段玉裁所云:"校书之难,非照本改字不讹不漏之难也,定其是非之难。"[4]以《名媛诗归》为例,其在兰雪轩名下如《望仙谣》《山岚》《弄潮曲》等皆不见于《兰雪轩集》,实际上,如果仔细考查对勘,就会发现它们分别出自崔庆昌、郑希良和许篈之手[5],并非兰雪轩作品。这种情形,在上文所谈到的真伪问题时已经论及,在校勘时同样是需要注意的。

---

〔1〕参见俞士玲《明末中国典籍误题兰雪轩诗及其原因考论》之相关论述,载张伯伟编《风起云扬——首届南京大学域外汉籍研究国际学术研讨会论文集》,中华书局,2009 年版,页 304—305。

〔2〕《亘史外篇》卷三,《四库全书存目丛书》子部第 194 册,齐鲁书社,1995 年版,页 23。

〔3〕《陶谷集》卷二十八,《韩国文集丛刊》第 181 册,页 455。

〔4〕《与诸同志书论校书之难》,《经韵楼集》卷十二,凤凰出版社,2010 年版,页 313。

〔5〕参见朴现圭《明末清初文献所录朝鲜兰雪轩作品之实况》(载张宏生编《明清文学与性别研究》,江苏古籍出版社,2002 年版,页 422—442)、俞士玲《明末中国典籍误题兰雪轩诗及其原因考论》(载张伯伟编《风起云扬——首届南京大学域外汉籍研究国际学术研讨会论文集》,页 284—321)。

2. 本校

朝鲜女性诗文集往往只有一个本子，而且是抄本而非刻本，只能依据仅有的文本本身进行校勘。这就需要根据诗歌内在的文义、韵律等进行。

《琴仙诗》一卷乃抄本，其中《杂咏》诗，属《敬次碧城客戏赠韵九首》之一，原诗如下：

> 早未登乐府，自愧歌舞拙。**幸蒙河海泽，纤手执巾栉。**储妓非骚人，红妆岂狎昵。粉黛数十人，妾非居第一。朱楼一张琴，碧城半轮月。**年当十三岁，迷劣薄文质。莫言路傍柳，所愿□□节。**名虽为琴仙，才敢比苏、薛。何嫌苍颜老，愿为君子匹。

然而我们看碧城客之诗，原文如下：

> 平生不喜色，自愧风流拙。少游绮罗丛，未曾事狎昵。至今家无姬，朝夕佐巾栉。亦岂无情思，未见名姝一。碧城逢琴仙，娟娟若初月。十三吐绮语，才比苏与薛。不作烟花态，自拟松竹节。愿我已华鬓，恐误青春质。不如且弃置，任他求良匹。[1]

碧城客诗情理顺畅，似未有误。因此，琴仙次韵诗便可能是抄写错行。根据原韵，可作校改如下：

> 早未登乐府，自愧歌舞拙。储妓非骚人，红妆岂狎昵。**幸蒙河海泽，纤手执巾栉。**粉黛数十人，妾非居第一。朱楼一张琴，碧城半轮月。名虽为琴仙，才敢比苏、薛。**莫言路傍柳，所愿□□节。年当十三岁，迷劣薄文质。**何嫌苍颜老，愿为君子匹。[2]

---

〔1〕《朝鲜时代女性诗文集全编》第1册，页255。

〔2〕同上注，页253。

无论是文意还是韵脚，都可与碧城客诗相应。这便是利用文本本身作校勘。

3. 他校

李桂生（1573—1610）《梅窗集》一卷，存作品五十八首，其中五绝二十首，七绝二十八首，五律六首，七律四首。其书有朝鲜显宗九年（康熙七年，1668）刊本，另有抄本一种。七绝《尹公碑》，刊本和抄本皆有，似无可疑。但其作者乃李元亨，实非桂生。桂生为许筠情人，两人于宣祖三十四年（1601）相识，“终日觞咏相倡和”[1]，“维持十年胶漆”[2]。许筠《惺叟诗话》纪该诗本事颇详：

> 扶安倡桂生工诗，善讴弹。有一太守狎之。去后，邑人立碑思之。一夕佳月生，弹琴于碑石上，溯而长歌。李元亨者过而见之，作诗曰：“一曲瑶琴怨鹧鸪，荒碑无语月轮孤。岘山当日征南石，亦有佳人堕泪无。”时人谓之绝倡。李，余馆客也，自少与余及李汝仁同处，故能为诗。[3]

许筠为此还有书信责难梅窗：“娘望月揳瑟而讴《山鹧鸪》，胡不于闲处密地，乃于尹碑前被凿齿所觑，污诗于三尺去思石。此娘之过也。”[4]由此亦可确证此诗之写作虽与梅窗有关，但作者实非其人。这是根据相关文献而作的他校。

4. 理校

虽然域外汉籍皆以汉字撰写，但文字同而读音不同，同一个汉字，朝鲜、日本、越南各有其读音，与汉语也不一样。因此，有些字在

---

〔1〕 许筠《漕官纪行》，《惺所覆瓿稿》卷十八。
〔2〕 许筠《与桂娘》，《惺所覆瓿稿》卷二十一。
〔3〕 《惺所覆瓿稿》卷二十五，《韩国文集丛刊》第74册，页368。
〔4〕 《惺所覆瓿稿》卷二十一，同上注，页322。

汉语中并非一个读音，但在朝鲜人的发音中是一致的，因此，在文献中就往往出现用一个同音字代替另一个同音字的情况。比如“状元”“牡丹”在朝鲜文献中经常写成“壮元”“牧丹”，为显示其特色，或可保留。此外，如“办”（辦）与“辨”、“少”与“小”经常混用，当据文理更改。其他文字方面的错误，亦类似。

（四）补遗

朝鲜时代女性诗文集中，一方面是混入了其他作品，另一方面，也有若干不见于文集之中，而确为该作者佚文的情况，应予补遗。

1.《玉峰集》

尹国馨（1543—1611）《闻韶漫录》载己丑年（1589）与赵瑗同酌于玉峰寓处，赵劝李作诗赠尹，“李即席口占，倩笔伯玉，曰：‘洛阳才子何迟召，作赋湘潭吊屈原。手扮逆鳞危此道，淮阳高卧亦君恩。’吟咏构思之际，手麾白迭扇，时或掩唇。其声清婉凄绝，似非人世间人”[1]。由口占之作录为文字，则汉语“原”“恩”不押韵，但谚文中“原”“恩”韵母相同，故口诵时自押韵。此诗不载于其集。洪万宗《诗评补遗》下编云：“玉峰李氏《春日即事》诗：‘数村桑梓暮烟笼，林外清湍石窦春。半世人穷诗句里，一年春尽鸟声中。颠狂柳絮飘香雪，轻薄桃花逐乱风。草绿王孙归不得，子规啼血恨无穷。’极有晚唐调格。”[2]亦其佚作。又柳成龙（1542—1607）《杂著》“女子能诗”条载：“李题竹西楼诗，有‘江吞鸥梦阔，天入雁愁长’之语，好事者多传诵云。”[3]申钦《晴窗软谈》亦举此联（“吞”作“涵”），推之为“古今诗

---

〔1〕《大东野乘》卷五十五，页616。

〔2〕《修正增补韩国诗话丛编》第4册，页116。

〔3〕《西厓集·别集》卷四，《韩国文集丛刊》第52册，页465。

人未有及此者”[1]，亦其佚句。而洪万宗《诗话丛林·证正》则云："余见唐人项斯诗曰：‘水涵萍势远，天入雁愁长。’李氏此句全出于此，象村（即申钦）岂不见项斯诗耶？”[2]又抄本《玉峰集》所录《送人往骊江》断句“神勒烟波寺，清心雪月楼”，见于李睟光《芝峰类说》卷十四引，当可据信。

2.《兰雪轩集》

《芝峰类说》卷十四载其《采莲曲》，又载其寄赠金诚立之作；许筠《鹤山樵谈》载其《渔家傲》词一阕，皆其佚作。此前人已发现者。又郑泰齐（1612—1669）《菊堂排语》录申钦语云：“余少时与金诚立及他友僦屋同做举业，友人造飞语以为金好游倡楼，婢辈闻之，密告于许氏。一日，许氏备妙馔，盛酒于大白瓶，书一句于瓶腹以送曰：‘郎君自是无情者，同接何人纵半间。’余于其时始知许氏能诗气豪也。”[3]则似可据补。又李圭景《诗家点灯》卷二谓“世传兰雪许氏作《剪刀诗》，其意太亵……是岂闺壸女郎所可道哉？虽咏物极工，乃是一部《金瓶梅》中语也，果非士夫夫人之作”。[4]《芝峰类说》卷十四即谓此诗乃“近世妇人不知谁氏”[5]作，故不可信。

3. 安媛

还有个别女性诗人名不见诸书，但在外交文献中有佚作存者，同样当予补遗。《鸡林唱和集》载肃宗三十七年（日本正德元年，1711）朝鲜通信使正使书记洪舜衍（号镜湖）妾安媛作《春思》七律一首云：

[1] 《稗林》本，页 33a。

[2] 《修正增补韩国诗话丛编》第 5 册，页 490—491。

[3] 《修正增补韩国诗话丛编》第 3 册，页 189—190。案：编者谓此书“撰者未详”，此据左江考证结论，参见其《〈菊堂排语〉作者考》，载《域外汉籍研究集刊》第二辑，中华书局，2006 年版。

[4] 《修正增补韩国诗话丛编》第 12 册，页 88。

[5] 南晚星译本附原文，页 540。

宝篆香销欲曙天，忽闻啼鸟到窗前。沙头夜过何山雨，柳外朝生极浦烟。别恨自怜花影乱，春愁暗与俩伎边。瑶琴弹罢江南曲，曲曲离鸾又采莲。

又《闺恨》：

十五嫁游子，二十犹未归。纵欲道心事，与须相见稀。

日本濑尾维贤（号用拙斋）跋曰："右洪镜湖妾安氏之诗，事虽不关唱酬，而清思妍语，可与李易安、朱淑真相伯仲矣。一友人得之镜湖席上，爱玩示予。呜呼！三韩妇人能言诗，亦可见其文华之盛，故录。用拙斋志。"[1]《两东唱和后录·别录》为他人所编，此二诗亦见录其中。这两首诗不见于其他朝鲜文献，故此处记录颇为可贵。但若考虑到外交场合的特殊语境，尤其是在表现"文战"的时刻，洪舜衍展示其爱妾一律一绝，究竟是安媛确有其诗，还是他临场发挥，面对日本女性擅长文学的历史和现状，为国家争得"面子"和荣誉，编造出这两首诗，也不能完全排除这种可能。

4. 金云楚

韩国学中央研究院藏抄本《韩中故人男女诗词文》，第一篇为署名崔致远的《檄黄巢文》；第二篇署名成川妓芙蓉作，此诗亦见载于金镐信编《古代名妓芙蓉集》，题名《秋水金芙蓉女史相思诗》，抄本《玉板宣纸锦谱云楚诗》题作《以蓂叶赠别诗》，大致可以拟定为金云楚（芙蓉）之作。此后若干作品皆不署名，计有《八峰山诗》《娚妹问答耳》《灯诗》《浮碧楼诗》、对联和失题诸作，以及《盘蛇藏头诗》，再以后便是申光洙的《登岳阳楼叹关山戎马》等作，皆署名。因此，难以确定的就是《八峰山诗》以下不署名之作。从风格来看，与云楚作品颇

[1] 濑尾维贤编《鸡林唱和集》，书坊玉芝堂刊本，正德辛卯（1711）版，韩国国立中央图书馆藏。

为相合,但也不能贸然将其归于云楚名下。当然,如果能够确定第一首《八峰山诗》非云楚之作,则以下作品亦皆可排除。诗云:

山山
花寺
山落始山
猿茂来鸟
山抱林寻含山
竹树吟退虫行
山篨清阴影月筛山
水绿沉沉片片行云

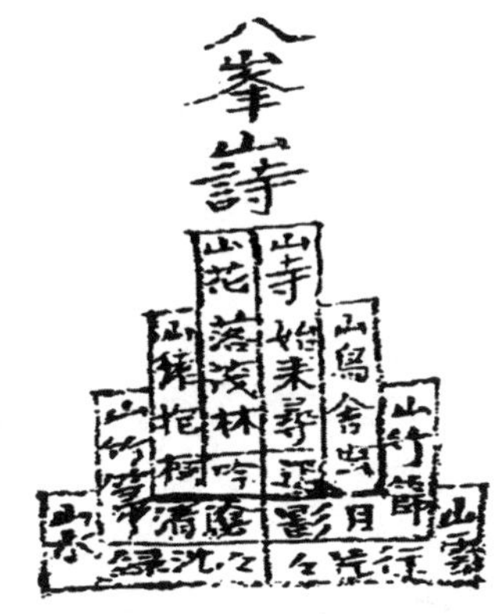

读法如下:

山寺始来寻,山花落茂林。山鸟含虫退,山猿抱树吟。山行筛月影,山竹篨清阴。山云行片片,山水绿沉沉。

此诗除了在《韩中故人男女诗词文》中外,不见其他文献,因此,要判定其归属,颇为不易。然而在朝鲜去往日本的通信使遗墨中,我们发现了这首诗,即郑大峰所书《咸镜道八角山诗》。原件为纸本,宽 30.5cm,长 40.0cm,上款是“朝鲜国咸镜道八角山诗”,落款是“朝鲜国郑大峰书”,现为韩国学者李元植教授收藏,见李氏《朝鲜通信使》书影[1]。

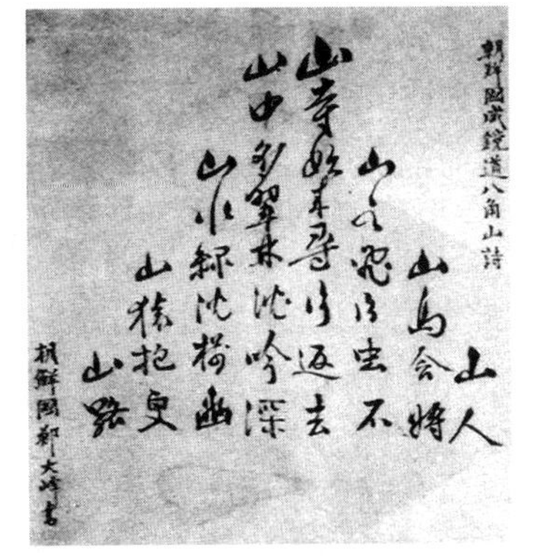

[1] 李元植《朝鲜通信使》,韩国民音社 1991 年版,页 374。

全诗如下：

山山
中寺
山多始山
水翠来云
山绿林寻飞山
猿沉沉片片鸟
山抱树吟返虫含山
路更幽深去不将人

读法如下：

> 山寺始来寻，山中多翠林。山云飞片片，山水绿沉沉。山鸟含虫返，山猿抱树吟。山人将不去，山路更幽深。

虽有异文和语序的差别，但明显属于同一首诗。有关郑大峰的生平资料，我未能查到，但朝鲜时代自宣祖四十年（1607）到纯组十一年（1811），先后向日本派出十二次通信使团。即便以郑大峰是最后一次使团中的成员，那一年的云楚也只有十一二岁（云楚约生于正祖二十四年，1800），而此诗已经广传于世。所以，这首题为《八峰山诗》或《咸镜道八角山诗》的作品，也就不可能出于云楚之手。这样来看，就能够排除那些未署名的作品与云楚的关系。

类似的情况在东亚传统文献中并不罕见。比如方惟仪《古今宫闺诗史》收入了一篇高丽权贤妃的《宫词》，此书在 19 世纪初已传入朝鲜，后来朝鲜人编《李朝香奁诗》，开篇第一首就是权贤妃《宫词》。但此诗的实际作者是明宁献王朱权（臞仙）。又如江户时代的龟井少琴是当时著名的才媛之一，与丈夫雷首以诗相交，成为福冈地区广泛流传的美谈。荒木矩说:“其与雷首赠答五绝,最为脍炙人口”[1]。而这一“脍炙人口”的赠诗,实本于五十年前一个朝鲜通信使团成员金云龙挑逗日本女子的作品,事见《通航一览》[2]。前面举过的《列朝诗集》所载许筠《感遇》“君好堤边柳”一诗,也属于此类情况。这些例子在在表明,从事东亚文献的辑佚、考订工作,具备汉文化圈的整体视野,全面把握汉文献的各类史料是非常必要的,也因此是一项艰难的学术工作。但以眼下中国学术界呈现的基本面貌来看,在已出版的域外汉籍资料的收集整理中,显然重收集轻考辨。有的出版品甚至连收集都谈不上,直接把在韩国或日本已经出版的现成著作,或稍加变换,或照样影印,煌煌巨制,炫人眼目,用来沽名牟利,败坏风气,实为学术界之一蠹。

二、专书

如果把学术研究的层次分为点、线、面的话,在拥有文献基础之后,首先当然是从一个具体的点开始操作。在三十年前我曾经说过:“每一门学问,皆有其自身的基本典籍。而深入于某一基本典籍之中,以作为治学的立足点,可能是研究任何一种学问的不二法门。学术上的腾云驾雾、呼风唤雨,其病根往往即在于缺乏一个基本的立足点。”[3]专书研究就相当于一个“点”。尽管研究的是一个点,真正深入下去,也还是要以综合的眼光来处理的。

本节拟从佛教和儒学典籍中选取两种以为例。我还想继续引用二十年前的一段话:“研究典籍,当然应该以问题为中心。有些问题,

---

〔1〕《大日本书画名家大鉴·传记上编》,日本第一书房,1980年版,页143。
〔2〕《通航一览》第3册,日本国书刊行会,1913年版,页321。
〔3〕《钟嵘诗品研究·后记》,南京大学出版社,1993年版,页361。

是学术界长期以来悬而未决的;有些问题,则有待于研究者的新的发现。发现问题,固然可以借助于现代或西洋理论的参照与训练,但这种‘参照与训练’一旦进入研究工作,其效用应该如‘水中着盐’,而不是‘金屑落眼’。我始终认为,研究价值的大小高低,不仅取决于问题的提出是否有客观依据,而且也取决于解决的途径是否符合问题本身的自然脉络。”[1]因此,虽然是专书研究,其实也不必面面俱到,只须就其中的重要问题展开。

(一)佛教

这里选取的佛教典籍,是日本江户时代廓门贯彻(? —1730)对于中国北宋时代惠洪的文集所作的注释,即《注石门文字禅》。

《石门文字禅》是北宋诗僧惠洪的诗文集,在中国向来未有校注本,因此,日本江户时代的僧人廓门贯彻的《注石门文字禅》三十卷,直到2021年以前,在世界汉学界也仍然是惟一的校注本。在当时日本佛学界,“四海禅人喈喈扬言曰:笺于石门,唐山无人而搏桑有之者,自公始”[2],颇引以为傲。然而此书的出现绝非偶然。廓门在《跋注石门文字禅》中曾引用一道友的话:“师既新丰末裔,讵不注洞上书录而钻他故纸乎?”[3]这个问题非常关键。曹洞宗始祖之一洞山良价(801—869)禅师在唐大中末年于江西高安新丰山接诱学徒,故“新丰末裔”即指曹洞宗门徒。这句话隐含了两层意思:其一,禅宗强调佛法是不能形诸语言文字的,曹洞宗也不例外。尤其是到了南宋,以天童正觉禅师为代表的曹洞宗,特别强调“默照禅”。日本道元禅

---

〔1〕《钟嵘诗品研究·后记》,南京大学出版社,1993年版,页361。

〔2〕兰山道昶《野州大雄廓公禅师注文字禅题辞》,张伯伟等点校《注石门文字禅》卷首,中华书局,2012年版,页11。

〔3〕《注石门文字禅》卷末,页1727。

师(1200—1253)入宋,为如净禅师法嗣,便将曹洞宗带进日本。而“只管打坐,一般认为即日本曹洞宗的最大特色”[1],也可以看出这与宋代“默照禅”的联系所在。因此,作为曹洞宗徒,似乎不应该从事解释语句的工作。其二,即使要从事语句注释,作为“新丰末裔”,也应该以本宗祖师的语录为对象,而不应为临济宗的惠洪诗文集作解释。这就引发出一些问题:禅宗以“不立文字”为标榜,何以日本禅宗僧人如此热衷于类似于儒家的经典注释工作?日本曹洞宗除了“打坐”的传统之外,语句诠释可是其另一传统?日本的曹洞宗与临济宗除了有对立的一面,是否也有融合的一面?这些问题归结到一点,就是《注石门文字禅》的学术渊源和产生背景,我们的探索也应该从这里开始。

首先考察廓门贯彻本人的学术脉络与交游。廓门为日本曹洞宗僧侣,少时亲炙独庵玄光(1630—1698)之学。早年在谏早(长崎县)天祐寺讲《夹注辅教编》,并在此基础上完成了《辅教编新臻注》,于贞享三年(1686)刊行。从大雄寺住持的位置退下后,以二十多年的时间从事《石门文字禅》的注释工作,于宝永七年(1710)完成并付梓。享保十四年(1729),对独庵玄光之《护法集》加以注释,撰成《护法集碎金》十四卷并付梓。翌年一月二十七日示寂。

从廓门的师承来看,他颇受独庵玄光的影响。总体来看,至少包括两方面:其一,独庵是江户初期曹洞宗著名的学问僧,尤其擅长汉文写作。其文章在当时与石川丈山的诗、北村季吟的歌、伊藤仁斋的儒学、佐佐木志头磨及北向云竹的书法相齐名,被公认为第一流的人物。又崇尚博学,于书无所不窥,其一生重要著作集中为《护法集》十

〔1〕 今枝爱真《坐禅のすすめ—曹洞宗の成立と発展—》,载《曹洞宗》,小学馆,1986 年版,页 25。

四卷及《续编》二卷。廓门自云“少时亲炙于师,耸惧学博而才弘,识高而文伟。遐览载籍,侈游坟典”[1],故其注释《护法集》,就特别抉发其中出于外典的术语和概念。其二,在独庵的时代,临济宗和曹洞宗还存在着相当的对立,“今日日域洞济两派之徒,各夸耀所长,更相毁辱”,“两派之不相容,如水火之不同器”。而独庵则强调“佛法有偏参之轨则”,将两宗同视作“曹溪之胤”。提倡“各补其所短,而无夸其所长,感其法派之同源,顾其祖宗之一体,痛疾相救,则宗门之幸甚也”[2],以融合的立场看待之。廓门显然也接受了这一立场。

从《注石门文字禅》的序、赞、题辞来看,此书分别有曹洞宗的卍山道白(1636—1715)、临济宗的无著道忠(1653—1745)撰序(分别撰于宝永七年的仲春和首夏),曹洞宗寿昌派的兰山道昶(1649—1742)题辞(撰于正德三年,1713),黄檗宗的月潭道澄(1636—1713)赞语,可知廓门不仅交游很广,而且能超越门派之见。尤其是道白和道忠,是当时禅林非常重要的人物。从廓门的师承和交游来看,大多具有博学兼通、能诗善文的特征,这多少也能折射出廓门本人的学术品格。

其次,我们可以对日本禅宗史略作回顾。日本的禅宗是由荣西(1141—1215)和道元先后传入,前者于南宋淳熙十四年(1187)入宋求法,接受了临济宗黄龙派第八代嫡孙虚庵怀敞的禅学,后者则将曹洞宗带入日本。在禅宗的发展史上,至宋代出现了一个新的现象,正如《四库全书总目》卷一百四十五《五灯会元》提要指出:

> 禅宗自慧能而后,分派滋多……学徒传授,几遍海内。宗门

〔1〕《独庵护法集碎金序》,日本驹泽大学图书馆藏本。

〔2〕以上数语俱见《独庵玄光护法集》卷二《自警语》上,日本驹泽大学图书馆藏本。

撰述，亦日以纷繁。名为以不立语言文字为不二法门，实则轇轕纷纭，愈生障碍。盖唐以前各尊师说，儒与释争。宋以后机巧日增，儒自与儒争，释亦自与释争。[1]

因此，儒释的对立转而为儒释两家内部的冲突所取代，成为矛盾的焦点。荣西等人将禅宗传入日本，也就同时带进了这种风气[2]。因此在日本禅宗史上，“济、洞之诤”也是长期存在的现象[3]。反之，持“儒释一致论”的僧人则比比皆是。久须本文雄《日本中世禅林之儒学》一书，讨论了镰仓时代、吉野（南北朝）时代、室町安土桃山时代共二十一个僧人的思想和学问倾向，他们对于四书五经有着普遍的阅读和理解，对于“儒释一致论”有着很强的认同感。进而论之，日本五山时期的僧人所吸收的儒家思想主要是宋学，特别是朱子学[4]。当时日本僧人在学禅之馀，亦学朱子。在许多人看来，宋学、朱子学和禅学是有着内在相通之处的。义堂周信（1325—1388）《空华日用工夫略集》永德元年九月廿二日条：

近世儒书有新旧二义，程、朱等新义也。宋朝以来儒学者皆参吾禅宗，一分发明心地，故注书与章句学迥然别矣。四书尽于

---

〔1〕 中华书局影印本，1965 年版，页 1238。

〔2〕 荣西在《兴禅护国论》卷中《宗派血脉门》记载了虚庵禅师临别之语曰：“此宗自六祖以降，渐分宗派，法周四海，世洎二十，脉流五家，谓：一、法眼宗；二、临济宗；三、沩仰宗；四、云门宗；五、曹洞宗也。今最盛是临济也。”（《大藏经》第 80 册，页 10—11）日僧圆慈在《五家参禅要路门》卷一亦称“只此临济一宗，最为至当而已，是以古来以本录（案：指《临济录》）为录中之王”。《大藏经》第 81 册，页 607）。

〔3〕 这种情况在明末清初的中国也非常类似，参见陈垣《清初僧诤记》卷一“济、洞之诤”，中华书局，1962 年版，页 9—33。

〔4〕 日僧円尔弁円于南宋淳祐元年（1241）从中国带回的三百三十九部一千馀卷书籍，后人编为《普门院经论章疏语录儒书等目录》，从“调”字到“丽”字皆为外典，其中多宋学著作，特别是朱熹的著作，如《吕氏诗纪》《胡文定春秋解》《无垢先生中庸说》《晦庵大学》《晦庵大学或问》《晦庵中庸或问》《论语精义》《论语直解》《孟子精义》《晦庵集注孟子》《五先生语》等。参见大庭修《古代中世における日中关系史の研究》“资料篇”（7），同朋社，1996 年版。

朱晦庵,晦庵及第以大惠书一卷为理性学本。[1]

又九月廿五日条:

汉以来及唐儒者,皆拘章句者也。宋儒乃理性达,故释义太高。其故何?则皆以参吾禅也。[2]

而在许多日僧的交往或师承中,往往能够看到与朱子的千丝万缕的联系。如荣西入宋,与窦从周、钟唐杰相交,而窦、钟皆为从朱子学的儒者;俊芿(1166—1227)入宋,与楼昉、楼钥相交,二楼则为继承二程学统的儒者,与朱子亦关系密切;一山一宁(1247—1317)师事顽极行弥,而顽极又嗣法于深通朱子学的儒僧痴绝道冲。一山本人的学问倾向就是"博",其门徒虎关师炼(1278—1346)撰《一山国师行状》云:"教乘诸部,儒道百家,稗官小说,乡谈俚语,出入泛滥,辄累数幅。是以学者推博古。"[3]成为朱子学在日本盛行的关键人物。日本僧人所认识到的朱子学的特点,便是以细密集成为标志。中岩圆月(1300—1375)《辨朱文公易传重刚之说》云:

朱之为儒,补罅苴漏,钩玄阐微,可以继周绍孔者也。[4]

万里集九(1428—?)云:

文公之诗,虽云一字片言,含蓄六经百家之秀,收拾四海九洲之芳。内则仁义道德,外则比兴雅颂,非易窥者也。[5]

桂林德昌(?—1499)《桂林录·除夜小参》云:

---

〔1〕《空华日用工夫略集》卷三,太洋社,1942年再版,页147。

〔2〕《空华日用工夫略集》卷三,页147—148。

〔3〕《济北集》卷十,上村观光编《五山文学全集》第一卷,思文阁,1973年复刻本,页221—222。

〔4〕《东海一沤集》二,玉村竹二编《五山文学新集》第四卷,东京大学出版会,1970年版,页397。

〔5〕此段文字为万里集九注释方回《至天隐注周伯弼三体诗序》语,载《晓风集》卷首,日本国会图书馆藏本。

譬诸儒宗，则文武传之周公，周公传之孔子，孔子传之孟轲。孟轲之后，不得其传。迨赵宋中间，濂溪浚其源，伊洛导其流，横渠助其澜，龟山扬其波，到朱紫阳集而大成。

所以，日本禅林的著述，也就具有朱子学的某些特征。如桃源瑞仙的《史记抄》、月舟寿桂的《汉水馀波》、笑云清三的《四河入海》、万里集九的《帐中香》等，就是对《史记》《汉书》、苏轼诗和黄庭坚诗的注释，皆详赡细密，类似集注。兰山道昶在为《注石门文字禅》所作的《题辞》中，就比较了这一传统：

自古本邦禅林横眼于风月者，颇喜读苏、黄诗，以讲习为己任。黄则有《帐中香》，苏则有《四河入海》，亡虑若干卷……夫苏、黄之才，奎璧鸾凤，天下之人无不宗焉。且参佛印、晦堂诸老，为护法之屏翰，其所著文字，关系乎吾道，仅十一二。苏、黄已如是，其馀不足论耳……公出拔山扛鼎之手，鸿业就绪，如彼鼓吹苏、黄，睥睨石门者，观之亦可以不少愧乎?[1]

虽然其意在扬此抑彼，但无意中也揭示了廓门此书与日本禅林著述传统的关系。

如上所述，传入日本的曹洞宗本来也是以“默照”为特色的。不过，日本中世的曹洞宗与临济宗也有很多交涉，并且吸收了临济宗的某些做法[2]，形成其自身的“抄物”传统。所谓“抄物”，即指注释一类的书，这是一个不容忽视的传统。只是和临济宗相较而言，中世曹

---

〔1〕《注石门文字禅》卷首，页10。

〔2〕参见玉竹村二《日本中世禅林に於ける临济・曹洞两宗の异同》，收入石川力山编《禅とその历史》，ぺりかん社，1999年版，页151—227。

洞宗的“抄物”都限在佛教范围内[1]。但“抄物”传统的存在,也就表明不能仅仅以“打坐”之一端去认识和把握日本曹洞宗。因此,作为曹洞宗徒的廓门《注石门文字禅》之产生,也应该在这样的传统中去认识和把握。

到了江户时代初期,中世禅林的作风和传统又有了新的发展和变化。具体落实到与廓门相关者而言,其时代背景有如下可注意者:

首先是幕府推行对于学问的奖励政策,于是佛教各宗皆在江户设立学寮,所学的内容包括宗学、佛教学和汉学。受此政策之鼓励,曹洞宗也在江户的吉祥寺、青松寺和泉岳寺设立了三个学寮,修学僧从数十人到数百人。而能否成为诸大寺住持,也就往往取决于其学问与修行。由于同时存在着禅林内部的竞争和作为幕府官学的儒学对佛教的排斥,在这双重的压力下,曹洞宗有着强烈的渴望,亟待将本宗人材推向历史舞台[2]。因此,在学问方面也要采取博学的路径,由内典向外书推扩。其中最为杰出的代表,就是廓门所私淑的老师独庵玄光。他曾引用永平元禅师的话说:“大凡学道人,其人广学博究,其始如虽退,其终达道者多矣。其人孤陋寡闻,其始虽如勇锐,其终退堕者多矣。”[3]所以,在强调并实践“博学广究”方面,他是当时的一个代表人物,兹各举日中双方一例以证明他在外书方面的成就和所受到的高度评价。当时日本儒林古文辞学派的代表荻生徂徕(1666—1728),在其《蘐园随笔》卷四中指出:

---

〔1〕 参见石川力山《中世禅宗史研究と禅籍抄物资料》,载《饭田利行博士古稀记念东洋学论丛》,国书刊行会,1980年版,页509—525。又《中世禅宗教团の展开と禅籍抄物资料》,收入《禅とその历史》,页229—246。

〔2〕 参见镜岛元隆《月舟と卍山》“时代と背景”节,载今枝爱真编《曹洞宗》,页201—204。

〔3〕 《独庵玄光护法集》卷五《俗谈下》,日本驹泽大学图书馆藏本。

近岁僧玄光，博学涉古书，能属文，此方诸儒所不及。[1]

并且引用其论经子诸说，以为“凿凿有据”。尽管徂徕也指出其说之缪戾者，但以徂徕之傲慢，能说一缁流对儒家经典的论述为“此方诸儒所不及”（“此方诸儒”乃暗指伊藤仁斋之流），这应该是一个极高的评价。晚清学者李慈铭在其《越缦堂日记》光绪甲申（1884）九月二十五日中，从《蘐园随笔》转引玄光的观点，并评论道：

其所训释，虽中国诸儒多已及之，而出于彼国缁流，实为难得。[2]

玄光有《护法集》正续编，收入了《独庵独语》《自警语》《俗谈》《谵语》《独庵稿》《溲勃》《般若九想图赞》《弁弁惑指南》《禅宗弁》等八种著述。其中《谵语》上下两卷共七十五则，对儒家经典以及《老子》《庄子》《列子》《汉书》、杜诗、韩诗中的字句加以训释，神田喜一郎曾举出其释“阴疑于阳必战”之“疑与拟通”，是早于王引之（1766—1834）《经义述闻》约一百五十年前而提出，不止如李慈铭所谓“中国诸儒多已及之”而已，实在是一件令人惊叹之事[3]。

关于不立文字的问题，玄光也有自己的看法，其《独语》云：

其名同者，其实未必同也。古人不立文字，今人亦不立文字。古人之不立文字者，见性成佛、不拘于文字也；今人之不立文字者，逐名营利、不及于文字也。不立文字则同，所以不立文字则异。今世立私于公，倚邪于正，而浪称不立文字者，不可不辨。[4]

---

〔1〕 关仪一郎编《日本儒林丛书》第7册，凤出版，1978年版，页53。

〔2〕 由云龙辑《越缦堂读书记》，上海书店出版社，2000年版，页772—773。

〔3〕 神田喜一郎《日本汉学史上における僧玄光》，收入镜岛元隆编《独庵玄光と江户思潮》，ぺりかん社，1995年版，页8—30。又可参见高桥博巳《独庵玄光の世界—人と文学—》，同上书，页193—266。

〔4〕 《独庵玄光护法集》卷一，日本驹泽大学图书馆藏本。

廓门曾注释玄光的《护法集》，而在其示寂前数月完成《护法集碎金》十四卷并付梓，可以说，玄光是他终其一生所钦慕追求的典范。因此，他必然深受玄光的影响，走上博学一路。南泉湛圆为其《护法集碎金》作《跋》，指出“廓门禅师弋钓法部，捃摭注缉，有补于护法焉”[1]。而《注石门文字禅》博采内外典籍，也是一项证明。

当时的临济宗与曹洞宗仍有水火不容之势，而玄光则取融合乃至超越的立场。《俗谈》上云：

> 须知佛法无二，真知临济者自然知曹洞，真得曹洞者自然得临济；未知临济是所以不得曹洞，未知曹洞是所以不知临济矣。[2]

又《俗谈》下云：

> 五派皆出于曹溪，则曹洞、临济如兄如弟……予当今日，不量力，不知分，有言于心则不能含，吐之于纸墨之间者，遗此言于有力之者，挽回曹洞、临济于江鱼之腹中也……我寓迹于洞宗者，而非洞宗。岂止洞宗，我非禅非教非佛非众生。我之鼻孔，虽佛祖摸索不着，我亦自摸索不着，你觅我于党中则远矣。[3]

而廓门在回答道友的质疑时应之曰：“余性无生灭固我之心，无爱憎好恶之念，安有非他是自，唯适意遮眼尔。”[4]显然也是一种超越的立场和态度。但仅有此立场和态度是不够的，还必须有真才实学，才能够既知曹洞又知临济。在玄光看来，当时“济上詈洞上曰‘土民’矣，

〔1〕《独庵护法集碎金》卷末，日本驹泽大学图书馆藏本。

〔2〕《独庵玄光护法集》卷四，日本驹泽大学图书馆藏本。

〔3〕同上注，卷五。

〔4〕《注石门文字禅》卷末，页1727。

讥乏于学也”[1]，因此，要真知临济，就应该趋于博学。《自警语》下云：

> 近世洞上之尊宿万安，惟教其徒读书学问，可谓善随病设方也。洞上今日有讲经讲论者，万安所倡也。[2]

万安英种（1591—1654）是曹洞宗大焉广椿（？—1647）法嗣，在当时深慨宗风颓废，痛诃诸方邪解，时人以“安老狂”讥之。显然，“随病设方”之“病”，乃“乏于学”之病，而所设之“方”就是“读书学问”。这既是一种应对之策，同时在客观上也标志着“洞”“济”两宗在某种程度上的融合。而融合洞、济，也是禅宗内部的另外一种要求，在中国也是如此[3]。玄光所说的“随病设方”，这个表述实来自于临济宗。《临济录》中说：“山僧说处，皆是一期药病相治。”又说：“山僧无一法与人，只是治病解缚。”[4]治病需药，病愈则药除，此之谓“药病相治”。病有多种，药亦非一，应病施药，故曰“无一法与人”。而这种表述似非无意，因为万安曾经对《临济录》作注释，有《临济录カナ钞》十卷[5]。一个曹洞宗徒为临济宗经典作注释，这几乎就是入虎穴而得虎子之举了。《石门文字禅》的作者惠洪也是临济宗徒，即黄龙派宝峰真净克文法嗣，他曾撰写《临济宗旨》，附于《禅林僧宝传》之后。廓门以曹洞宗徒注释临济宗诗僧的文集，也表明了他对于玄光

---

〔1〕《自警语》上，《独庵玄光护法集》卷二。

〔2〕《独庵玄光护法集》卷三。

〔3〕顺治十四年（1657）三山灯来禅师编成《五家宗旨纂要》，卷首录庆忠铁壁机老人《五宗断》云：“用临济而不通曹洞，则类野狐；用曹洞而不通临济，则落教纲。是必济、洞兼通，则云门、沩仰、法眼在其中矣。”（《卍续藏经》第114册，页507）参见张伯伟《对立与融合：宋代禅宗史上一个问题的研究》，载《1992年佛学研究论文集·中国历史上的佛教问题》，佛光文化事业公司，1998年版。

〔4〕以上两则分别见《临济录·示众》，张伯伟译释《临济录》，佛光文化事业公司，1997年版，页72—73、118。

〔5〕此书已收入柳田圣山编《禅学丛书》之十《临济录抄书集成》，中文出版社，1986年版。

倡导"真知临济"的实践,并且以此书获得了当时临济宗著名学问僧无著道忠的高度肯定:

> 余观其所查考秘籍奥编,苞罗不遗力,盘根则解,错节则分。自今读之之人,如行无雠之路,而透无吏之关矣。后来纵有补苴遗漏者,必以师为发蒙之首倡也。[1]

道忠是当时最为博学的临济宗禅僧,其《禅林象器笺序》自述"大凡佛教儒典、诸子历史、诗文小说,目之所及,意之所诣,远搜近罗"[2]。即以该书的引用书目所及,其使用到的和汉内外撰述便达七百六十部。其实,即便在临济宗内部,道忠的学风也是显得有些"异类"的。在《金鞭指街》卷十三"禁学为道障"中,道忠指出:

> 日本三光国师告众放下言句,但许看《临济语录》,"驱牛夺食"沾益最夥。此般是代佛祖提携,直截令入道,末世岂有此作耶?[3]

"驱牛夺食"语出《临济录·示众》:"照用同时,驱耕夫之牛,夺饥人之食,敲骨取髓,痛下针锥。"[4]本来,根据学人素质的差异,师家则采用不同的接引方式,"临济四照用"乃最为著名者。而"照用同时"是接引上上根器之手段,皮毛脱尽,直逞胸臆,便得至道。而在道忠看来,当时多瞎眼宗师,一味强调"胸襟之禅",必然误入歧途。"为学为道一也"条云:

> 如今懒僧言害道而废学,其实非学害道,假害道之名而解懒

---

〔1〕《注石门文字禅》卷首,页7。

〔2〕柳田圣山主编《禅学丛书》之九,中文出版社,1979年版,页1。

〔3〕抄本,日本驹泽大学图书馆藏。

〔4〕张伯伟译释《临济录》,页59—60。

惰之嘲也。遂舍经录之标指，而依止瞎眼宗师。[1]

因此，道忠对廓门的为学为人皆极为肯定，认为惠洪"全帙文字都是禅，则杂花过眼、云烟生笔，靡非是禅矣；即此嵌注，所援九经十七史，茄子、瓠子，亦靡非是禅矣"[2]。甚至将"石门"和"廓门"并称为"二门"，"是异土之伯牙，异代之子期也"[3]。同时，道忠对玄光禅师也充满敬意[4]，可以看到一片惺惺相惜之情。而崇尚博学，与当时的儒林风气也有一定的联系。

江户儒学从藤原惺窝（1561—1619）开始，大力提倡朱子学，其弟子林罗山（1583—1657）更是对陆、王之学加以排斥，在"尊德性"和"道问学"之间，他们显然更重视后者。到伊藤仁斋（1627—1705）和荻生徂徕，以批判朱子学末流的姿态出现，强调文献实证，形成"古义学"和"古文辞学派"，崇尚博学的倾向在儒林日趋加强。如荻生徂徕云："学问之道，苟立其大者，贵乎博。"[5]而在廓门的周围，也弥漫着儒佛一致的气氛。玄光之持此见固不待论[6]，廓门曾侍奉东皋心越，而心越又与玄光有交往[7]，其嗣孙兰山道昶还为《注石门文字禅》题辞。在东皋看来：

孔门释门，岂竞空华之浓淡；祖意教意，何争兔角之短长。

〔1〕《金鞭指街》卷十三，驹泽大学图书馆藏。

〔2〕〔3〕《注石门文字禅》卷首，页8。

〔4〕此说由柳田圣山提出，参见其《无著道忠の学问》，《禅学丛书》之八附录二，页1335—1376。

〔5〕《学则》六，《徂徕集》卷十七，页181。《近世儒家文集集成》第三卷，ぺりかん社，1985年版。

〔6〕后来有些持儒佛二教论的僧人如损翁宗益（1649—1705），也因此而批评玄光著述中"涉僻说颇多"（《损翁老人见闻宝永记》）。所谓"僻说"，就包含儒佛一致论。损翁又云："凡儒佛之先德，各取其书之言之仿佛于儒佛，而一致于二教，而息其徒之争。其心非不美，而二教皆有明理。儒不待佛而行，佛何必合儒而后行。"（同前）

〔7〕参见永井政之《独庵玄光と中国禅》第五节"独庵玄光と东皋心越"，载《独庵玄光と江户思潮》，页114—122。

不读东鲁书，那知西来意。是故裴休参黄檗，宗说双通；李翱见药山，儒释兼备。[1]

孝悌忠信，人之四端，不论儒释，咸皆具足。而处厄不变，临难不苟，方可立身扬名，与世不朽，何等大快乎！[2]

日本禅林"儒佛一致说"的理论渊源，实在契嵩之《辅教编》，而对契嵩此书的高度重视，则是自五山僧人以来的一个传统。如虎关师炼《通衡》三云：

夫儒之五常，与我教之五戒，名异而义齐，不得不合。虽附会，何紊儒哉？其馀合句，先辈之书多矣，请先取嵩公《辅教编》见一遍。[3]

义堂周信评中岩圆月云：

学穷理性，文法《春秋》，奴仆乎《辅教》之仲灵，舆台乎《僧史》之通慧，可谓才大者矣。[4]

"仲灵"是契嵩的字，写《大宋僧史略》的赞宁，曾被宋太宗赐以"通慧大师"之号。"奴仆""舆台"云云，乃行文之烘托，其实，中岩很崇敬契嵩，其《中正子·叙篇》云：

仲灵之文昭昭然，若日月星辰附于天而照四国也。[5]

而义堂周信也深受契嵩影响。《空华日用工夫略集》永德二年二月二十九日条云：

---

〔1〕《天德禅寺入院开堂语录·复启》，《东皋心越全集》，浙江人民出版社，2006年版，页44。

〔2〕《天德禅寺入院开堂语录·上堂》，同上注，页49。

〔3〕《济北集》卷十八，《五山文学全集》第一卷，页335。

〔4〕《空华集》卷十一《袁氏赢吟序》，《五山文学全集》第二卷，页1639。

〔5〕《东海一沤集》三，《五山文学新集》第四卷，页406。

君又问“仁义”二字，余因引《辅教编》合说儒释二教之义曰：在儒仁义礼智信，在释不杀、不盗、不淫、不妄、不酒。儒谓之五常，释谓之五戒，其名异，其义同。[1]

这与《辅教篇·原教》中“以儒校之（五戒），则与其所谓五常仁义者，异号而一体耳”[2]云云，实乃如出一辙。而由于对契嵩的高度尊崇，当时甚至将他的图像悬于壁上[3]。

至江户时代，《辅教编》依然盛行于禅林。惠洪有一首《谒嵩禅师塔》诗，廓门在题下注云：“所著《传法正宗记》《正宗论》《镡津文集》《辅教编》等，皆入《大藏》中，又盛流行于世。”[4]这种流行的状况显然也包括当代。值得注意的是，廓门最早的著述，就是在贞享三年付梓的《辅教编新臻注》，此书是他在天祐寺讲《夹注辅教编》的基础上完成。所以，廓门之接受儒佛一致论也是顺理成章之事。而当时儒林之倡导博学的风气，也必然对他有所刺激和影响。这些因素综合起来，就构成了《注石门文字禅》的学术渊源和产生背景。

可见，要把上述问题讨论清楚，有必要从中日文化交流史的角度，结合禅宗史的演变及特征，以及廓门本人的学术交游和师承等诸方面因素，才能够获得真解。因此，虽然是就一本专书展开研究，其实也还是要用综合的眼光来处理。至于《注石门文字禅》在注释上的特征，主要与江户时代的论诗学诗风气有关，因为与佛教关系不大，此处从略。

---

〔1〕《空华日用工夫略集》卷三，页161。

〔2〕《大藏经》第52册，页649。

〔3〕《空华日用工夫略集》卷二永和二年八月五日载：“（上杉）刑部问：‘壁上画像为谁？’余曰：‘明教嵩禅师。’”（页101）

〔4〕《注石门文字禅》卷五，页308。

（二）儒学

这里选取的儒学典籍，是朝鲜时代后期重要思想家李恒老(1792—1868)的文集——《华西集》。

问题从哪里开始提出？首先考察其学术源流及宗旨。李恒老一生以攘斥洋教为最大事功，其学术渊源，则由宋子[1]、朱子而孔子。他自己说："孔、朱、宋三夫子，天之养得最不寻常。"[2]其门人金平默(1819—1891)为撰《行状》指出：

> 盖先生之事功广矣，而莫大于攘斥洋教。昔者三皇之世如春，五帝之世如夏，三王之世如秋，此皆圣人在上，道洽政治，极于位育之盛者也。至王降而为霸，则冽然成冬而天地闭矣。孔子生于其时，以空言明王道。霸降而为夷狄，则中国之衣裳扫地矣。朱子、宋子生于其时，以空言任尊攘。及至今日，西洋澒洞，则是夷狄降而为禽兽，人理几乎灭矣。先生亦应时而生，以只手障狂澜，拯斯人于险溺，是其事功之大为如何哉！[3]

在这样的一个学术统系中，《孟子》占有极其重要的位置。《溪上随录》云："不学孟子，学孔子无路；不学吾东先辈，学朱子无路。"[4]就上一句来说，他认为孔子之后，最得其心传者为孟子。他说："孔子后，战国以下人皆曰诵法孔子，然体验孔子之言而得之于心、烂熳受

---

〔1〕宋子(1607—1689)，名时烈，字英甫，学者称尤庵先生，乃朝鲜时代屈指可数的大儒之一，后人辑有《宋子大全》二百十五卷。洪锺珏《初学必知》卷下"述我东五贤传学之统"，列赵静庵光祖(1482—1519)、李退溪滉(1501—1570)、李栗谷珥(1536—1584)、金沙溪长生(1548—1631)、宋子时烈等五贤，其于宋子下论曰："朱子之道，复明于栗谷，栗谷之业，益光于先生。故遂庵先生曰：朱子，后孔子也；先生，后朱子也。"丁睦淳编著《韩国儒学教育资料集成·儿童教育编》，韩国学文社，1985年版，页1159。

〔2〕《华西集》附录卷二《语录》，金平默录，《韩国文集丛刊》第305册，页362。

〔3〕《华西集》附录卷八，《韩国文集丛刊》第305册，页506。

〔4〕《华西集》卷十四《溪上随录一》，《韩国文集丛刊》第304册，页372。

用者,惟孟子一人而已。不信孟子,无以知孔子。”[1]就后一句来说,他心目中的“吾东先辈”,最重要的就是宋子。他说:“不学尤翁,学朱子不得。”[2]又说:“尤翁只学朱子而已,不知其他。故自知之明,未有过于尤翁者也;知人之明,未有过于尤翁者也。”[3]其门人金平默说:“先生读宋子书曰:此书无一篇绳墨不正者。”[4]同时,在李恒老的心目中,宋子和孟子实有相同相近之处。他说:“孔子似尧舜,孟子似禹,朱子似周公,尤翁似孟子。”[5]又说:“孟子距杨、墨而卫孔子,尤翁距(尹)镌辈而卫朱子,其事同也。”[6]因此,讨论李恒老的思想,对《孟子》一书应加重视。然而问题也恰恰在此,迄今为止有关讨论李恒老思想的论著,并未重视《孟子》的重要性[7]。于是,这就成为一个不仅应该而且值得探索的问题了。

《孟子》七篇所涉问题亦多,又当从何而入手?自然是从与李恒老思想关系最为密切者入手。从《华西集》所反映的情况来看,《孟子》“浩然章”(亦即“知言养气”章)与其关系最为密切,不仅有四篇集中讨论其意蕴的文章,即《诐淫邪遁说》《养气说》《孟子浩然章疑义》和《宋子大全杂著数条记疑》,而且在其他文字中也往往涉及,如《答任容叔》《答崔赞谦》《溪上随笔》及《语录》等。同时,“浩然章”也是《孟子》一书中最为重要而又最为难解的篇章。程子说:“孟子

〔1〕《华西集》卷十五《溪上随录二》。《韩国文集丛刊》第304册,页377。

〔2〕《华西集》附录卷之二《语录》,金平默录。《韩国文集丛刊》第305册,页357。

〔3〕同上注,页369。

〔4〕同上注,页355。

〔5〕《华西集》卷十四《溪上随录》一。《韩国文集丛刊》第304册,页357。

〔6〕同上注,页363。

〔7〕参看以下论著:李丙焘著《韩国儒学史略》第十二章“李华西及奇芦沙”(亚细亚文化社,1986年版),韩国哲学会编《韩国哲学史》第十九篇第二章“近代哲学的萌芽”(韩振乾等译,社会科学文献出版社,1996年版),CHAI—SIK CHUNG(郑载植)“*A Korean Confucian Encounter with the Modern World*, *Yi Hang-no and the West*”,A Publication of the Institute of East Asian Studies, University of California, Berkeley, California, 1995.

此章,扩前圣所未发,学者所宜潜心而玩索也。”[1]“浩然之气”是孟子最先提出的一个专有名词,但其究竟应该如何把握,连他自己也以为“难言也”。对这一章,朱子曾下过很大的工夫,他说:“孟子养气一段,某说得字字甚子细,请子细看。”[2]又说:“某解此段,若有一字不是孟子意,天厌之。”[3]因此,我们就可以紧扣《孟子》“浩然章”与李恒老的关系而展开研究。

首先,我们来看李恒老是如何把握“浩然章”要义的:

关于“知言”。其《诐淫邪遁说》在转录孟子“我知言,我善养吾浩然之气”及“诐辞知其所蔽”一段文字后指出:

> 观此,则学问之道,知言居先。而知言之法,在分别诐、淫、邪、遁四者……盖凡异说之病,始乎诐,养乎淫,成乎邪,结之于遁,此亦自然相因之势也……是以论天下之事而不求之于政者,非知事者也。讲天下之言而不求之于心者,非知道者也……《大学》明治天下国家之道,而必本之诚意正心。推诚意正心之道,而必先之于格物致知。夫致知之要,舍知言曷以哉?孔子曰:“不知言,无以知人。”又曰:“不患人之不己知,患不知人。”《中庸》曰:“思事亲,不可以不知人。”知人之道,只在知言。知言之方,只在分辨诐、淫、邪、遁四辞。[4]

在《孟子》“浩然章”中,关于“知言”的问题是最后说到的,但华西却把“知言”提高到在“学问之道”和“知人之道”中最先的位置。所谓“知言”,重点放在辨别“诐、淫、邪、遁四辞”。

---

〔1〕 赵顺孙《四书纂疏·孟子纂疏》卷三引。台湾商务印书馆影印文渊阁《四库全书》本。
〔2〕《朱子语类》卷五十二,中华书局排印本,1986年版,页1248。
〔3〕 同上注,页1251。
〔4〕《华西集》卷二十三。《韩国文集丛刊》第305册,页122—126。

这个意思,从学理上看,当然不是创自华西,而是本诸朱子。《朱子语类》在回答学生有关这一章的问题时曾有反复说明。朱子为何说“知言,然后能养气”[1]? 因为在他看来:“盖知言只是知理。”“知言,知理也。”[2]从这个意义上说,“言”和“气”的关系就是“理”和“气”的关系。朱子主张理先气后,“理”是知的工夫,“气”是行的工夫,要先知而后行。他甚至在晚年认为,孟子先说“知言”而后说“养气”,公孙丑不问“知言”而先问“养气”,“乃是公孙丑会问处。留得知言在后面问者,盖知言是末后合尖上事。如《大学》说‘正心修身’,只合杀在‘致知在格物’一句,盖是用功夫起头处”[3]。李恒老一生秉此主张,其一生讲学,也贯彻了这一主张。所以,从学术流派的角度看,华西秉承朱子的看法,是顺理成章的。不过,在当时的环境形势之下,这种主张又具有特定的意义。

关于“养气”。《养气说》集中讨论了两个问题,都是由程子引发而来。第一个问题是,“养气”说与前人的关系如何:

> 或问:孟子“养气”之说,程子以为扩前圣之所未发。前此学问之工亦有所疏略欤?[4]

李恒老从三方面对此回答。首先,人之禀受于天地者无非“理”和“气”,圣贤教人,归根结柢,亦无非集中于此,孟子也不例外。他说:

> 人之生也,禀天地之气以为之体,得天地之理以为之德。无理则气无所主宰,无气则理无所挂搭。是二者欲离不得,欲杂不得者也……故圣贤千言万语,止是明此理、养此气而已。[5]

---

〔1〕〔2〕《朱子语类》卷五十二,页1241。
〔3〕同上注,页1270。
〔4〕〔5〕《华西集》卷二十四,《韩国文集丛刊》第305册,页128。

从《周易》所列之“四德”(元、亨、利、贞),到孔子所说的“三德”(仁、智、勇),“圣贤所言,何莫非集义配义之妙;圣贤所行,何莫非至大至刚之体乎”?故孟子之说,实与之一脉相承。那么,孟子“扩前圣之所未发”者究竟是什么?华西分疏为二:一是前人已有其意,而未著其名目:

> 如四端(仁、义、礼、智)之理,布列方册,而其目始见于孟子;性善之实,百圣之所共由,而其说始出于孟子。[1]

二是前人说法不同,但归结点为一:

> 孔子曰“克己”,孟子曰“养气”,“己”与“气”一也,而曰“克”曰“养”,无乃相反乎?曰:“克己”之“己”,指气之不循理者而言也;“养气”之“气”,指气之不违理者而言也。是以曰“克”曰“养”,虽若相反,而其归则未尝不同也。[2]

此皆可以说是发前人所未发。那么,孟子之说,究竟应该看成是其独有者,还是与众人相同者呢?华西的回答是:又同又不同。其差别好似石火之与太阳,蹄水之与大海,为火、为水是其同,光焰、波澜是其不同。

> 惟其不同也,故众人不及孟子;惟其同也,故人皆可为孟子。[3]

这个意见,与程、朱略有差异。首先,程、朱皆认为这是孟子的“独创”,程子认为是“扩前圣之所未发”,朱子说这是孟子“心所独得”,意思都十分明确。其次,程、朱在骨子里并不完全认同孟子。如程明道认为和颜渊比较起来,孟子就显得“未粹”[4],即指其有粗而不精

〔1〕〔2〕〔3〕《华西集》卷二十四,《韩国文集丛刊》第305册,页128。
〔4〕《河南程氏遗书》卷三,《二程集》,中华书局,1981年版,页62。

之处，甚至认为《孟子》书中也有“不是处”，尽管他把原因归结到弟子的记录不周[1]。朱子答弟子有关“浩然之气”之问时说：“这个孟子本说得来粗，只看他一章本意是说个不动心，所谓‘浩然之气’，只似个粗豪之气。他做工夫处虽细腻，然其成也，却只似个粗豪之气，但非世俗所谓粗豪者耳。”[2]因此，李恒老如此说，其目的实在推尊孟子，并隐然以当代孟子自居。

孟子在回答公孙丑“何谓浩然之气”之问时说：“难言也。”程子（明道）说：

> 只这里，便见得是孟子实有浩然之气。若他人便乱说道是如何、是如何。[3]

又说：

> 只他道个“难言也”，便知这汉肚里有尔许大事。若是不理会得底，便撑拄胡说将去。[4]

为什么回答“难言”就可以说“实有浩然之气”呢？朱子似从体验之境界上理解：

> 盖其心所独得，而无形声之验，有未易以言语形容者。[5]

“浩然之气”非有形有声之可触摸、可感知者，有此体验，方觉言语诠说之为难。未达此境界，要么无从说起，要么胡说乱道。在华西之前，东儒朴光一（1655—1723）《浩然章问答》也说：“若未有是气，则

---

〔1〕《河南程氏遗书》卷十九载：“邓文孚问：‘孟子还可为圣人否？’曰：‘未敢便道他是圣人，然学已到至处。’又问：‘孟子书中有不是处否？’曰：‘只是门人录时错一两字。’”《二程集》，页255。

〔2〕《朱子语类》卷五十二，页1244—1245。

〔3〕《二程遗书》卷三《拾遗》，《二程集》，页68。

〔4〕《河南程氏外书》卷十二，同上注，页424。

〔5〕《四书章句集注》，页231。

亦岂知难言气像也?”[1]但“无形声之验”者能否通过“有形有声”的现象而得到验证呢？程子曾有一尝试：

> 石曼卿诗云:“乐意相关禽对语,生香不断树交花。”明道曰:此语形容得浩然之气。[2]

以诗句形容,自然是活泼空灵,但也同样让人不易捉摸,朱子与其门人的答问即是证明。其《答李尧卿》云:

> “乐意相关禽对语,生香不断树交花。”此语形容得浩然之气。莫是那相关不断底意,可以见“浩然”者本自联属,又“交花”“对语”便是无不慊与不馁底意否?[3]

又门人陈文蔚《请问晦庵先生书》云:

> 明道先生引石曼卿诗:“乐意相关禽对语,生香不断树交花。”以谓形容得浩然之气。文蔚虽想象见得,意思终不莹彻。近见子融举先生所答语,窃有所悟。莫是天理自在流行,而万物各遂发生和乐之意否？此等固不可求之言语,要当自得,但欲先生知鄙见大概如此耳。[4]

无论是门人之问、朱子之答,或是门人受到启发后的体悟,都是一种揣测之辞,“想象见得”,与孟子“难言也”的回答同样无从实证。李恒老《养气说》中讨论的第二个问题,即从此而来:

> 曰:孟子知言、养气之实,有可以考证者欤?[5]

---

〔1〕《逊斋先生文集》卷七,引自《韩国经学资料集成》第 38 册“《孟子》四”,页 379。成均馆大学校大东文化研究院,1991 年版。

〔2〕《河南程氏外书》卷十一,《二程集》页 413。

〔3〕《晦庵集》卷五十七,商务印书馆影印《四库全书》本。

〔4〕《克斋集》卷二,商务印书馆影印《四库全书》本。

〔5〕《华西集》卷二十四,《韩国文集丛刊》第 305 册,页 129。

而李恒老回答的路径，则与前人不同。“浩然之气”是蕴于内而发于外的，它本之于人的良能良知，养之于“直”和“义”，连带着生理之气一并发挥作用。因此是通向生命，成就生命的，也是通向社会，成就社会的。这就如上文所说“理”和“气”的关系，“气配道义，有此气，道义便做得有力”[1]。因此，从发之于外的言论和行为，就可以验证蕴之于内的“浩然之气”。李恒老说：

> 孟子之言，如决黄河，发源于积石，过龙门，冲砥柱，折吕梁而注于海，有浩瀼雾霈之势，无回互逗遛之态。又如利刀破竹，接着则便分作两片，无所牵连。此无他，闻其言则明见其所往之路而无疑故也。是故闻梁惠王“利吾国”之问，则便知其大夫利吾家，士庶人利吾身，终至于国危身弑而后已。闻宋牼以利说秦、楚之说，则便知其父子、兄弟、君臣去仁义之祸。闻杨氏之“为我”，则便知天下之无君。闻墨氏之“兼爱”，则便知天下之无父。推此而观之，则孟子知言之实，可以验之矣。器局正大，规模宏阔。说道德则必称尧、舜，论征伐则必称汤、武。便即担当受用，更无退托推诿之色。礼所不受，则视万钟如弃芥。义所不避，则视万甲如无人。此无他，养其正大刚方之气，充于四体，塞乎天地之验也。是以生乎战国之末，以匹夫而抗秦、楚、齐、梁之富而不屈，以空言而承尧、汤、周、孔之统而不惧。推此而观之，则孟子之实有是气，可以征之矣。[2]

读此文，不仅孟子的气象如在眼前，而且也使人觉得，在其字里行间，闪耀着夫子自道的光彩。

关于此章之意脉。在《孟子》一书中，以“浩然章”的文势意脉最

---

〔1〕《朱子语类》卷五十二，页1254。
〔2〕《华西集》卷二十四，《韩国文集丛刊》第305册，页129。

为复杂，从句读到解释皆然。例如，“其为气也，至大至刚，以直养而无害”句，从汉代赵岐到宋代程子，皆读作“至大至刚以直”，朱子则不取其说。他指出：

> 今以“直”字属之上句，则与“刚”字语意重复，徒为赘剩而无他发明。若以“直”字属之下句，则既无此病，而与上文“自反而缩”之意，首尾相应，脉络贯通……大抵此章文势虽若断绝，而意实连贯。如告子之“不得于言”之“言”，“勿求于气”之“气”，与孟子之知言养气，亦是隔数十句而互相发明，与此相类。若如诸说，则间断隔绝，都无干涉，未论义理之如何，亦不复成文字矣。[1]

这是最早指出《孟子》的文章特色的。朱子后学饶双峰（鲁）曾比较解说《论语》和《孟子》之异云：“解《孟子》与解《论语》不同，《论语》章句短，《孟子》章句长，须要识他全章大指所在，又须看教前后血脉贯通而后可。”[2]不过，从对《孟子》解说的实际情形看，东儒对文章意脉的把握更加重视，对“浩然章”的解释也不例外。

朝鲜时代对“浩然章”文脉的重视，始于宋子。据其门人李喜朝（1655—1724）记录：

> 先生曰：人谓《周易》难读，不如《中庸》之难，吾意《中庸》犹不如《孟子》“浩然章”之为尤难也。余于此章自少读之最多，而茫然无所得。及到老来，方得其梗概矣。余问：此章恐非有深旨奥义为难解，只其文字语脉出没变化，故读者未易透破耳。先生曰：然。仍历举一章中上下相应处而言之。[3]

---

〔1〕《四书或问》卷二十八，商务印书馆影印《四库全书》本。
〔2〕《四书大全 · 孟子集注大全》卷三引，商务印书馆影印《四库全书》本。
〔3〕《宋子大全》附录卷十四《语录》，保景文化社，1985 年版，页 306。

宋子曾对学生说:“吾曾以文字论下此章矣,今未知其纸在于何处。”[1]这里说的“文字”,即指“文字语脉”。此文或恐不传,但宋子有《浩然章质疑》,却多从“文字语脉”入手。例如:

[动心否乎]此“心”字虽似泛说,实一章之骨子。此一字迭见层出,至答知言而后止。

[贲黝舍]此处虽不拈出“气”字,而气字血脉已具矣。

[曾子谓子襄止吾往矣]此“缩”字即下文所谓“以直养”之“直”字。然则于此虽无浩然之名,而其根本血脉则已具矣。[2]

当丑问夫子、告子不动心之时,若使孟子先言告子“不得于言,勿求于心;不得于心,勿求于气”之失,而仍言我之“知言”与告子“不得言,勿求心”异,我之“养气”与告子“勿求于气”异云尔,则人人皆可晓解。而今此问答不相联属故,以致前后读者纷纭未已……然则此章之旨,其可灭裂而求之哉?[3]

注重文字语脉,已成为宋子解说“浩然章”的一大特色,并对其后学产生了很大影响。如任圣周(1711—1788)《孟子不动心章说》,也是不满于旧说之“一章义趣,全无骨力,上下语脉,都不相应”,并自诩“如此解说,然后文字义趣,头头相合,节节相应,势如破竹”[4]。李恒老一生服膺朱子和宋子之学,故其解说此章,亦注重文势意脉。其《孟子浩然章疑义》云:

“不动心”三字为“浩然”一章命脉,“知言”“养气”四字为“不动心”之工程。“动”非动静之动,乃挠动之动,如担当不着、

[1] 《宋子大全》附录卷十六《语录》,保景文化社,1985年版,页340。

[2] 《宋子大全》卷一百三十,页621。

[3] 同上注,页624。

[4] 《鹿门集》卷二十一,《韩国文集丛刊》第228册,页456—457。

> 手忙脚乱之类也。下文“志壹动气,气壹动志”之“动”,皆一意也。下文“毋暴”之“暴”字,“毋害”之“害”字,皆“动”字里面注脚也。《集注》“疑惑恐惧”四字,所以释“动”字所由之病根也。盖心之为物,所具者理也,所乘者气也。理有未明,故不能无疑惑。气有不充,故不能无恐惧。夫疑惑即动心之由也,恐惧即动心之致也。是故“知言”为破疑惑之要,“养气”为疗恐惧之药。二病皆除,则心不期乎不动而自然不动也……如此看,然后一章意脉首尾贯通,无一字无着落矣。[1]

虽然朱子也说过:“养气一章在不动心,不动心在勇,勇在气。”[2]但结合此章文字,对其语脉作细致分析者,应推李恒老。虽然这似乎只是文字章句之学,但对于人们正确理解《孟子》原意,体会《孟子》文章之妙,仍是有所裨益的。

李恒老对“浩然章”义的把握,既有与中国思想的关系,更重要的是与朝鲜儒学前辈的联系。要能够看出其思想的价值和意义,只有放在朝鲜思想史的脉络中考察。在东儒前辈中,华西最推崇的是宋子。《行状》说他“幼服前辈之言”,视朱子为“仲尼后一人也”,而读了《宋子大全》,即将宋子看成“朱子后正宗,非诸儒之比也。钦崇服习,亚于朱子”[3]。所以,其一生思想行为,受到宋子的影响也很大。因此,应该就这一点继续探索。

宋子自述读《孟子》“浩然章”的时间最久、遍数最多而又感到最为难解:

> 余年十四时,受读《孟子》书,始以为其义无难解者,则大喜,

---

〔1〕《华西集》卷二十四,《韩国文集丛刊》第305册,页137—138。
〔2〕《朱子语类》卷五十二,页1267。
〔3〕《华西集》附录卷八。《韩国文集丛刊》第305册,页491—492。

逐日课过。及至"浩然章",则茫然莫知其何等语也。愈进而请益,而愈如坚木。有时泚出于颡,而或出愠语曰:"孟子何故立言如是使人难晓也?"先君子笑曰:"汝且置此章而换下章可也。"遂黾勉承命,而中心蕴结,如负罪过者然。至十七岁,慨然叹曰:"书无难易,而顾吾之功力有所未至尔。"遂闭门俯读至五六百遍,则虽句读上口圆滑,而义理则终未能窥闯矣。又复权行倚阁,然暇时又不住检看,以致老大,则虽与初间有异,终有隔靴爬痒之叹矣。岁癸丑,尹子仁来访于华阳,余请与通读,质其所疑,而犹未能洒然于心矣。时复自解曰:"朱先生于此章极力解说,而曰余不得孟子意而言者,天厌之,天厌之。"然则今日吾侪之如是辛苦,无足怪也。[1]

他晚年还对学生说:

《孟子》一书中,此篇极难晓。[2]

又说:

吾一生读之,去益未晓,何若是其难也。[3]

又说:

余读《孟子》千遍,而初二数篇一生所诵者也,不知其几千遍也。[4]

《宋子大全》中,现有《浩然章质疑》和《疑问》等,皆作于他六十八岁时。东儒对《孟子》此篇的重视,就是从宋子开始。其后如郑齐斗

---

〔1〕《宋子大全》卷一百三十《杂著·浩然章质疑·疑问》,页627。
〔2〕《宋子大全》附录卷十四《语录》,页299。
〔3〕同上,卷十六《语录》,页332。
〔4〕同上,卷十七《语录》,页354。

(1649—1736)《浩然章解》五篇、《配义与道解》、《浩然章杂解》,朴光一《浩然章问答》、李柬(1677—1727)《浩然章记疑》、韩元震(1682—1751)《孟子养气章说》、金元行(1702—1772)《孟子浩然章记疑》、任圣周《孟子不动心章说》、洪大容(1731—1783)《孟子问疑》、金在洛(1798—1860)《孟子不动心图》、田愚(1841—1922)《浩然章问目》等,有些是直接受宋子影响者,如朴光一为其门人[1];有些是针对宋子而发,如李柬、洪大容等。但无论是赞成或商榷,都可以看出东儒之接受《孟子》,宋子的影响力是极为深远的。

宋子对《孟子》一书,尤其是“浩然章”的重视,这不是偶然的。首先,其为学宗旨与《孟子》关系密切。门人权尚夏(1641—1721)为作《墓表》,述其为学大略云:

> 尝以为天地之所以生万物,圣人之所以应万事,“直”而已。孔、孟以来相传者,惟是一“直”字,以此为终身服行之符。是以其动静言为,正大光明,如青天白日,人得以见之。此其为学之大略也。[2]

所谓“直”,即来自于《孟子》“浩然章”中的“自反而缩”“以直养而无害”[3]。其次,宋子的精神气象与孟子也有类似之处。权尚夏说他“以一言而辟圣路于将堙,以只手而擎天柱于既倒”[4],金昌协(1651—1708)则说他“敛浩气于环堵之窄,可以塞宇宙;任至重于一

---

〔1〕 朴光一《浩然章问答序》云:“昔在庚申(1680),往谒尤庵老先生于华阳,先生归自炎瘴,气貌容色胜于平昔,若涪翁(指程伊川)焉,非有得于孟子之学,焉能如是乎? 仍讲论《孟子》。先生指此章下教曰:‘此章文义正自难明,诚有如朱子之训也。’因举程子潜心玩索之训而勉之矣。承教而退,反复沉潜,依稀略见其仿佛者,辄不自量,僭依朱子《庸学或问》例,难疑问答,名曰《孟子浩然章问答》。”(《逊斋集》卷七,《韩国文集丛刊》第171册,页138)

〔2〕 《宋子大全》附录卷十三,页280。

〔3〕 华西认为朱子的特征也是“直”,其《书绅》云:“尧钦、舜恭、禹祗、汤敬、周几、张豫、程一、朱直。”(《华西集》卷二十七,《韩国文集丛刊》第305册,页199)

〔4〕 《宋子大全》附录卷十三《像赞》,页282。

身之小，可以抗华嵩"[1]。这在李恒老也深有同感[2]，他以为孟子和宋子一生的学术取向是相同的："枉尺直寻，心迹二歧，此坏人心术之大者，孟子、尤翁平生剖击正在于此。"[3]在他的心目中，宋子就是有着"浩然之气"的儒者："尤翁担天下至大之事而不动，处天下至险之地而不挫，此正以直养塞乎天地处。"[4]所以，《孟子》"浩然章"也就可以说是宋子最重要的精神来源和支柱。

李恒老对"浩然章"也下过很多功夫。据其门人赵性愚记载：

> 性愚曰："'浩然'一章戛戛难读。"先生曰："凡读书者不可以难读为言，只细润读去。且先看其话去话来之端，然后可以解得……"性愚曰："'浩然'一章，似是两截文。'何谓知言'以上为一截，宰我、子贡以下为一截，似不收拾上截意思放将下来。"曰："不然。宰我、子贡、有若所以语孔子者，皆属知言、养气，则是岂两截之文也?"[5]

上文讲到他对"浩然章"文字意脉的分析，也说明了这一点。而他的《宋子大全杂著数条记疑》，也是围绕《孟子》"浩然章"展开，其内容则是有关义理方面的讨论。

宋子《浩然章疑问》曰："心有以气言者，亦有以理言者，此所谓心，当以理看欤？抑亦以气看欤?"[6]这个命题当然是从理学中生发而来，尤其是从朱子学中而来。朱子论"心"，有认知之心，有义理之

---

〔1〕《宋子大全》附录卷十三《像赞》，页282。

〔2〕《华西集》附录卷二《语录》记载："先生诵农岩所撰《尤庵画像赞》曰：'敛浩气于环堵之窄，可以塞宇宙。'此句善形容尤庵处。"《韩国文集丛刊》第305册，页366。

〔3〕《华西集》附录卷八《行状》引，《韩国文集丛刊》第305册，页493。

〔4〕同上，卷二《语录》，《韩国文集丛刊》第305册，页376。

〔5〕同上，卷六《语录》，《韩国文集丛刊》第305册，页448。

〔6〕《宋子大全》卷一百三十，页626。

心。“人只有一个心,但知觉得道理底是道心,知觉得声色臭味底是人心。”[1]前者是义理之心,后者是血气之心;前者是形而上,后者是形而下。所以同是一心,就有“以理言者”和“以气言者”的区别。李恒老正是如此发挥的:

宋子曰:心有以气言者,亦有以理言者。此二句实是论心之八字打开也。大舜以道心、人心说授于禹,而朱子于《中庸序》释道心曰原于性命之正,释人心曰生于形气之私。夫原于性命之正者,非以理言心而何?生于形气之私者,非以气言心而何……愚窃以为,一心字上理气分合之说,莫先于尧舜。而注释曲折之详,莫备于朱子。熟读此序,则以气言心、以理言心宜无可疑……朱子之一字一句,无非发明此心,理、气之判,不必每每说心字然后始备也。[2]

从学理上看,他所秉承的正是朱子的学脉。下一则仍然是关于“心”和“理”“气”的。宋子《浩然章质疑》曰:“心者气之精爽(此朱子说),然实该贮此理。故有以气言者,亦有以理言者。今此所谓心,既对气而言,则当以理看,然亦不可全然离气看。”其实,关于“心”和“理”“气”的关系,在朝鲜儒学史上的争论也很大。集中到对宋子的“浩然章”解释,就有不少人在这一点上反对其说。如李柬《浩然章记疑》云:

滚言之则心即气,气即心,而分而对言之,则气是心之体质,而心是气之精爽。故心有知而气无知,心为帅而气为徒。此为本为内,而彼为末为外,此却有物,而彼单指作用。今此志、气二

〔1〕《朱子语类》卷七十八,页2010。

〔2〕《宋子大全杂著数条记疑》,《华西集》卷二十五,《韩国文集丛刊》第305册,页154。

字只合如此看,未知得否?先生所谓此心既对气而言,则当以理看者,殊不敢晓也。[1]

金元行《孟子浩然章记疑》云:

尤翁论“动其心”之“心”字曰:“心有以气言者……”恐未然。此其泛言知觉之体耳(此“体”非体用之“体”)。[2]

洪大容《孟子问疑》云:

尤翁谓“浩然章”,所谓“心既对气而言,则当以理看,然亦不可全然离气看”。此恐可疑。既以理看,则何可以不离气也?既不可离气,则恶在其以理看也?盖理者理也,非气也;气者气也,非理也。理无形而气有形,理气之别,天地悬隔……今曰当以理看而亦不可离气看,则是既为理而又为气,既为无形而又为有形。不惟心之体段无以测知,殆恐不免于理气一物之病矣……故以心对气,而谓之本然纯善之心则是矣,见其异于气而遂谓之当以理看,则是何以异于见聪明睿智之异于人,而遂谓之非人也、天也?[3]

以上诸说,皆在李恒老之前产生。所以,李恒老重申宋子的意见,发挥朱子之说,在他看来,正具有维系儒学正脉的意义。他说:

心者气之精爽,本朱子语也,即指人身火脏之心而言。朱子曰:“学者操舍存亡之心,非菖蒲、茯苓所可医也。”又曰:“心者妙性情之德,所以立大本、行达道者,天理之主宰也。”又曰:“心

〔1〕《巍岩遗稿》卷十三《杂著》,《韩国文集丛刊》第190册,页481。
〔2〕《渼上经义·孟子》。《韩国经学资料集成》第39册,成均馆大学校大东文化研究院,1991年版,页675—676。
〔3〕《湛轩书》内集卷一《四书问辨》,《韩国文集丛刊》第248册,页16。

者一而不二者也,命物而不命于物者也,为主而不为客者也。"又曰:"心也,性也,天也,一理也。"观此,则以理言者常多,而以气言者常少;以理言者常重,而以气言者常轻。然孔子曰:"形而上者谓之道,形而下者谓之器。"惟离合看,然后始尽。[1]

但在具体章句的理解上,李恒老与宋子也有不尽相同者。例如,《浩然章质疑》就"志至焉"到"反动其心"一节云:"此一节只言气反动其心之意。所谓蹶者、趋者,盖借至易见者以晓之也。以其大而言之,则太极为阴阳之主,而反为阴阳之所运用也。凡生于太极阴阳者,莫不皆然。故气之动心与助其心,只在于得养失养之间而已。"[2]此前李柬曾经反对其说,认为牵扯到太极、阴阳未免"拖引太长","初非取譬之语也,直是推广之言也"[3]。太极、阴阳无所谓志壹、气壹,也无所谓得养、失养。李恒老则集中在"动"和"反"二字之义上。他认为"动字是惊恐伤挠之意,非运用施行之谓",而宋子则解作"运用"。"反"是"反乎常理"而非"本当如此之义"。由于对两个字义的理解不准,故"此一节疑义恐与'浩然章'本旨不同"。这种情况,"恐是偶失照检,与朱子说有初晚同异何以异哉"[4]?但这并不妨碍他对宋子的尊敬,所以后来在《答柳穉程》中一方面重申其解释,一方面又说"尊畏先辈,讲明文义,两行不悖"[5]。

既然究明了李恒老对《孟子》"浩然章"解说的要义,又探索了其要义与东儒思想传统,特别是与宋子的关系,还可以论述的就是此要义在李恒老思想和行为中的作用。

---

[1] 《宋子大全杂著数条记疑》,《华西集》卷二十五,《韩国文集丛刊》第305册,页154。
[2] 《宋子大全》卷一百三十,页622。
[3] 《浩然章记疑》,《巍岩遗稿》卷十三《杂著》,《韩国文集丛刊》第190册,页481。
[4] 《宋子大全杂著数条记疑》,《华西集》卷二十五,《韩国文集丛刊》第305册,页155。
[5] 《华西集》卷十二,《韩国文集丛刊》第304册,页306。

从华西的言行来看，他实在是以当代孟子自居，自有“当仁不让”“舍我其谁”“虽千万人吾往矣”的气概。他在《忧叹》一诗中写道：

> 弊屋宽如斗，安储万斛忧。乾坤春寂寂，风雨夜悠悠。黑水波澜阔，西洋鬼魅幽。东溟犹未浅，吾道讵长休。[1]

诗中的“黑水”和“西洋”，指的是当时的满清和西洋，“东溟”则代指朝鲜。他在《书赠张孙学洙》中说：“我东素以理义之邦称小中华，自崇祯以后，周礼实在东鲁。”[2]因此，振兴华夏文化，就成为华西一生职志所在。而要扶持正学，首先就要辟除异端。在他看来，当时最大的异端，就是“洋学之害”。他说：

> 孟子曰：能言距杨、墨者，圣人之徒也。此据孟子时而言也。今之学者能知西洋之祸，则犹为善边人也。[3]

何谓“能言”？据他的理解：“所谓能言者，明其道理，使人端的晓解也。”[4]西洋之学为害既如此酷烈，而在华西看来，当时中国人对此缺乏警觉。处于这样的环境之下，士人当如何应对？于是，他想到了孟子，不仅口陈标榜，而且身体力行。

李恒老认为《孟子》“浩然章”的要义是以“知言”居先，虽然这并非他的发明，因为朱子已经揭明此意，但在当时对这一点的重申，有其强烈的现实针对性，并贯彻在其思想和论著之中，因而也获得了新的意义。他说：“凡听人说话，先看其主意命脉之所在，则是非得失、邪正治乱居可知也。孔、孟所谓知言，正谓此也。”[5]那么，洋学的

---

〔1〕《华西集》卷一，页42。
〔2〕同上，卷二十六，《韩国文集丛刊》第305册，页177。
〔3〕同上，卷十五《溪上随录二》，《韩国文集丛刊》第304册，页382。
〔4〕同上，卷七《答金穉章》，页188。
〔5〕《华西集》卷二十五《理气问答》，《韩国文集丛刊》第305册，页158。

“主意命脉”何在？他说：

> 西洋之说虽有千端万绪，只是无父无君之主本，通货通色之方法。[1]

这就是孟子所说的“诐辞”“淫辞”，华西认为孟子当年“辨诐淫则必先睹其无父无君、率兽食人、人将相食之祸”[2]。“知言”就是要明察“诐淫邪遁”之四辞，并洞见“蔽陷离穷”之四心。在《诐淫邪遁说》中，他说“知人之道，只在知言。知言之方，只在分辨诐、淫、邪、遁四辞”，这后一句话，是李恒老的发挥，他对自己的这一见解也颇为满意[3]。作为其实践，他除了在讲学之际极陈西洋之祸害以外[4]，还抱着“入室操戈”的精神，借来南肃宽所著《艾儒略万物真源辨》读之，对其中似是而非处决不放过，专门写了《辟邪录辨》[5]，从各个方面指斥西洋之学。孟子以告子“不得于言，勿求于心”为“不可”，李恒老对此深有会心。他批评南氏《万物真源辨》，对艾氏所说万物之源为天主，“如木之有根，数之有一。然根之根，一之一，不须问也”的说法：

> 盖异端之说，既不能明见其理，故推到说不去、行不通处，但以不可知、不可言、不可问掩讳结末便休，更不致疑、不思问，是所以易惑而难解也。“不须问”三字是一篇病根所托，故特言之。[6]

---

〔1〕《华西集》卷十五《溪上随录二》，《韩国文集丛刊》第304册，页382。

〔2〕同上，卷五《与金凡秀》，页134。

〔3〕他在《与任容叔》中说：“愚于《孟子》‘知言章’训诂，似有一斑依稀仿佛之窥见者，座下不以为不然，自幸鄙见之不甚谬戾也。诐淫邪遁，实蔽陷离穷之印本也。施之政事而得失治乱，即诐淫邪遁之验迹也。四者相因，诐为之首。”《华西集》卷五，《韩国文集丛刊》第304册，页145。

〔4〕据其门人金平默记载：“先生忧西洋，语及必极言来头祸害。”《华西集》附录卷二《语录》，《韩国文集丛刊》第305册，页367。

〔5〕《华西集》卷二十五，《韩国文集丛刊》第305册，页158—165。

〔6〕《华西集》卷二十二《看八滩南公〈万物真源辨〉小识》，页96。

这“不须问”正类似于告子。异端邪说,生于其心,害于其政,如此祸国殃民之事,岂能不反求于心而明其伪?孟子当年说告子“率天下之人而祸仁义者,必子之言夫”[1];说宋牼“以利说秦、楚之王”,使天下人“怀利以相接,然而不亡者,未之有也”[2];说许行之道是“相率而为伪者也”[3];说张仪、公孙衍是“以顺为正者,妾妇之道也”[4];说“杨氏为我,是无君也。墨氏兼爱,是无父也”[5]。孟子看清当时“邪说诬民,充塞仁义,仁义充塞,则率兽食人,人将相食”[6],因此挺身而出,“正人心,息邪说,距诐行,放淫辞”[7]。略作比较,即可看出这位异代东儒是如何以继承孟子自任的。

从学理上看,李恒老强调正学与异端之消长,“其源实由人之一心”。而这个“心”就是天理与人欲,或称义与利。因此,他极其赞成宋子“心有以气言者,亦有以理言者”,认为“此二句实是论心之八字打开也”[8]。理、气为二物,先理后气,不杂不离。混而为一,人欲之私即可冒充天理之公,“利”亦可堂而皇之地变成“义”,“率兽食人,人将相食”的局面恐非危言耸听。辨明理气,就辨明了此心。而从其源头看,则首先要辨明义利。“理气”为二,也就是“志气为二”,正如孟子说“志,气之帅也”。“理气”不仅为二,而且理先而气后。华西说:“先理而后气,如太极生两仪。孟子曰:‘我知言,我善养吾浩然之气。’此亦先理而后气也。”[9]浩然之气的养得,也须自辨明义利来。由此可见,李恒老的思想系统,其根底皆在孟子。探讨《华西集》,若

---

[1] 《孟子·告子上》,《四书章句集注》,页325。
[2] 《孟子·告子下》,同上注,页341。
[3] 《孟子·滕文公上》,同上注,页261。
[4] 《孟子·滕文公下》,同上注,页265。
[5][6] 同上注,页272。
[7] 同上注,页273。
[8] 《宋子大全杂著数条记疑》,《华西集》卷二十五,《韩国文集丛刊》第305册,页154。
[9] 《华西集》附录卷六《语录》,《韩国文集丛刊》第305册,页448。

忽略其与孟子的关系,又如何能够抓住问题的关键呢?

儒学是构成东亚文明的重要内容,因此,东亚儒学文献和其中所蕴含的思想是一个整体,研究某一专书,既要把握其与整体的关系,也要在大小脉络中分疏出其自身的创造和面对的问题,从而呈现出儒学在不同地区的特色和意义。

三、专题

如果说,专书研究是一个"点",那么,专题研究就如同一根"线"。它涉及的是一批书,只是这批书在性质上是较为接近的。兹选取目录学、史学和文学专题为例说明。

(一)目录学

我曾经编纂过一套《朝鲜时代书目丛刊》,这里就以这套书为范围来讨论。现存的朝鲜时代书目大约有八十多种,在讨论之前,首先遇到的就是分类问题。韩国学者中,较有影响的是千惠凤的分类,其《韩国书志学》一书专列"体系书志学"章,其中一节专门论述"韩国的体系书志学"。作者将韩国历代书目划分为四类,即"版刻目录"、"藏书目录"(以下细分"官藏目录"和"私藏目录")、"文献书目"和"官撰书目"[1]。按照这个分类法,韩国现存的书目大致能够涵括在里面。但这一分类法也有明显的缺点,就是划分的标准不一。例如,版刻目录和文献书目是根据书目的内容划分,藏书目录则根据书籍藏弃的处所划分,官撰书目又根据书目作者的身份划分。因此,有必要寻求一种更为合理的分类方法。我认为,根据书籍或书板的藏弃

〔1〕《韩国书志学》,韩国民音社,1992年版,页39—55。

之处,可以将朝鲜时代的书目分为三类,即“王室书目”“地方书目”和“私家书目”,而史志从来可以自成一类,乃别出为“史志书目”。用这样的标准划分共得四类,可以将现存的朝鲜时代书目作一较为合理的概括,并且构成一个完整的书目体系。

将朝鲜时代目录学作为一个专题来探讨,也仍然需要以问题为中心。书目既已分类,其特色如何?与中国书目的关系如何?异同如何?便是题中应有之意。故需分类探讨。

1. 王室书目

所谓“王室书目”,指的是其书为王室所撰或归王室所有,有的书目也是受王室之命所撰,甚至就是王室成员撰写。

朝鲜时代的王室图书馆是从高丽时代继承演变而来。据梁诚之(1415—1482)《弘文馆序》云:

> 前朝(案:指高丽朝)肃宗始藏经籍,其图书之文,一曰“高丽国十四叶辛巳岁御藏书大宋建中靖国元年大辽乾统元年[1]”,一曰“高丽国御藏书”。自肃宗朝至今三百六十三年,印文如昨,文献可考。今内藏万卷,多其时所藏而传之者。[2]

朝鲜时代的国家藏书机构颇多,据梁诚之《书籍十事》云:

> 今典校署印出书册内,出于一时之事不必传久者外,例将十件:弘文馆藏二件,春秋馆、外三库(案:指全州史库、星州史库和

〔1〕“元年”原本作“九年”,《东国舆地胜览》卷二“弘文馆”下引梁氏文,亦作“九年”,皆形似而误。宋建中靖国元年即辽乾统元年。案现存传自高丽之《通典》,其书卷末之印,即“高丽国十四叶辛巳岁藏书大宋建中靖国元年大辽乾统元年”,见千惠凤、李廷燮、朴相国《海外典籍文化财调查目录·日本宫内厅书陵部韩国本目录》,韩国海外典籍调查委员会,2001年版,页23。兹据以改正。

〔2〕《讷斋集》卷五,《韩国文集丛刊》第9册,页356。

忠州史库)、典校署、文武楼、艺文、成均馆各藏一件。[1]

经"壬辰倭乱"(1592),图书毁损甚多,以史库藏书为例,春秋馆(京城史库)和外三史库的藏书,除全州史库本移至宁边妙香山史库外,其馀三处的藏书全部毁失,而文武楼、弘文馆的书籍也大致化为灰烬,李朝文运受到了毁灭性打击。光海君时代(1608—1622),内有激烈党争,外有后金威胁,无暇文治。仁祖朝(1622—1649)前期虽又有丁卯(1627)"胡乱",但已开始对书籍的整理搜求,以补充弘文馆藏书。《仁祖实录》七年(1629)六月己巳条载:

> 玉堂启曰:本馆书籍,再经变乱,散失无馀,虽有些少收拾者,卷帙不备。自今每于使臣赴京之行,购来书册之切要者宜矣。上从之。[2]

至肃宗二十六年(1700)建文献阁以藏书籍。据《宫阙志》记载:"文献阁……肃宗二十六年庚辰建,藏书籍。肃宗御制《文献阁铭并小序》曰:'大内藏书凡有三所:一曰养心阁,一切藏诸唐板;二曰钦文阁;三曰厢库。皆藏乡本。'"[3]"唐板"为中国本,"乡本"为东国本。自正祖五年(1781)奎章阁建立以后,很多图书就都归纳于其中了。

奎章阁是朝鲜时代的王家图书馆,其建立最早当推溯至世祖朝(1455—1468)同知中枢府事梁诚之的奏章,他建议摹仿宋代太宗之龙图阁、真宗之天章阁、仁宗之宝文阁、神宗之显谟阁、哲宗之徽猷阁、高宗之焕章阁、孝宗之华文阁的先例,将御制诗文奉安于麟趾阁东别室,名曰奎章阁。但世祖虽称其可行,却未遑设施。至肃宗朝

〔1〕《讷斋集》卷三,《韩国文集丛刊》第9册,页328。

〔2〕《朝鲜王朝实录》第34册,页332。

〔3〕《宫阙志》,首尔特别市史编纂委员会影印本,1957年版,页129。

(1674—1720)为奉列圣御制御书,于宗正寺别建小阁,御书"奎章阁"三字,但规制未备[1]。正祖于丙申(1776)初即位,便新建奎章阁,以收藏列朝御制御书。同时,还建造若干附加设施,以收藏一般书籍。《正祖实录》五年辛丑六月条载:

> 上雅尚经籍,自在春邸,购求遗编,拓尊贤阁之傍而储之,取孔子系《易》之辞,名其堂曰"贞赜"。及夫御极,规模浸广。丙申初载,首先购求《图书集成》五千馀卷于燕肆,又移旧弘文馆藏本及江华府行宫所藏皇明赐书诸种以益之。又仿唐宋故事,撰《访书录》二卷,使内阁诸臣按而购贸。凡山经海志、秘牒稀种之昔无今有者,无虑数千百种。乃建阅古观于昌庆宫内苑,奎章阁之西南,以峙华本。又建西序于阅古观之北,以藏东本,总三万馀卷。经用红签,史用青签,子用黄签,集用白签。汇分类别,各整位置。[2]

经扩建后的奎章阁,包括内阁、外阁(校书馆,别称芸阁)和江都外阁(奎章外阁)。内阁又包括奉谟堂、移安阁(旧名书香阁)、阅古观、皆有窝、西库。此外,还有处理事务的摛文院。《奎章阁志》卷一《建置·内阁》载:

> 奎章阁在昌德宫禁苑之北,上楼下轩,所以奉当宁御真、御制、御笔、宝册、印章。其扁肃庙御墨也。又以宙合之扁揭于南楣,即当宁御墨也。西南曰奉谟堂,所以奉列朝御制、御笔、御画、顾命、遗诰、密教及璿谱、世谱、宝鉴、状志也。正南曰阅古观,上下二层,又北折为皆有窝,皆所以藏华本图籍也。正西曰

〔1〕 参见《奎章阁志》卷一"内阁",首尔大学校奎章阁影印本,2002年版。

〔2〕 《朝鲜王朝实录》第45册,页249。

移安阁，所以为御真、御制、御笔移奉曝晒之所也。西北曰西库，所以藏东本图籍也。[1]

因此，属于奎章阁系统的书目就有《奎章总目》《内阁访书录》《西库藏书录》《摛文院奉安总录》《书香阁奉安总录》《奉谟堂奉安御书总目》等，此外，如《芸阁册都录》为校书馆（外阁）所藏书目，亦可归入此一系统。

朝鲜高宗于1864年即位以后，为强化王权，将奎章阁所管御制御笔及璿源谱牒移至宗亲府，五年六月景福宫重建竣工，将奎章阁的内外阁皆搬迁至宗亲府，新编图书目录《奎章阁书目》，规模较小。1895年甲午更张，开化派政府颁布宫内府官制，将奎章阁改称奎章院，并将宗亲府所管文献重新回归奎章院，统一管理所有的华本和东本。更张内阁失败后，守旧派政府于建阳二年（1897）又恢复了奎章阁名称。光武九年（1905）三月，对奎章阁图书重新编目，完成《奎章阁书目》三册，其中卷一为《摛文院书目》（御制等），卷二为《阅古观书目》（华本），卷三为《西库书目》（东本）。至隆熙元年（1907）十一月改定宫内府官制，废弘文馆，提高奎章阁的地位，扩大其职任，除了保管内外阁的藏书外，大量的官方档案，京畿史库（北汉山行宫）、鼎足山城、太白山城、五台山城、赤裳山城的史库藏书也都归奎章阁管理。隆熙三年，奎章阁将各个机构收入的图书统称为"帝室图书"。因此，在奎章阁后来的演变中，这一系统的书目也就增加了，包括《奎章阁书目》《隆文楼书目》《集玉斋书籍目录》《春坊藏书总目》《弘文馆书目》《北汉册目录》《帝室图书目录》和《图书册数表》等。此外，王室书目还有《大畜观书目》《宝文阁册目录》《群书标记》《承华楼书

---

〔1〕《奎章阁志》，页17—18。

目》《缉敬堂曝晒书目总录》等。

王室图书的内容大致可分三类：一是华本，二是东本，三是王室文献。王室文献主要指历代御制、御笔、御画、顾命、遗诰、密教及璿谱、世谱、宝鉴、状志等，来源比较单一。华本和东本的来源主要有以下几条途径：一是中国历朝皇帝的赐书；二是朝鲜人到中国购置的书；三是中国人和本国人的献书；四是本国誊写、翻刻之书，包括中央和地方。其书目特色有如下几点：

(1) 多受中国目录学的影响，较多采用四部分类的方式。在现存的朝鲜时代书目中，《奎章总目》是最早依四部分类的[1]，此书亦王室书目中之翘楚。其书"凡例"六则，可概括王室书目的某些共同特征。如其二云：

> 凡古今目录之家体裁有三：如刘歆《七略》、王俭《七志》、郑樵《艺文略》、马端临《经籍考》之类，总纪古今之图书者也；如晋《义熙目录》、隋《开皇目录》、唐《集贤书目》、宋《崇文总目》之类，通纪一代之图书者也；如李淑《邯郸图书志》、钟音《浙江遗书总目》、尤袤《遂初堂书目》、陈振孙《直斋书录》之类，但纪一方一家之图书者也……此书所录，既皆本阁藏弆之书，则名之以《奎章总目》，盖推集贤、崇文之旧例。[2]

此述其书目名称之由来，实用中国唐宋之旧例，其内容亦"通纪一代之图书"，欲以博闻见而存故实。又如其三云：

---

〔1〕 世宗朝李季甸《集贤殿藏书阁颂》云："岁在己酉(1429)，命新建集贤殿于宫城西门之内，又营藏书阁于其北…… 随壁作架，插以诸书。分门类聚，表以牙签，披阅之便，易于反掌。……四部之书，分在异壁，手扪目睹，辨若白黑。"(《东文选》卷五十，民族文化刊行会影印《朝鲜群书大系续续》本，第 3 册，1994 年版，页 114—115)可知乃以四部分类，可惜未有书目流传。其后有弘文馆登瀛阁，乃延续集贤殿的传统，有《弘文馆藏书目录》，当采用四部分类，可惜毁于壬辰倭乱。

〔2〕 《奎章总目凡例》，张伯伟编《朝鲜时代书目丛刊》第 1 册，中华书局，2004 年版，页 10—11。

凡书分四部，自魏之荀勗始，而部各有类，类各异例。太细则眩于割裂，太简则伤于模糊，究厥流品之相嬗，实惟折衷之为难。故此书为类凡三十四，而条门创义，损益前人。疑其似而合之者，宁失于细，不得不分；同其类而分之者，宁失于简，不得不合。晏、墨之俱列杂家，所以规《七略》也；董、荀之并归儒家，所以正《通志》也。谱系、目录之析为二类，辨乎马氏也；天文、历筹之进于兵刑，鉴乎史志也。谶纬、五行之不著，阙文也；道流、释氏之附后，黜异也。[1]

此述其书之分类，于中国目录学著作多有损益。其后如《内阁访书录》《西序书目签录》《西序书目草本》《宝文阁册目录》《阅古观书目》《帝室图书目录》等，皆以四部分类而略有损益。直到现代韩国人编《奎章阁图书韩国本目录》，也依然继承这一传统。又其六云：

凡著书之难，莫难于书目。夫疏旨归以资问学，义取诸经；秉权衡以决是非，义取诸史；别门户以辨议论，义取诸子集。盖一书而众善聚，然后可以诏今、可以传后。此书发凡起例，一禀睿裁，恭承指授，积费编摩，而四部之章程，于是略备。蕲乎经则文约而理该，准乎史则辞婉而法寓。学详渊源，子之馀也；人知本末，集之遗也。按部位、稽典则，庶几探窥端倪，乃正趣向，亦岂少补于文风世教也？[2]

这一点，在书目提要中表现得尤为突出。王室书目中的提要部分受到中国书目的影响较大，其中如陈振孙《直斋书录解题》、晁公武《郡斋读书记》、马端临《文献通考·经籍考》、黄虞稷《千顷堂书目》、朱

〔1〕《奎章总目凡例》，张伯伟编《朝鲜时代书目丛刊》第1册，中华书局，2004年版，页11—12。
〔2〕《奎章总目凡例》，《朝鲜时代书目丛刊》第1册，页14—15。

彝尊《经义考》以及《四库全书简明目录》等，屡见征引。但不能因此而抹杀朝鲜特色。以《四库全书简明目录》与《奎章总目》相较，后者的特色一是重朱子，其中多引录朱子语以作案断，而《简目》每每直称朱熹。二是收录了许多"四库"出于特定目的而不收的书，如钱谦益、周亮工、魏禧、吕留良、邵长蘅等人的文集。著录顾炎武的书，朝鲜书目作"明"，而"四库"作"国朝"。最突出的表现在《四库全书简明目录》的提要中：

> 是书编纂专出于直文渊阁纪匀[昀]……其持择予夺之意，则有大不可晓者。盖以考古家为汉学，讲学家为宋学，而评骘之际，右汉左宋，于濂洛诸贤，则阳尊阴抑，屡示不满。于朱门诸子以下，则昌言攻之，不遗馀力……而如魏禧、顾炎武、邵长蘅者，亦复一例遭摈，岂有所讳忌而不敢载欤？噫！搜罗千百年之载籍，以成不刊之制作，乃欲以一时之私讳、一人之偏见参错于其间，难矣！[1]

即使在今天，我们仍然不能不佩服其眼光之尖锐、独到。朝鲜时代的读书人，对于《四库全书》的修纂颇为关心，对其中何书不收也极为敏感。洪奭周(1774—1842)在《洪氏读书录》中曾回忆自己在嘉庆八年(纯祖三年，1803)入燕都(北京)时，"与其士大夫语及此书，问顾炎武、吕留良、魏禧集何不在选，其人摇手不能对，盖讳之也"[2]。

(2) 往往根据藏书的架橱来著录群书。如《奎章阁书目》《隆文楼书目》《摛文院奉安总录》《书香阁奉安总录》等。这大致是为了便于查找而如此编目的。

(3) 著录了大量御制御定的书。有的是与其他书一起著录，一

[1] 《奎章总目》卷二，《朝鲜时代书目丛刊》第1册，页170—171。
[2] 《洪氏读书录》，《朝鲜时代书目丛刊》第8册，页4249。

般会置于各类书籍之首[1]，如《隆文楼书目》《宝文阁册目录》《春坊藏书总目》等。还有一类可称特种目录，是专门著录御制御定诸书的，如《群书标记》《摛文院奉安总录》《书香阁奉安总目》和《奉谟堂奉安御书总目》等。后者有三卷，分别为卷一的谱牒、志状、宝鉴、遗教、大宝、御制，卷二的御制，卷三的御制、赓进帖、御笔、御笔刻版、御画、御押，大量著录了英宗大王的作品。这些书目基本上只是著录篇名或册数，不作解题。但有一部例外，就是朝鲜正祖亲自撰写的《群书标记》。此书将所录文献分作"御定"和"命撰"两类，前者为其亲自撰定，后者乃命阁臣编定，但也往往亲撰序引，从中可反映正祖一生在学术文化事业上的贡献。由于各书皆有提要，因此，对于了解当时的文化政策，考察当时的政治、思想、文学等方面的状况，此书提供了许多重要的信息[2]。

2. 地方书目

所谓"地方书目"，指的是其书籍或书板为地方政府或组织所有。在这一类型的书目中，以"册板目录"为主，也包括一些"院校书目"。

(1) 册板目录。现存最早的册板目录见于《考事撮要》中"八道程途"所附[3]。此书原撰者为鱼叔权，成书于明嘉靖三十三年（朝鲜明宗九年，1554）。其后屡有增补重修，至乾隆三十六年（英祖四十七年，1771）徐命膺修订为《考事新书》止，其间经过十二次改修。在"壬辰倭乱"之前的各种修订本中，都有"册板目录"的内容，至光海

〔1〕《西库藏书录》有些特别，御制类的书著录于全书之末。

〔2〕参见玄英娥《群书标记에关한研究》第四章，页16—34。韩国梨花女子大学校大学院图书馆学科硕士学位论文，1973年。

〔3〕目前有关朝鲜时代册板目录收集较为齐备的，是韩国郑亨愚、尹炳泰所编《韩国의册板目录》。又千惠凤所编《古书目录集成》中，有两种册板目录不见于上书。

君四年(1612)刊本,有朴希贤跋,其中提及"至于八道册板,今则烧失,故并删去,以土产代之"。

册板目录是朝鲜特有的一种目录,其内容是纪录某处(地方或中央)有哪些书板,可称藏板目录。中国的目录学著作中,如尤袤的《遂初堂书目》有对于板本的纪录[1],但只是纪录一书有不同板本,其后赵希弁、陈振孙有较为详细的纪录,但纪录的仍然是书,而非板。明毛晋《汲古阁校刻书目》,于每书之下均标明叶数,从叶数当然可以推知板数,但其纪录的目的可能主要在便于销售,而非统计册板。20世纪前期,陈衍主修《福建通志·艺文志》,后附《福建板本志》,特别是其附录"建阳县治书板考"和"建阳书坊书板考",与册板目录较为接近。与之完全一致的目录,只在少数地方志的"学校志"中可以看到。如宋代周应合《景定建康志》的"文籍志"(内容是江宁府学的文籍)、罗浚《宝庆四明志》的"学校志",元代袁桷《延祐四明志》的"学校考"、张铉《至正金陵新志》的"学校志",清代鄂尔泰监修《云南通志》的"学校志"等。尽管现存朝鲜时代的册板目录,最早的是附见于《考事撮要》的"八道程途",也许透露出一些与中国地方志修撰方式的某种联系,但文献不足,难以定论。因此,从目录学体系来看,我们还是可以将这种目录视为朝鲜目录学的特色之一。

尽管现存最早的册板目录见于《考事撮要》,但这未必是册板目录的起源。各地之有册板,应始于高丽朝。舍佛经不论,一般的经史类书在高丽朝各地已多有刻印,略举如下:

《高丽史》靖宗八年(1402)二月,东京副留守崔颢等"奉制

---

〔1〕叶德辉《书林清话》卷一"古今藏书家纪板本"条云:"自镂板兴,于是兼言板本,其例创于宋尤袤《遂初堂书目》。目中所录,一书多至数本。"中华书局影印本,1987年版,页5。

> 新刊《两汉书》与《唐书》以进”。[1]
>
> 同上文宗十二年(1058)九月,“忠州牧进新雕《黄帝八十一难经》《川玉集》《伤寒论》《本草括要》《小儿巢氏病源》《小儿药证》《病源一十八论》《张仲卿五脏论》九十九板,诏置秘阁”。[2]
>
> 同上十三年二月,安西都护府使都官员外郎异善贞等,“进新雕《肘后方》七十三板、《疑狱集》一十一板、《川玉集》一十板。知京山府事殿中内给事李成美进新雕《隋书》六百八十板,诏置秘阁”。[3]
>
> 《高丽史节要》宣宗三年(1086)六月,王弟释煦“献释典及经书一千卷,又于兴王寺奏置教藏都监,购书于辽、宋、日本,多至四千卷,悉皆刊行”。[4]

第二、第三则材料皆表明,当时在各地的雕板完成后,均“诏置秘阁”。而释煦能够在寺庙新建“教藏都监”开板刊行,一是因为其王弟的身份,另外也是以佛教为名义,尽管其所刊行的书并不局限于佛教典籍。至肃宗六年(1101),由于秘书省“文籍板本委积损毁,命置书籍铺,于国子监移藏之,以广摹印”[5]。明宗十五年(1185)八月,“户部版籍库灾”[6]。至高丽后期,各地镂板刊行的书越来越多,有的书至今尚存[7],当时外扰内乱频仍,其册板应该就保留在各地了。

---

〔1〕《高丽史》上册,页134。

〔2〕〔3〕 同上注,页167。

〔4〕《高丽史节要》卷六,页140—141。

〔5〕 同上注,页157。

〔6〕《高丽史·五行志一》,中册,页203。朝鲜时代的书库也偶有火灾,为了预防,往往拆除周边人家。如《世祖实录》五年(1460)八月壬戌条载:“户曹启:本曹版籍田案会计文书,所系匪轻,藏之楼库,与人家相接,火灾可虑。请量撤旁近人家。从之。”又八年正月乙丑条载:“刊经都监启:火灾可畏,请撤去旁近人家。”

〔7〕 参见尹炳泰《韩国书志年表》,高宗三十八年,忠肃王复位五年,恭愍王三年、四年、九年、十九年、二十二年等条,韩国图书馆协会,1972年版,页6—8。

韩国的册板目录究竟起于何时,现在已无法详考。根据文献记载可以推知,在朝鲜时代初期当已有之。《世宗实录》三年(1421)二月戊戌条载教曰:

> 各官书册板本,主者不为用心照管,致使散弃,宜令所在官吏整顿收贮。[1]

为防止板本的"散弃"而"整顿",其中就可能包含编制册板目录的工作。又七年四月庚子条载:

> 礼曹启……(诸经板子)外方则令所在官守令考察收顿,移置僧人聚居寺社。其各寺见在诸经及板数,明白置簿传掌,具录以闻。从之。[2]

"置簿传掌"显然就是编制成目录,以便于继承掌管,并且要详细记载向朝廷报告。又同年九月丁酉条载:

> 吏曹启:请各道各官所在册板守令,于新旧交代解由,开写某册几板,明白传掌。其等内破毁遗失板子,依数充补传掌,以为恒式。[3]

这就明白要求"开写某册几板",并且成为"恒式"。若册板有毁损,也要加以注明,以便随时补充。又如十年正月己酉条载:

> 礼曹启:江原道监司报《四书大全》已分三处刊板,各构楼阁,分类藏置。毋使乱秩。如或刓缺,随即改刊。守令交代之时,明载解由。在前册板,亦依此例……并谕他道,依此施行。

〔1〕《朝鲜王朝实录》第2册,页423。

〔2〕同上注,页662。

〔3〕同上注,页691。

从之。[1]

又《成宗实录》二年(1471)正月丁亥条载:

> 传于礼曹曰:诸道刊行书册板子,守令不用意典守,以致散失。自今并录会计,新旧官传掌。[2]

朝廷对册板极为重视,而某些地方官员似乎掉以轻心,不仅不负责任,甚至有人为破坏者。《中宗实录》二年(1507)十月丁酉条载,崔连孙任咸阳郡守时,"《黄山谷集》板本在郡,儒林争乞印出,连孙恶其烦扰,焚烧其板"[3],于是受到宪府的弹劾。我们看三十多年后《考事撮要》庆尚道咸阳郡所著录的册板目录,就已经没有《黄山谷集》了。所以,朝廷不得不一而再、再而三地要求地方政府加强对册板的保护和管理。朝廷掌握了各地的册板目录,一方面在有需要的时候可以随时开印,另一方面也可以统筹安排,以免各地重复刊刻。《世宗实录》十四年(1432)八月己丑条载:

> 传旨礼曹:各道监司擅刊书册,或刊他道已刊之书,或刊不紧之书,徒费财力,实为未便。自今必令启闻刊行。[4]

尽管政府三令五申,但实行情况可能并不如人意。梁诚之在世祖十一年(1466)十一月十七日所上的《书籍十事》中,再次提出要各地将册板目录上报朝廷:

> 书册板本,京中则典校署掌之,外方则别无所掌。既不知某书可印,又不能捡举而修补之。甚为不可。乞令政院下书八道,

---

〔1〕《朝鲜王朝实录》第3册,页113。
〔2〕《朝鲜王朝实录》第8册,页547。
〔3〕《朝鲜王朝实录》第14册,页199。
〔4〕《朝鲜王朝实录》第3册,页408。

如某郡某某书板凡几张，又板之刓朽与否，一一开写，仍以常楮各印一件上送，其刓朽不用者外。使守令载之解由，以为传受，使典校署以为考察。[1]

从以上史料中我们不难了解，册板目录由来已久，其最初的作用是便于朝廷掌握何处有何册板，何处有何书可印。《考事撮要》在“八道途程”中附“册板目录”，其实也说明，当时在各地已有许多这样的目录，所以鱼叔权得以参考并写入书中。

一般来说，册板目录的著录方式是以地区为中心展开，最常见的是以各道藏板依次著录。根据其册板的多少，我们可以了解到某一地区刻书业的发达程度，而且这同时也意味着此地文化发达的程度。只有徐有榘(1764—1845)的《镂板考》是根据经史子集四部的方式著录，他是编纂《奎章总目》的徐浩修之子，故其著录方式，既是与《奎章总目》一脉相承，同时也受到中国目录学传统的影响。其书有“凡例”若干，可以显示册板目录的一般特色。兹节录如下：

一　历代盛际，雅重文籍。藏之有府，掌之有官，稽之有簿，为其系治道升降也。粤世祖朝大提学梁诚之请置奎章阁，以奉御制、峙图籍。又请令列邑开录书籍藏板，上送典校署，使之考察。世祖亟称其可行，而未及施用。我圣上丙申初载，置奎章阁于内苑，建官藏书，多用诚之议。粤二年戊戌，下谕诸道，公私所藏刊书板本，并令计开录，上自本阁，考察其存佚……既又命阁臣等，取中外藏板簿，分门条例，汇成一书。凡卷帙多寡、刓缺与否，无不谨著而该载。为其专录剞劂之本，故曰《镂板考》。

一　每书之左，必标其撰人爵里。而或节取序跋，或援引评

〔1〕《讷斋集》卷三，《韩国文集丛刊》第9册，页328。

骘，以见其义例之大略得失。又或志其刊刻之岁月，俾资乎沿革之考据。至于别集一类，文章月朝出处本末，无不旁搜博采，以存古人论世之义。

一　古今簿录之学，有《七略》《七志》《七录》四部、五部之异，而惟唐之经、史、子、集四类，为后来书目家不易之例。是书分门立纲，亦用四类。而若其宏纲之中，细目条分，则又损益折衷于历代《艺文志》、陈振孙《书录解题》、钟音《浙江遗书总录》诸书……庶几绎书名、按部位，而作者之大旨了如指掌云。

一　活版之式，始见沈括《笔谈》，而东本书籍，最多用其法，为其工力省而程功速也。太宗初载置铸字所，范铜为字，摆印经史。圣神继承，累铸铜字。我圣上甲寅，复述国初故事，即宫中置铸字所，印颁御定诸书。于是乎密府云委之储，兔园箎筒之藏，太半活版之本。而绣梓锓枣，特其什佰之一耳。是书既恭遵睿旨，只载见在板刻，故虽颁立学官，盛行域内之本，往往不在录中。[1]

朝鲜的图书印刷，有活字本与雕板本的区别，册板目录所纪录的是后者。其次，册板目录纪录的是"剞劂之本"，而非四部之书，后者别有《奎章总目》等目录登载。读者若要了解一代刻书、藏书之大概，理应合而观之。册板目录所纪录的无非是藏板之多寡、是否刓缺、书名及作者、刊刻的时间、用纸的数量以及藏于何处等，更多注重的是一种物质性的存在。

地方书目中除各道官厅所藏册板之外，也记载了在寺院、书院和乡校所藏册板和书籍。寺院藏书或藏板虽以佛经为主，但也有一些

---

〔1〕《朝鲜时代书目丛刊》第4册，页1707—1711。

外书，其内容往往包含在一般的册板目录中，如编于英祖十六年(1740)的《册板置簿册》、十九年的《三南所藏册板》、二十五年的《诸道册板录》，编于正祖二十年(1796)的《镂板考》等，都有关于寺刹藏板的纪录。至于书院或乡校的册板和藏书，则除了在一般的册板目录中有记载外，还有专门的目录。

(2) 校院书目。现存地方书目中，有三种便是书院和乡校的"书册录"(藏书和册板目录)，即《绍修书院书册置簿》、《庆州府校院书册目录》和《岭南各邑校院书册录》，其中的"校院"，分别指乡校和书院。

朝鲜时代的教育制度有官学与私学之别。官学系统包括太学(尊经阁)、四部学堂及乡校，太学和四部学堂在京城，乡校在地方，而私学则为书院。官、私有别，其书册的来源也不同。

乡校之设置可推溯至高丽朝仁宗年间(1122—1146)，至朝鲜时代而遍及全国。其书籍来源皆为官方颁赐。如《世宗实录》十七年(1435)十一月癸亥条载：

> 传旨各道监司：《性理大全》及《四书五经大全》……实理学之渊源，学者当先讲究者也……欲印置于乡校者。[1]

同书二十三年十月辛巳条载：

> 印《直解小学》二百本，颁赐各官、乡校及文臣。[2]

又《文宗实录》元年(1451)四月甲戌条载：

> 礼曹请：平安道慈城郡新设乡校，未有书册，请令诸道板子

〔1〕《朝鲜王朝实录》第3册，页657。
〔2〕《朝鲜王朝实录》第4册，页367。

所在官,印四书三经各二件以送。从之。[1]

又《成宗实录》十四年(1483)十月癸未条载:

知中枢府事郑文炯回自永安道,启曰:永安道书籍罕少,请送《诗》《书》《庸》《学》善本刊于诸邑。从之。[2]

至于乡校书库之有目录,则似起于成宗朝领事韩明浍的建议。《成宗实录》五年十二月癸未条载韩氏启云:

州府郡县学校疏阔,为教授者不事训诲,苟度日月。守令亦视为馀事,至于黉舍亦不修葺。请自今乡校室宇书册,并录解由。又申明学校之令,以振文风。上纳之。[3]

乡校属于官方体制,在成宗朝开始衰落,韩氏启中已有指责,但还期望"申明学校之令,以振文风"。从燕山君时代(1494—1505)到中宗时代(1505—1544)起,这种衰落进一步加剧[4]。官学的坠落遂刺激了私学的兴起。

东国的私学也许可以推溯至高句丽时代民间的"扃堂"[5],以后在高丽时代有书斋、书社等,皆为私学。朝鲜时代书院的建立,起自中宗三十六年(1541)丰基郡守周世鹏创建的"白云洞书院",后赐额为"绍修书院"。从高句丽时代的私学开始,就有藏书的习惯。这一传统也被书院所继承。书院的藏书分两类:一类是书院以私财购入

〔1〕《朝鲜王朝实录》第6册,页372。

〔2〕《朝鲜王朝实录》第10册,页534。

〔3〕《朝鲜王朝实录》第9册,页170。

〔4〕参见金相根《韩国书院制度之研究》第二章第一节的相关内容,台湾嘉新水泥公司文化基金会,1966年版,页9—16。

〔5〕《旧唐书·高丽传》载:"俗爱书籍,至于衡门厮养之家,各于街衢造大屋,谓之扃堂,子弟未婚之前,昼夜于此读书习射。其书有《五经》及《史记》、《汉书》、范晔《后汉书》、《三国志》、孙盛《晋阳秋》、《玉篇》、《字统》、《字林》,又有《文选》,尤重爱之。"

或翻刻，一类是由国家特赐，后者仅限于赐额书院。兹略举如下。《中宗实录》三十六年五月丁未条载：

(周)世鹏于(安)珦之旧居为建祠宇，春秋享之，名曰“白云洞书院”……当初开基时，掘地得铜器三百馀斤，贸书册于京师而藏之。非徒经书，凡程、朱之书，无不在焉。[1]

又如李滉《迎凤书院记》云：

贸书千馀卷以藏之，立为学规。[2]

此乃书院自行购买者。赐额书院指的是由国家诏定书院名称，并宣赐模写的额板(往往由国王书写)，同时还颁赐书籍。如《明宗实录》五年(1550)二月丙午条载：

李滉之请赐扁额、书籍、土田、臧(原本误作“减”)获，不可尽从。而扁额及书籍二三件，特命下送。[3]

又三月己卯条载：

命加给白云洞书院书籍。[4]

又据《增补文献备考》卷二百十《学校考九》记载，明宗五年“赐额曰绍修书院，命大提学申光汉作记，仍颁四书五经、《性理大全》等书(书院赐额始此)”[5]。明宗九年，以郑梦周“生长之地创建书院，扁额、书册、奴婢、田结一依绍修书院例颁降”[6]。如《岭南各邑院校书册录》记载的书院中，西岳书院、玉山书院、崇烈祠、三溪书院、虎溪书

---

〔1〕《朝鲜王朝实录》第18册，页466。

〔2〕《退溪集》卷四十二，《韩国文集丛刊》第30册，页448。

〔3〕《朝鲜王朝实录》第19册，页682。

〔4〕同上注，页685。

〔5〕〔6〕弘文馆纂集校正《增补文献备考》卷二百十，页1。

院、道南书院、桧渊书院等皆为赐额书院。其中"玉山书院"下所著录的就是宣赐书目,从"《礼记》三十卷"至"《御定朱书百选》三卷"共十五种,而绍修书院的内赐本,在宣祖三十五年(1602)之前已有二十一种之多。

与乡校的书册常有散乱不同,书院藏书有一定之规。柳洪烈曾举出绍修书院、西岳书院和伊山书院的院规加以说明[1],兹再举数例以补证之。李珥(1536—1584)《文宪书院学规》云:"院中书册,毋得出于院门。违则罚其主者,重则黜院,轻则黜座。"[2]朴世采(1631—1695)《文会书院院规》云:"院中书不得出门。"[3]李縡(1680—1746)《深谷书院学规》云:"院中书册,阙失居多,馀存者一一录成一册,斋任赴院时,往往曝晒而检察之。虽斋任亦不得擅出一卷于院门外,犯者责罚之。"[4]我们看李仁荣《清芬室书目》,其中著录《礼记集说大全》残本十卷五册,乃丰基乡校藏书,卷三尾墨书有"来读校中勿出校门"八字;又著录《朱子语类》残本四卷三册,乃白云洞文成公庙书院藏书,册尾墨书"来读院中勿出院门"八字,正可与上述院规相互参证。正因为如此,书院藏书便得到很好保存[5]。据《镂板考》记载,出于书院的册板达一百六十八种,超过寺刹(一百三十八种)和私家(十九种)。

朝鲜书院之有赐额、赐书,依据的是宋代书院之例[6]。而院校的

[1] 柳洪烈《朝鲜に于ける书院の成立》,《青丘学丛》第三十号,1937年11月,页103。

[2] 《栗谷全书》卷十五,《韩国文集丛刊》第44册,页340。

[3] 《南溪集》卷六十五,《韩国文集丛刊》第140册,页333。

[4] 《陶庵集》卷二十五,《韩国文集丛刊》第194册,页539。

[5] 韩国李春熙《朝鲜朝의教育文库에관한研究》,其书附录有"现存书院藏书目录"和"现存乡校藏书目录",资料甚详。即便在今天看来,书院藏书也大大超过乡校藏书,应该与朝鲜时代的藏书传统有关。景仁文化社,1989年版,页89—296。

[6] 李滉《上沈方伯通源》云:"请依宋朝故事,颁降书籍,宣赐扁额。"《退溪集》卷九,《韩国文集丛刊》,第29册,页266。

“书册录”也有可以与中国的学校和书院相对照者。例如,《宝庆四明志》卷二“学校志”著录藏书,就分御书、赐书、官书,其中对御书著录较详,如自“《中庸》”至“《损斋记》”共十九种,乃“绍兴以来累次颁降”,又有“《损斋记》”等二种为“守臣沈该恭藏”,又有“神宗皇帝赐台官滕元发手诏”等八种,为“守臣赵伯圭恭藏”,等等。其收藏方式则以《千字文》排列。而对于赐书和官书,只作笼统纪录,如“赐书”下记:

> 经一百一十五部,计五百八十一册(传解释文等在内)。
>
> 史七十九部,计一千三百四十三册(说史者在内)。
>
> 子一十五部,计四十五册。
>
> 文集一百七十一部,计一千二百五十册。
>
> 杂书九十五部,计七百二十八册。[1]

宋代的地方州学、县学常常经营刻书,因此也藏有书板。如《景定建康志》卷三十三“书版”下载:

> 《横渠易说》一百六十八版。
>
> 《易象图易索》一百四十五版。
>
> 《周易终说》一百二十版。
>
> 《李公易解》二百八十版。
>
> 《学易蹊径》一千五百版(阙)。[2]

第五种专门注明“阙”,说明对于书板的存佚颇有留意。也有注明何人购置的,如《宝庆四明志》卷二“书板”云:

> 《分毫韵略》二百四十板(绍定五年制帅尚书郑损置)。

---

〔1〕〔2〕 文渊阁《四库全书》本。

《文公大学章句》一十八板(绍定五年教授陈松龙置)。

《文公中庸章句》一十六板(教授陈松龙置)[1]。

也有注明用纸多少的,如《至正金陵新志》卷九"崇学校·路学"云:"所买经史子集图志诸书,视他郡亦略全备。"其下载:

十七史书板,计纸二万三千张。《史记》一千八百一十九。《前汉》二千七百七十五。《后汉》二千二百六十六。《三国志》一千二百九十六。《晋书》二千九百六十五。《南史》一千七百七十三。《北史》二千七百二十一。《隋书》一千七百三十二。《唐书》四千九百八十一。《五代史》七百七十三。[2]

也有注明板藏何处的,如《云南通志》卷七"书板":

御纂经书:《周易折中》《书经传说汇纂》《诗经传说汇纂》《春秋传说汇纂》《孝经衍义》《朱子全书》《性理精义》(以上七种奉颁重刻,板存云南府学)。

《御选古文渊鉴》(布政使刘荫枢重刻,板存云南府学)。

《斯文精萃》(总督尹继善选刻,板存云南府学)。

《万世玉衡录》《臣鉴录》(总督蒋陈锡、学政蒋泂同刻,板存云南府学)。[3]

府学、县学以外,书院也常常刻书。顾炎武《日知录》卷十八"监本二十一史"条云:

闻之宋元刻书皆在书院,山长主之,通儒订之,学者则互相易而传布之。故书院之刻有三善焉:山长无事而勤于校雠,一

---

〔1〕〔3〕 文渊阁《四库全书》本。

〔2〕 文渊阁《四库全书》本。案:原本题作《至大金陵新志》,实当作《至正金陵新志》。参见崔富章《四库提要补正》,杭州大学出版社,1990年版,页287。

也；不惜费而工精，二也；板不贮官而易印行，三也。[1]

以宋代为例，当时曾经刻书的书院至少有丽泽书院、象山书院、泳泽书院、龙溪书院、竹溪书院、环溪书院、建安书院、白鹭洲书院和龙山书院等，此后愈来愈盛[2]。中国历代书院的藏书目录，据学者的调查、统计，多达七十种，其中最早的一种是元至正年间编纂的《杜洲书院书板书籍目录》[3]。以上这些对于书板的纪录，也许可以视为中国的册板目录。与朝鲜的院校书册录相比，两者有很多相似之处。不仅在著录形式上，而且从藏书和册板的内容上看，绝无佛、道二藏之书，这也是相同的。

3. 私家书目

所谓"私家书目"，指的是其书为私家所有。朝鲜藏书家见于文献记载的不多，所以私家书目的数量也不多。这一点和中国相比，显得非常突出。清季叶昌炽作《藏书纪事诗》，著录五代至清的藏书家一千一百多人。而私家书目至少从唐代开始就已出现，如吴兢《西斋书目》、蒋彧《新集书目》、杜信《东斋集籍》等，见录于《通志·艺文略》。到宋代，随着私家藏书的日益丰富，私家书目也更为发达，可考者多达二十七种，其下更是不胜枚举[4]。但朝鲜时代私家书目的数量虽然不多，其重要性却不会因此而稍减。在朝鲜目录学体系中，私家书目以其特有的价值而引人注目。

经眼的朝鲜私家书目，即便将成书于 1944 年的李仁荣《清芬室

---

〔1〕 黄汝成《日知录集释》，上海古籍出版社影印本，1985 年版，页 1375。

〔2〕 参见先师程千帆与徐有富合著《校雠广义·典藏编》，齐鲁书社，1998 年版，页 137—140。

〔3〕 参见陈谷嘉、邓洪波主编《中国书院制度研究》，第四章第二节"历代书院的藏书目录"，浙江教育出版社，1997 年版，页 172—181。

〔4〕 参见汪辟疆《目录学研究》"论唐宋元明四朝之目录"所附《汉唐以来目录统表》，华东师范大学出版社，2000 年版，页 76—89。

书目》也包含在内的话，不过寥寥三种[1]。如果说有什么共同性的话，这三种书目都是解题书目。因此，其中所包含的信息量非常丰富。

(1)《海东文献总录》。这是朝鲜第一部解题目录，作者首次从文献学观念出发，对海东典籍加以总结。作者金烋(1597—1638)属安东金氏家族，为当时名门。据其《海东文献录序》记载，他二十岁时拜访名儒旅轩张显光(1554—1637)，旅轩示以马端临《文献通考·经籍考》曰：

> 观此一书，可知古今文献盛衰……但既为东方之人，则东方文献不可不知。吾君颇有博记之才，君所居近邑，得免兵火，书籍多有保完之处。倘能裒集闻见，继此以述，则文献足征，博考是资，其功当不让于古人矣。[2]

所谓“兵火”，指的是壬辰(1592)、丁酉(1597)两次“倭乱”，书籍惨遭焚毁和掠夺，而洛东地区能幸免于难，所以保存了大量典籍。金烋访问“左右近邑，凡名门大家书册所藏之处，无不裒聚搜剔，随得辄录”[3]。其书搜集的范围，上自高句丽时代的《留记》，下至朝鲜仁祖前期，即当代著作，如申义庆《丧礼备要》、申翊圣《己卯录》等。由于《三国史记》和《高丽史》未列《经籍志》或《艺文志》，高丽朝以前的典籍情况多不为人知，而被此书著录的典籍中，有高句丽一种，新罗

---

〔1〕在《朝鲜时代书目丛刊》出版之后，我又读到韩国 Son Ke-young 博士的论文《同春堂后裔所传〈家藏书籍簿〉制作时间研究》(载韩国《书志学研究》第三十八辑，2007 年 12 月)，文末附录经整理后的《家藏书籍簿》，是又一种朝鲜时代的私家书目，乃由宋浚吉(1606—1672)编纂于 1668 年至 1670 年之间。

〔2〕《敬窝集》卷七，《韩国文集丛刊》第 100 册，页 362—363。

〔3〕同上注，页 363。

二十种,高丽一百四十种[1]。后人想了解“壬辰倭乱”前朝鲜有哪些典籍,这是惟一的著作,没有任何一部王室书目、册板目录或史志目录可以替代,其价值可想而知。

此书不仅著录文献丰富,而且对所著录之书,多作提要钩玄。“先之以人物出处,次及其文章议论”,一本孟子“知人论世”之旨。而他对人物的评论,也一以儒家学说为准绳,“惟当穷不失义,达不离道,一心夷险,不易素守”,并期待读者“总揽数千载人物臧否,一一反求于吾身,则庶可见读书之功效”[2]。作者生于儒学世家,其高祖青溪公琎为生员,有五子,皆李退溪(滉)高足,曾叔祖鹤峰金诚一为退溪学问之嫡传。金烋除此书外,又有《道东录》,盖取马融“吾道东矣”[3]之叹;其《敬窝集》中有《朝闻录》《朝闻补录》《朝闻续录》《朝闻附录》,亦取孔子“朝闻道,夕死可也”之句。所以,即使在目录提要中,也贯注着儒学的精神,体现出私家书目的个性。

私家书目的另一特色是其分类,它往往根据藏书的实际情况,而不尽依据四部分类法。中国是如此,此书也是这样。全书分二十类,在朝鲜书目中可谓独树一帜。

(2)《洪氏读书录》。此书晚于《海东文献总录》约二百年,是又一部具代表性的朝鲜私家书目。

本书是洪奭周为其弟吉周(宪仲)编纂的一部读书目录,成于纯祖十年(1810)。其《序》云:

余生六岁而知读书,今三十馀年矣。盖尝有志于博学多闻

[1] 参见裴贤淑《海东文献总录研究》附录3《类别著述一览表》。韩国中央大学校大学院图书馆学科硕士学位论文,1975年。

[2] 《敬窝集》卷七,《韩国文集丛刊》第100册,页363。

[3] 《后汉书·郑玄传》,中华书局排印本,1965年版,页1207。

> 之事，而不得其要。凡诸子百氏术数之书，以及乎稗官杂记谲诞嵬琐不经之谈，亦时时泛滥出入，而稽古之典，经世之务，顾反有不暇及者。中道而悟，始稍循约……吾弟宪仲亦有志于学……吾惧其自足而止也，又惧其如余之泛滥而不得其要也，于是取凡余之所尝读而有得，与夫所愿读而未及者，列其目识其概而告之。[1]

因此，本书具有明确的指导性，其性质类似于特种书目中的“推荐书目录”。中国传统目录学中此类书目起源较晚，一般认为最早是道光二十七年(1847)龙启瑞编纂的《经籍举要》，而最有影响者则为张之洞的《书目答问》。本书是朝鲜时代的“推荐书目录”，似当引起学者重视。

天下书汗牛充栋，读不胜读，“凡书之不登于是录者，亦玉门西域也”，自然是可“闭”可“绝”[2]。而载于本书者，又往往说明其何以登录。其选书大抵以程朱性理之学为标准。这是朝鲜时代的学术主流，而丰山洪氏又是名门大族、儒学世家，故其眼光如此。除书籍内容外，他也非常重视人品。如子部“评艺”类录欧阳修《六一诗话》和司马光《续诗话》而云：“宋人诗话无虑数十家，存此二书，取其人也。”[3]又“小说家”类录李齐贤《栎翁稗说》云：“李公正人，又深于文章，虽游戏之言，犹足以资学者也。”[4]又如集部别集类以《陶渊明集》冠首而云：“由魏晋以后，曹植、嵇康、阮籍、陆机、潘岳皆有集，今断自陶公始，重其人也。”[5]因为负有指导后学的使命，本书解题往往指明何种版本为优。如《近思录》，“旧有宋叶采集解，颇疏略。清张伯

[1][2] 《渊泉集》卷十八，《韩国文集丛刊》第293册，页399。
[3] 《洪氏读书录》，《朝鲜时代书目丛刊》第8册，页4303。
[4] 同上注，页4309。
[5] 同上注，页4324。

行更为注，又病于芜。近有江永集注，最号善本”[1]；《文选》，“注是书者，以唐李善为甲”[2]；杜甫诗，“以宋蔡梦弼、黄鹤，清钱谦益、仇兆鳌为胜”[3]；韩愈文，“笺释者亦近十家，惟皇明蒋之翘注最详”[4]。

本书写作，受《四库全书简明目录》影响最大。全书以四部分类，每一类前有小序，欲以辨章学术，考镜源流，此乃本书之显著特色。小序又往往对部类次序有所说明，如子部以儒家居首，“必欲为天下国家，非儒者不可”[5]；以下为农家，“次农于儒，重民本也”[6]；再下为医家，“次医于农，重民命也”[7]。小序后为各书解题，分别著录书名、卷数、编纂者，再叙述内容大概、优劣得失等。每一类书，略以时代先后为序，又先中国而后朝鲜。

洪氏此书又受到《奎章总目》的影响，这与他的学术渊源有关[8]。如对《四库全书简明目录》的评价，《奎章总目》认为其“评骘之际，右汉左宋，于濂洛诸贤，则阳尊阴抑，屡示不满”[9]，而洪氏说“是书首尾数万言，率为汉学右袒，以时方崇尊朱子，故不敢显攻，而阴诋之不遗馀力”[10]；《奎章总目》对《简明目录》的总评是“搜罗千百年之载籍，以成不刊之制作，乃欲以一时之私讳、一人之偏见参错于其间，难矣”[11]，而洪氏的总评是“上下数千年之载籍，以敦一代之巨

[1] 《洪氏读书录》，《朝鲜时代书目丛刊》第8册，页4258。

[2] 同上注，页4314。

[3] 同上注，页4324—4325。

[4] 同上注，页4325—4326。

[5] 同上注，页4250。

[6] 同上注，页4269。

[7] 同上注，页4271。

[8] 洪氏外祖出于大邱徐氏，徐浩修有《奎章总目》，徐有榘有《镂板考》《林园十六志》，故洪氏受其影响亦属自然。

[9] 《奎章总目》卷二，《朝鲜时代书目丛刊》第1册，页170—171。

[10] 《洪氏读书录》，《朝鲜时代书目丛刊》第8册，页4249。

[11] 《奎章总目》卷二，《朝鲜时代书目丛刊》第1册，页171。

典，而乃欲以一时之忌讳，一人之好恶参于其间，其亦难矣”[1]，如出一辙，当然也反映了朝鲜时代士大夫的共同看法。

总之，与其他类型的书目相比，私家书目在写作目的、部类区分以及主导倾向等方面的个性比较突出，具有鲜明的特色。

4. 史志书目

在朝鲜时代的目录学中，史志书目的数量也不多见。作为“正史”的金富轼（1075—1151）《三国史记》和郑麟趾（1396—1478）《高丽史》，其中皆无“经籍志”或“艺文志”。即便将“正史”的范围再稍稍扩大，如日本总督府在大正四年（1915）编纂的《朝鲜图书解题》，大约以纪传体作为正史的标志，于是又多著录了吴沄（1540—1617）《东史纂要》和洪汝河（1621—1678）《汇纂丽史》，但这两种史书中同样没有“经籍志”或“艺文志”[2]。至于李种徽（1731—1797）所撰《东史》[3]，也是纪传体史书，有本纪四、世家四、列传七、年表三、表三、志十六，其中虽有《高句丽艺文志》，但内容极为简单。

《三国史记》一书向来评价不高，如安鼎福（1712—1791）评曰：

> 《三国史》荒杂无可言……至若诸志所录，皆不详悉。[4]
>
> （《三国史》）虽谓正史，而文献无征，只能继其年代。[5]
>
> 隋、唐之间，二国（案：指高句丽和百济）覆灭。虽有公私文籍之可记，而举必付于一炬之烬，不独东人卤莽之致也……金富轼《三国史》于罗则稍备，于丽、济则阙略，盖势所不免也。[6]

---

〔1〕《洪氏读书录》，《朝鲜时代书目丛刊》第8册，页4249。

〔2〕《东史纂要》仅地理志一目。《汇纂丽史》志目为：天文志、地理志、礼志、乐志、舆服志、选举志、百官志、食货志、兵志、刑法志。

〔3〕见《修山集》卷十一至卷十三。《韩国文集丛刊》第247册，页507—554。

〔4〕《东史问答·上星湖先生书》，《顺庵集》卷十。《韩国文集丛刊》第229册，页544。

〔5〕同上注，页548。

〔6〕《东史问答·与李贞山书》，《顺庵集》卷十，页555。

文献不足，自然无法编纂“艺文志”。《海东文献总录》记录了高句丽一种、新罗二十种文献，今人李圣仪、金约瑟编纂《新罗·百济·高句丽·罗丽艺文志》，著录高句丽两种，百济九种，新罗一百三十六种，主要是与佛教有关的文献，而且包括残篇断简[1]。《三国史记》之不志“艺文”，这可能是最重要的原因。

《高丽史》是朝鲜时代初期的一部正史，据《纂修高丽史凡例》称：

> 今纂《高丽史》，“志”准《元史》。[2]

而《元史》诸“志”中，就没有“艺文志”。所以，《高丽史》之不志“艺文”，也是有原因的。

朝鲜时代受儒家思想的支配，尤其是朱熹著《通鉴纲目》，发挥《春秋》大义，受其影响，朝鲜史书遂以编年体为主。第一部编年体的史书是权近的《东国史略》，他认为金富轼的《三国史记》“凡例取法于马史，大义或乖于麟经。且一事之始终，率再书于彼此”[3]，因此，他要“仿编年法，合为一书”[4]。徐居正（1420—1488）受成宗之命编纂的《东国通鉴》五十六卷。其《进东国通鉴表》云：

> 历观修史之规，咸以编年为本。《通鉴》托始于涑水，袪马史纪传之冗长；《纲目》发挥于晦庵，得麟经衮钺之奥妙……（臣）博采群书，裒为巨帙。凡例皆仿于《资治》，大义实法乎《春秋》。[5]

---

〔1〕弘文书馆油印本，1964年版。

〔2〕《高丽史》上册，页10。

〔3〕权近《进三国史略笺》，《阳村集》卷二十四，《韩国文集丛刊》第7册，页242。

〔4〕权近《三国史略序》，《阳村集》卷十九，同上注，页197。

〔5〕卷首，《东国通鉴》上，页1—4。又李克墩《东国通鉴序》也指出：“（先正司马公）作长编曰《资治通鉴》，诚史家之指南也。紫阳朱夫子因之作《纲目》，文约而事愈备，监戒昭而几微著，深得《春秋》谨严之旨。后有作者，举不外于二家范围之中矣。”可互参。《朝鲜群书大系续》本，朝鲜古书刊行会，明治四十五年（1912）版。

《东国通鉴》纪事至高丽末,继此而作者有洪汝河《东国通鉴提纲》、林象德(1683—1789)《东史会纲》、俞棨(1607—1664)《丽史提纲》、安鼎福《东史纲目》、李益源(1792—1854)《东史约》等,而编年体的史书从体例上说,本来就是没有"艺文志"的。

朝鲜时代的史志目录,都在别史、纪事本末和政书类中。属别史类的有韩致奫(1765—1814)《海东绎史·艺文志》和朴周锺(1813—1887)《东国通志·艺文志》,属纪事本末类的有李肯翊(1736—1806)《燃藜室记述》别集《文艺典故》,属政书类的有《增补文献备考·艺文考》(完成于1796—1906)。以上四种史志,《燃藜室记述》乃据东国各类文献记载辑录而成,其子目有学问、文章、笔法、画家、书画家、族谱、铸字、谚解、舆地胜览、经国大典、礼书类、文集、野史类、兵书类、译家类等,较为驳杂,可略而不论。其特色如下:

(1) 朝鲜史志书目在内容上的共同特点,首先是它们都有关于中韩书籍交流历史的叙述。如《海东绎史》"经籍·总论"乃以时代为序,记述中韩日三国的书籍交流、读书风尚、书籍存佚及藏书制度。《东国通志·艺文志》乃仿《汉书·艺文志》写法,首列总序,历叙自箕子东来经新罗、高丽至朝鲜正祖时代图书收藏及与中国的关系,亦可谓图书交流小史。《增补文献备考·艺文考》首列"历代书籍",其中总论、购书赐书、献书、进书中朝等子目,也是一篇中韩书籍的交流简史。今人撰写中韩书籍交流的论著,其搴采资料,往往不出上述诸书[1],亦可见其价值所在。

(2) 史志书目十分注重中国文献中有关东国的记载。《海东绎史》的"中国书目"二即为"东国记事",专门著录中国文献中有关东

〔1〕 参见蒋复璁《中韩书缘》,载《中韩文化论集》二,台湾中华文化出版事业委员会,1955年版,页275—294。

国事物纪录的书籍，自隋崔颐《东征高丽记》至清孙致弥《朝鲜采风录》，共五十八种。又往往结合中韩两国的文献记载，对这些书籍有所辨证或致疑。例如，顾愔《新罗国记》下按云：

> 按金富轼《三国史记》引令狐澄《新罗国记》，而其书不见于中国人记载也。[1]

此处提出了疑问，但没有解决。实际上，《三国史记》的引用是误引，这是一条有关新罗时代花郎的记载，引文是“择贵人子弟之美者，傅粉妆饰之，名曰花郎，国人皆尊事之也”[2]。其书作者实为顾愔，因为令狐澄《大中遗事》曾引用此条，未著其名，遂导致金富轼的误会。又如翁梦得《新罗国记》下云：

> 按陈第《世善堂书目》有翁立德《新罗国记》，疑翁梦得所著，而误书其名欤?[3]

又倪谦《辽海编》下云：

> 按陈第《世善堂藏书目录》以《辽海编》为倪岳所著，误也。[4]

又宋应昌《朝鲜复国经略》《经略复国要编》下云：

> 按《复国经略》与《要编》似是一书，而卷数各异，是可疑也。[5]

凡此皆是对中国书目记载的质疑或纠缪，值得参考。

---

〔1〕《海东绎史》卷四十五“艺文志四”，《朝鲜时代书目丛刊》第5册，页2591。

〔2〕《三国史记》卷四《新罗本纪·真兴王》，景仁文化社影印本，1977年版，页38。有关新罗花郎的研究，日本三品彰英有《新罗花郎の研究》，讨论甚详，可参看。平凡社，1974年版。

〔3〕《海东绎史》卷四十五“艺文志四”，《朝鲜时代书目丛刊》第5册，页2612。

〔4〕同上注，页2616。

〔5〕同上注，页2623。

《东国通志·艺文志》也专列“华史记述”一类，从正史《朝鲜传》到《朝鲜采风录》（末附《吾妻镜》）“凡七十馀家合二百七十馀卷”。由于此书乃仿《汉志》编写，故每一类下皆有其论。此类论曰：

> 《周礼》：职方氏掌天下之图，辨其邦国都鄙、四夷八蛮之人民，要知其利害。华史之记外国事，乃其遗也。东国自古称小中华，华人常推为君子之国，文献礼义之邦。而今考之中国之书，自汉司马氏《朝鲜传》以下，至清康熙时所录，凡七十馀家，亦可谓备矣。然界别风殊，封域隔远，其所记或至于讹舛失实，其势则然也。宣祖二十三年，金诚一使至日本，作《大明一统志·朝鲜风俗考异》，可类推焉。[1]

此论既言中国记述东事文献之富，又指出其中不免讹误，并以金诚一《朝鲜风俗考异》为例。金氏《朝鲜国沿革考异》和《风俗考异》两篇，皆出使日本时应僧宗陈之问而逐条录示，其末云：

> 皇明收拾道听之说，录在《志》中，其语多鄙俚无稽。外国人足迹耳目未尝及于我国，则必以此《志》为可信，岂料其伪也……孟子曰：尽信书，不如无书。此《志》之谓也。不亦可叹也哉！[2]

其中所考，实有可参者。

《增补文献备考·艺文考》有“华史中记东事编目”，也是自《史记·朝鲜传》至《朝鲜采风录》终，共七十六种，与《东国通志》类似。此书之修撰，始于英祖朝金致仁等《东国文献备考》，刊于英祖四十五年(1769)，但其中没有《艺文考》。正祖六年(1782)命李万运续补之，至二十年完成，增加了《艺文考》等七目，并易名为《增订文献备

---

〔1〕《东国通志》卷十六，《朝鲜时代书目丛刊》第6册，页2729—2730。

〔2〕《鹤峰集》卷六，《韩国文集丛刊》第48册，页137。

考》。书成而未能刊行，至李太王时再作修订，凡十六考二百五十卷，成书于李太王十年(1906)，易名为《增补文献备考》。因此，《东国通志》所载与之类似，当出于偶合，似不存在因袭的问题。《增补文献备考》在“华史中记东事编目”前有一段文字，说明设立此目的理由：

> 中国书籍之铨录我东事者甚夥，既异本国之所记载，传闻差爽处间或有之，而其为东国文献之一助则审矣。兹敢广加搜遏，同编于本国《艺文考》，以备一说。[1]

总之，史志书目中对这类记载颇为重视，非其他书目可及。

(3) 一般来说，中国的史志书目自《隋志》以下，多采用四部分类法。但朝鲜的史志书目似不然，除《海东绎史·艺文志》为四部分类以外，如《东史·高句丽艺文志》分两类；《燃藜室记述·文艺典故》则或以人为纲，或以事为纲，或以书为纲；《东国通志·艺文志》分二十二类；《增补文献备考·艺文考》分十九类，都不遵循四部分类法。这或许可以说是史志书目在分类上的特色。

(4) 博采国内外文献，也是史志书目的一个普遍特色。如《海东绎史》卷首列《引用书目》，中国文献五百二十三种，日本文献二十二种，共五百四十五种。据韩氏曾孙日东所撰《玉蕤堂韩公行状》记载：“公甚爱蓄书，家藏中东奇书数千种。”[2]《东国通志》也大量引用中国文献及少数日本文献，著录东国典籍两千一百六十一种[3]。其书《凡例》称：“东方古今之书籍，与夫诸家之论述，谨采其制作典章之故实而汇分类列，积成编帙，以为此志。”[4]《增补文献备考》也同样

---

〔1〕《增补文献备考·艺文考一》，《朝鲜时代书目丛刊》第6册，页2903。

〔2〕《海东绎史》附，骊江出版社影印本，1987年版，页528。

〔3〕参见闵泰熙《〈东国通志〉의艺文志研究》表5，页26。中央大学校大学院文献情报学科硕士论文，1989年。

〔4〕《东国通志凡例总序》上册，太学社影印本，1986年版，页16。

在广罗典籍的基础上，著录群书。

从以上的论述中可知，朝鲜时代的四类书目可谓各有其特色，若论自身特色最突出者，当推地方书目中的“册板目录”，其他三类书目则与中国书目的关系非常密切。若在中国书目中举出影响最大的一种，当首推马端临《文献通考·经籍考》。据《增补文献备考》所载："本朝太宗二年(1402)，使臣赵温回自明，建文皇帝诏赐《文献通考》一部。"[1]不仅有受赐本，而且有购置本。“仁祖二十六年(1648)礼曹启：杜氏《通典》《文献通考》等书，甚有裨于仪文考阅，请令户曹给价，于节使之行从便贸来。许之。”[2]有王室书目受其影响者，如《奎章总目·凡例》称：“谱系、目录之析为二类，辨乎马氏也。”[3]《西库书目签录》则仿《文献通考·经籍考》而成。有私家书目受其影响者，如《海东文献总录》即在其启发下撰成。有史志书目受其影响者，如《东国文献备考》(即《增补文献备考》的前身)，英祖四十六年(1770)御制序云：“闻其凡例近于《文献通考》，更命其名曰《东国文献备考》。”[4]在接受中国目录学著作影响的同时，朝鲜的目录学著作也往往有变通或别树一帜者，这在类别的分合上显得最为突出。深究两国目录学著作的异同，考察其中所蕴涵的学术流别的变迁，是可以从一个侧面窥见其文化风貌的。

（二）史学

传统史学的基本课题是王朝、制度、法令、外交、战争、地理等，这里拟结合新罗、高丽时期的史料，对中国历史上的某一项制度试作探

〔1〕《增补文献备考》卷二百四十二“艺文考一”，《朝鲜时代书目丛刊》第6册，页2886。

〔2〕同上注，页2890。

〔3〕《奎章总目》卷首，《朝鲜时代书目丛刊》第1册，页12。

〔4〕《增补文献备考》卷首。

讨。卞孝萱先生曾对我说："窃以中国科举史上有两个问题：一为隋之进士科，因资料缺乏，尚未能深究；一为唐之宾贡进士，虽有少数文章，尚未论定。"[1]而我要讨论的，就是唐代的"宾贡"，其所延续的学术方法，就是王国维实践、陈寅恪提炼的一种典范——"取异族之故书与吾国之旧籍互相补正"[2]。

关于唐代科举考试中的"宾贡"问题，近现代学者涉及者颇多，属于莫衷一是的老问题。要考察该问题，需从几方面入手：

何谓"宾贡"？一般认为，"宾贡"是唐王朝对于外国留学生来华考试时的一种优待，如严耕望、谢海平、高明士等先生即此主张[3]。但阎琦认为，唐代"宾贡"之义同于乡贡，是由地方直接向礼部推荐者，并非专指新罗人或外国人[4]。对此，张宝三已提出商榷，指出"'宾贡'一辞虽可为贡举之泛称，然如崔致远等人之称'宾贡进士'，此'宾贡'则当具特殊之含义也"[5]。其说甚是。

"宾贡"一辞，含义主要有三：

一为宾服纳贡，指中国周边国家和地区归顺纳贡。《尚书·旅獒》云：

> 明王慎德，四夷咸宾，无有远迩，毕献方物，惟服食器用。

伪孔传于"四夷咸宾"下云：

---

〔1〕 此语出自卞先生2002年12月给我的信函。

〔2〕 陈寅恪《王静安先生遗书序》，《金明馆丛稿二编》，页219。

〔3〕 参见严耕望《新罗留唐学生与僧徒》，载《唐史研究丛稿》，香港新亚研究所，1969年版。谢海平《唐代留华外国人生活考述》，台湾商务印书馆，1978年版。高明士《隋代的教育与贡举》，载《大陆杂志》第69卷第4期(1984)。

〔4〕 《新罗诗人崔致远》，载《西北大学学报》1993年第1期。此文立论颇受韩国学者重视，李章佑、安相昱共译为韩文，载岭南大学《民族文化论丛》第十四辑(1993)。

〔5〕 《唐"宾贡进士"及其相关问题论考》，载《语文、情性、义理——中国文学的多层面探讨国际学术会议论文集》，台湾大学，1996年版。

言明王慎德以怀远,故四夷皆宾服。[1]

四夷宾服,贡献方物,故可谓之“宾贡”。《尚书·禹贡》有“东渐于海,西被于流沙”之句,后人解释云:

盖海岛之夷与流沙以西之戎狄,咸宾贡于中国。[2]

又韩愈《后廿九日复上书》云:

愈闻周公之为辅相……九夷、八蛮之在荒服之外者,皆已宾贡……今阁下为辅相亦近耳……九夷、八蛮之在荒服之外者,岂尽宾贡?[3]

皆为宾服纳贡之意。

二为宾礼贡士,指古代地方向朝廷推举人才时,待以宾礼,贡于京师。《周礼·地官》记大司徒职责之一是:

以乡三物(案:指六德、六行、六艺)教万民而宾兴之。

郑玄注:

物犹事也,兴犹举也。民三事教成,乡大夫举其贤者、能者,以饮酒之礼宾客之,既则献其书于王矣。[4]

此周代贡举之事。汉代以来,郡国每岁贡士,朝廷则试其艺业,观其能否。《北史》卷八十六《循吏传·梁彦光》载:

及大成当举,行宾贡之礼,又于郊外祖道,并以财物资之。[5]

---

〔1〕《尚书正义》卷十三,《十三经注疏》,页194。

〔2〕王充耘《读书管见》卷上。台湾商务印书馆影印《四库全书》本。

〔3〕马通伯《韩昌黎文集校注》,中华书局香港分局,1972年版,页94。

〔4〕《周礼注疏》卷十,《十三经注疏》,中华书局影印本,1980年版,页707。

〔5〕中华书局排印本,第9册,1974年版,页2881。

又杜佑《通典》卷十五《选举三·历代制下》载：

> 大唐贡士之法，多循隋制……自京师郡县皆有学焉。每岁仲冬，郡县馆监课试其成者，长吏会属僚，设宾主，陈俎豆，备管弦，牲用少牢，行乡饮酒礼，歌《鹿鸣》之诗，征耆艾、叙少长而观焉。既饯，而与计偕。其不在馆学而举者，谓之乡贡。[1]

由“宾兴”之礼遗传而为“宾贡”之礼，“宾贡”亦可引申为贡举。如《北史》卷一百《叙传·大师传》载：

> 大师少时，尝筮仕长安，遇日者姓史，因使占……时大师弟行师亦预宾贡，因问史生吉凶。[2]

《册府元龟》卷八百四十三《总录部·知人第二》载：

> （李）栖筠自负器业，耻从宾贡，隐居于郡共城山下。（李）华固勉其应举，一试登进士第。[3]

白居易《中和节颂序》云：

> 贱臣居易忝濡文明之化，就宾贡之列，辄敢美盛德，颂成功，献《中和颂》一章，附于唐雅之末。[4]

杜黄裳《东都留守顾公神道碑》云：

> 凡三典宾贡，三掌铨衡。[5]

“典宾贡”即指“知贡举”，据《登科记考》载，顾少连“三典宾贡”的时间分别在贞元九年、十年和十四年。阎琦所引皇甫曾诗（案：此诗一

---

〔1〕浙江古籍出版社影印本，1988年版，页83。

〔2〕中华书局排印本，第10册，页3241。

〔3〕中华书局影印本，第11册，1960年版，页10012。

〔4〕朱金城《白居易集笺校》卷四十六，页2825。

〔5〕《文苑英华》卷九百十八，中华书局影印本，1966年版，页4832。

作权德舆)“宾贡年犹少”,与上述诸例同,其义皆指贡举。

三为宾贡进士,特指由外邦推举而来的人才应举及第者,故又称“宾荐”。《玉海》卷一百十六《咸平宾贡》条云:

> 《登科记》:“长庆元年辛丑,宾贡一人金云卿。”[1]

此《登科记》当为唐人李奕所撰者。高丽朝崔瀣《送奉使李中父还朝序》亦云:

> 进士取人,本盛于唐。长庆初,有金云卿者,始以新罗宾贡,题名杜师礼榜。[2]

沈汾《续仙传》卷上《金可记》条云:

> 金可记(案:“记”当作“纪”),新罗人也,宾贡进士。[3]

此外,如《全唐诗》所录张乔《送宾贡金夷吾奉使归本国》、杜荀鹤《送宾贡登第后归海东》及徐夤《渤海宾贡高元固先辈闽中相访……》等,题中之“宾贡”皆特指外邦人士入中国登进士第者。唐五代以宾贡进士及第者,主要来自新罗,其次为渤海,今可考者有五人[4]。另有大食人李彦升、波斯人李珣。钱易《南部新书》卷三云:

> 大中以来,礼部放榜,岁取三二人姓氏稀僻者,谓之色目人,亦谓曰榜花。[5]

“色目”“榜花”皆就选士放榜中之花色品目而言,即指外国人应宾贡

---

〔1〕 台湾商务印书馆影印《四库全书》本。
〔2〕 《拙稿千百》卷二,《韩国文集丛刊》第3册,页23。
〔3〕 台湾商务印书馆影印《四库全书》本。此条又见《太平广记》卷五十三引。
〔4〕 参见严耕望《新罗留唐学生与僧徒》、高明士《隋唐贡举制度对日本、新罗的影响——兼论隋唐宾贡科的成立》。
〔5〕 台湾商务印书馆影印《四库全书》本。

考试及第者[1]。

“宾贡”一辞主要含义已如上述，三者虽有联系，但仍有区别，不可混为一谈。凡言宾贡进士者，皆就第三义项使用之。“宾贡”之入中国学习，皆入国学，与乡贡毫不相干。

新罗人之试宾贡进士者，或为本国直接选派，或为先入华留学，前者姑且不论，入华留学者则入国学。《贞观政要》卷七《崇儒学第二十七》云：

> 四方儒士负书而至者盖以千数。俄而吐蕃及高昌、高丽、新罗等诸夷酋长，亦遣子弟请入于学。[2]

由于人数众多，龙朔二年（662）又在东都（洛阳）置国子监，称为“东监”。崔致远《遣宿卫学生首领等入朝状》云：

> 臣伏睹《太宗文武圣皇帝实录》，贞观元年（627）宴群臣，奏罢阵乐之曲，上谓侍臣曰：“朕虽以武功定天下，终当以文德绥海内。”寻建学舍数百间，聚四方生徒。无何诸蕃慕善，酋长请遣子弟受业，许之……学其四术，限以十冬。虽惭入洛之贤，不减浴沂之数……且礼闻来学，惟竞学优。是时登笈之子，分在两京。憧憧往来，多多益办。至今国子监内，独有新罗马道，在四门馆北廊中……臣敢以兴学为先，求贤是务。买书金则已均薄贶，读书粮则窃觊洪恩。且千里之行，聚费犹劳于三月；十年为活，济穷惟仰于九天……（伏乞）敕京兆府，支给逐月书粮，兼乞冬春恩赐时服。所冀身资饱学，无忧馁在其中；迹异暗投，不愧艺成而

〔1〕 参见谢海平《唐代留华外国人生活考述》，页125—126。
〔2〕 台湾商务印书馆影印《四库全书》本。

下。更沾荣于挟纩，终免苦于易衣。[1]

以上材料有几点值得注意者：其一，新罗学生留学的时限为十年，崔致远在《奏请宿卫学生还蕃状》中也有“今已限满十年”之句。其二，入学者分在东西两京（长安和洛阳）的国子监中，而且是有学籍登记者。其三，新罗政府向留学生提供“买书金”[2]，“读书粮”及“冬春时服”则由唐朝廷供给，俾使专心向学。从崔文看，这些资助能否按时发放，似乎仍有疑问。对照金富轼《三国史记》卷四十六《崔致远传》的记载：

> 致远少精敏好学，至年十二，将随海舶入唐求学。其父谓曰：“十年不第，即非吾子也，行矣勉哉！”致远至唐追师，学问无怠，乾符元年甲午，礼部侍郎裴瓒下一举及第。[3]

崔父何以谓“十年不第，即非吾子”？原因即在于留学的时限为十年。又崔致远《长启》自谓“万里辞家，十年观国”[4]，而他的实际情况是“观光六年，金名榜尾”[5]。所以，“十年观国”之意实即代指留学唐朝。因此，我们也进而可知，崔致远入唐留学当在国子监中。由于他的“学问无怠”，六年以后，即在其十八岁时便“一举及第”。“宾贡”之留学中国，入国子监学习，到宋代也还是如此。《宋史》卷四百八十七《外国三·高丽传》云：

> 太宗即位……伷（高丽朝景宗）遣国人金行成入就学于国子

---

〔1〕《孤云集》卷一，《韩国文集丛刊》第1册，页158—159。

〔2〕《三国史记》卷十一《新罗本纪》载，景文王九年（869）“遣学生李同等三人，随进奉使金胤入唐习业，仍赐买书银三百两”，即为明确记载之例。新罗留学生在唐的情况，严耕望《新罗留唐学生与僧徒》一文论之甚详，可参看。

〔3〕《三国史记》下，明文堂，1988年版，页533。

〔4〕《桂苑笔耕集》卷十八，《韩国文集丛刊》第1册，页108。

〔5〕《桂苑笔耕集》卷首，同上注，页5。

监。太平兴国二年……行成擢进士第。[1]

开宝中,(康)允遣(康)戬随宾贡肄业国学。太平兴国五年,登进士第。[2]

而且,其时限也依然是十年,也依然由宋廷提供衣食。《宋史》记载,淳化三年(992)“诏赐高丽宾贡进士王彬、崔罕等及第”,高丽朝成宗上表谢曰:

学生王彬、崔罕等入朝习业,蒙恩并赐及第……丰其馆谷之资,勖以艺文之业……十年观国,俾登名于桂籍。[3]

睿宗十年(1115)七月,高丽朝遣金端、权适等五人入宋赴国子监,上表云:

顾惟弊邑,夙慕华风。在乎开、宝之时,及至神宗之世。每驰使介,参遣生徒。俾以观周,期于变鲁。厥后偶因中废,久阙前修……每及兴言,思遵旧贯……伏望陛下愍恻深衷,推明故事,特下国子监,或于璧雍收管,许令就便学业。[4]

可见宾贡制度,唐宋一贯。《宋史》卷一百五十五《选举一》云:“宋初承唐制。”[5]故以上材料,亦可作为唐代宾贡情形的旁证。

何谓“宾贡进士”?《新唐书》卷四十四《选举志上》云:

唐制,取士之科,多因隋旧。然其大要有三:由学馆者曰生徒,由州县者曰乡贡,皆升于有司而进退之……此岁举之常选

---

〔1〕《宋史》第40册,中华书局排印本,1977年版,页14037。

〔2〕同上注,页14045。

〔3〕同上注,页14041。

〔4〕《高丽史节要》卷八,明文堂1981年据奎章阁本影印,阙落者据日本蓬左文库本补,页186。

〔5〕《宋史》第11册,页3603。

也。其天子自诏者曰制举,所以待非常之才焉。[1]

关于生徒与乡贡,《唐律疏议》卷九《职制律上》“贡举非其人”条云:

依令,诸州岁别贡人,若别敕令举及国子诸馆年常送省者为举人,皆取方正清循,名行相副。[2]

乡贡者为贡人,生徒及应制举者为举人,唐人“贡举”之称即得名于此。日本《养老令·考课令》“贡人”条有可相印证者:

凡贡人,皆本部长官贡送太政官,若无长官,次官贡,其人随朝集使赴集……其大学举人,具状申太政官,与诸国贡人同试。[3]

因此,张宝三认为,唐代的进士科,依所贡来源之异,在名称上乃有“国子进士”和“乡贡进士”之别,若是由外国所贡者,则称“宾贡进士”[4]。其说甚是,兹再作申论如次:

据郑麟趾等《高丽史》卷七十三《选举志一》云:

三国以前,未有科举之法。高丽太祖首建学校,而科举取士未遑焉。光宗用双冀言,以科举选士,自此文风始兴。大抵其法颇用唐制。[5]

因此,高丽朝科举制度的实施情况,又可以用来与唐代作参照。《宋史》卷四百八十七《外国三·高丽传》云:

有国子监、四门学,学者六千人。贡士三等:王城曰土贡,郡

---

〔1〕《新唐书》第4册,中华书局排印本,1975年版,页1159。

〔2〕刘俊文《唐律疏议笺解》,中华书局,1996年版,页697。

〔3〕参见高明士《隋唐贡举制度对日本、新罗的影响——兼论隋唐宾贡科的成立》二“古代日本的贡举制度”。

〔4〕《语文、情性、义理——中国文学的多层面探讨国际学术会议论文集》,页728。

〔5〕《高丽史》中,亚细亚文化社,1983年版,页589。

邑曰乡贡，他国人曰宾贡。间岁试于所属，再试于学，所取不过三四十人，然后王亲试以诗赋论三题，谓之帘前重试。亦有制科宏词之目，然特文具而已。士尚声律，少通经。[1]

这段材料，在元人马端临的《文献通考》卷三百二十五《四裔考》（“土贡”引作“王贡”）、明人郑若曾的《郑开阳杂著》卷五《朝鲜图说》及朝鲜朝韩致奫的《海东绎史》卷十八均有引述。至于其来源，则似出于宋代徐兢《宣和奉使高丽图经》卷十九“进士”条和卷四十“儒学”条。关于考试过程，徐氏的记载更为详细：

其在学生，每岁试于文宣王庙，合格者视贡士。其举进士，间岁一试于所属，合格偕贡者合三百五十馀人。既贡，又命学士总试于迎恩馆，取三四十人，分甲乙丙丁戊五等，赐第略如本朝省闱之制。[2]

可知，贡士（包括土贡、乡贡、宾贡）只是取得了考进士的资格，由所贡之不同来源，考取进士后也有不同的称呼，即所谓“进士之名不一，王城之内曰土贡，郡邑曰乡贡”[3]。这在其他文献中也可以得到印证。《高丽史》卷一百《房瑞鸾传》云：

房瑞鸾，宣州乡贡进士。[4]

又卷一百四《元冲甲传》云：

能临难忘身，以乡贡进士隶本州岛。[5]

又卷一百九《李兆年传》云：

〔1〕《宋史》第40册，页14053。

〔2〕《宣和奉使高丽图经》卷四十，台湾商务印书馆，1971年版，页139。

〔3〕同上书卷十九，页67。

〔4〕《高丽史》下，页220。

〔5〕同上注，页301。

忠烈王二十年,以乡贡进士登第。[1]

又高丽朝《柳邦宪墓志》云:

举明经不利,时光宗始尚制述,以诗赋取人,公应乡贡进士,乾元十年壬申九月五日一举中科首。[2]

又《晋光仁墓志》云:

鼻祖晋兢,应乡贡进士,举于光□(案:此字当为"宗")朝显德□年擢甲第春官,位至光文院少监。[3]

《宋史·高丽传》所称三种"贡士"中,有"他国人曰宾贡"之说,这对于"宾贡"是一个很好的解释,可惜前人对此极少注意。

"宾贡"是唐王朝对外国人的优待,而在高丽朝的"贡士"中,也存在如《宋史》所载"外国人曰宾贡"的现象,其中的优待亦有迹可寻,显然也是承唐之旧。

从《高丽史》来看,自高祖二年(后梁末帝贞明五年,919)开始,就有中国的吴越国文士投奔高丽,在外国投奔人士中,虽然以女真、契丹人为多[4],但入高丽朝任职者,则以中国人为多。兹以金宗瑞《高丽史节要》为据略举如下:

(穆宗八年,1005)是岁宋温州文士周伫来投,授礼宾注簿。[5]

---

〔1〕《高丽史》下,页386。

〔2〕许兴植编著《韩国金石全文》中世上,亚细亚文化社,1984年版,页476—477。案:乾元(758—760)为唐肃宗年号,亦无十年,且与高丽光宗朝(950—975)不相接,疑有误。

〔3〕同上书,中世下,页883。

〔4〕金庠基《高丽时代史》列有《渤海人来投略表》(页990—992)和《女真投·化表》(页959—989),可参看。图书出版民族文化,1989年版。

〔5〕《高丽史节要》卷二,页52。据《高丽史》卷九十四《周伫传》,伫最后官至礼部尚书,"恩遇无比"。

(显宗四年,1013)宋闽人戴翼来投,授儒林郎守宫令。[1]

(六年)宋泉州人欧阳征来投,寻授右拾遗。[2]

(文宗六年,1052)宋进士张廷来,授秘书校书郎。[3]

(十四年)以宋进士卢寅有文才,授秘书省校书郎。[4]

(十五年)以宋进士陈渭为秘书校书郎,萧鼎、萧迁为阁门承旨,叶盛为殿前承旨。渭有文艺,鼎等三人晓音律。[5]

(睿宗六年,1111)以左右卫录事胡宗旦权知直翰林院。宗旦,宋福州人,尝入大学为上舍生。聪明博学,能文,兼通杂艺。游两浙,仍寄商船而来。王宠顾优厚,骤登清要。[6]

(十三年)尚书右仆射刘载卒。载,宋泉州人,尝随商舶而来。性朴素,不事生产,又能文,时人多之。[7]

以上材料仅有任职记载,而张廷来、卢寅、陈渭在宋都已登进士第,这些人是否又通过宾贡考试以取得任职资格,则未有说明。而以下材料则是明文记载了种种考试:

(文宗十一年,1057)命有司试宋投化人张琬所业遁甲三奇法、六壬占。授太史监候。[8]

(二十二年)命太子召宋进士慎修、陈潜古、储元宾等,试诗赋于玉烛亭。[9]

---

〔1〕《高丽史节要》卷三,页66。据《高丽史》卷九十四《周伫传》,伫最后官至礼部尚书,"恩遇无比"。

〔2〕同上注,页68。

〔3〕卷四,同上注,页108。

〔4〕〔5〕卷五,同上注,页121。

〔6〕卷七,同上注,页180。

〔7〕卷八,同上注,页193。

〔8〕卷五,同上注,页117。

〔9〕同上注,页126。

(肃宗六年,1101)宋人邵珪、陆廷俊、刘伋来投,王召试于文德殿,并授八品官。廷俊赐名廷杰。[1]

(七年)赐康涤等三十三人、明经三人、恩赐五人及第。并召试宋进士章忱,赐别头乙科及第,仍赐红牌鞍马。[2]

(睿宗九年,1114)赐白嚅等三十八人、明经三人及第,又别赐宋进士林完及第。[3]

(明宗十四年,1184)时宋进士王逢辰随商舶而至,乞赴试,别赐乙科。[4]

慎修等三人原来在宋已登进士第,太子又试其诗赋,即相当于高丽朝科举中的制述业(相当于中国的进士科),慎修后来官至参知政事[5]。章忱、林完、王逢辰亦为宋进士,至高丽而再试,又登第。三人事迹不见于中国史籍记载,惟宋人沈遘之《西溪集》卷四提及王逢辰,可知王氏擅长医术,诗赋文章或非其优[6]。按照《宋史·高丽传》的说法,他们都可以称作"宾贡进士"。从考试形式来看,他们显然也是单独进行的。从史料上看,高丽王朝对来自中国的人才非常欢迎,并有所优待。《高丽史节要》宣宗八年(1091)八月记载:

制曰:宋人田盛善书札,陈养有武艺,敦请留止,且加职秩,

---

〔1〕《高丽史节要》卷六,页156。据《高丽史》卷九十四《周伫传》,伫最后官至礼部尚书,"恩遇无比"。

〔2〕同上注,页159。

〔3〕卷八,同上注,页184。

〔4〕卷十三,同上注,页306。

〔5〕《高丽史》卷十一《肃宗世家》六年(1101)二月记载:"参知政事致仕慎修卒,遣使吊祭,谥恭献。修,宋人也,颇有学识,尤精于医。"

〔6〕《西溪集》卷四《殿前都虞候天平军节度使观察留后李璋奏,百姓医生王逢辰可试国子四门助教》云:"敕某,尔以医为技,事我戚里,有言于朝,称厥能效,愿得齿于士籍。故锡尔一命,以为之恩。其慎厥操术,无辱于官也可。"台湾商务印书馆影印《四库全书》本。

以劝来者。[1]

又高宗十二年(1225)十二月记载:

崔瑀奏请:本朝文物礼乐,一遵华制,其自宋国来者,许于台省政曹清要之职,随材擢用。[2]

所以,当时一些中国人到高丽后,乃不愿回国,高丽也乐得留用。《高丽史节要》仁宗二年(1124)五月记载:

宋商柳诚等四十九人来。初,明州杜道济、祝延祚随商船到本国不还,明州再移文取索,国家上表请留。至是诚等来传明州奉圣旨牒云:杜道济等,许令任便居住。[3]

对外国人才的种种优待,当然包括对宾贡的优待在内,这或许也是"颇用唐制"吧。但是,这项政策却引起了高丽朝文人的不满。例如,双冀原为后周人,光宗甚爱其才,"骤迁元甫翰林学士,未逾岁,授以文柄,时议以为过重"[4]。末句《东国通鉴》卷十三作"时议不惬"[5]。又如"光宗厚待投化汉人,择取臣僚第宅及女与之",引起当时宰相徐弼的不满,发出"今投化人择官而仕,择屋而处,世臣故家,反多失所"的抱怨[6]。成宗即位,崔承老上书云:"及双冀见用以来,崇重文士,恩礼过丰。由是非才滥进,不次骤迁……于是南北庸人,竞愿依投。不论其有智有才,皆接以殊恩殊礼……虽重华风,不取华之令典;虽礼华士,不得华之贤才。"[7]至毅宗、明宗朝的林椿,也作诗讽

---

〔1〕《高丽史节要》卷六,页145。"札"原本作"扎",据《高丽史》卷十《宣宗世家》改。
〔2〕卷十五,同上注,页365。
〔3〕卷九,同上注,页203。
〔4〕《高丽史》卷九十三《双冀传》,下册,页89。
〔5〕《朝鲜群书大系续》第三辑,上册,朝鲜古书刊行会,明治四十五年(1912)版,页380。
〔6〕《高丽史》卷九十三《徐弼传》,下册,页78。
〔7〕《高丽史》卷九十三《崔承老传》,页81。

刺。其《题天院柳光植家橙》诗题下自注："时擢用宋人王逢辰。"中有二句云：

物因地贵已可笑，鲁人岂是皆师儒。[1]

根据上文引用的资料，可知此诗当写于明宗十四年后。《高丽史·林椿传》说他"以文章鸣世，屡举不第"[2]，所以这首诗中的牢骚自不免借题发挥处，但高丽朝对从宋国来的人较为优待，恐怕也是事实。当然，优待也不是无限的，同样也会有人失望而归。《高丽史节要》文宗三十五年(1081)四月记载：

礼宾省奏：宋人杨震随商船而来，自称举子，屡试不中，请依所告，遣还本国。从之。[3]

唐代新罗宾贡亦有落第而归者，如许浑有《送友人罢举归海东》诗。高丽朝的这种状况，以及对来源不同的贡士而有不同的称呼，与唐朝有"国子进士""乡贡进士"和"宾贡进士"之别正可相互印证，同时，这对于我们正确理解唐代"宾贡"的性质也是有所启示的。

关于考试及放榜问题，最简明的叙述无过乎崔瀣，其《送奉使李中父还朝序》云：

进士取士，本盛于唐。长庆初，有金云卿者，始以新罗宾贡，题名杜师礼榜。由此以至天祐终，凡登宾贡科者五十有八人。五代梁唐，又三十有二人。盖除渤海十数人，馀皆东士。逮我高丽，亦尝贡士于宋……可见东方代不乏才矣。然所谓宾贡科者，每自别试，附名榜尾，不得与诸人齿。所除多卑冗，或便放归。钦惟圣元，

---

〔1〕《西河集》卷一，《韩国文集丛刊》第1册，页208。

〔2〕《高丽史》下，页250。

〔3〕卷五，页135。

一视同仁，立贤无方，东士故与中原俊秀并举，列名金榜。[1]

从崔瀣的叙述中可以明白，唐宋时代的“宾贡”，其考试和放榜的情况是“每自别试，附名榜尾，不得与诸人齿”。而到了元代，这种情况完全改变了，“东士故与中原俊秀并举，列名金榜”。崔瀣认为尽管东人多才，但在唐宋时代并未受到应有的重视，不仅考试和放榜别为一类，而且考上进士后，亦多不得重用——“所除多卑冗，或便放归”，语气中自有不平在。这样，他才对元代科举的“一视同仁，立贤无方”心怀感激，大加赞美。他本人也是这项政策的受益者，曾与汉人、南人同登“左榜”，故颇为自得地说：

至治元年(1321)，亦自猥滥与计而偕，是年举子尚未满额。登左榜者才四十三人，予幸忝第二十一名。[2]

设若唐宋时代的考试已是中外一如，以新罗、高丽宾贡进士之多，崔瀣完全可以大为自豪，决不会有上述“附名榜尾，不得与诸人齿”的不平语气。兹续举若干文献及实例，对唐宋时代宾贡进士的“每自别试，附名榜尾”再作说明。

唐人陈黯《华心》云：

大中初年，大梁连帅范阳公得大食国人李彦升，荐于阙下。天子诏春司考其才，二年，以进士第名显。然常所宾贡者不得拟。[3]

这显然是作单独考试处理的，所谓“常所宾贡者不得拟”，不在于是否单独考试，而在于李彦升有一方强藩的鼎力推荐。这也因此而引起

---

〔1〕《拙稿千百》卷二，《韩国文集丛刊》第3册，页23—24。

〔2〕同上注，页24。

〔3〕《文苑英华》卷三百六十四，页1868。

非议，于是陈黯作《华心》以辩之。《玉海》卷一百五十四《淳化赐高丽九经》等条云：

> 景祐元年四月三日，舍人院试宾贡进士康抚民诗、论各一，赐同出身。[1]

《宋史》卷一百五十七《选举三》云：

> （政和）七年，试高丽进士权适等四人，皆赐上舍及第，遣归其国。[2]

蔡絛《铁围山丛谈》卷二云：

> 大观、政和之间……高丽亦遣士就上庠，及其课养有成，于是天子召而廷试焉。上因策之以《洪范》之义，用武王访箕子故事。高丽，盖箕子国也。[3]

可见，宾贡考试皆单独进行，且题目或亦选择与高丽有关者。唐宋宾贡制度一脉相承，观宋代之情形，亦可推想唐代[4]。因为是“每自别试”，后人自然就会以“科目”视之。唐代究竟有无“宾贡科”，学界意见不一。我认为宾贡试是在进士科内的“别试”，而非在进士科外另有一“宾贡科”。唐代科名以考试内容而定，不以应试者身份决定，故而国子、乡贡、宾贡均属进士科。但无论“宾贡科”是否存在，在考试

---

〔1〕 台湾商务印书馆影印《四库全书》本。案《宋史》卷一百五十六《选举二》载：“太宗以来，凡特旨召试者，于中书学士舍人院，或特遣官专试，所试诗、赋、论、颂、策、制诰，或三篇，或一篇。”此亦可证上述引文所指为别试。

〔2〕 第11册，页3668。

〔3〕 中华书局排印本，1983年版，页27。

〔4〕 谢海平先生《唐代诗人与在华外国人之文字交》引《全唐诗》卷七〇二张蠙《送友人及第归一本题下有新罗二字》云：“诗中‘作贡诸蕃别，登科几国同’句，可证受诗者系宾贡及第，因宾贡之试，乃视应试者不同之国籍作不同之命题者也。”台湾文史哲出版社，1981年版，页117—118。其说可参。

时,“宾贡进士”之受到一定的优待当可断言[1]。

与“每自别试”相关联的,就是放榜时的“附名榜尾”。崔致远《桂苑笔耕序》云:

> 观光六年,金名榜尾。[2]

又《长启》云:

> 某,东海一布衣也。顷者万里辞家,十年观国,本望止于榜尾科第,江淮一县令耳。[3]

前者指到中国六年而进士及第,后者谓到中国的目的是要考取进士。所谓“榜尾”,就是指放榜时附名中原进士之后。

然而宾贡进士本身却仍有名次问题,据上文引《南部新书》卷三的材料,谓自大中(847—859)以来,宾贡考试“岁取三二”,这就必然会引起排名先后的问题。从文献记载上可知,当时为排名问题曾引起争论,这是在新罗和渤海国之间发生的。《高丽史》卷九十二《崔彦㧑传》载:

> 自少能文,新罗末,年十八,游学入唐,礼部侍郎薛廷珪下及第。时渤海宰相乌照度子光赞同年及第。照度朝唐,见其子名在彦㧑下,表请曰:“臣昔年入朝登第,名在李同之上,今臣子光赞宜升彦㧑之上。”以彦㧑才学优赡,不许。[4]

---

〔1〕最早明确提出“宾贡科”者为崔瀣,现代学者如严耕望、谢海平、高明士诸先生皆沿用之。张宝三认为唐人咸称“宾贡”,而未有称“宾贡科”者,此系“韩人行文用语不甚考究,故衍生误解也”。《语文、情性、义理——中国文学的多层面探讨国际学术会议论文集》,页711—713。其说可参。又党银平《唐代有无“宾贡科”新论》亦主张唐无此科,文载《社会科学战线》2002年第1期。党文又认为“每自别试”乃宋代之情形,唐代则“异邦贡士与唐本国士子同等对待”云云,与本文所论不同。

〔2〕《桂苑笔耕集》卷首,《韩国文集丛刊》第1册,页5。

〔3〕《桂苑笔耕集》卷十八,同上注,页108。

〔4〕《高丽史》下,页71。

《孤云集》中就有两篇文章与此有关，对乌照度名列李同之前耿耿于怀。《新罗王与唐江西高大夫湘状》云：

惟彼句丽，今为渤海，爰从近岁，继忝高科……靖恭崔侍郎放宾贡两人，以渤海乌照度为首。韩非同老聃同传，早已难甘；何偃在刘瑀之前，其实堪恨。纵谓簸扬糠粃，岂能餔啜糟醨。既致四邻之讥，永贻一国之耻。[1]

又《与礼部裴尚书瓒状》云：

昔之句丽，则是今之渤海……无何异俗，亦忝同科。自大中初，一彼一此，春官历试，但务怀柔……然至故靖恭崔侍郎主贡之年，宾荐及第者两人，以渤海乌照度为上，有同瘠鲁而肥杞，谁验郑昭而宋聋……前都统巡官殿中侍御史崔致远，幸将薄技，获厕诸生。先唦牛心，得为鸡口。免与薛侯争长，不令赵将怀嫌。实逢至公，得雪前耻。变化深资于一顾，光荣远播于三韩。自此已来，未之或改。[2]

关于乌照度、李同登第之年，不易确知。朝鲜朝李德懋《盎叶记》六"崔彦㧑"条云：

乌照度称名在李同之上，李同亦系宾贡欤？概未之闻也。[3]

现代史学家对之也有不同说法，高明士先生曾加综述云：

以渤海而言，乌昭度与新罗李同同榜，据严氏（耕望）考证，可能在乾符六年（879）春榜，或广明元年（880），此说值得参考。金毓黻《渤海国志长编》卷十谓照度"于王玄锡之世（872—893）

---

〔1〕《孤云集》卷一，《韩国文集丛刊》第1册，页160。
〔2〕同上注，页161。
〔3〕《青庄馆全书》卷五十九，《韩国文集丛刊》第259册，页43。

入唐应宾贡试，与新罗宾贡李同同榜进士及第，名在其上”，此说欠清楚。[1]

但乾符六年或广明元年的说法亦有误。上引崔致远《与礼部裴尚书瓒状》文，以自己登第名列前茅为“得雪前耻”，而且此后新罗宾贡与渤海宾贡的名次“未之或改”，可知乌照度、李同及第之年必在崔氏之前。崔氏是咸通十五年，亦即乾符元年裴瓒下进士及第，《三国史记》卷十一《新罗本纪》曾记载李同入中国留学的时间在景文王九年，即咸通十年(869)七月，《海东绎史》卷十八列举唐五代新罗朝宾贡进士之“姓名可考者”，在李同名下注有“咸通中” 三字[2]。再根据上引崔氏两文，可知乌、李皆在“靖恭崔侍郎”主贡之年及第，而咸通年间知贡举崔姓者只有咸通十三年的崔瑾，因此，这一年就是乌照度和李同的及第之年[3]。两年后，崔致远及第，必然名在渤海宾贡进士之前，故云“光荣远播于三韩”。由以上论述可知，宾贡进士的名次与中原进士不相混杂。在新罗人看来，“金名榜尾”是值得荣耀的，只有在宾贡系列中名落渤海之后，才是“一国之耻”。这种排名次序上的争先，不仅表现在宾贡发榜，而且在其他地方也有所表现。比如使节上殿的次序，也有上下之别。安鼎福《东史纲目》第五下唐熙宁四年(897)丁巳秋七月下记载，渤海国自以国大兵强，不甘其使臣坐于新罗使之下，“进状请许渤海居新罗之上”。但唐昭宗不予允诺，认为“宜仍旧贯”。崔致远《孤云集》中有《谢不许北国居上表》即针对此

---

〔1〕《隋唐贡举制度对日本、新罗的影响——兼论隋唐宾贡科的成立》，见《古代中韩日关系研究——中古史研讨会论文集之一》，页 80。案：此文中引用严耕望的观点，见其《新罗留唐学生与僧徒》。

〔2〕《海东绎史》第 1 册，朝鲜古书刊行会，明治四十四年(1911)版，页 397。

〔3〕参见宋基豪《渤海政治史研究》第九章第二节，一潮阁，1995 年版，页 168。

事而言[1]。这与在宾贡进士系列中排名次序的争先是可以参照的。

唐朝廷对宾贡进士“每自别试”，主要是出于对外邦人士的优待怀柔，其难度应该低于唐人进士试。崔致远说“春官历试，但务怀柔”，目的是“修文德以来之”[2]，这虽然是针对渤海而言，实可推论一般。但详情如何，限于史料匮乏，不得而知。唐代宾贡进士有来自新罗、渤海、大食、波斯等不同地域者，从唐人诗歌来看，多有与外国人士交往之文字，若论情感之真、评价之高、投赠之多，无逾于新罗者。这与新罗文化之发达，学子水平超越其他国家是密切相关的。

“宾贡”是中国科举史上一个聚讼不已的问题，但利用域外资料，结合本国传世文献作综合考察，就能够使我们得到更为清晰和准确的理解。

（三）文学

本节拟以日本诗话研究为例。日本诗话数量不少，大正九年(1920)至十一年，日本文会堂书店曾出版过池田胤编辑的《日本诗话丛书》十卷，共收六十四种，汇聚了日本诗话的基本资料，值得参考。其不足之处一是未出齐全[3]，二是编次无序，而且将朝鲜人徐居正之《东人诗话》也收入其中，流露出占领者的心态。20 世纪 90 年代，韩国忠南大学校赵锺业曾对此书加以重编，删去《东人诗话》，并

---

〔1〕 参见滨田耕策《唐朝における渤海と新罗の争长事件》，载末松保和博士古稀纪念会编《古代东アジア史论集》下卷，吉川弘文馆，1978 年版，页 339—360。

〔2〕 《与礼部裴尚书瓒状》，《孤云集》卷一，《韩国文集丛刊》第 1 册，页 161。

〔3〕 据池田胤《日本诗话丛书引》，其书计划出版十二卷。又据其凡例，有据抄本收入的诗话四种，即古贺侗庵《非诗话》、津阪东阳《葛原诗话纠缪》、友野霞舟《锦天山房诗话》及乙骨耐轩《读瀛奎律髓刊误条记》。但现在出版的仅十卷，而且未包括《非诗话》和《读瀛奎律髓刊误条记》二种。

依时代先后排列，又增补了《近世诗人丛话》及《下谷小诗话》，易名《日本诗话丛编》，由太学社于 1992 年出版。这两种诗话总集，收罗的用汉文写作部分共三十二种，正属域外汉籍。赵季、叶言材、刘畅辑校的《日本汉诗话集成》收录“日本汉文诗话”七十五种，“诗语诗韵类书籍”十三种，是迄今为止收罗日本汉文诗话资料最为详赡者，由中华书局 2019 年出版。

从整体上研究日本诗话，最重要的是两个问题：

一是日本诗话的特色。要探索这一问题，一要阅读日本各个时期有代表性的诗话，二要与中国及朝鲜半岛的诗话作比较，三要考察日本诗坛风气的演变。在此基础上，才能提炼出日本诗话的特色，并了解其特色形成之原因。

如果说，朝鲜半岛的诗话从一开始就受到欧阳修开创的诗话体的影响的话，那么，日本诗话则主要受唐人诗格的影响而逐步发展起来〔1〕。日本诗话之祖是空海的《文镜秘府论》。市河宽斋《半江暇笔》云：

> 唐人诗论，久无专书，其散见于载籍者，亦仅仅如晨星。独我大同中释空海游学于唐，获崔融《新唐诗格》、昌龄《诗格》、元兢《髓脑》，皓［皎］然《诗议》等书而归，后著作《文镜秘府论》六卷。唐人卮言，尽在其中。〔2〕

虽然这部书以纂辑唐人资料为主，但对后世影响却很大，它奠定了此后日本诗话的一个写作基调。如果我们全面审视一下日本诗话，就

---

〔1〕 这是就大体而言，并不是说日本诗话绝对不受宋人诗话的影响。如兼康恺《浪华诗话序》称：“此编题曰诗话，而颇及谐谑杂事，盖效宋人所著，往往如斯。”即为一例。天保六年(1835)刊本。

〔2〕 稿本。

可以发现这样两个突出的现象：一是诗格类的内容特别多[1]；二是为指导初学而作的特别多。这两者又是联系在一起的，唐人诗格，就其写作动机而言，不出两种：或以便科举，或以训初学。日本诗话既受诗格影响较大，则其内容偏重在论诗歌的格、法乃顺理成章。又日本历史上没有科举取士的制度[2]，所以其写作动机也就多在以训初学一端，使诗话"诗格化"。这是日本诗话的第一个特点，兹举例如下，贝原笃信《初学诗法序》云：

> 予固不知诗，且不揣僭妄，辑古来诗法之切要者，约为一书，庶觉俗间初学之习而不察者而已。[3]

龙公美《白石先生诗范序》云：

> 今也斯书虽区区小册子乎，教谕之重，万金弗啻，则学者宜奉戴而谨承也。[4]

芥焕彦章《丹丘诗话小引》云：

> 余结发业诗，从事有年，仰诵俯思，有得辄书，积书为卷，以

---

〔1〕日本诗格如空海《文镜秘府论》、藤原宗尚《作文大体》、石川凹《诗法正义》、梅室云洞《诗律初学钞》、贝原笃信《初学诗法》、新井君美《白石先生诗范》、芥焕彦章《丹丘诗话》、源孝衡《诗学还丹》、卢玄淳《唐诗平侧考》、林义卿《诸体诗则》、熊阪邦子彦《白云馆近体诗式》、三浦晋《诗辙》、滕太冲《太冲诗规》、中井积善《诗律兆》、赤泽一《诗律》、日尾约《诗格刊误》、东条耕《幼学诗话》、小野达《社友诗律论》、长山宽《诗格集成》、奥彩岩《彩岩诗则》等。

〔2〕江村绶写于明和壬辰(1772)的《诗学新论序》中指出："我邦亦尝定试士法，而今已邈矣。"(《日本诗话丛书》第三卷，页257)这里所说的当指平安时代。藤原明衡《本朝文粹》卷七《省试诗论》中有大江匡衡、纪齐名等人据唐人诗格讨论考虑学生大江时栋所献诗的记录。但这些从严格意义上说，都不能算是真正的科举取士。依当时的制度，从庆云到承平年间(704—938)，共选文章生(即进士)六十五人。文章生是从拟文章生(即秀才)中以试诗赋方式选拔，但他们都是通过大学或国学教育而获得考试资格，学生皆有身份限制。如大学专收诸王及五品官以上的子孙，国学则收郡司子弟。可见，其考试的范围是相当有限的，故不能与中国唐以来的科举制度相提并论。参见佐藤诚实著，仲新、酒井丰校订《日本教育史》卷上，平凡社，1973年版，页49—60。

〔3〕《日本诗话丛书》第三卷，页173。

〔4〕《日本诗话丛书》第一卷，页35。

资蒙士。虽不足取高前式,庶亦无差品骘云尔。[1]

津阪孝绰《夜航馀话序》云:

> 诚詹詹琐言,不足以示大方之家,然于初学之徒,庶几正讹救弊,进技所资。遂倩人缮写,以备童生之玩览。[2]

还有一些诗话,从其名目上就可知为初学者而作,如《诗律初学钞》《幼学诗话》等。由于多为初学者而作,这就形成了内容上的一些特色,如讲究诗律、诗法特别多。这一特色,也导致了日本诗论家对中国诗话的兴趣,往往偏于诗论、诗法的内容,而轻视"以资闲谈"类的诗话。如芥焕《丹丘诗话》卷下指出:

> 古今诗话,惟严仪卿《沧浪诗话》断千古公案,仪卿自称,诚不诬也。其它欧阳公《六一诗话》、司马温公《诗话》之类,率皆资一时谈柄耳,于诗学实没干涉。初学略之而可也。
>
> 《沧浪诗话》之外,略可取者陈师道《后山诗话》。虽其识非上乘,其论时入妙悟。故高廷礼《品汇》多收之,诗家最不可不读也。[3]

又如古贺氏《侗庵非诗话》贬斥了几乎所有的中国诗话,但仍然肯定了以下几种:

> 诗话中惟钟嵘《诗品》、严沧浪《诗话》、李西涯《怀麓堂诗话》、徐昌谷《谈艺录》可以供消闲之具……自馀诗话则以覆酱瓿可也,以畀炎火可也。
>
> 恶而知其美者,君子之公心也。历代诗话,汗牛不啻,其铁

〔1〕《日本诗话丛书》第二卷,页555。

〔2〕《日本诗话丛书》第三卷,页3。原文为日语,兹译其大意。

〔3〕《日本诗话丛书》第二卷,页606。

中铮铮者，独《诗品》《沧浪》《怀麓堂》《谈艺录》而已……欲观诗话，则惟此四家可也。（卷二）

冢田虎《作诗质的》也指出：

论作诗体裁者，非亦不多也。然后则南宋严沧浪《诗话》、元陈绎曾《诗谱》、明王敬美《艺圃撷馀》，前则梁钟嵘《诗品》，是最其精密者也，作者不可以不览也。[1]

这种对于诗格、诗论类著作的偏好，与日本诗话本身的特色是分不开的。

第一个以“诗话”命名其著作的是五山诗僧虎关师炼，《济北集》卷十一即为《诗话》，收入《日本诗话丛书》时易名为《济北诗话》。从《济北诗话》中可以推知，作者接触到的中国诗话是不少的。虽然受中国诗话影响，但并非对中国人的评论亦步亦趋。反之，他经常对中国诗话中的某些结论加以辨证，尽管其辨证未必正确。这恰恰形成了其诗话的一个特色，并且也是日本诗话的特色之一。《济北诗话》云：

赵宋人评诗，贵朴古平淡，贱奇工豪丽者，为不尽耳。夫诗之为言也，不必古淡，不必奇工，适理而已。大率上世淳质，言近朴古。中世以降，情伪见焉。言近奇工，达人君子，随时讽谕，使复性情，岂朴淡奇工之所拘乎？唯理之适而已。古人朴而不达之者有矣，今人达而不朴之者有矣，何例而以朴工为升降哉？[2]

宋人的这一意见，在欧阳修评论梅尧臣、苏舜钦的诗歌时曾有所表达。平淡是宋诗的特色之一，作为开平淡之风的梅尧臣，他的诗受到宋人的赞扬也就毫不奇怪。虎关师炼的这一批评从文字表面上看，

---

〔1〕《日本诗话丛书》第一卷，页376。

〔2〕《日本诗话丛书》第六卷，页294。

可谓堂皇妥帖，但实际上对宋人的意见却有所误会。作为一个批评术语，宋人所强调的平淡是从锻炼、组丽中而来。没有锻炼的平淡往往轻率平易，未经组丽的平淡往往枯槁杳冥。所以方回评论道："宋人当以梅圣俞为第一，平淡而丰腴。"〔1〕这才是宋人的通识。如葛立方《韵语阳秋》卷一指出：

> 大抵欲造平淡，当自组丽中来。落其华芬，然后可造平淡之境……梅圣俞《和晏相诗》云："因今适性情，稍欲到平淡。苦词未圆熟，刺口剧菱芡。"言到平淡处甚难也。〔2〕

周紫芝《竹坡诗话》云：

> 作诗到平淡处，要似非力所能。东坡尝有书与其侄云："大凡为文，当使气象峥嵘，五色绚烂，渐老渐熟，乃造平淡。"余以不但为文，作诗者尤当取法于此。〔3〕

虽然如此，虎关师炼努力在诗话中表达自己的意见，不徒以中国诗论悬为金科玉律的做法，还是对后世产生了很大影响。

江户时代日本人对中国诗话的批评更多，如中井积善《诗律兆》卷十"馀考"，其中对引及的诗话有褒有贬，是其所是而非其所非。对诗话作全面批判的，应数古贺氏的《侗庵非诗话》。该书作成于文化十一年（1814），共十卷。一、二卷为总论，从第三卷至第十卷，历数诗话十五病：

> 一曰说诗失于太深；二曰矜该博以误解诗意；三曰论诗必指所本；四曰评诗优劣失当；五曰稍工诗则自负太甚；六曰好点窜

---

〔1〕《瀛奎律髓》卷一，上海古籍出版社，1986年版，页42。

〔2〕何文焕《历代诗话》，中华书局，1981年版，页483。

〔3〕同上注，页348。

古人诗；七曰以正理晦诗人之情；八曰妄驳诗句之瑕疵；九曰擅改诗中文字；十曰不能记诗出典；十一曰以僻见错解诗；十二曰以诗为贡谀之资；十三曰不识诗之正法门；十四曰解诗错引事实；十五曰好谈谶纬鬼怪女色。[1]

并一一举例以说明之。虽然不免于持论近苛（如“论诗必指所本”即不可一概否定），但多能言中诗话之弊。其卷一“总论”云：

诗话之为书，大抵一分辩证，二分自负，三分谐谑，四分讥评。

又云：

诗话之名昉于宋，而其所由来尚矣。滥觞于六朝，盛于唐，蔓于宋，芜于明，清无讥焉。其嵬说谬论，难一一缕指，而尚可举其梗概。诗话诗品为古，其病在好识别源流，分析宗派，使人爱憎多端，固滞难通；唐之诗话，如《本事诗》《云溪友议》等书，其病在数数录桑中、溱洧赠答之诗，以为美谈，使人心荡神惑，丧其所守；宋之诗话，如《砻溪》《彦周》《禁脔》《韵语》等书，其病在以怪僻穿凿之见，强解古人之诗，使人变其和平之心，为深险诡激之性；明之诗话，如《升庵》《四溟诗话》《艺苑卮言》，其病在扬扬自得，高视阔步，傲睨一世，毒骂古人，使人顿丧礼让之心，益长骄慢之习。四代之病，无世无之，予特就其重者而言耳。

中国诗话中固然也有对诗话的批评，如《侗庵非诗话》引及的胡应麟批评宋代诗话语，即见于《诗薮》杂编卷五。又引及李东阳《怀麓堂诗话》、杨慎《升庵诗话》对诗话的批评，但他们自己也仍然写作诗话，所

---

〔1〕 卷首目录，崇文院，昭和二年（1927）版。

以被古贺评为“口非而躬犯,可谓言不顾行矣”。专究某家诗话而纠其谬者,有冯班《严氏纠谬》、赵执信《谈龙录》,但刘煜认为,“《沧浪纠谬》《谈龙录》为一人而作,私也;予《非诗话》为诗道而作,公也”(卷二)。即使章学诚《文史通义》专列《诗话》,但实际上也是针对袁枚《随园诗话》而发。所以,大规模地批评中国诗话,实当数《侗庵非诗话》为最。他为了写作这部书,“将昌平书库及友人家所有诗话,从头翻阅,涉猎略遍,因得益照悉病根之所在,乃著《非诗话》如干卷”(卷二)。可见其态度之认真。侗庵之博闻强记,在当时即为人推崇,乃日本近世所罕见。其为学尊从宋儒,著有《四书问答》《崇程》等。《刘子》三十卷,博涉经义文学[1]。其诗学观与宋儒一脉相承,《非诗话》一书,亦“以忧道闵时为念”,不止于批评诗话本身而已[2]。明治时期近藤原粹刊行《萤雪轩丛书》,专收中国诗话,其中亦颇有批评。但这些只是他读书时的批语,较为随意,可取者不多[3]。总之,从《济北诗话》到《萤雪轩丛书》,对于中国诗话的批评形成了日本诗话的另一项特色。

日本诗话大盛于江户时代。从日本汉诗的历史来看,王朝时期的作者以贵族为主,五山时期则以僧侣为主,而到了江户时期,其作者便突破了儒士的圈子,而有民间化、普遍化的趋势。由于“学诗之人,逸在布衣”(借用《汉书·艺文志》语),就使得当时的诗话形成了

---

〔1〕 此书见收于关仪一郎《续日本儒林丛书》第3、4册。东洋图书刊行会,昭和八年(1933)版。

〔2〕《侗庵非诗话》卷一指出:“东汉而降,著书意义益易而益轻,以为求名之资者有之,以为钓利之具者有之,是以书日增多,而其为书也多损少益,徒使人听荧不知所适从,而诗话为甚。予故著《非诗话》十卷,以明诗话之害。盖特论其甚者,而未遑及他也。人果能以忧道闵时为念,则其书也虽多,不无一可取。乃区区以钓利求名为心,以语言文字之末为务,陋矣!呜呼,岂独著诗话者而已也哉?”

〔3〕《萤雪轩丛书·例言》云:“斯书总系余书库中所藏者,故余晨夕爱玩之,随读随批,或疏或密,或称扬,或骂詈,其例不一。盖以录我意之所思,本非有意于公世也……斯书批评,本为余一家言,而又有或重复、或前后龃龉者,亦未可知也。是由于非一时所批评焉耳。”青木嵩山堂,明治二十八年(1895)版。

第三点特色，即对于诗歌中词汇的训释和使用的讲究，这可以说是诗话的“小学化”。由于江户时期学习汉诗文写作的普遍性，当时出现了不少有关文字训释方面的书。除诗歌方面以外，如荻生徂徕《训译示蒙》、伊藤东涯《秉烛谭》《助字考证》、冈田龙洲《助辞译通》、释显常《文语解》、皆川愿《助字详解》等，可见一时风气。释显常《诗语解题引》云：

> 诗之与文，体裁自异，而其于语辞，亦不同其用。大抵诗之为言，含蓄而不的，错综而不直，而其所使之能如是者，正在语辞斡旋之间。诗文之所以别，唐宋之所以殊，皆以此。语辞于诗，不亦要乎！然初学者多胡乱使用，填塞句间，不复能考明。故今一一举录，从头解之，以为诗家之筌蹄。[1]

虚字的使用千变万化，故能传达出微妙的感情。所以，当时的著作也偏于对虚字和语辞的训释。源孝衡《诗学还丹》卷下、卢玄淳《诗语考》、山本信有《孝经楼诗话》、津阪孝绰《夜航诗话》卷五、苏坡林瑜《梧窗诗话》等，而最典型者是六如慈周《葛原诗话》及津阪孝绰《纠缪》、猪饲彦博《标记》，以及释显常（大典）的《诗语解》《诗家推敲》等著。如卢玄淳《诗语考》云：

> 凡吾邦之人，常以和训而通用文字，故诗文之语误者不鲜。（原文为日语）[2]

淡海竺常《葛原诗话序》云：

> 夫考明字义，学之始也，况倭而学华者乎？[3]

---

〔1〕 吉川幸次郎等编《汉语文典丛书》第一卷，汲古书院，1979 年版，页 171。
〔2〕 《汉语文典丛书》第一卷，页 125。
〔3〕 《日本诗话丛书》第四卷，页 3。

释显常《诗语解题引》云：

> 字义既非训释所尽，而况倭读所能详明乎？大抵倭语译字，有能当有不当，且讹转差错者亦太多。今欲检其不当，咸易以能当，随当随差，莫能执捉也。字既如是，又况连字成句，脉络相综，华之与倭，语路自殊者乎？[1]

日本人自古以来学习汉语，有所谓"和习"的方法，虽然可以了解字义，但读音却是日语的。一旦写作诗歌，就往往出现"倭语译字，有能当有不当"的情况。这就是导致日本诗话重视诗歌语词训释，尤其是注重辨证相近字义在诗歌中不同使用习惯的原因。例如"看""见"二字，《诗语考》指出："此方之人，'请看'作'请见'，'请听'作'请闻'，皆是和训之弊也。"如杜甫诗中"请看石上藤萝月"，明人诗中"请看行路兵戈满""请看落日潇湘色""请看如玉丛台女""请看襄子宫前水"等，"皆'请看'也，然此方之人，虽称当世诗学之盛也，此弊未除。近来诸家，误用者不少"（原文为日语）。并举《筑波山人集》《如来山人集》《草庐集》为例，如"请见落花浮涧水""请见人生荣与枯""请见当时宸幸地""请见庭梅已放香"等[2]。所以当时人学习写诗，强调学习"华音"。中井积善《诗律兆》卷十一附录"论五"指出：

> 近时一二儒先言诗，以学华音为主。其意盖谓诗原乎讽咏，华音既通，则声律谐否，古人风调，求之讽咏，皆自然而得焉。苟不之知，所作皆是邦习，令华人见之，不免匿笑矣。[3]

木兰皋能作华音，荻生徂徕"尝谓木生诗不似我邦人之口气，能解音

---

〔1〕《汉语文典丛书》第一卷，页172。
〔2〕《诗语考》，《日本诗话丛书》第一卷，页126—128。
〔3〕《日本诗话丛书》第十卷，页315。

韵故也"[1]。江户时期人学习汉语,每每强调以唐音"直读"。雨森芳洲《橘窗茶话》卷下云:

> 书莫善于直读,否则字义之精粗,词路之逆顺,何由乎得知?[2]

"直读"的教材,当时人认为莫善于小说。但小说戏曲中有些俗语词汇,并不容易训解,上推于唐代以来的诗歌,其中也含有不少类似的词语。如果要从事诗文写作,了解这些词语的含义是第一要事[3]。《葛原诗话》乃专就诗歌中的词语作解释,这些词语,有些是当时的俗语或禅语的词汇,它们往往不见于仓雅之书,释之不易。例如卷一"不分"条云:

> "不分"有诸说,杜诗仇注:不分,不能分辨也。邵注:分,别也,言不能辨别也。此二家同。顾注:不分即不忿也,正是忿意。蕉中师《诗语解》:不忿,言不胜忿也。此二说同。东厓《秉烛谈》:不分,谓不自知其分也。此别为一说。《法苑珠林》引《冤魂志》云:晋丹阳陶继之枉杀一妓。陶夜梦妓云:"昔枉所杀,实所不分。"此不分之词与不胜忿之义似尤亲。蕉中师曰:"不分",杜诗对"生憎",分明不胜忿之义,谓不能分辨之解谬也。[4]

对这些词汇加以归纳解释,在当时只是为作诗而用,但站在学术史的立场上看,对于这些语辞的考释,是很有价值和意义的。当然,在中国诗话中,从《六一诗话》开始,也有对语辞的考释,如"太瘦生""末厥",后来的《中山诗话》《韵语阳秋》《苕溪渔隐丛话》《诗人玉屑》等

---

〔1〕 琴台东条《先哲丛谈续编》卷七,北畠茂兵卫明治十七年(1884)版。
〔2〕 《芳洲文集》,《雨森芳洲全书》二,关西大学东西学术研究所,1980年版,页226。
〔3〕 参见石崎又造《近世日本に于ける支那俗语文学史》,弘文堂书房,1943年版。
〔4〕 《日本诗话丛书》第四卷,页20—21。原文为日语,兹撮译其大意。

书,都有对语辞的解释。明代胡震亨的《唐音癸签》,卷十六至二十四“诂笺”,全是解释唐诗语辞。但这一点,在中国诗话中所占比重不大,所以未能形成特色。由于这些语辞“性质泰半通俗,非雅诂旧义所能赅,亦非八家派古文所习见”[1],即使在中国也常有难明其意者。正如释显常《诗语解题引》所说:“夫讹转差错,虽华言有之,因循成用,不能反本,直取时俗之易解耳。”[2]因此,日本江户以来的诗话对诗歌语辞的归纳、整理、考释,其成绩是值得重视的,直到现代研究者也往往乐于参考,即为一证[3]。当然,这些著作有时考索诗语的语源,亦难免有未能寻根究底者,如津阪孝绰的《葛原诗话纠谬》已经指出了若干[4],兹再举二例,如《葛原诗话后篇》卷四“眼似刀”条云:

> 李宜古诗:“能歌姹女颜如玉,解引萧郎眼似刀。”范成大诗:“惜无楚客歌成雪,空有萧郎眼似刀。”盖目成挑人之貌,李白诗所谓“卖眼掷春心”之类。退之诗:“艳姬蹋筵舞,清眸刺剑戟。”亦同意也。[5]

若以现代学术为背景的话,则可以更作深究。如敦煌《云谣集杂曲子》有两首《内家娇》云:

> 嫩脸红唇,眼如刀割,口似朱丹。
>
> 两眼如刀,浑身似玉,风流第一佳人。[6]

---

〔1〕 张相《诗词曲语词汇释叙言》,《诗词曲语辞汇释》,中华书局,1957年版,页1。

〔2〕《汉语文典丛书》第一卷,页172。

〔3〕 参见盐见邦彦《唐诗口语の研究》“等头”“都卢”“个中”“何等”“积渐”“若为”“探支”“闻健”“向道”“一向”等条。中国书店,1995年版。

〔4〕 例如,《葛原诗话》卷四“凭仗”条引范成大、高启诗为证,《纠谬》卷四引唐人卢仝、李贺、元稹、白居易、李群玉、李山甫、秦韬玉、郑谷、韩偓等人诗为例,并指出:“是唐诗常用语,引宋、明末矣。”

〔5〕《日本诗话丛书》第五卷,页114。原文为日语,兹撮译其大意。

〔6〕 张璋、黄畬编《全唐五代词》,上海古籍出版社,1986年版,页851。

可知其语源当溯至唐人。又如《后篇》卷三“雪中骑驴孟浩然”条，所举最早例证为苏轼诗，但晚唐唐彦谦《忆孟浩然》诗中已经写到，苏轼实本之。词语的考释对于日本初学汉诗者当然很有助益，但从诗学的立场上看，未免零碎细琐。因此，当时人对《葛原诗话》的评价往往不太高，如菊池桐孙《五山堂诗话》卷二评论云：“盖渠一生读诗，如阅灯市觅奇物，故其所著《诗话》，只算一部骨董簿，殊失诗话之体也。”[1]这段话，猪饲彦博《葛原诗话标记》“总评”条全文照录，引以为评。总之，对于词语的考释与日本诗话多为初学而作是有关的，这项内容在中国诗话中不能说没有，但毕竟不是重心所在。因此，这形成了日本诗话的一项特色。

菊池桐孙的话其实还涉及一个诗话观念的问题。从理论上讲，日本人认为的诗话正宗，似乎还是以欧阳修为代表。长山贯《诗格集成》云：

> 唐无诗话之名，始见于欧阳文集。盖司空曙（当作“图”）《诗品》、孟启《本事诗》、范摅《云溪友议》，是其所本也。自此历代诸家，相次有诗话。[2]

此以诗话起于欧阳修。葛休文《五山堂诗话序》：

> 话桑麻者农夫乐事也，话利市者商贾乐事也，话诗赋者诗人乐事也……诗人则识文字，故把口头之话化作笔端之话，把一场之话化作千万场之话，把对面数人化作不对面千万人，唯恐闻之、喜之、快之、笑之、记之、忘之者之不多，是诗人之心，而诗人之神通力也。诗人之心既如是，诗话之作岂苟且也？[3]

---

〔1〕《日本诗话丛书》第九卷，页575。
〔2〕《日本诗话丛书》第三卷，页417。
〔3〕《日本诗话丛书》第九卷，页533—534。

小畑行简《诗山堂诗话自序》：

> 诗话者，诗中之清谈也。[1]

这都和欧阳修写《诗话》“以资闲谈”的著述宗旨相一致。所以，尽管春庄端隆《葛原诗话跋》说这部诗话也是“传于同社君子，以供一夕茶话云尔”[2]。但毕竟多涉考据、博物，仍难免“殊失诗话之体”之讥。当然，落实到具体的诗话写作以及诗话总集的编纂，就不会是如此纯粹。如上文所述，日本诗话具有“诗格化”和“小学化”的倾向，便不是“以资闲谈”一类。又如选集也被当作诗话，如市河宽斋的《全唐诗逸》，即被收入《日本诗话丛书》第六卷；诗人小传可作诗话，如友野焕《锦天山房诗话》，原为《熙朝诗荟》，其书“仿《明诗综》《湖海诗传》例，名氏之下，系以小传，附以诗话”[3]。《明诗综》和《湖海诗传》的小传部分裁出单行，即为《静志居诗话》和《蒲褐山房诗话》，此诗话亦效之。也有从笔记中裁出者，如安积觉的《老圃诗䐢》便是从其《湖亭涉笔》卷四中裁出。甚至类似野史、方志的也称作“诗话”，如阪口恭《北越诗话》，取郑方坤《全闽诗话》例，自谓“体裁略拟全闽话”，“义兼野史与州志”[4]。

日本诗话与中国、朝鲜半岛诗话的关系是另一个值得探讨的问题。

第一部真正的日本诗话出现于14世纪初的镰仓时代，即虎关师炼的《济北诗话》，它的产生不是偶然的，其背景应该与大量宋人

---

〔1〕《日本诗话丛书》第三卷，页463。

〔2〕《日本诗话丛书》第四卷，页205。

〔3〕友野焕《熙朝诗荟序》，《日本诗话丛书》第八卷，页307。

〔4〕《北越诗话例言》，录其自作五绝句以代序言，其一云：“话作诗亡我亦知，休言漫效宋人为。体裁略拟全闽话，捃摭新编北粤诗。”其二云：“荜褴之功推雪村，春秋六百溯渊源。义兼野史与州志，一例莫将诗话论。”大正七年(1918)版，页11。

诗话传入日本，以及在禅林中激发起的评诗、论诗之风有关[1]。在五山诗僧的文集中，我们往往能够看到这样的题目，如《丁巳重阳有文词伯招同门诸彦评诗命予定其题……》（周麟景徐《翰林葫芦集》卷四）、《留客论诗》（横川景三《小补集》）、《秋夕与客论诗》（希世灵彦《村庵稿》卷上）、《雪屋论诗》（兰坡景茝《雪樵独唱集》绝句之一）、《花院借榻论诗》（同上）、《梅窗论诗》（同上）、《春夜留客论诗》（天隐龙泽《默云稿》）。从这些诗歌的标题中，能够使人感到当时的论诗是一项群体性的活动。如横川景三《留客论诗》云：

东山古寺白云层，一夜论诗六七僧。[2]

又如其《雪夜与客论诗》，题下注云："希世来访，会者十人，联句五十韵，句罢评诗。"其诗云：

十雪[3]古闻今见之，扫门迎客倒迦梨。夜深月落品题定，中有梅花寒似诗。[4]

希世灵彦也同时有作，其《雪夜与客论诗》云：

灞上吟驴久驻鞍，玉堂白战亦应难。论诗未了天犹雪，人与梅花一夜寒。[5]

从他们所运用的典故中，可以看出所受到的中国诗人和诗话影响的

---

〔1〕参见芳贺幸四郎《中世禅林の学问および文学に关する研究》第二编第三节《诗话——新文学论の输入》，日本学术振兴会，1956年版。

〔2〕《小补集》，玉村竹二《五山文学新集》第一卷，东京大学出版会，1967年版，页11。

〔3〕"十雪"之咏始于中国的元代，指的是"韩王堂雪、程门立雪、袁安洛雪、李愬淮雪、王猷溪雪、李及郊雪、苏武瓶雪、郑綮驴雪、孙康书雪、欧阳诗雪"。日本五山诗僧多和之，如惟肖得岩《东海琼华集》、南江宗沅《渔庵小稿》中皆有其作，可参看。

〔4〕《补庵京华集》，同上注，页212。

〔5〕《村庵稿》卷上，《五山文学新集》第二卷，页290。

痕迹，如希世灵彦《秋夕与客论诗》云："留客论诗同半床，清新俊逸细商量。"[1]上句似用范晞文《对床夜语》典，下句则用杜甫评李白"清新庾开府，俊逸鲍参军"及"何时一樽酒，重与细论文"[2]。瑞溪周凤《读梅圣俞诗》云："白首固穷诗愈工，宛陵风物落吟中。荻芽洲畔杨花岸，说得河豚惊醉翁。"[3]显然本于《六一诗话》"梅圣俞尝于范希文席上赋《河豚鱼诗》"条。

五山时期僧林中流传的中国诗话不少，以万里集九的《梅花无尽藏》为例，其中直接、间接引用到的中国诗话计有《西清诗话》《后村诗话》《石林诗话》《洪驹父诗话》《诗林广记》《联珠诗格》《冷斋夜话》《苕溪渔隐丛话》《沧浪诗话》《诗人玉屑》《雪浪斋日记》《许彦周诗话》《吕氏童蒙诗训》《清林诗话》等[4]。《梅花无尽藏》卷四有《还春泽之书籍》云：

> 十七史全部四十五册，《史记》全五十六册，《渔隐》前集五十卷、后集四十卷(已上九十卷)，《诗林广记》前集十卷、后集十卷(以上二十卷)还春泽。以《汉书》之前集、后集以上十九册还南丰之方丈。[5]

这段记载可以传达出中国诗话在五山诗僧之间交流的状况，于是论诗风气也就渐渐形成。尤其是在一些看似与论诗无关的作品中，也每每出现论诗的内容，这是论诗风气兴盛的标志。例如，横川景三《以清字颂并序》云：

> 永安惟宗外史，其徒曰俊，风姿可爱也。其游远寄小幅求

---

〔1〕《村庵稿》卷上，同上注，页234。

〔2〕《春日忆李白》，《杜诗详注》卷一，中华书局，1979年版，页52。

〔3〕《卧云稿》，《五山文学新集》第五卷，页508。

〔4〕此处诸诗话以在文集中出现的先后为序，不复以年代先后诠次，重复出现者略之。

〔5〕《五山文学新集》第六卷，页870。

字，字曰“以清”。老杜诗曰：“清新庾开府，俊逸鲍参军。”盖谓太白诗豪放飘逸，无敌于世也。孔子曰：“不学诗，无以言。”是止于周诗《国风》而已。无文师有谓曰：“少学夫诗，若七言四句得于七佛，五言得于《楞严》《圆觉》，古风、长篇得于《华严》。”严沧浪又曰：论诗犹如论禅，汉魏晋与盛唐之诗，则第一义也。学之者临济下也。由是言之，吾徒之言诗也，与儒教相表里，以传不朽，实不诬焉……公远承于济下，参诗参禅，有自来矣。苟克登翰墨之场，挟风雅之辆，清新以究其体，俊逸以尽其用焉，则异日必有僧太白起于丛社凋零之后，岂不盛乎！[1]

本来是一篇字说，但作者却引发为诗论。类似的写法，也见于《子建字说》（见《补庵京华续集》）一文中。又如兰坡景茝的《炉边话旧》诗云：

碧瓦吹霜寒更奇，炉边捻断数茎须。官梅慎勿动诗兴，吟拨阴、何灰未知。[2]

这四句诗中用到的典故有卢延让，其《苦吟》诗曰：“吟安一个字，捻断数茎须。”[3]有何逊、阴铿、杜甫和黄庭坚，杜甫《和裴迪登蜀州东亭送客逢早梅相忆见寄》曰：“东阁官梅动诗兴，还如何逊在扬州。”[4]又《解闷十二首》之七云：“颇学阴、何苦用心。”[5]黄庭坚《次韵答高子勉诗十首》之三云：“寒炉馀几火，灰里拨阴、何。”任渊注云：“言作诗当深思苦求，方与古人相见也。《传灯录》百丈谓沩山曰：‘汝拨炉中有火否？’师拨云：‘无火。’百丈躬起身拨得火，举以示

〔1〕《补庵京华后集》，《五山文学新集》第一卷，页317。
〔2〕《雪樵独唱集》绝句之一，《五山文学新集》第五卷，页33。
〔3〕《唐诗纪事》卷六十五，上海古籍出版社，1965年版，页973。
〔4〕《杜诗详注》卷九，页781。
〔5〕《杜诗详注》卷十七，页1515。

之云:‘此不是火?’师发悟礼谢。吕蒙正诗:‘拨尽寒炉一夜灰。’老杜诗:‘颇学阴、何苦用心。’谓阴铿、何逊。”[1]兰坡诗的主旨也是强调“苦吟”。

诗话体创造了一种近似于炉边谈话的亲切的说诗方式,这首《炉边话旧》所“话”的内容也正是诗。日本第一部以“诗话”命名的著作便是在这样的背景下产生。

中国、朝鲜、日本诗话的交流也值得一提。中国诗话之传入两国并产生影响固不待论[2],日本诗话也有传入中国者,如《松阴快谈》有清人沈楙惪之跋:

> 日本僻处东瀛,百馀年来,文教颇盛。若物茂卿、服安裔、神鼎、太宰纯辈,皆能力学好古,表彰遗籍,诚彼所谓豪杰之士也。《快谈》四卷,系伊豫长野确著,其中评论古今及诗文书画之属,援引博洽,时具特识,以侔物、服诸君,雅称后劲。且彼邦文献,亦略见于此。因亟录之,以广其传。[3]

沈氏好作诗话跋,以见于《清诗话》者言之,经其题跋者有《寒厅诗话》《蠖斋诗话》《莲坡诗话》《原诗》《一瓢诗话》《野鸿诗的》《贞一斋诗说》《消寒诗话》等。又有小野达《社友诗律论》亦传入中国,有陈曼寿为之序。

朝鲜诗话之传入日本者,有徐居正《东人诗话》,此书于朝鲜孝宗六年(日本明历元年,1655)传入,贞享四年(1687)有日本刊本[4]。此书在日本颇有影响。幸岛宗意在元禄十五年(1702)刊行的《倭版

[1] 《山谷内集诗注》卷十六,商务印书馆影印文渊阁《四库全书》本。
[2] 参见张伯伟《清代诗话东传略论稿》的相关论述,中华书局,2007年版。
[3] 《日本诗话丛书》第四卷,页443。
[4] 参见原抟九万《东人诗话跋》,《日本诗话丛书》第五卷,页558。

书籍考》中提到此书云：

> 二卷分四本。成化年中朝鲜学士徐刚中所集之三韩名人诗话。朝鲜学士李石湖赠予菊池东匀，出倭版。[1]

此后，朝鲜通信使赴日，制述官李东郭与日本儒者前田菊丛有笔谈论及此书，载于当时刊行的《鸡林唱和集》中：

> 问（菊丛）：明历乙未岁，贵邦学士李明彬随聘使远到本邦，携达城徐刚中氏所著《东人诗话》一册赠菊池耕斋，本邦好事者镌梨枣行于世，执读之，评论确实，夫诗家之董狐乎！徐子富著述乎？本集传于贵邦乎？
>
> 答（东郭）：李明彬所传《东人诗话》，即我朝徐尚书居正号四佳先生所撰者也。其诗话虽不多，议论极其宏博，其文集累十卷传于世矣。[2]

可见此书在当时即受到日本学界的欢迎。又有崔滋《补闲集》，见引于三浦晋《诗辙》卷六。又有李德懋《清脾录》，此书乃得名于唐代贯休的《古意》诗："乾坤有清气，散入诗人脾。千人万人中，一人两人知。"[3]作者有《青庄馆全书》，其中《蜻蛉国志》便是一部日本国史。由于这样的学术背景，他的《清脾录》除了论述中国和朝鲜诗人之外，也往往论述到日本诗人。西岛长孙的《弊帚诗话》（一名《孜孜斋诗话》）附录多引用之。"附录"为其少作，西岛（1780—1852）比李德懋（1741—1793）小近四十岁，可知《清脾录》成书不久便传入日本。但西岛的引用发挥，实有夸大之词。如引用《清脾录》后云：

---

〔1〕《日本书目大成》第3册，汲古书院，1979年版，页54。

〔2〕《鸡林唱和集》卷七"浪华前编"，日本正德辛卯（1711）玉芝堂刊本，韩国国立中央图书馆藏本。

〔3〕《禅月集》卷二，商务印书馆影印《四库全书》本。

观此二节，则韩人之神伏于本邦，可谓至矣。如高兰亭、葛子琴易易耳，若使一见当今诸英髦，又应叹息绝倒。[1]

从《清脾录》的原文来看，其实并非如此。在这段文字的结尾，李德懋指出：

善乎元玄川之言曰：日本之人故多聪明英秀，倾倒心肝，炯照襟怀，诗文笔语皆可贵而不可弃也。我国之人，夷而忽之，每骤看而好讹毁。余尝有感于斯言，而得异国之文字，未尝不拳拳爱之，不啻如友朋之会心者焉。[2]

这里引用到的元玄川（重举）语，意思见于其《和国志》一书（写于1763），卷二"诗文之人"条云：

诗文之行于国中，盖自王仁及智藏、弘法两僧而始，其后代各有人。而其以文字为补治之具，则又自敛夫、罗山、顺庵辈而盛，其后混窍日凿，而长崎之书遂通见。今家家读书，人人操笔，差过十数年，则恐不可鄙夷而忽之也。书此以俟之。[3]

相对于当时朝鲜文坛的其他人来说，李德懋对日本汉诗的评论是较为肯定的，但恐怕难说"神伏"。略早于李德懋的申维翰，曾在朝鲜肃宗四十五年（日本享保四年，1719）作为书记官随通信使赴日本，作《海槎东游录》，其中就有对日本汉诗的实地评论。录其两则如下：

湛长老诗篇陆续，全无一句语可观。惟长牍叙佛理颇有知识。与我酬问者甚多，其徒曰禅仪、周镜、周远者，亦频频送诗，

〔1〕《日本诗话丛书》第四卷，页572。
〔2〕《清脾录》卷一，《青庄馆全书》中卷，首尔大学校古典刊行会，1966年版，页438。
〔3〕《和国志》，页326。

诗皆可笑。[1]

留赤关五日,所与诸文人酬唱者亦多,而无足道者……有姓名草场中章者……以所著诗文来质,自云曾学于南京人孟姓者,得中华巨匠之体,而诡怪险僻,无一语可解,虽天地日月山川草木寻常行语,必称奇字古字变幻异书,务令人不可读,真厕鬼迷人也。[2]

虽然申氏的评论也不无傲慢之处,但毕竟能够反映当时朝鲜人对于日本汉诗的态度。申氏又著有《海游闻见杂录》,其中专列"文学"门,对当时日本汉诗文的评价也比较低。所以,"神伏"云云,与当时实况相去过远。18 世纪中叶以前的日本文人学士普遍自认为差于朝鲜,如雨森芳洲《橘窗茶话》卷下云:

汉土人以无穷之词,吐无穷之情谓之诗,人人可以能之。我国人以有穷之词,欲吐无穷之情,何以能得?朝鲜人亦复如此。但彼去汉土不远,国音顺便,加以文学练习振古相寻,故有时或仿佛之诗。盖以我国人比朝鲜人,彼富而此乏,他壮而我弱也。[3]

又陈人四明井潜《先哲丛谈序》云:

昔者华之盛,若我与韩通呼外邦,论外邦之学,必以我为最。近者以韩为最,我衰也可知矣。[4]

但此后的日本文坛风气有了根本改变,西岛的评论,正是一例。从另

---

〔1〕《海槎东游录》第一,《青泉先生续集》卷三,《韩国文集丛刊》第 200 册,页 452。
〔2〕《海槎东游录》第二,《青泉先生续集》卷四,同上注,页 483。
〔3〕《芳洲文集》,《雨森芳洲全书》二,关西大学东西学术研究所,1980 年版,页 243。
〔4〕原念斋《先哲丛谈》,平凡社,1994 年版,页 13。

一方面看，这对于研究韩日间诗话的交流，也提供了一个例证。

以上为专题之例。其实无论是考证、专书亦或专题，只是研究对象有异，在方法上都需要采用综合研究。只是受限于研究对象，以上例证或恐未能充分展示综合研究的魅力而已。

四、综合

如果把专书研究看成点，由若干点联结起来就是线，此之为专题研究，由若干线排列起来是一个面，则为综合研究。就我个人来说，往往偏爱于综合研究。在《中国古代文学批评方法研究》一书的“导言”中，就标明该书“是以文献学为基础的综合研究”[1]，而在“后记”中，我举出为了完成该书所进行的一些先行工作，“这些工作都集中了一个愿望，就是试图通过不同方面的学术训练，使自己在揭示隐藏于事实背后的思想意义，梳理不同时代诸多现象之间的发展脉络，以及厘清貌似无关的领域之间的内在理路，一句话，就是在进行综合研究的时候，能够调动各种手段，验证或修正先前的各种假说，构筑一个有价值的解释体系”[2]。因此，当我把研究的重点转移到域外汉籍的时候，我还是期待运用综合研究处理一些较为复杂的问题。只是这里所说的“综合研究”，也还是以各类文献为范围。

（一）书籍交流

汉文化圈的形成、扩大直至最终完成，是以书籍交流为基础的。要弄清中国文化在汉文化圈中是如何起到种子和核心的作用，就需

〔1〕《中国古代文学批评方法研究》，中华书局，2002年版，页1。
〔2〕同上注，页592。

要弄清楚哪些典籍在何时何地通过何人以何种方式传入，在传入后又如何被阅读，从而产生何种反响。今日学术界所说的“书籍之路”，主要涉及的就是书籍交流。对此应该如何研究，最早较为系统讨论此一问题的，是日本学者大庭修，其《流传日本汉籍之研究方法与资料》一文，分“室町时代以前”和“江户时代”两部分，分别叙述了其研究方法和资料，涉及书籍实物、目录、记录、引用以及和刻本等方面，具体有古抄本、古刊本、目录、记录、引用、题跋、日记、旅行记等，虽然简略，但颇为全面[1]。我在研究清代诗话东传的过程中，也讨论了汉籍东传研究法，并且认为此类课题的难度不在于列举纲目，而在详细阐述。今撮其指要，以窥一斑，并兼及汉籍的回流与东书之西传。

1. 据书目以考

书目是有关一时一地一人藏书、刻书、售书状况的记录，从书目中即可考知是否有某书传入或流衍。在专题研究部分，我们已经介绍了有关朝鲜书目的研究，此处便以日本书目为例。

日本历代书目甚多，长泽规矩也和阿部隆一曾编《日本书目大成》，收历代书目二十六种，也只是众多书目之部分而已。与书籍交流关系较为密切的有请来（或称“将来”）书目、收藏书目、舶载书目、刊刻书目和营业书目等。

“请来书目”是指入华僧侣留学归国时所携带的书籍、法器、绘图等目录。由于入华僧带回的不仅是内典，同时也包含一些佛教以外的典籍，如入唐僧圆仁之《慈觉大师在唐送进录》，就将佛教以外的典

〔1〕 载《第一届中国域外汉籍国际学术会议论文集》，台湾联合报文化基金会国学文献馆，1987年版，页481—492。此外，作者在《江户时代における中国文化受容の研究》（同朋社，1984年版）和《汉籍输入の文化史——圣德太子から吉宗へ》（研文出版，1997年版）等书中，也贯彻了这些研究方法。

籍冠以“外书”之名单独著录；入宋僧俊芿归国所携带之书除佛教典籍外，尚有“儒道书籍二百五十六卷，杂书四百六十三卷”[1]。因此，这些书目的意义并不限于佛教文化的交流。“请来书目”中最为著名的“入唐八家”所请回的经论章疏及法门道具，其中有一些就属于文学类。又圆尔辨圆在南宋淳祐元年(1241)带回的典籍，由后人整理成《普门院经论章疏语录儒书等目录》，从“调”字至“丽”字，皆为外典，文学书有《六臣注文选》《注坡词》《东坡长短句》《诗律快捷方式》《诚斋先生四六》《合璧诗学》《白氏文集》《韩文》《柳文》等[2]。值得注意的是，他带回的书中还有“《五台山记》八帖(成寻阇梨《巡礼记》也)”，说明成寻的《入天台五台山记》也曾有留存在中国的抄本。

收藏书目有公私之分，以公藏书目而言，正仓院文书《天平二十年六月一日写章疏目录》可能是现存最早的一份藏书纪录，天平二十年即唐天宝七载(748)，著录的诗文评有《帝德录》和《文轨》各一卷。前者保存在《文镜秘府论》北卷，是唐代惟一流传至今的骈文理论。后者有可能即为杜正藏之《文章体式》。《隋书·杜正藏传》称“著《文章体式》，大为后进所宝，时人号为‘文轨’。乃至海外高丽、百济，亦共传习，称为《杜家新书》”[3]。《文章体式》《文轨》和《杜家新书》很可能是同书异名[4]。藤原佐世的《日本国见在书目录》纪录了公元9世纪日本国内所藏汉籍的基本面貌，其中不少在中国历代书

〔1〕《良涌寺不可弃法师传》，《续群书类从》第九辑上，《续群书类从》完成会，1988年订正三版，页52。

〔2〕此据大庭修《古代中世における日中关系史の研究》“资料篇”之(7)，同朋社，1996年版，页390。

〔3〕《隋书》卷七十六，中华书局，1973年版，页1748。

〔4〕我认为文中的“文轨”应作书名，《北史》卷二十六《杜正藏传》云：“正藏为文迅速，有如宿构。……又为《文轨》二十卷，论为文体则，甚有条贯，后生宝而行之，多资以解褐。大行于世，谓之《杜家新书》云。”可参。

目未有著录,不仅可以反映当时的书籍传播,也能在一定程度上弥补中国记载之不足。据《旧唐书·日本传》记载,开元初年遣唐使到中国,将"所得锡赍尽市文籍,泛海而还"[1]。可以想象,当时所购买的一定是最为流行的书籍。因此,从日本的藏书纪录中就能够反窥唐代人读书的一般状况[2]。

至于私家藏书,则能够反映汉籍在社会上的渗透力。以平安时代为例,尽管当时的汉文化主要在皇亲贵戚间流行,但也已经有了私家藏书,并有了私家书目,如藤原信西的《通宪入道藏书目录》,颇能反映出一个读书人在当时大致的阅读规模,并可从中考察时人接受汉文化的程度。

舶载书目是江户时代出现的颇为特殊的书目,当时称作"赍来书目",它们详细记录了当时来自于中国的船只所携带的各种典籍。与此相关的则是书籍检查(包括内容和存货)及价格资料,如《大意书》《书籍元帐》《直组帐》《见帐》《落札帐》等。这一类文献,清楚地纪录了某书是在何时由何船传入日本,具有珍贵的史料价值,是研究书籍交流的绝佳资料。由于其数量较多,而且具有连续性,所以能够全面反映一个时期汉籍东传的全貌[3]。

刊刻书目如幸岛宗意《倭版书籍考》、伊达邦宗《官板书目》、吉泽义则《日本古刊书目》等。《倭版书籍考》成书于元禄十五年(1702),区分为十类,除神书、倭歌、倭字诸书外,其馀七类都与汉籍

---

〔1〕《旧唐书》卷一百九十九上,中华书局,1975年版,页5341。

〔2〕参看张伯伟《论唐代的诗学畅销书》,收入《作为方法的汉文化圈》,中华书局,2011年版,页186—206。

〔3〕大庭修根据这些记载,写成《江户时代における唐船持渡书の研究》一书,并且在"资料编"中附载了若干文献,可参看。

有关。“官版”指的是日本昌平坂学问所[1]开版印刷之书，有《昌平坂御官板书目》[天保十年(1839)刊]、《官版书籍解题目录》[弘化四年(1847)刊]及《官版书目》，是当时的官方出版物。福井保著《江户幕府编纂物》和《江户幕府出版物》二书，对当时的幕府出版状况作了全面的总结[2]。后者附有《昌平坂学问所官版分类目录》，并分别注明“弘化三年烧失版”“杨守敬渡清版”“内务省所藏版”“内务省后印版”和“昌平丛书所收版”，每种书卷数及刊刻时间，有的也注明其底本。其中将杨守敬购回之书一一注明，也是汉籍回流的绝好记载。

江户时代庆长年间(1596—1615)以下，由于私家出版业的发达，涌现出大量的书林出版书目，这些书目的编纂出于经销目的，亦可称为营业书目，可据以考知当时出版界的实际状况。这一类书目，在20世纪30年代曾出版《享保以后大阪出版书籍目录》(1936年刊，1964年覆刻)，60年代有《享保以后江户出版书目》(1962年刊行，1993年新订版)，80年代将上述二书资料合编为《享保以后板元别书籍目录》(1982年刊行)。又日本庆应义塾大学斯道文库编《江户时代书林出版书籍目录集成》[3]。与官版相比较，则可看出官方与民间、政治与经济的差别。如官版绝无佛教类书，特多儒学类书，反映了当时幕府的政治导向，而书林出版书目则不然，其所谓“经”部，内容却是佛教经典，数量也占所刊书总数的近半。有些书目是以五十音序排列，分儒书、医书、假名和佛书，而所谓的“儒书”，并非儒学类书，而是除医书以外所有用汉字写成的经史子集之书。这种不严格的归类，也显示了民间和官方的差异。

---

〔1〕“昌平坂学问所”又称“昌平黉”，是德川幕府时期修习儒学的官方机构。江户末期于此印行官版，并行书籍出版检查之责。

〔2〕此二书皆由雄松堂出版，前者刊于1983年，后者刊于1985年。

〔3〕井上书房，1962年版。

清道光年间刘喜海(1794—1852)除了以编纂《海东金石考》著名外,还编纂了一部《东国书目》,包括《朝鲜书目》《日本所刊书》及《日本书目》,可据以考知东国书籍之西传。由于刘喜海与朝鲜文人如赵寅永(1782—1850)、金鲁敬(1766—1837)、金正喜(1786—1856)、命喜父子兄弟及李尚迪(1803—1865)等人皆有直接交往,故其书目往往能更正历来之误。在这份书目中我们会发现,对应于清代时段中的朝鲜书极少,其实是有原因的。咸丰九年(1859)吴稼轩与朝鲜使者金永爵笔谈,金氏云:"我国书籍未尝不多,而无一携带入京者,以于明季国初事多有忌讳故也。"[1]只要看看朝鲜人至嘉庆年间在著述中依然对清帝以"胡皇"称之,就可以推测当时文字中有多少忌讳、违碍、不恭的用语,这必然限制了其书之西传。

2. 据史书以考

史书是一个社会状况的全面纪录,与书籍相关的史料,包括赐赠、购买、刊刻、奉献等,都在史书中反映出来。最为集中的纪录,是史书中的"艺文志"或"经籍志",朝鲜和日本史籍皆以编年史为主,体例上不含"志"。但即便是纪传体,如金富轼《三国史记》、郑麟趾《高丽史》、吴沄《东史纂要》、洪汝河《汇纂丽史》等,也都没有"艺文志"或"经籍志"。所以,史书中关于书籍流传的记载,是丰富而零散的。兹以日本史籍为例说明。

日本早期史书,有《古事记》《日本书纪》《续日本纪》《日本三代实录》等。据记载,中国典籍之最早传入日本,是在秦始皇时代(即日本孝灵天皇时代)。日本欲得五帝三王之遗书,始皇悉送之。在焚书坑儒之后,"孔子全经遂存于日本"[2]。不过这一记载未必可靠。一

---

〔1〕 董文涣《韩客诗存·韩客文存》,书目文献出版社,1996年版,页266。

〔2〕 北畠亲房《神皇正统记》,《群书类从》第三辑,页25。

般认为,日本之开始有经史典籍,乃自百济王仁始。《日本书纪》卷十载:

> 十六年(285)春二月,王仁来之,则太子、菟道稚郎子师之,习诸典籍于王仁,莫不通达。故所谓王仁者,是书首等之始祖也。[1]

瑞溪周凤《善邻国宝记》引用《神皇正统记》云:“自百济召博士传经史,太子以下习之,此国用经史及文字此为始。”[2]而主动向中国购买书籍,则在推古帝时代。《善邻国宝记》卷上记载:

> 以小治田朝(今按推古天皇)十二年岁次甲子(604)正月朔始用历日。是时国家书籍未备,爰遣小野臣因高于隋国买求书籍。[3]

隋唐时代,日本派出众多遣唐使、学问僧及留学生,他们归国之时,也带回大量汉籍。日本留学生中名气最大的是朝臣真备和晁衡。《续日本纪》卷三十三云:“灵龟二年,(真备)年廿二,从使入唐,留学受业,研览经史,该涉众艺。我朝学生名播唐国者,唯大臣及朝衡二人而已。”[4]并且纪录了他所献书籍物品:

> 入唐留学生从八位下下道朝臣真备献《唐礼》一百卅卷、《太衍历经》一卷、《太衍历立成》十二卷、测影铁尺一枚、铜律管一部、铁如方响写律管声十二条、《乐书要录》十卷、弦缠漆角弓一张、马上饮水漆角弓一张、露面漆四节、角弓一张、射甲箭廿

---

〔1〕 北畠亲房《神皇正统记》,《群书类从》第三辑,页277。

〔2〕《善邻国宝记》卷之上,国书刊行会影印本,1975年版,页24。

〔3〕 同上注,页35。

〔4〕《新订增补国史大系》2,页423。

只、平射箭十只。[1]

此事记于圣武天皇天平七年(735)四月辛亥,这可以使我们确知以上书籍在何时通过何人传入日本。

关于日本汉籍之流入中土,史书上也有若干记载。僧皇圆(?—1169)《扶桑略记》第廿四醍醐帝延长四年(926)五月廿一日云:

(宽建)法师又请此间文士文笔:菅大臣、纪中纳言、橘赠中纳言、都良香等诗九卷。菅氏、纪氏各三卷,橘氏二卷,都氏一卷。但件四家集,仰追可给。道风行草书各一卷。付宽建,令流布唐家。[2]

又《慈惠大僧正传》长元四年(1031)九月十九日记源信僧都事:

所著书论,盛行于世。其中《往生要集》三卷,浊世末代之指南也。远经沧海,遂渡震旦。传闻九州之中,广崇斯文,如教修行者,或生净土云云。法水东流,自古而存,未有日域制作,还利西朝矣。[3]

日本典籍的西渐,近年来已受到一些中日学者的重视[4],以汉籍整体为范围讨论其在汉文化世界中的交流,对这一课题理应重视。回流汉籍中影响较大的主要是的佛教和儒家典籍。

地方史料也是值得重视的文献,尤其是长崎一地的史料,如《长崎实录大成》《唐通事会所日录》和《幕府书物方日记》等,这些资料对于当时汉籍流行的规模与数量,都提供了切实可据的记录。又有

---

〔1〕《新订增补国史大系》2,页137。
〔2〕《新订增补国史大系》12,页197。
〔3〕《群书类从》第五辑,页562。
〔4〕参见王勇、大庭修主编《中日文化交流史大系·典籍卷》第三章“日本汉籍西传中国的历程”,浙江人民出版社,1996年版,页176—303。

若干传记资料,如《长崎先民传》《先哲丛谈》(含《续编》《后编》)等,往往记录了当时日本人与清商的交往,其中也包含了书画典籍方面的交流。

3. 据日记以考

日记是一种常见的文体。这里特别想提到东国人士到中国的旅行记,在高丽时代和朝鲜时代被称为"朝天录"或"燕行录",其中很多是按日记录的。而从平安时代开始,日本贵族阶层便以写作日记为日课,藤原师辅在《九条殿遗诫》中训诫子孙,概括了每天早餐前的必要行为,其中就有"记昨日事(事多日,日中可记之)"[1],然后才可以服粥。因此,贵族子弟也以善写日记为其修养之典型,藤原明衡《新猿乐记》即有此描述。此后,这样的习惯也影响到僧侣,当他们到中国的时候,无论是入唐、入宋还是入明,都留下了许多日记。江户时代实行锁国政策,日本人没有海外旅行的机会,但从幕府末期开始情况有所改变,因而也留下了不少中国旅行记录。小岛晋治监修的《幕末明治中国见闻录集成》,就网罗了此方面的资料。尽管明治时代日本人到中国关注的重心已不是书籍,但在其观察和与中国人的笔谈中,毕竟也还保留了一些值得注意的资料,提供了书籍交流方面的信息。兹以朝鲜资料为例说明。

由于朝鲜"燕行"人员中有不少当时知识界的代表人物,他们到中国的目的之一,就是访书购书,有些是奉命而购,有些则是凭个人关注兴趣而购。在他们的日记中,购书、访书、论书以及互赠书籍就成为重要组成部分。以购书而言,李宜显《庚子燕行杂识》中就记录了此行"所购册子"及"书画"之目,其中大型图书有《册府元龟》三百一卷、《续文献通考》一百卷、《图书编》七十八卷、《荆川稗编》六十

---

〔1〕《群书类从》第二十七辑,续群书类从完成会,1993年订正三版,页136。

卷、《三才图会》八十卷、《汉魏六朝百名家集》六十卷、《全唐诗》一百二十卷等，书画则有米芾、颜真卿、徐浩、赵孟頫、董其昌等人的作品[1]。

又有访书记录，如李德懋《入燕记》正祖二年(1778)五月十九日记："燕市书肆自古而称，政欲翻阅，于是与在先(案:即朴齐家)及干粮官往琉璃厂，只抄我国之稀有及绝无者，今尽录之。"[2]清人姜绍书《韵石斋笔谈》卷上载："朝鲜国人最好书，凡使臣入贡……日出市中，各写书目，逢人便问，不惜重直购回。"[3]而朝鲜的《西库藏书录》中也著录了《燕肆书目》一种，据我看来，应该是燕行人员在中国抄录而成。这些与上文的纪录也正可印证。李德懋所钞书目，其中有若干种属当时的禁书[4]。从燕行录中来看，朝鲜人入清，对于禁书尤感兴趣，经常有私下央求或购买者。如李田秀、李晚秀(1752—1820)昆仲所撰《入沈记》，癸卯(1783)年九月初九日与张裕昆笔谈，张言及明清易代之际的剩人和尚，"本朝下令毁其文。又书曰:毁不尽"。于是索之。而最为生动的则是对于禁书的谈话。如李氏兄弟和张裕昆的笔谈：

> 钱受之握明末文柄，颐气涕唾，亦足以升沉天下士，后之尚论者果如何？书答曰:牧翁有才无行。又书曰:现今读书人遵奉公令，焚灭其书，后世学者，自有定论。[5]

---

〔1〕参见林基中编《燕行录全集》第35册，韩国东国大学校出版部，2001年版，页476—478。

〔2〕《青庄馆全书》卷六十七，《韩国文集丛刊》第259册，页220。

〔3〕文渊阁《四库全书》本，台湾商务印书馆影印。

〔4〕藤塚邻《清朝文化东传の研究》指出："《笠翁一家言》《篋衍集》《觚剩》《宛雅》四书列于《禁书总目》，《感旧集》《说铃》二书列于《违碍书目》，《潜确类书》《诗持》二书列于上述二目，《史贯》列于《全毁书目》，《赖古堂集》《由拳集》二书列于《抽毁书目》。"国书刊行会，1975年版，页29。

〔5〕《入沈记》，《燕行录全集》第30册，页213—214。

徐浩修(1736—1799)《燕行记》记与铁保的对话:

> 余曰:《牧斋集》方为禁书,阁下何从得见?铁曰:凡禁书之法,止公府所藏而已,天下私藏,安能尽去?牧斋大质已亏,人固无足观,而诗文则必不泯于后也。[1]

朝鲜使臣这些私下的谈话对象,有王公贵族,有一般文人,但对于禁书都不是一概否定,甚至还加以肯定,为我们提供了一则则颇有意味的书话。

燕行录中也有关于赠书的记载,如《入沈记》记张裕昆赠送《经义考》《楞严经》《锦囊录》和《潘梅轩遗稿》[2];徐浩修《燕行记》记铁保"索余所著书,行中无他携带者,以《浑盖图说集笺》二卷送之"[3];柳得恭(1749—1807)《燕台再游录》记其赠钱东垣《渤海考义例》[4];徐庆淳(1804—?)《梦经堂日史编》记李芋仙士菓赠彼《香祖笔记》一册[5]等。总之,燕行录中包含丰富的有关书籍交流的史料,值得重视。

对于燕行录中的记载,使用时需要注意,其中有完全抄录自中国文献者,应仔细辨别,不可贸然据以考证中国书籍之传入。如徐有素之《燕行录》(撰于1823年),卷十六的"明代诸儒文评"和"清代诸儒文评",其实皆抄自《四库提要》,目的大抵在供东国人参考,不足以证明当时有这些明清文集在朝鲜流传。又有后代抄录前人者,亦不宜混为一谈。

中国方面的日记,尤其是与东国文人有交往者的日记中,也有大

---

〔1〕〔3〕《燕行记》卷二,《燕行录全集》第51册,页54。

〔2〕《入沈记》卷下,《燕行录全集》第30册,页313—314。

〔4〕《燕行录全集》第60册,页298。

〔5〕《梦经堂日史》编四,十二月十九日条,《燕行录全集》第94册,页431—432。

量互赠图书的纪录，如董文涣《砚樵山房日记》。董氏曾有《海客诗选》之编，从其日记中，可以挖掘出很多中朝文人交往的史料，亦有助于研究其诗选及评论。有些未定稿（主要是给海东诗人的诗序）也存于日记中，可与定稿相较。

4. 据文集以考

由于书目和史书的记录往往受到一定的限制，许多典籍的传入并不总是能够呈现在其中。这就需要利用其他文献作补充，文集即为一类。在各家文集中，往往有阅读、引用或化用某一典籍的记录或痕迹，据此以推，即可获得文献传入的证据，因而考察文集中所引及之书或使用典故，也就成为书籍交流研究法之一。小岛宪之的名著《上代日本文学与中国文学》，其副标题就是“以出典论为中心的比较文学的考察”[1]，这种方法不止适用于研究日本，也可以用于其他国家和地区的汉籍交流。

文集可以包括别集和选集，也包括对某一别集或选集的注释。高丽时代建有“临川阁”，其功能“非燕集之地，其中藏书数万卷而已”[2]。又有集贤殿藏书阁，“四部之书，分在异壁，手扪目睹，辨若白黑”[3]。但是并未有书目流传下来，所以，如果要考察高丽时代的汉籍流传，以文集为依据是一条较为可行的途径。兹举例说明之。

首先，可以根据文章标题来考察。例如，李奎报（1168—1241）《东国李相国文集》中有以下诗文标题，如《读李白诗》《读陶潜诗》《驱诗魔文效退之送穷文》《全州牧新雕东坡文集跋尾》《反柳子厚守

---

〔1〕 小岛宪之《上代日本文学と中国文学——出典论を中心とする比较文学的考察》，塙书房，1962年版。

〔2〕 徐兢《宣和奉使高丽图经》卷六，万有文库本，商务印书馆，1937年版，页23。

〔3〕 李季甸《集贤殿藏书阁颂》，《东文选》卷五十，民族文化刊行会影印《朝鲜群书大系续续》本，第3册，1994年版，页115。

道论》《书白乐天集后》《王文公菊诗议》等，以此推断，即可知道此前已有以上文集传入。又如李穑（1328—1396）《牧隐集》中有如下标题：《读樊川集题其后》《读高轩过》《读玉屑卷末》，即可推知又有杜牧、李贺等诗集和《诗人玉屑》的传入。

其次，可以根据诗文的内容来推断。例如钟嵘《诗品》何时传入东国，史无明确记载，但高丽朝诗人林椿《西河集》中有《次韵李相国知命见赠长句二首》，其一云“语道格峭异众家，讥评不问痴钟嵘”〔1〕，即表明时人对此书已相当熟悉。从“讥评”二字推论，当时传入高丽的本子很可能是《诗评》一名〔2〕。朝鲜时代李睟光（1563—1628）《芝峰类说》引及尹根寿的赠诗“还从离别日，却效老钟评”，并下一转语云：“‘老钟’人多不解，盖钟嵘，萧齐时人，有《诗评》，故云。”〔3〕钟书在《隋书·经籍志》即著录为《诗评》，唐宋史志亦然，元代以后，则惟有《诗品》之名。据此推断，《诗品》传入高丽的时间不会晚于南宋。

根据文集还可以了解到中国典籍在当时的流行状况。如林椿《与眉叟论东坡文书》指出：“仆观近世东坡之文大行于时，学者谁不服膺呻吟。”〔4〕李奎报《答全履之论文书》云：“世之学者，初习场屋科举之文，不暇事风月。及得科第，然后方学为诗，则尤嗜读东坡诗。故每岁榜出之后，人人以为今年又三十东坡出矣。”〔5〕又《全州牧新雕东坡文跋尾》云：“夫文集之行乎世，亦各一时所尚而已。然今古以来，未若东坡之盛行，尤为人所嗜者也……自士大夫至于新进后学，

〔1〕《西河集》卷二，《韩国文集丛刊》第1册，页219。
〔2〕另有一个旁证，即高丽末僧子山《夹注名贤十抄诗》曾三处引及钟书，亦皆作《诗评》。
〔3〕《芝峰类说》卷十三，《修正增补韩国诗话丛编》第2册，页380。
〔4〕《西河集》卷四，《韩国文集丛刊》第1册，页242。
〔5〕《东国李相国集》卷二十六，同上注，页558。

未尝斯须离其手,咀嚼馀芳者皆是。"[1]结合徐居正(1420—1492)《东人诗话》卷上的记载:"高丽文士专尚东坡,每及第榜出,则人曰:'三十三东坡出矣。'"[2]可见高丽朝中叶以后,东坡诗风是极为流行的。

由于中国典籍的传入,自然成为域外文人写作的样板,不仅摹仿,也使用其中的典故。根据其用典,我们甚至可以考知是何种版本的典籍。例如洪侃(?—1304)《次韵和金钝存四时欧公韵》之一云:

> 仲春嘉月长百草,龙吟虎啸衡茅小。逍遥山泽有至乐,隽永之味独自饱……俯纶渊底之游鱼,仰弋云间之逸鸟。西隅倒景虽不住,东岭望舒生又早。纵心域外咏三皇,不知荣辱焉知老。[3]

这几乎就是张衡《归田赋》后半部分的改写:

> 于是仲春令月,时和气清。原隰郁茂,百草滋荣……于焉逍遥,聊以娱情。尔乃龙吟方泽,虎啸山丘。仰飞纤缴,俯钓长流……落云间之逸禽,悬渊沉之魦鰡。于时曜灵俄景,继以望舒。极盘游之至乐,虽日久而忘劬……挥翰墨以奋藻,陈三皇之轨模。苟纵心于域外,焉知荣辱之所如。[4]

上文"继以""域外""焉知"三词,在李善本分别作"系以""物外""安知",而从洪氏诗的最后四句看,显然不出于李善,而是出于五臣注《文选》。朝鲜时代亦然,柳梦寅(1559—1623)《於于野谈》载:

---

〔1〕《东国李相国集》卷二十一,页515。

〔2〕徐居正《东人诗话》卷上,《修正增补韩国诗话丛编》第1册,页444。

〔3〕《东文选》卷之六,同上注,页103。

〔4〕奎章阁所藏六臣注本《文选》卷十五,다운 샘影印本,1996年版,页369—370。

柳根为都承旨，李好闵有制进文章，根多付标请改，好闵或改或不改，犹遣吏请改再三。又于"欱"字付标，问："此何字耶？"好闵冷笑曰："柳也所读东人诗文，不读《文选》耶？"下笔注之曰："《文选·赋》：欱野喷山。欱澧吐鄗。欱，古吸字也。"……根惭甚，自此虽新进拙文，不敢请改，亦怒之也。[1]

案"欱野喷山""欱澧吐鄗"分别出自班固《两都赋·东都赋》和张衡《西京赋》句，原文作"欱野歕山""欱沣吐镐"。而从李好闵"欱，古吸字也"的解释中，我们也可以推测当时流行的《文选》依然是五臣注，而非李善注本[2]。

《十抄诗》是高丽时期的一个唐诗选本，且有高丽末僧人的注释。据僧子山《夹注名贤十抄诗序》云：

本朝前辈钜儒据唐室群贤全集，各选名诗十首，凡三百篇，命题为《十抄诗》，传于海东，其来尚矣。[3]

此处透露出一个信息，即《十抄诗》中所选唐诗，都是从其"全集"中选出。这也就意味着刘禹锡等二十六个诗人的全集，在此书编纂之前已传入高丽。这些集子和中国传世诸集颇有差异，因此，其中不仅有唐人佚诗约百首，即便非佚诗，与中国传世文献相较，也不乏异文。

注释中也有值得注意的史料。以《夹注名贤十抄诗》为例，其中征引众书，即表明该书之传入。由于时代较早，甚至还保留了不少中土文献的佚文。以诗话而言，宋人佚名之《汉皋诗话》久已亡佚，而《夹注》即保留三则佚文[4]。这不仅证明《汉皋诗话》曾传入高丽，也

〔1〕 洪万宗《诗话丛林》卷之三，页282—283。

〔2〕 吕延济注曰："欱歕犹吹吸也。"李善注："《说文》曰：欱，啜也。火合切。歕，吹气也。歕闷切。"

〔3〕《夹注名贤十抄诗》卷首，藏韩国中央研究院，此为现存最佳之版本。

〔4〕 参见冈田千穗《〈十抄诗〉及其注本的文献价值》，《域外汉籍研究集刊》第一辑，页85—86。

可以弥补中土文献之不足。

5. *据诗话以考*

朝鲜半岛和日本历史上都有不少诗话,其中大部分用汉文撰写。诗话的形式来自中国,诗话的内容有很多是评论中国诗歌及其与本国诗歌的关系,其中往往会引用中国诗话资料,以资印证或辩驳。韩国诗话总集,有赵锺业教授所编《修正增补韩国诗话丛编》,收录自高丽至朝鲜末期的诗话126目105种。日本诗话资料,早期有池田胤编辑的《日本诗话丛书》十卷64种。近年则有赵季、叶言材、刘畅辑校的《日本汉诗话集成》最为丰赡。利用诗话资料,也可以考见当时中国文学著作的东传及其影响。兹以韩国诗话为例略作说明。

崔淑精《东人诗话后序》云:

> 吾东方诗学,始于三国,盛于高丽,极于圣朝。其间斧藻裁品者,若郑中丞嗣文、李大谏眉叟、金文正台铉、崔平章树德、李益斋仲思,皆有裒集之勤。[1]

此处提及的有郑叙(嗣文)《杂书》、李仁老《破闲集》、金台铉的《东国文鉴》、崔滋《补闲集》和李齐贤《栎翁稗说》,其中郑、金之作已亡佚。现存之著,其最早者为李仁老(1152—1220)《破闲集》[2],有关唐宋人文集之传入,颇有涉及,如《冷斋夜话》《筠溪集》以及贯休、参寥、杜甫、苏轼、黄庭坚、贾岛、李商隐、李白、韩愈、柳宗元、杜牧等人的作品[3],对于唐宋人作品传入时间的考察极有助益。其记载也能反映中国作品的流行状况,以苏轼诗为例:

---

〔1〕《修正增补韩国诗话丛编》第1册,页536。

〔2〕据其子世黄所撰《跋》云:"《集》既成,未及闻于上,而不幸有微恙,卒于红桃井第。"可知此书乃成于其去世前不久。

〔3〕此处依《破闲集》中出现先后为序。

宋人有以精缣妙墨求(大鉴)国师笔迹者,请学士权迪作二绝,写以附之:"苏子文章海外闻,宋朝天子火其文。文章可使为灰烬,落落雄名安可焚。"[1]

这便从一个方面表现出东坡作品在高丽的流行。

《东人诗话》是东国历史上第一部以"诗话"命名的著作,也是东国诗话史上地位最高的著作之一,当时人评为"自有诗话以来,未有如此之精切者"[2]。尽管高丽朝传入的宋人诗话甚多,但影响最大的是几种诗话总集,即《诗话总龟》《苕溪渔隐丛话》《诗人玉屑》《诗林广记》等,尤其是《诗人玉屑》。

李睟光《芝峰类说》虽然是一部类书,但其中"文章部"占七卷之多,可作诗文评看[3]。该书引述中国诗文集甚多,可以显示当时中国文学典籍传入的整体规模。

6. 据笔记以考

笔记的文体与诗话接近,所以无论在中国还是在朝鲜或日本,都有不少笔记是兼含诗话的。因此,笔记中也有相当多的资料可供采撷。兹仍以朝鲜时代笔记为例说明,如成伣(1439—1504)《慵斋丛话》卷二云:

成庙学问渊博,文词灏溷,命文士撰《东文选》《舆地要览》《东国通鉴》。又命校书馆无书不印,如《史记》、《左传》、四传《春秋》、前后《汉书》、《晋书》、《唐书》、《宋史》、《元史》、《纲目》、《通鉴》、《东国通鉴》、《大学衍义》、《古文选》、《文翰类

[1] 《破闲集》卷下,《修正增补韩国诗话丛编》第1册,页61。
[2] 崔淑精《东人诗话后序》,《修正增补韩国诗话丛编》第1册,页537。
[3] 如赵锺业教授抽出其中六卷编入《修正增补韩国诗话丛编》第2册,又《韩国古典批评论资料集》将其全部收入别册Ⅱ。

选》、《事文类聚》、欧苏文集、《书经讲义》、《天元发微》、《朱子成书》、《自警编》、杜诗、王荆公集、陈简斋集。此余之所记者,其馀所印诸书亦多。[1]

如果结合《成宗实录》的记载,当时所印经史子集之书甚多,堪称"无书不印"。笔记中有专门纪录图书交流的,如李德懋《盎叶记》二"中国书来东国"条,即可与史书相参证。而有的记载就更富于私人性,如李喜经《雪岫外史》载:

己未(1799)秋使行,自内阁有朱子诸书十馀种购来之命,是时余亦入燕,亲往书肆搜求不得。又广问知旧,皆无有。最后往见纪晓岚,示其书目要求。则晓岚援笔书其诸种凡例,撰述人姓名,无不备详,仍曰:"此册虽皆入《四库书总目》,而初未刊行,不可得也。"又曰:"其中数种见在于门生某人家,而其人家在浙江,当书求以付后便。"前年始送传使便,其博洽之深、信义之重,亦可知矣。其时余往见翁覃溪,亦要购之,则翁拈《白石杂录》《翁季录》两册曰:"此则吾当购赠矣。"其后竟未得焉。纪曰:"《白石杂录》余所删定者,而虽入于四库书,更无他本矣。"翁则不知而妄称可购,博洽与雅度,翁让于纪可知也。[2]

李裕元(1814—1888)《林下笔记》纪录近事甚详,其《春明逸史》—"中国士友赠遗"条载:

燕都朝士之同为唱酬者多有赠遗,叶志诜赠《杏花直幅古鼎图》,姚衡赠《纪年编》《喉症通论》《引痘新书》《山海经笺疏》,姚觐元赠唐碑、《唐人近体诗抄》《历代世系》《纪年编》《文僖公

[1] 《大东野乘》第一卷,页49。

[2] 《雪岫外史》,亚细亚文化社,1986年版,页24—25。

石刻三种》《再续三十五举卷》《宣南吟社诗录》，吕绾孙赠赋色写生及楹联字、米老帖、画扇，杨尚志赠《纪元编》，黄爵滋赠苏笺，李伯衡赠东坡帖，沈享愚赠墨刻紫阳楹帖、萧尺木《姑孰山水》木刻本，和色本赠墨刻帖，瑞常赠图章，王楚材、王彦渠俱赠大羊毫，僧三明赠恽寿平画，周棠赠《石鼓歌》、古今石刻、古砚、《兰亭修禊帖》、直幅屏、横披、古宝贤堂帖、石章、隶书、兰竹画、汉碑，俱是珍玩，奚啻百朋也。[1]

除了书籍，也有一些文物，如卷三十四"覃斋中物出东方"条所载甚多，翁方纲父子与朝鲜人多有交往，观此则知翁氏家藏骨董流入东国之一斑。此类雅玩乃文人之爱好，故纪昀赠洪良浩物亦多"文房佳品"[2]。

7. 据序跋以考

传入东国的典籍，往往被朝鲜人或日本人所翻刻或作选集，形成朝鲜本与和刻本，其中的序跋往往传达出典籍流传的信息。序跋包括编书序跋和刻书序跋两类，从中皆有助于考知某书之传入、翻刻及流行状况。

以日本为例，和刻本的出现，大致起于镰仓、室町时代的"五山版"，但汉籍的大量翻刻，则要到江户时代。日本汲古书院所影印出版的《和刻本经书集成》《和刻正史》《和刻本诸子大成》《和刻本书画集成》《和刻本类书集成》《和刻本汉籍随笔集》《和刻本辞书字典集成》《和刻本汉诗集成》《和刻本汉籍文集》，京都中文出版社的《和刻汉籍丛刊・思想编》，东京ェンタプライズ的《和刻汉籍医书集成》等，就是其中的一部分，涉及经史子集四部。这些和刻本不仅是汉籍

〔1〕《林下笔记》卷二十五，成均馆大学校大东文化研究院，1961年版，页631。

〔2〕同上注，"纪晓岚赠耳溪物"条，页843。

的实物，而且往往附有当时或后来日本人所作的题跋，对于汉籍的流传提供了重要的信息。

江户时代有过不少文学总集的和刻本，从这些总集中，可以得知有哪些文集曾经传入日本。如香川修德《明诗大观凡例》云：

> 一、此邦翻刻明诗者，不过《明诗选》《千家诗》《七才子诗集》三二部耳，各家全集亦未刊传。故今就诸集中新汇成编，以惠世之好明诗者。
>
> 一、是集本于朱篁风《明诗汇选》，自《李空同集》《何大复集》《李沧溟集》《弇州四部稿》《青萝馆集》《四溟山人集》《甑甀洞稿》及《郁离》《缶鸣》各家全集，以至张士瀹《文纂》，钱谦益《列朝诗集》，钟、谭《明诗归》，顾、赵《近体台阁集》，蒋仲舒《尧山堂外纪》，亦皆旁及广搜，随检采录。[1]

此书编于日本正德四年（康熙五十三年，1714），即可知明人文集在当时的传入及流行状况。又如，井上惪《唐诗绝句批注序》云：

> 首载清儒阮氏之言，乾隆《四库》未收，乃知西土亡佚已旧矣。庸讵知不此刻传到于彼，彼刊而刻之，以传于我，亦犹太宰氏《古文孝经》之收入鲍氏丛书而再舶送于此哉？果如是乎，东西流传，与夫《文章轨范》并行于宇间而浩古不泯。[2]

此序撰于弘化丁未（1847），自从太宰纯于享保壬子（雍正十年，1732）将《古文孝经孔氏传》校点问世，并由汪翼苍随贾舶购入，鲍廷博于乾隆四十一年（1776）乃刻入其《知不足斋丛书》，而《丛书》又在安永八年（乾隆四十四年，1779）传入日本，引起日本学人的重视，不

---

〔1〕 长泽规矩也编《和刻本汉诗集成·总集篇》第七辑，汲古书院，1979 年版，页 253。

〔2〕 长泽规矩也编《和刻本汉诗集成·总集篇》第二辑，汲古书院，1979 年版，页 126。

仅引以为荣，向往书籍的“东西流传”，后来甚至以此为编纂书籍的目的[1]。

序跋中的书籍交流史料颇为丰富，有时还包括汉籍从朝鲜传到日本的纪录。如元代陈绎曾之《文章欧冶》，有洪熙乙巳（1425）之明刊本，传入朝鲜后，至嘉靖庚戌（1550）而有光州版，并有嘉靖壬子（1552）尹春年（1514—1567）之序。至日本元禄元年（1688）之和刻本，既录尹春年之序，又载伊藤长胤（东涯）之《后序》云：

> 予尝获朝鲜写本，然文字漫漶，鱼豕相望，殆不可读焉。乃不自揣为校雠参订，略得绪正。不敢自私，因寿诸梓。[2]

并附有尹春年之《古文谱体制法注》。再如《诗法源流》，朝鲜嘉靖壬子（1552）版有尹春年之序跋，据其跋文云：

> 愚尝读《学范》，见其《诗法源流》之名，切欲一见而未得焉。适以校正乐器，仕于掌乐院，与其院正李丈寿福相语，偶及于此。李丈曰：“我有写本，当为子赠之。”愚得而见之，真诗法之源流也。但恨字多舛讹，几不可读。后幸得他本于李牧使桢，思欲与学者共之。白于校书馆提调宋判书世珩，而印之广布于世……但此书所言体意声之旨，泛论大概，恐学者未之能晓，故愚不揆浅拙，略加批注，高明之士实正之。[3]

尹春年自赵㧑谦之《学范》中初闻《诗法源流》之名，他从李寿福及李桢处所得当为写本或中国刊本，朝鲜本刊于明宗七年（1552），并附有尹春年所撰《诗法源流体意声三字批注》。日本江户时代的《新刊诗

---

〔1〕 参见蔡毅《市河宽斋与〈全唐诗逸〉》，收入《日本汉诗论稿》，中华书局，2007年版。

〔2〕 长泽规矩也编《和刻本汉籍随笔集》第十六辑，汲古书院，1977年版，页319。

〔3〕 安大会《尹春年과诗话文话》所附《诗法源流》影印本，소명出版，2001年版，页83。

法源流》刊本亦冠以至治壬戌(1322)杨仲弘序、嘉靖壬子尹春年序,后列成化元年(1465)怀悦后序、正德戊辰(1508)周廷征后序,末附尹春年之《诗法源流体意声三字批注》[1],由此亦可推断该版同样出于朝鲜本。透过以上的序跋,清楚地显现出一本书从中国到朝鲜再到日本的过程,而尹春年的《体意声三字批注》,更是在中国本基础上的衍生,并且随着书籍的传播和翻刻,进一步影响到日本。

8. 据书信以考

清朝文人与东国文人,尤其是与朝鲜人之间有不少往来书信,这些信件是重要的文人交往资料,其内容除了彼此问候之外,往往涉及文学、学术问题,也有书籍互赠的记录。与此相关的,还有一些笔谈资料。这些内容除了在文集中有所收录之外,也有汇为一帙者,例如韩国汉城大学校中央图书馆所藏之《清人简牍》,奎章阁所藏《燕杭诗牍》,韩国精神文化研究院所藏《兰言汇钞》,美国哈佛—燕京图书馆所藏《海邻尺牍》[2]《华东倡酬集》,日本东洋文库所藏《得泰船笔语》、《大河内文书》中与中韩人士的笔话(已出版《黄遵宪与日本友人笔谈遗稿》)、《清客笔话》等,以上珍贵文献,皆可资利用。

以中朝文人间书信为例,《海邻尺素》录仪克中于道光癸巳(1833)所写致李尚迪信云:

> 《经籍纂诂》板存粤东,归当印寄。《多能鄙事》刻于金陵,

---

〔1〕 此本今存京都大学文学部图书馆。又长泽规矩也编《和刻本汉籍随笔集》第十六辑亦收录了《(新刊)诗法源流》,可参看,页321—336。

〔2〕 此书原为藤塚邻所藏,收录了清人致李尚迪的书信(其中一通为藤塚邻以其“望汉庐用笺”手抄)。韩国亚细亚文化社所刊“韩国名家文集选”收《恩诵堂集》,曾附以恩雨堂藏本《海邻尺素》,与《海邻尺牍》同出一源,而选录有异同。

容并寄也。[1]

又韩韵海信云：

令师所征碑本，当为觅寄。惟《惜抱轩稿》一时未能复命，缘此书都中甚少故耳。[2]

又邓尔恒信云：

《史通削繁》一部，亦粤中新刊者，并乞哂存。[3]

清道光年间，随着乾嘉考据学的兴盛与繁衍，中国人对于海东金石兴趣日增，在与朝鲜人的书信中，往往可见这些纪录。如道光十一年(1831)韩韵海致信李尚迪云：

贵邦名贤诗文集及金石碑刻，倘能为弟谋得一二，则不啻锡我以百朋也。[4]

又吴式芬信云：

仆自少即喜谈金石考订之学，年来通籍居京，获请益于芸台相国，复与东卿、燕庭、孟慈、季卿诸君昕夕过从，皆称道金秋史侍郎不置……尚祈博搜海东金石文，扩我好奇之眼界也。[5]

又潘祖荫信云：

拙著《海东金石录》因所见渺浅，尚未成书，所望一瓻之赠，盼切切。[6]

---

〔1〕《恩诵堂集》，亚细亚文化社，1983年版，页559。
〔2〕《恩诵堂集》，亚细亚文化社，1983年版，页570。
〔3〕同上注，页597。
〔4〕同上注，页569。
〔5〕同上注，页578—579。
〔6〕同上注，页637。

古谚有“借人书一瓻,还人书一瓻”[1]之说,故“一瓻之赠”即代指赠书。

9. 据印章以考

在图书上钤盖源印章,在中国由来已久。受到影响,朝鲜和日本的公私藏书也往往盖有印章。根据这些遗迹,便有助于考察一书之流传。无论是通过购买、赠送还是野蛮的掠夺,通过书籍上的印章便可使人想到书的主人及其命运。印章的形制、大小,印文的字形、图案多种多样,也往往体现了时代的变迁。兹仍以朝鲜半岛书籍印章为例。

韩国历史上的公家藏书钤印当始于高丽时代的肃宗朝(1096—1105),梁诚之(1415—1482)《弘文馆序》云:

> 前朝(案:指高丽朝)肃宗始藏经籍,其图书之文,一曰“高丽国十四叶辛巳岁御藏书大宋建中靖国元年大辽乾统元年”[2],一曰“高丽国御藏书”。[3]

肃宗辛巳(1101)即宋徽宗建中靖国元年,因此,这样的图书印往往说明了其书出于北宋,且为高丽肃宗朝所收集。例如,日本宫内厅书陵部藏有一部《通典》,每册卷首有“经筵”朱印,卷末钤盖“高丽国十四叶辛巳岁御藏书　大宋建中靖国元年大辽乾统元年”朱印及“秘阁图书之章”[4]。可知此书乃高丽肃宗六年收藏之北宋刊本,其后延续至朝鲜

---

〔1〕何薳《春渚记闻》卷五“瓻酒借书”条载:“杜征南《与儿书》言,昔人云:‘借人书一痴,还人书一痴。’山谷《借书诗》云:‘时送一鸱开锁鱼。’又云:‘明日还公一痴。’常疑二字不同,因于孙愐《唐韵》五‘之’字韵中‘瓻’字下注云:‘酒器大者一石,小者五斗,古借书盛酒瓶也。’又得以证二字之差。然山谷鸱夷字必别见他说。当是古人借书,必先以酒醴通殷勤,借书皆用之耳。”

〔2〕“乾统元年”原本作“乾统九年”,宋建中靖国元年即辽乾统元年,现存书籍上所钤之印亦作“乾统元年”。兹据以改正。

〔3〕《讷斋集》卷五,《韩国文集丛刊》第9册,页356。

〔4〕此据千惠凤等《海外典籍文化财调查目录·日本宫内厅书陵部韩国本目录》,韩国海外典籍调查研究会,2001年版,页23。

朝，并经过"经筵"讲论。"秘阁图书之章"为日本红叶山文库（又称枫山文库）之藏书印，该文库由德川家康建立于庆长七年（1602），以朝鲜本众多为其藏书特色之一，而其来源则多出于"壬辰倭乱"（在日本方面多称作"文禄·庆长之役"）时掠取所得。这部《通典》上所钤盖之印章，似乎正透露出该书的流传过程。

私人藏书之在东国，自何时起而有钤盖朱印，现已不可考，流传下来的资料亦不多。《入沈记》下《亲朋贶诗》载申监役（大羽）书，乃求购《真诰》与《登真隐诀》二书，且云：

> 《真诰》则鄙藏曾得人家数百年前物矣，为人借去，见入于回禄。《隐诀》则但见其名于中州书目及《真诰》中，而与《真诰》互相发明之书，不可废一。

所谓"人家数百年前物"，其附记云：

> 鄙藏曾有之《真诰》，是自李圣载文所来畀者……著许筠图章，而题目是石峰书矣。[1]

此信写于正祖癸卯（1783）六月初三，"数百年前物"《真诰》的原主人从图章可知是许筠（1569—1618）。许筠熟悉道书，并且有所信奉，而从印章得知他还藏有《真诰》一书，可见他在道教典籍中浸润之深[2]。韩石峰（濩）为当朝书法大家，亦许筠友人，故为题书名。李裕元《林下笔记·春明逸史》"书册图章"条云：

> 余见书册有割去图章者，辄怅然曰："是必故家流出者也。"凡所得书册，不踏余之图章，以其非长久可度也。燕市购书，如

〔1〕《燕行录全集》第30册，页419—420。

〔2〕朝鲜"文章四大家"之一申钦曾与许筠有接触，而这样评价说："日与相会，闻其传诵古书，至于儒道释三家书，无不触处洒然，人莫能当也。"（柳梦寅《於于野谈》卷二）

有古人图章，价必倍蓰。若或闻人所阅则尤倍之，为爱重古迹而然也。以此看之，可知东俗之隘矣。[1]

尽管朝鲜人在将古书出售转让之际，往往将印章刓去，有的人也因此不在自己的藏书上钤印，这对考察书籍的流传可能带来一些不便[2]，但现存韩国的古书中还是留下了若干印章，可供探索。今人著作如吴世昌之《槿域印薮》、张遇圣之《龙盘轩珍藏印谱》、国立故宫博物院编《朝鲜王室之印章》等书，皆能提供研究线索。利用这些印章，我们能够考察某书曾经何人之手或何机构收藏，也可以据此推断其传入时间。

10. 据实物以考

中国书籍之流传东国，尚有许多实物遗存。在这些实物中，有的可能是中国版，有的则是朝鲜版或和刻本，也有的是朝鲜人或日本人的抄本。根据这些实物，便有助于了解典籍的流传状况。

根据实物考证，需要综合运用各种手段。例如，韩国奎章阁藏有朝鲜时代所刊《唐宋分门名贤诗话》一册十卷，此书乃宋人诗话，原书二十卷，在中国已佚。据目录以考，则万历四年(1576)本《考事撮要·册板目录》，庆尚道尚州下便纪录了《名贤诗话》。据序跋以考，则今本《唐宋分门名贤诗话》有仲钧之跋文，要旨如下：

右《唐宋诗话》一部，仆尝得之汗漫间，以资穷愁之览。然其简篇脱逸，文句舛讹，遂嘱友人之朝京师者求购之，而终未得之也……辛亥秋，偶谒成侯士元……谈及诗话……侯曰："向也余按岭南时，欲以此编刊行，而以多阙文，卒不果焉。尔后勤求考校，已得十之四五，今以子之所藏，可合于余，庶乎篇完字备，可

〔1〕《林下笔记》卷二十七，页676。

〔2〕我在韩国旧书肆访求古书，常常看到书上的印章为墨笔涂抹者，不禁喟然伤叹。

为成书矣。”仆喜而归其书成侯……若其残文误字，皆成侯之所手正也。于是告诸吾广原相国，乃使吴生楷写净本，嘱尚州姜牧使用慭绣梓。是岁腊月有日，月城仲钧识。[1]

仲钧是李宗准的字，他“得之汗漫间”的原本当为中国本，否则不会如此罕见。至于中国本之传入，则在高丽时代，故丽末僧子山撰《夹注名贤十抄诗》，于杜牧《送围棋王逢》诗下即引用《唐宋诗话》一则[2]。其次，此书在明代成化年间已很少见，故“朝京师者求购之，而终未得之也”。第三，此书朝鲜版的刊行者为姜龟孙（1450—1505），字用慭，于朝鲜成宗十六年乙巳（1485）为尚州牧，刊行年为辛亥，即朝鲜成宗二十二年（1491），这与《考事撮要》所记当为同一版本。跋文中还出现“吾广原相国”，指的是李克墩，据《成宗实录》二十四年十二月戊子弘文馆副提学金谌上札：

伏闻顷者李克墩为庆尚监司，李宗准为都事时，将所刊《酉阳杂俎》《唐宋诗话》《遗山乐府》及《破闲》《补闲》《太平通载》等书以献，既命藏之内府，旋下《唐宋诗话》《破闲》《补闲》等集，令臣等略注历代年号、人物出处以献……克墩等岂不知《杂俎》《诗话》等书为怪诞不经之说，浮华戏剧之词，而必进于上者，知殿下留意诗学而中之也……请将前项诸书出付外藏，以益圣上养心之功，以杜人臣献谀之路。[3]

文中提到的《唐宋诗话》，即指《唐宋分门名贤诗话》一书。弘文馆为

---

〔1〕奎章阁藏书，图书番号：奎중 2301。又见张伯伟编校《稀见本宋人诗话四种》，江苏古籍出版社，2002年版，页400。

〔2〕《夹注》卷上引《唐宋诗话》云：“太宗皇帝棋品至第一，待诏贾玄者臻于绝格，朝臣潘慎修特居中，亦善棋至三品。内侍陈好玄至第四。自贾玄而下皆受三道，慎修受四道，好玄受五道。慎修尝献诗曰：‘如今纵得仙翁迹，也怯君王四路饶。’”此则今本不见，可据补。

〔3〕《成宗实录》卷二百八十五，《朝鲜王朝实录》第12册，页457。

朝鲜三司之一，其职责包括管理宫中图书，上引金谌札子，便是以副提学身份上书，但成宗“喜诗话”[1]，所以必然会将此书收入弘文馆藏之。据书上所钤印章考之，便有“弘文馆”“帝室图书之章”“朝鲜总督府之印”及“서울大学校藏书”等，正反映了此书的流传之序。以实物为依据，综合各方面的资料，就可以考见此书的出版、流传的状况。

从实物遗存中还可以考见中国书传入日本，复由日本传入朝鲜，再从朝鲜传回日本的过程。如南宋魏庆之《诗人玉屑》，该书写于南宋淳祐甲辰(1244)，在日本正中元年(1324)便有和刻本问世。此本今存日本京都大学图书馆及东京之岩崎文库，卷末有玄惠所写之刊记：

> 兹书一部，批点句读毕。胸次之决，错谬多焉。后学之君子，望正之耳。正中改元腊月下澣洗心子玄惠志。[2]

朝鲜世宗二十一年(明正统四年，1439)，有清州刊本《诗人玉屑》二十一卷，卷末录有日本正中元年(1324)玄惠所写刊记，并有正统四年朝鲜尹炯之跋文云：

> 我主上殿下尊崇正学，丕阐至治，又念诗学之委靡，思欲广布此书，以振雅正之风。岁在丙辰(1436)，出经筵所藏一本，爰命都观察使臣郑麟趾绣之梓而寿其传。始刊于清州牧，年岁适歉，未即讫功。越四年夏季，臣炯承乏以来，观其旧本，颇有误字，乃敢具辞上闻。即命集贤殿雠正以下。臣虽荒芜末学，监督

[1] 《成宗实录》卷二百八十五，《朝鲜王朝实录》第12册，页457。
[2] 转引自木宫泰彦《日本古印刷文化史》附录“古刻书题跋集”，富山房，1975年第三版，页547。

惟谨,事已告成。[1]

可知世宗大王"出经筵所藏一本",即日本正中元年刊本。今日本天理图书馆便藏有此本,又内阁文库和天理图书馆各藏朝鲜中宗—明宗年间(1522—1566)据世宗二十一年刊本之后刷本[2]。而日本宽永十六年(1639)刊本《诗人玉屑》,又录有玄惠刊记和尹炯跋文[3],可知朝鲜本又复为此和刻本之祖本。《诗人玉屑》写于南宋淳祐甲辰,百年间便传入日本并出现和刻本(正中本);再过百年,便有据和刻本翻刻之朝鲜本(清州本)问世;再经两百年,又有以清州本为祖本之和刻本(宽永本)。传播于东国的《诗人玉屑》皆为二十一卷之足本,而明清以来流传于中国的则为二十卷本,直至20世纪初王国维在日本京都以日本宽永本校宋本[4]。此二十一卷之足本始引起国人注意,今日国内之通行本即据日本宽永本和朝鲜本为校本。正是依据这些实物,我们可以了解到这部书"东西流传"的曲折经过。

以上标列十目,分别举例说明书籍交流研究可以使用的材料和方法,而在实际运用中,则贵在综合不同类型的文献和途径,尽可能获得书籍流传的实相。

(二) 文化意象

诗赋作品离不开意象的经营,作品中的意象,有的属于某些诗人的偏爱,因而形成其个人意象。有的为众多诗人使用,因而形成了集

〔1〕 转引自李仁荣《清州本诗人玉屑》,原载《博文》第5号,1939年2月,又收入《鹤山李仁荣全集》第1册,国学资料院,1998年版,页143—144。

〔2〕 参见沈隅俊《日本访书志》,韩国精神文化研究院,1988年版,页299、618—619。

〔3〕 《和刻本汉籍随笔集》第十七辑,页222—223。

〔4〕 王国维有日本宽永本跋文二则,撰于辛亥(1911)季冬。见王仲闻《诗人玉屑校勘记·附录》,上海古籍出版社,1978年新版,页604。

体意象。在晚唐五代的诗格中曾经归纳出许多,当时称作“总例物象”或“物象流类”,指的是由诗中一定的物象所构成的具有暗示作用的意义类型。如果其意义超越了简单的指涉,还包含了价值判断、立场抉择等更为深刻的内涵,其使用者的范围也超越了一时一地,甚至兼跨了不同的艺术门类,这样的意象就可以称作“文化意象”。比如中国文学史和绘画史上的桃花源、四君子等,就是为人所熟知的例子。在东亚地区,从汉代开始直到19世纪中叶,以中国为中心而逐步形成了一个汉文化圈。在长达两千年的历史中,东亚地区同文诸国的读书人有着类似的道德观念、知识结构和感受方式,形成了大同小异的文明。而在中国所形成的某些文化意象,也随着文学和绘画作品在东亚地区的传播而发散到周边国家,并且在当地发生了或大或小的变化。与发源地的文化意象相结合,其所形成的便是“东亚文化意象”〔1〕。上面提及的桃花源、四君子等意象,就不限于中国。探讨东亚文化意象的变迁,在时间上从唐代到晚清,空间上由中国、朝鲜半岛而日本,类别上又兼跨诗文和绘画,正是需要用综合研究法来处理的课题。

以综合研究而言,不但要在尽可能宽广的范围中观察种种现象,并加以比较,而且要探讨导致其异同的根源,从而获得一些理论上的提升。

1. 起源与定型

这里所集中研究的“文化意象”,专指诗人骑驴。驴进入文学在汉代,而诗人骑驴见诸记载者,似以阮籍为最早。虽然后代也有提及,但诗人与驴结下不解之缘,则要到唐代始然,产生了一批著名的

〔1〕 最近的研究成果,集中于石守谦、廖肇亨主编《东亚文化意象之形塑》一书,台北允晨文化实业股份有限公司,2011年版。可参看。

骑驴诗人。由于众多骑驴故事和骑驴语录的流传，比如孟浩然的雪中驴背寻诗，杜甫的“骑驴三十载”[1]，贾岛在驴背上推敲，李贺骑驴觅句，郑綮“诗思在灞桥风雪中驴子上”[2]的经典语录，在中国文学史上就逐步形成了诗人骑驴的意象。作为该意象的核心蕴涵，主要有两点：其一，驴是诗人特有的坐骑；其二，骑驴是诗人清高心志的象征。诗人骑驴，不仅是一种身份的标志，也是一种价值观上的取向，是一种文化抉择。作为其身份的自觉，可以用两位12世纪的南北诗人之作为例。南方的陆游在《剑门道中遇微雨》诗中有如此意味深长的一问：

> 此身合是诗人未？细雨骑驴入剑门。[3]

而北方金源诗人李纯甫则在其《灞陵风雪》诗中写道：

> 君不见浣花老人醉归图，熊儿捉辔骥子扶。又不见玉川先生一绝句，健倒莓苔三四五。蹇驴驼着尽诗仙，短策长鞭似有缘。正在灞陵风雪里，管是襄阳孟浩然。官家放归殊不恶，蹇驴大胜扬州鹤。莫爱东华门外软红尘，席帽乌靴老却人。[4]

陆游的一问代表了诗人身份的自觉，这一身份的外在标志就是骑驴。李纯甫的感叹则更加强了这份自觉——“蹇驴驼着尽诗仙”，也凸显了骑驴诗人的典范——“管是襄阳孟浩然”，深化了骑驴意象的蕴涵——“蹇驴大胜扬州鹤”。《殷芸小说》记载：“有客相从，各言其

---

〔1〕《奉赠韦左丞丈二十二韵》，仇兆鳌《杜诗详注》卷一。

〔2〕孙光宪《北梦琐言》卷七，上海古籍出版社，1981年版，页54。又见计有功《唐诗纪事》卷六十五引《古今诗话》。

〔3〕钱仲联《剑南诗稿校注》卷三，上海古籍出版社，1985年版，第1册，页269。案：对这两句诗，钱锺书《宋诗选注》、赵齐平《宋诗臆说》和小川环树《诗人の自觉》（收入《小川环树著作集》第三卷，筑摩书房，1997年版）都有很好的阐发，可参看。

〔4〕元好问《中州集》卷四，中华书局上海编辑所，1959年版，页222。

志:或愿为扬州刺史,或愿多赀财,或愿骑鹤上升。其一人曰:'腰缠十万贯,骑鹤上扬州。'欲兼三者。"[1]这三者便是升官、发财、成仙,而骑驴正与之相对,突出了虽物质贫困却精神高贵的特征。在这里,孟浩然成为无可争议的代表,"管是"意即必定是,而"官家放归殊不恶",乃用孟浩然在唐玄宗面前吟诗的故事,所谓"北阙休上书,南山归敝庐。不才明主弃,多病故人疏",唐玄宗闻之不快,"因命放归南山,终身不仕"[2]。此事虽出于好事者所托,于史实难征,但却正反映了孟浩然在大唐盛世终身不仕的事实。后人选择孟浩然作为骑驴诗人的典范,并非偶然。

作为骑驴诗人的典范,孟浩然的形象是逐步形成的。李纯甫用不可置疑的语气强调了孟浩然的独特性,而陆游所惟一援以自比的骑驴诗人也是孟浩然:一则曰"瘦似骑驴孟浩然"[3],再则曰"我似骑驴孟浩然"[4]。作为中国骑驴诗人的典范,孟浩然的形象不仅在后世诗人的文字中,也在很多画家的图画里。甚至可以说,骑驴意象最早是在与绘画相关的文献中获得其文化意蕴的。

元人吴师道《跋跨驴觅句图》指出:

> 驴以蹇称,乘肥者鄙之,特于诗人宜。甫旅京华,白游华阴,岛冲尹节,浩然、郑綮傲凡风雪中,皆画图物色也。[5]

可见诗人骑驴,是中国绘画史上常用的题材之一。其中出现得最多的,也是孟浩然。据文献记载,最早是王维在画中描写了孟浩然的骑驴。《新唐书·孟浩然传》有这样的记录:

---

〔1〕 周楞伽辑注《殷芸小说》卷六,上海古籍出版社,1984年版,页131—132。
〔2〕 王定保《唐摭言》卷十一"无官受黜"条,上海古籍出版社,1978年版,页121。
〔3〕 《揽镜》,《剑南诗稿校注》卷四十六,第6册,页2839。
〔4〕 《夜闻雨声》,同上书,卷六十九,第7册,页3847。
〔5〕 《礼部集》卷十六,《四库全书》本。

王维过郢州，画浩然像于刺史亭，因曰浩然亭。咸通中，刺史郑诚谓贤者名不可斥，更署曰孟亭。[1]

唐人朱景玄《唐朝名画录》列王维于“妙品上”，并举其代表作云：“尝写诗人襄阳孟浩然《马上吟诗图》，见传于世。”[2]我怀疑，画题上的“马”当为“驴”字之讹。北宋宣和年间的董逌有《书孟浩然骑驴图》，但未及作者。南宋以下，题咏王维此图者越来越多，如杜范有《跋王维画孟浩然骑驴图》文，宋元之际的牟巘有《王维画孟浩然骑驴图》诗。明代梁寅的《题王维所画孟浩然像》诗，从内容来看，也是一幅骑驴图[3]。综上所述，《新唐书》记载的王维所画浩然像，《唐朝名画录》提及的《马（驴）上吟诗图》，以及宋人题的《孟浩然骑驴图》，指的可能都是同一幅画。而此下有关孟浩然骑驴的题画之作也更多，仅据清代《御定历代题画诗类》卷四十所录，就有刘克庄的《孟浩然骑驴图》、袁桷的《金主画孟浩然骑驴图》三首、王恽的《孟浩然霸桥图》、吴师道的《孟浩然跨驴图》二首、高启的《孟浩然骑驴吟雪图》和张羽的《孟襄阳雪行图》等。而且，孟浩然之骑驴作为清高之士的特征，最早也是在绘画类文献中出现。董逌《书孟浩然骑驴图》云：

孟夫子一世畸人，其不合于时，宜也。当其拥褦襶、负苓箵，哆袖跨驴，冒风雪、陟山阪，行襄阳道上时，其得句自宜挟冰霜霰雪，使人吟诵之，犹齿颊生寒……非深得江山秀气，迥绝人境，又得风劲霜寒，以助其穷怨哀思，披剔奥窔，则胸中落落奇处，岂易出也？[4]

---

〔1〕《新唐书》卷二百三，中华书局，1975 年版，第 18 册，页 5780。

〔2〕《唐朝名画录》，温肇桐注，四川美术出版社，1985 年版，页 16。

〔3〕诗云：“蹇驴行行欲何之，妙句直欲追大雅。饭颗山头杜少陵，溧阳水滨孟东野。饥寒一身人共叹，声名千载天所假。南山故庐拂袖归，五侯七贵俱土苴。”（《石门集》卷二）

〔4〕《广川画跋》卷二，《四库全书》本。

在这里，董氏首先强调孟浩然是“畸人”，即庄子所谓的“畸人者，畸于人而侔于天”[1]，这样的人，与世俗的追求往往格格不入。而诗人在现实生活中的穷或不遇，正所以成就其文学。其诗句与冰霜霰雪相裹挟，无论是清寒、清苦，都得自天地江山之清气。

杜甫骑驴，无论是他自己陈述的“暮随肥马尘”，还是苏轼挖苦的“蹇驴破帽随金鞍”[2]，都在有意无意之间将驴和马相对而言。至于吴师道说“驴以蹇称，乘肥者鄙之，特于诗人宜”，更是明确地将“蹇驴”和“肥马”处于对立的位置。在将两者相对的架构中，它们分别代表了不同的立场、不同的价值观和不同的文化抉择。自魏晋以下，马往往为高官所乘，而驴则为低级官吏或普通百姓所乘。《世说新语·排调》记王导与诸葛恢戏争族姓高低云：“何不言葛王，而云王葛？”恢答曰：“譬言驴马，不言马驴。驴宁胜马邪？”[3]亦可见驴和马在人们心目中的高低。诗人多为贫寒之士，故蹇驴破帽随其一生。马端临《文献通考·选举考二》引江陵项氏语曰：

> 风俗之弊，至唐极矣……天下之士，什什伍伍，戴破帽，骑蹇驴。[4]

孟郊不得意时，是“骑驴到京国”[5]，而一旦登科，则“春风得意马蹄疾，一日看尽长安花”[6]。所以在诗人的眼中，蹇驴往往和肥马相对，它象征着在野与在朝、布衣与缙绅、贫困与富贵的对立。因此，这一

---

〔1〕《庄子·大宗师》，郭庆藩《庄子集释》，中华书局，1961年版，第1册，页273。

〔2〕《续丽人行》，王文诰辑注《苏轼诗集》卷十六，中华书局，1982年版，页812。

〔3〕余嘉锡《世说新语笺疏》，中华书局，1983年版，页791。余氏案曰：“凡以二名同言者，如其字平仄不同，而非有一定之先后，如夏商、孔颜之类，则必以平声居先，仄声居后，此乃顺乎声音之自然，在未有四声之前，固已如此。故言王葛、驴马，不言葛王、马驴，本不以先后为胜负也。”此处记载虽属调笑，但透露出时人以马胜驴的一般认识还是值得注意的。

〔4〕《文献通考》卷二十九，中华书局，1986年版，页274。

〔5〕韩愈《孟生诗》，钱仲联《韩昌黎诗集系年集释》卷一，上海古籍出版社，1984年版，页12。

〔6〕孟郊《登科后》，韩泉欣《孟郊集校注》卷三，浙江古籍出版社，1995年版，页126。

观念是具有政治性的。宋人方岳《次韵徐宰雪句》云:“群公岂堪立仗马,贱子只跨寻诗驴。”[1]与骑驴相比,骑马的特点是速度追风,与得意的心情配合,自然快意无比。但仕途险恶,陷阱密布,故方岳又有诗云:“宁骑踏雪驴,莫骤追风马。霜蹄失衔勒,多是快意者。”[2]真山民诗亦云:“劝君劝君但骑驴,行路稳,姑徐徐。九折畏途鞭快马,年来曾覆几人车。”[3]对于热衷于功名富贵者,这样的句子是令人警省的。在驴马相对的架构中,这一彼此对立的观念也成为中国骑驴意象的文化内涵之一。

2. 嬗变的类别

古代中国作为汉文化圈的核心,其对周边国家和地区的影响是深远的,文化意象也会随之而扩散。中国文学史和绘画史上的骑驴意象,自高丽时代以降,就在朝鲜半岛流行;而日本自五山时期开始,这一意象也同样普遍存在。需要指出的是,这种延续不是整体性、全面性的,文化意象在嬗变中是有同有异的。基本类别有三:一是形变神不变,二是神变形不变,三是形神俱不变。不仅在不同的国家和地区有差异,而且在两种艺术门类中也有不同表现,有时还呈现为交错的情形。兹分述如下:

(1) 形变神不变

赵龟命(1693—1737)《贯月帖序》指出:“我东之称小中华,旧矣。人徒知其与中华相类也,而不知其相类之中又有不相类者存。”[4]这“相类之中又有不相类者”,正是值得我们特别关注之处。中国诗人骑驴意象,到了朝鲜半岛,就转变成诗人骑牛了,而在精神

[1] 秦效成《秋崖诗词校注》卷三十四,黄山书社,1998年版,页583。

[2] 《以“人生五马贵,莫受二毛侵”为韵送胡献叔守邵阳》,《秋崖诗词校注》卷一,页10。

[3] 《陈云岫爱骑驴》,《元诗体要》卷三,《四库全书》本。

[4] 《东溪集》卷一,《韩国文集丛刊》第215册,页6。

实质上却一脉相承，此即为“形变神不变”。

据文献记载，最早的骑牛诗人是高丽朝中期的崔谠（1135—1211）和金克己（生卒年不详），经过李齐贤等人的题咏，诗人骑牛觅句已经成为著名的“东国故事”，他们也成为东国骑牛诗人的典型。丽末鲜初的李行（1352—1432）更是以骑牛写诗著称，他不仅自号“骑牛子”，而且以“骑牛”名集。因此，当时及后人也往往将他的诗与牛联系起来。成石璘（1338—1423）《有怀看花诸君子寄呈骑牛子》云：

> 花间置酒爱清香，牛背哦诗野趣长。[1]

成任（1421—1484）《题罗州碧梧轩》云：

> 骑牛题咏语绝尘，一洗俗累归于真。[2]

日本僧人守允中庵甚至为之图绘，权近《中庵所画李周道骑牛图》云：

> 周道心无累，中庵画入神。秃毫生意匠，牛背载诗人。[3]

以上三诗所突出的，是诗人的心无俗累，野趣悠长，这已经约略触及骑牛的文化意蕴了。此后的例子更多，如李承召（1422—1484）《挽金乖崖守温》称他“骑牛于世以文鸣”[4]，曹伟（1454—1503）《皱岩》忆想其前辈“当年牛背觅新诗”[5]。至于自述牛背觅诗吟诗者亦有不少，如裴龙吉（1556—1609）之“骑牛缓缓垂鞭去，怕有新诗琢未圆”[6]，韩浚谦（1557—1627）《溪行偶吟》之“牛背闲吟小杜诗”[7]，

---

〔1〕《独谷集》卷上，《韩国文集丛刊》第6册，页82。

〔2〕《骑牛集》卷二附录，《韩国文集丛刊》第7册，页377。

〔3〕《阳村集》卷二，《韩国文集丛刊》第7册，页29。

〔4〕《三滩集》卷九，《韩国文集丛刊》第11册，页464。

〔5〕《梅溪集》卷一，《韩国文集丛刊》第16册，页296。

〔6〕《访水亭》，《琴易堂集》卷一，《韩国文集丛刊》第62册，页30。

〔7〕《柳川遗稿》，《韩国文集丛刊》第62册，页508。

沈錥(1685—1753)《访壶山》之“牛背行吟自在闲”[1],郑宗鲁(1738—1816)《云山途中》之“夕阳牛背长吟”[2],甚至当申维翰(1681—1752)回顾平生,也会发出“牛背诗书误一生”[3]的慨叹。经过后代诗人的不断吟咏,牛成为朝鲜诗人特有的坐骑。

最早明确揭示骑牛意象的文化内涵,是在权近的一诗一文中。《次韵送骑牛道人》云:

> 遥思骑牛地,明月满海壖。浩然赋式微,出处斯万全。奚囊拾秋景,驴背载芸篇。[4]

李行的经术文章,闻名当世,但却隐居乡间,屡征不起。《式微》本是《诗经·邶风》的篇章,有“式微式微,胡不归”之句,后人借用以指世风衰微之甚,不如归去,如王维之“即此羡闲逸,怅然歌式微”[5]。末二句则以李贺骑驴觅句为比,形容他在牛背上诗思泉涌。因此,骑牛的意象就负载了归田隐逸的文化内涵,成为与骑驴相呼应的文化意象。

中国文学传统中的骑驴意象,有一个与骑马相对的架构,在丽、鲜诗人的笔下,真正体现骑驴文化的内涵,同时又富于东国特色的是骑牛意象,在与骑马相对的架构中,替代了骑驴地位的也正是骑牛。在权近的《骑牛说》中,这个架构已经存在——“凡寓目于物者,疾则粗,迟则尽得其妙。马疾牛迟,骑牛,欲其迟也”便是其说明。郑晔(1563—1625)诗云“拟作骑牛客,无心汗马功”[6],林象德(1683—

〔1〕《樗村遗稿》卷十一,《韩国文集丛刊》第207册,页164。
〔2〕《立斋集》卷一,《韩国文集丛刊》第253册,页39。
〔3〕《立春夜坐次骏儿韵》,《青泉集》卷二,《韩国文集丛刊》第200册,页252。
〔4〕《阳村集》卷二,《韩国文集丛刊》第7册,页24。
〔5〕《渭川田家》,赵殿成《王右丞集笺注》卷三,中华书局香港分局,1972年版,页37。
〔6〕《兵相尹季初向龙城本营》,《守梦集》卷一,《韩国文集丛刊》第66册,页459。

1719)云“马背不如牛背好”[1]，亦为其例。朝鲜诗人还戏谑地创造了“骑牛官”一词，用以指称“村野态”[2]，申光洙（1712—1775）也诙谐地吟出“牛背官无一品高”[3]之句，于是骑牛成为脱俗、悠闲、隐逸的象征，而骑马则代表了入世、躁进和名利场。至此，骑牛作为东国的文化意象便彻底完成，与骑驴相比，它正是一个“相类之中又有不相类者”的意象。如果说，金时习（1435—1493）在将金居士骑牛与郑綮灞桥骑驴相对比的时候，还觉得“不及郑公桥上情”[4]的话，那么，权好文（1532—1587）“骑牛便是胜骑驴”[5]的判断，已拥有了充分的文化自觉。他们是在中国骑驴意象的启示下，结合自身的生活环境，从而形成了骑牛的文化意象。

（2）神变形不变

这表现在日本文学中。据现有的文献考察，日本五山僧人与高丽文人已有较多的交往。即以李穑《牧隐稿》为例，其中就有《万峰为惟一上人题，日本人也，时奉使其国》《送日本释有天祐》《日本释弘慧求诗》《送日本释因有所感》等作，尤其是对释守允中庵，李穑为之写了一赋一诗一赞。当时李行号骑牛道人，中庵曾为之画《骑牛图》，权近则作《中庵所画李周道骑牛图》诗题咏。可见，五山时期的日本僧人对于高丽诗人的牛背觅诗是有亲身体验的，甚至为此而画有文人《骑牛图》。然而在他们自身的文学作品中，出现得更多的却

---

〔1〕《十数日来无日不至湖上，至则撑小艇、酌薄酒以为乐》，《老村集》卷一，《韩国文集丛刊》第206册，页20。

〔2〕成海应《兰室谭丛·骑牛官》云：“俗称村野态曰骑牛官。”《研经斋全集·外集》卷五十七，《韩国文集丛刊》第278册，页38。

〔3〕《代人》，《石北集》卷八，《韩国文集丛刊》第231册，页365。

〔4〕《咏东国故事·金居士雪中骑牛游皱岩》，《梅月堂集》卷二，《韩国文集丛刊》第13册，页113。

〔5〕《朴秀才骑牛访青城戏示》，《松岩集》卷三，《韩国文集丛刊》第41册，页152。

是骑驴意象。

五山诗僧笔下的骑驴意象，通常不外三类情形：一是用典，二是题画，三是自我描述。我们从第三类开始看。天隐龙泽(1422—1500)《春阴欲雪》云：

> 薄暮春云合又疏，恼人天气意何如。明朝欲出灞桥上，醉后呼童秣我驴。[1]

兰坡景茝(1417—1501)《春暮夜游京都大应院作》云：

> 白发值春情不疏，为花欲出出无驴。东风今夜吹成梦，坐到长安月落初。[2]

雪岭永瑾(？—1537)《雪径寻梅》云：

> 路入寒村雪压枝，驴前唯有暗香吹。扫来薄暮问春信，花亦袁安僵卧姿。[3]

在年代上更早一些的如铁庵道生(1261—1331)《金川晓行》云：

> 又得羽州消息回，蹇驴破晓海云堆。[4]

不仅骑驴，而且还是蹇驴。此山妙在(1296—1377)《长监寺之武昌省师》云：

> 此去汉阳曾不远，把驴作马纵横骑。[5]

值得注意的是诗中透露出的一个观念，即驴马可互相替换，而不存在对立。他们所突出的骑驴意象的内涵，往往是其“风流”的一面。仲

---

〔1〕《翰林五凤集》卷二“春部”，《大日本佛教全书》本，佛书刊行会，1914年版，页113。

〔2〕同上书，卷九“春部”，页211。

〔3〕同上书，卷二十三“冬部”，页406—407。

〔4〕《钝铁集》，《五山文学全集》第一卷，思文阁，1973年版，页373。

〔5〕《若木集》，《五山文学全集》第二卷，页1113。

芳圆伊(1354—1413)《破帽》云：

> 蹇驴背上求诗客，最爱风流著得宜。[1]

雪岭永瑾《赠伊藤新六》云：

> 骑驴吟雪太风流，会得灞桥诗思不?[2]

惟忠通恕(1349—1429)《赞孟浩然》云：

> 一旦坐诗归亦好，蹇驴破帽旧风流。[3]

在五山诗僧眼中，驴马是可以互相替换的，因此，他们在突出骑驴意象的风流内涵的同时，消释的却是骑驴和骑马相对的架构。无论是就象征意义还是实际意义而言，骑马对于写诗皆无影响。

其实，五山诗人以及后来江户时代的许多诗人，在现实生活中的代步工具往往是马。"骑驴"只是诗歌中的一个意象，并非写实。所以，骑马当然也一样能诗。村庵灵彦(1404—1488)《仲英上人还周州，其友翱之求诗赠别，为赋之》云：

> 纪行定有几篇诗，多是高吟驻马时。[4]

又《送伯雨上人之南行》云：

> 伯雨诗名未觉低，贞居集里几新题。长吟行路马蹄倦，日落南京六里西。[5]

琴叔景趣《扇面》云：

---

〔1〕《翰林五凤集》卷四十二"杂部"，页859。
〔2〕同上书，卷五十"扇面"，页994。
〔3〕同上书，卷六十"支那人名部"，页1166。
〔4〕同上书，卷三十二"送行"，页638。
〔5〕同上书，卷四十二"杂部"，页649。

人寻春色马蹄迟，行尽溪桥烟水涯。山寺逢僧定夸说，吟鞍驮着几篇诗。[1]

这才是一种写实性质的描述。因此，日本文学中的文人骑驴意象，与中国和朝鲜半岛相比，就有两点值得注意的特征：

其一，虚拟。菊池侗孙（1772—1855）在《五山堂诗话》卷六中批评当时诗坛“失实”之风，就提及“驴我所无，而屡言不置”[2]，这说明日本本土是不产驴的。《宋史·日本传》载：“雍熙元年（984），日本国僧奝然与其徒五六人浮海而至……奝然善隶书，而不通华言，问其风土，但书以对，云国中有五经书及佛经、《白居易集》七十卷，并得自中国……畜有水牛、驴、羊，多犀、象。”但这一回答看来比较随意。森克己在《日宋交通与日宋相互认识之发展》一文中指出：“《宋史》所收奝然之笔谈大体是正确的，唯关于我国兽畜有水牛、驴、羊及多犀、象为讹谬。”[3]即使偶有，也是从中国或朝鲜输入的舶来品。既然是稀见之物，就不可能在日常生活中经常使用。所以，日本文学中的“骑驴”意象乃是虚拟之物。其实在历史上，由于周边国家和地区对中华文化的无限仰慕，在文学描写中所涉及地名、官名、物名等，往往不用本国固有之称，而改用中国之名。这种一般在遣词造句上的“虚拟”，只是为了追求文辞的雅驯。而作为文化意象的“骑驴”，这种虚拟就具有更深的内涵。它体现了一种认同，即驴是诗人特有的坐骑，是诗人穷困生活的表征，而诗也应该是“穷而后工”的。瑞溪周凤《画驴赞并跋》便揭示了这方面的意义：

---

〔1〕《翰林五凤集》卷四十九“扇面”，页979。

〔2〕富士川英郎等编《词华集日本汉诗》第2卷，汲古书院，1983年版，页430。

〔3〕《日宋交通と日宋相互认识の发展》载《日宋文化交流の诸问题》，刀江书店，1950年版，页42。

予谓驴之为物也，大抵处穷者之所用，而诗人多骑焉，杜甫、贾岛、郑綮等是也。古曰：穷者而诗工也。由是观之，诗与穷相待者乎？穷者所用，诗人例骑，良有以也……（源）公乃前典厩象贤，而今京兆同气也，荣贵不待言可知焉……射骑馀力，孜孜学诗，实甘淡生活、嗜穷事业者也。然则养驴无乃所以慕诗人乎？爱其人者及其屋上乌之谓也，宜哉！[1]

在他看来，驴是穷者所用，而工诗者固穷，故“诗人例骑，良有以也”。源公身富贵而好学诗，也就成为“甘淡生活、嗜穷事业者”。从中国舶来一驴而养之，即“所以慕诗人”，所谓爱屋及乌。驴与诗人之缘深厚，“骑驴”就是学习彻底做一个诗人。

其二，解构。在中国和朝鲜的“骑驴”或“骑牛”的意象中，都有一个与“骑马”相对的架构，这一架构是富有政治性的。而在日本诗人的笔下，驴马是可以互相替换的。这不仅是在现实层面上他们常常以马代步，而且在观念层面上消除了驴马对立的象征意义，将中国和朝鲜文学中固有的架构消解了。充分体现了这种解构意识的，可以万里集九的《孟襄阳雪中骑驴图》为代表：

东晋之时，王导、诸葛恢亦之，二公戏论姓氏之优劣，导自负云：人言王葛，而不言葛王也。恢亦轩渠一笑云：不言马驴而言驴马，岂驴胜马邪？二公之评，有谁以一定焉？犹如梅与雪无差别也。且又西竺之谚曰：牝驴交牡马所产为驴马，牝马交牡驴所产为马驴。由是观之，马实胜驴者非可疑……孟襄阳所跨者，是马驴乎哉？是驴马乎哉？难窥其仿佛也。[2]

---

〔1〕《画驴赞并跋》，《卧云稿》，《五山文学新集》第五卷，页580—581。

〔2〕《梅花无尽藏》卷七，《五山文学新集》第六卷，页989—990。

作者以西竺之谚引发出“不涉高下等差”之论，马未必胜驴，而驴未必不如马，甚至有“驴马”和“马驴”二名，不仅没有对立，简直要合二为一了。

其实，西竺谚语仅仅是作者借以妙笔生花的引子，中心在于表明驴马之无别。我们不妨引用一段朝鲜时代李睟光（1563—1628）的说法以作对比，《芝峰类说》卷二十记载：

> 驴子谓之奇畜，马父驴母曰駃騠，驴父马母曰骡，驴父牛母曰䮊。駃騠最健，能日行千里；骡亦强有力；䮊甚小，而其状磥砢，见之可怪。[1]

就所述内容而言，这与西竺谚语可谓类似，但两人所述的重心却截然不同。李睟光仅仅是在作博物学、知识性的描述（部分本于许慎《说文解字》），而万里集九则是作了观念上的发挥，消解了骑驴和骑马的差别和对立。

此即为神变形不变。

（3）形神俱不变

尽管在中国文学史和绘画史上都有诗人骑驴的意象，但两者的表现却有不同。总体来说，在文学中往往表现出骑驴与骑马相对立的架构，即便这种架构不明显出现，也会在单方面突出骑驴意象所蕴含的文化选择的立场。而在绘画作品中则没有这样明显的表现，其绘画主题所体现是文人高致。但是，哪怕是题画作品，一旦属于文学表现，其特征就会发生变化。就骑驴意象在绘画史上的这一特征而言，朝鲜半岛和日本的绘画也照样延续，可谓“形神俱不变”。

---

〔1〕《芝峰类说》，乙酉文化社，1994年版，下册，页637。

尽管在朝鲜半岛的文学中,文人骑驴的意象已经为骑牛意象所部分取代,但是在绘画作品中,根据现在能够看到的自15世纪到19世纪的画作以及大量的题画作品,其代表性意象仍然是文人骑驴图,绝无文人骑牛图(也许惟一的例外是日本僧人守允中庵为李行所绘《骑牛图》)。朝鲜初期的画家以宋人绘画为样板,据申叔舟《画记》,安平大君李瑢(1418—1453,号匪懈堂)所收藏的画自东晋顾恺之以下共三十五家二百二十二轴。其中郭熙的作品就达十七幅之多,尤得时人之重视。当时颇负盛名的画家安坚,曾经饱览安平大君收藏的中国宋元画作,"式郭熙则为郭熙,式李弼则为李弼,为刘融、为马远,无不应向,而山水最其所长也"[1],他也是目前留下骑驴图的最早的画家。郭熙画中常入骑驴意象,后人题画之作如刘克庄《郭熙山水障子》云"驴鞍钓笠分毫芒"[2];方回《题郭熙雪晴松石平远图》云"戴笠骑驴者谁子"[3];王沂《题郭熙山水》云"灞桥骑驴肩耸山"[4];刘永之《题郭熙春山》云"蹇驴乌帽归来晚"[5];胡助《郭熙雪林晓霁》云"灞桥策驴诗独得"[6],皆为其证。到了朝鲜朝中期,《顾氏画谱》传入,成为当时画家的新样板。李好闵(1553—1634)于戊申岁(1608)曾在北京玉河馆见到《顾氏画谱》,期待"将持向吾东诸老师追前人而作之"[7]。传入后,诗人对画谱中的画面也有这样的吟叹,如洪瑞凤(1572—1645)《题顾氏画谱·郭熙》云:

---

〔1〕 金安老《龙泉谈寂记》,《大东野乘》卷十三,页287。
〔2〕 《后村集》卷七,《四库全书》本。
〔3〕 《桐江续集》卷十二,《四库全书》本。
〔4〕 《伊滨集》卷四,《四库全书》本。
〔5〕 《宋元诗会》卷九十五,《四库全书》本。
〔6〕 《纯白斋类稿》卷六,《四库全书》本。
〔7〕 《画谱诀跋》,《五峰集》卷八,《韩国文集丛刊》第59册,页438。

兴破玄冥威，诗工驴背上。[1]

又《张路》：

醉吟驴背稳，虐雪不须愁。[2]

洪命元（1573—1623）《题顾氏画谱·张路》云：

书囊付仆夫，诗兴生驴背。[3]

此外，如许穆（1595—1682）云“余尝得《顾氏画谱》，始见衡山笔妙”[4]，李玄锡（1647—1703）有《览顾氏画谱》诗，又自述“临所蓄《顾氏画谱》”[5]，等等，可见其书之风行一时。因此，画中写驴成为理所当然、无庸置疑的常态，以至于觉得骑驴即可入画，如金尚容（1561—1637）《桁城水流岩道上》云：

安得龙眠摹此景，野桥驴背着斯翁。[6]

李廷龟（1564—1635）《鹤野途中》云：

茫茫长野此身孤，落日蹇驴似画图。[7]

李庆全（1567—1644）《正名访黄真宝》云：

客子光阴诗里遣，蹇驴行色画中看。[8]

权韠（1569—1612）《安乐堂八咏为外舅郑新昌思亿题·断桥残照》云：

---

〔1〕《鹤谷集》卷一，《韩国文集丛刊》第79册，页446。
〔2〕同上注，页450。
〔3〕《海峰集》卷一，《韩国文集丛刊》第82册，页167。
〔4〕《衡山三绝贴跋》，《记言·别集》卷十，《韩国文集丛刊》第99册，页96。
〔5〕《水城庄记》，《游斋集》卷十八，《韩国文集丛刊》第156册，页536。
〔6〕《仙源遗稿·续稿》，《韩国文集丛刊》第65册，页180。
〔7〕《月沙集》卷二，《韩国文集丛刊》第69册，页257。
〔8〕《石楼遗稿·诗集》卷一，《韩国文集丛刊》第73册，页319。

此间更着骑驴客，政好傍人作画看。[1]

李昭汉(1598—1645)《自光远家转往德原郊居次伯氏韵》云：

骑驴如入画图行。[2]

以上皆非题画诗，但诗人认为骑驴本身即是一幅天然好图画。反之，若画上无驴，便会觉得是一种缺憾，而流露出落寞怅惘之情，如徐居正《风雪图》云：

千村万落景奇绝，恨无灞桥骑驴客。[3]

再"奇绝"的景致，若无"骑驴客"在画上，总还是有几分逊色和些许憾恨的。

日本的情况也类似，在五山时期遗留下来的绘画作品中，已有不少骑驴图，当时从中国也进口了不少宋元时代画作，时人多以牧溪法常为样板，根据《御物御画目录》和《君台观左右帐记》的著录，当时传入日本的牧溪画就有一百多幅，其中也有杜甫和贾岛的骑驴图。白井华阳(？—1836)《画乘要略》卷一"宗丹"下引卓堂先生语曰："当时诸家专学牧溪画，犹往昔诸卿之学乐天诗也。"[4]加上14世纪兴起的诗画轴[5]，即诗僧与画僧雅集，在一幅山水画上轮流题诗，多则数十人，少则三四人，诗人与画家交互影响，"骑驴"意象就普遍出现了。

至江户时代，这种情形依然如此。田能村竹田(1777—1835)《自

---

〔1〕《石洲集》卷七，《韩国文集丛刊》第75册，页68。

〔2〕《玄洲集》卷四，《韩国文集丛刊》第101册，页255。

〔3〕《四佳集·诗集》卷五十二，《韩国文集丛刊》第11册，页126。

〔4〕《日本绘画论大成》第10卷，页130—131。

〔5〕关于诗画轴的一般介绍，参见徐小虎著、许燕贞译《日本美术史》(南天书局，1996年版，页94)和刘晓路《日本美术史纲》(上海古籍出版社，2003年版，页87)。上村观光《足利时代の绘画と禅僧》更举出实例以说明之，《五山文学全集》别卷，页1171—1182。

画题语》卷四《溪村寻梅图》云：

> 山内兄嘱余画一大绢本，边幅颇阔，乃施以青绿，设色极深，亦开岁起手之一快事也。系以小词：
>
> 雪后溪头寒未薄，问新梅、几枚开萼。残月晓风，小桥流水，低映山村篱落。　　却忆同人曾有约，拟相携、蹈翻香玉。已理吟囊，更呼驴子，好向花前闻鹤。
>
> 词寄明月棹孤舟，时癸巳上元日竹田生。[1]

词所描绘者即图中画面，诗画结合，将风雅的"骑驴"意象突显出来。这种情形一直延续到明治时期。金允植(1835—1922)于李王隆熙二年(清光绪三十四年，日本明治四十一年，1908)出使日本，写下《东槎漫吟》，有不少题画诗，其中《题高岛北海渔叟蜀道金牛峡图》云：

> 羊肠曲折度峥嵘，古木寒云石栈萦。驴背诗囊何处客，两肩萧瑟带秋声。[2]

可见明治时期的画家，也还是习惯于将"驴背诗囊"入画。今日在日本保存的大量明清画作，其中有不少骑驴图，尽管我们不能一一考察其传入时间，但多数应该是在江户时代传入，这对于当时画家的影响也是可以想见的。只是由于日本不产驴，画家笔下的"驴"往往显得肥硕健壮，如果不是有两只长耳朵，很容易使人误解为马。

3. 嬗变根源之探讨

诗人骑驴的意象在朝鲜半岛转换为骑牛意象，这首先是因为牛与当地人的生活密切相关，以至于流传至今的韩国谚语中也有很多与牛相关者，如"亡牛补牢"(中国则曰"亡羊补牢")、"如牛看鸡"、

---

〔1〕《日本绘画论大成》第7卷，页305—306。

〔2〕《云养集》卷六，《韩国文集丛刊》第328册，页321。

"对牛念经"等，诗人骑牛，首先与这种环境有关。最晚从高丽时代开始，牛和马的身价高低在文献上已经得到证明。这时，骑牛或骑马也就成为某种身份的象征。兹以正反两例明之。李齐贤《栎翁稗说》前集卷二载：

> 金郎中瑞廷志尚奇古，自号愚溪。其姊崔赞成夫人使人请，欲往而无马。樵者适以牛至，遂鞍辔而骑之。随而观者如市，君不恤也。[1]

樵者骑牛，官员骑马，一旦官员骑牛，身份不合，便引起围观。又徐居正《笔苑杂记》卷二载：

> 赵硕涧云仡，自少奇伟卓荦，不与世低昂。丽季见世乱，托青盲不仕……日骑牛往来郑金、广津二院，施济行旅。尝自吟曰："骑黄牛，傍青山，粗粗乎其身彩，一匹布也不直。"[2]

诗人骑黄牛、着布衫、顶苇笠，正是为了表明自己坚持在野的身份。与中国诗人骑驴一样，意味着价值观念上的抉择。

与骑驴意象还有一点差异处是，骑牛与骑马相对的架构，较之于中国骑驴与骑马的相对，实际上要更为紧张和尖锐。这也在一定程度和一定侧面上显示了朝鲜文学中更加强烈的政治因素。金昌翕(1653—1721)《骑牛歌》云：

> 骑牛复骑牛，骑牛胜骑马。骑马易颠蹶，骑牛只朴野。青云达官飞龙驭，鸣珂拥盖金阙下。朝鸡夕钟争逐队，忙者何由羡闲者……骑牛之趣本自奇，雪中骑牛又如斯……骑牛胜骑马，焉用

---

〔1〕《高丽时代汉诗文学集成》第5册，民昌文化社，1994年版。

〔2〕《大东野乘》本，页354。

齐相驷马高车。[1]

其兄金昌集(1648—1722)《次子益骑牛歌韵》云:

> 角者吾知牛,鬣者吾知马。马牛各天性,马俗而牛野。我生喜野不喜俗,舍马骑牛故山下。骑牛骑牛有何乐,此乐世间无知者……骑牛可乐骑马苦,如何又驾丞相车。丞相车高驷马腾,其忧甚大终难舒。[2]

马与牛的对立,就是“青云”与“朴野”或“俗”与“野”的对立。骑马者在朝当官,骑牛者放情山野。在诗人眼中,所谓“俗”,就是迷恋于世俗功利,热衷于驷马高车的追求。而所谓“野”,就是保持洒脱自由的天性,放情于山野之中。所以,“俗”与“野”的对立,也就是“在朝”与“在野”的对立。在朝鲜时代的文学作品中,凡是写到牛马的对立,往往具有强烈的褒牛而贬马的色彩,把骑牛的乐趣、骑马的危险尽力发挥渲染。这一立意是普遍的,足以代表朝鲜朝汉文学中政治内涵强烈的特征。

高丽时代从光宗朝开始,实行了以科举取士的制度,虽然其科目有制述、明经、杂业等三科十一门,但最受重视的是制述业,相当于唐人的进士科。考试科目,尤重诗赋。因此,在文学创作群体中,占主流的便是士大夫官僚阶层,文学的作用也突出表现在政治方面。进入朝鲜时代,思想上独尊程朱性理之学,儒家思想成为时代的统治思想,其文学观也渗透在朝鲜文学之中。同时,由于官僚政治本身的痼疾,从燕山君(1494—1560 年在位)时代开始,便不断发生士祸,如戊午士祸(1498)、甲子士祸(1504)、己卯士祸(1519)、乙巳士祸

〔1〕《三渊集》卷九,《韩国文集丛刊》第 165 册,页 199—200。
〔2〕《梦窝集》卷一,《韩国文集丛刊》第 158 册,页 22。

(1545)。至宣祖八年(1575),士大夫正式分裂为东西两党,最后演变为极其复杂而又极其漫长的朋党政争。由于朝鲜时代的党争带有世袭的特征,因此,它不仅十分复杂,而且延续时间很久。这也使得朝鲜朝的文学带有更为强烈的政治色彩。从某种意义上说,在中、朝、日三国的文学中,以朝鲜时代文学的政治性最为浓厚。这最终导致了骑驴意象在嬗变过程中的"形变神不变"。

日本文学中的骑驴意象具有虚拟和解构的特征,从本质上说,其解构的正是文学中的政治因素。在日本人眼中,无论是就象征意义还是实际意义而言,骑马对于写诗皆无影响。日本文学的"脱政治性"特征,在铃木修次的《中国文学与日本文学》一书中,以系列论文作出了卓越的阐发[1]。其主要观点是,文学上"脱政治性"特征的形成,首先取决于其作者的身份。与中国的第一流文学是以士大夫阶层亦即"官僚知识人"为主体不同,日本是以宫廷女性、法师、隐遁者、市民为主流,这些人都身处政治的边缘,因此,游戏的精神是日本文学的内核。在遣唐使时代,他们从中国带回的不是杜甫的诗,而是白居易的闲适和感伤的诗,但略去了其讽谕诗。由于日本人是在脱政治的文学生态中养育,也就自然将文学看成是与政治无缘之物。因此,日本文学中最大的传统主题便是"恋"与"无常",这导源于日本人心底深处对"物哀"("もののあわれ")的嗜好。何谓"物哀"?它指的是一种无限定的、无目的的感动,这种感动充塞于日本文学中。这是一个在汉语中没有对应词汇的概念,可以理解为"日本的悲哀"或"日本式悲哀"。因此,这种感觉是许多中国人、欧洲人、美国人所无法明白的。我认为,虽然这一主旋律充斥于物语、和歌等文学形式,但在日本汉文学中,也依然有其底色。正如希世灵彦所说:"唐诗

---

〔1〕《中国文学と日本文学》,东京书籍,1978年版。

与和歌,但造文字有异,而用意则同矣。”[1]这是形成“神变形不变”的根本原因。

在东亚文学艺术史上,中国的诗与画是两个不同的传统,朝鲜分别接受了这两种传统,而日本的文学传统重在游戏和闲适的“风雅”,与其绘画传统在精神上最为接近。

中国文学从《诗经》《楚辞》开始,就与政治结下不解之缘。春秋时代外交场合的赋诗言志,孔门“以《诗》《书》《礼》《乐》教”[2],并奠定了“温柔敦厚”的“诗教”传统。屈原作为“楚之同姓”的三闾大夫,在《离骚》中表现的“三恐”(“恐年岁之不吾与”,“恐美人之迟暮”,“恐皇舆之败绩”)是其忧国忧民的忧患意识的流露。到了汉代,《诗经》“六义”中的“赋比兴”被赋予了政治化的解释,《楚辞》中的“比兴”被王逸概括为“香草美人”的譬喻,所有的文学,都与政治上的讽谕联系起来,成为衡量其优劣的标准。清人程廷祚因此总结道:“汉儒言诗,不过美、刺二端。”[3]魏晋之际,五言诗大放异彩,诗歌逐渐替代了赋成为最重要的文体,但与政治的密切关系并未改变。即便如陶渊明的归隐,体现的也是不同时流的价值观,其诗歌仍然“语时事则指而可想”[4]。而“连篇累牍,不出月露之形;积案盈箱,唯是风云之状”[5]的齐、梁文学,尽管在文学的修辞性方面有很多探索,但总是难免遭到贬抑。直至宋人尊杜甫为“圣”,强调其“忠君爱国”,“一饭不忘君”,如楼钥《答杜仲高旃书》云“忠义感慨,忧世愤激,一饭不忘

〔1〕《奉和典厩所咏相君席上倭歌二首并序》,《翰林五凤集》卷二十七,《大日本佛教全书》本,页522。

〔2〕《史记·孔子世家》第6册,中华书局,1959年版,页1938。

〔3〕《诗论十三·再论刺诗》,《青溪集》卷二,黄山书社,2004年版,页38。

〔4〕萧统《陶渊明集序》,俞绍初《昭明太子集校注》,中州古籍出版社,2001年版,页200。

〔5〕李谔《上隋文帝书》,《隋书·李谔传》,中华书局,1973年版,第5册,页1544。

君，此其所以为诗人冠冕”[1]。因此，以儒家思想为主导的文学的政治性倾向，可以说是中国文学最重要的传统。吉川幸次郎作为一个日本的中国文学研究者，对中国文学中的政治性极为敏感，认为“不包孕政治热情的就不是文学，是这个国家文学的传统”[2]。我相信，吉川氏的这一论断，其实是以日本文学的传统为参照而得出的。

唐代以前，中国绘画的主流是人物画，其指导思想与文学无异，也是以儒家的劝戒为主的。王延寿《鲁灵光殿赋》谓“图画天地，品类群生”，其归结处即“恶以诫世，善以示后”[3]。曹植说“存乎鉴戒者图画也”[4]，陆机说“丹青之兴，比《雅》《颂》之述作，美大业之馨香”[5]，直到唐代张彦远《历代名画记》，也还是要堂而皇之地说上几句类似“夫画者，成教化，助人伦，穷神变，测幽微，与六籍同功，四时并运”[6]的套话。从王维开始，水墨山水画兴起并在宋代高度成熟后，山水一跃而居画坛之首，宗炳《画山水序》中对“山水以形媚道”的认识，以及观图之乐在于“畅神而已，神之所畅，孰有先焉”[7]的体认，遂发扬光大起来。而道家艺术思想的成份，也就在绘画传统中占了上风。人物和山水是从绘画的题材所作的区分，而以画家主体作别，则可以有画工和文人画之异，前者重“技”，后者则重视“进乎技”的“道”。宋代以后，文人画的地位迅速上升，成为中国绘画传统的最高代表。而文人画的题材，无疑也是以山水为主的。

中国诗与中国画的不同传统，导致了诗人眼中读出的画意和画

〔1〕《攻媿集》卷六十六，《四库全书》本。
〔2〕《我的留学记·中国文学的政治性》，钱婉约译，光明日报出版社，1999年版，页203。
〔3〕《六臣注文选》卷十一，中华书局，1987年版，页220。
〔4〕〔5〕张彦远《历代名画记》卷一引，于安澜编《画史丛书》第1册，上海人民美术出版社，1963年版，页2。
〔6〕《历代名画记》卷一《叙画之源流》，《画史丛书》第1册，页1。
〔7〕《画论丛刊》上卷，页1。

家眼中看到的诗情是有差别的。因此，画家笔下的骑驴意象，只会是潇散的，寂寞的，风流的，闲适的。在清代一些指导初学的画论中可以看到，“临津流以策蹇”[1]是山水画中常有的点缀，骑驴也是“秋山行旅，雪岭探梅，不能少此”[2]的意象。如果要追究东亚骑驴意象在诗与画中不同表现的根源，还是在中国诗与画的不同传统。

（三）唱和笔谈

唱和笔谈是域外汉籍中非常重要的组成部分之一。中村荣孝曾指出：“在外交场合以汉诗唱酬笔谈，乃中国文化圈的同文诸国间习惯化的国际礼仪。”[3]如果我们把“外交”作广义的理解，把“汉诗”扩展为“汉字”，确实可以如此概括的。这种唱和笔谈不仅发生在中朝、中日、中越、中琉文人间，也发生在朝鲜、日本、越南、琉球的文人之间，故文献相当丰富，内容也包罗万象。我们固然可以仅就某一种唱和笔谈做研究，但更为重要的是做综合研究，在一个较长时段的观察中，自唱和笔谈所流露出的态度、观点，把握历史发展的动向。

这里所要举出的实例，是要通过对甲申1764年（清乾隆二十九年，朝鲜英祖四十年，日本宝历十四年、明和元年）朝鲜通信使在日本的唱和笔谈活动的讨论，考察其在汉文学史上的意义。从汉文学史乃至汉文化的发展来看，这一年的唱和笔谈具有历史性的转折意义。朝鲜王朝建立以后，以“事大交邻”为基本国策，其原则是事大以精诚，交邻以信义，所以向明、清王朝派遣朝天使或燕行使，而向日本派

---

〔1〕 笪重光《画筌》，《画论丛刊》上卷，页169。案：也许这样的点缀后来成为俗套，有人也加以反对，如汤贻汾《画筌析览・论点缀》云：“凡为点缀，固不皆应有而有，亦当知可无则无。”其“可无者”中就列有“吟鞭袖于驴背”一目。《画论丛刊》下卷，页517。

〔2〕 郑绩《梦幻居画学简明》卷五《论兽畜》，《画论丛刊》下卷，页594。

〔3〕 《朝鲜の通信使と大坂》，《日鲜关系史の研究》下，吉川弘文馆，1969年版，页344。

遣通信使。所谓“通信”，一指传通音信，一指敦睦信义[1]。“通信使”原是朝鲜王朝派往日本使臣的称呼之一，前后多有变化。自仁祖十三年（1635）以后恢复此称，遂成定名。在德川幕府时代，朝鲜从宣祖四十年（1607）到纯祖十一年（1811），先后向日本派遣了十二次外交使团，学术界也往往统称为“通信使”。朝鲜通信使团是一个庞大的组成，人数一般在四百多。主要人员有正使、副使、从事官（原名书状官，以上总称三使）、制述官（原名读祝官）、书记、写字官、画员、医员以及军官、译官等。而负责文字应酬的主要是制述官和书记（共三名），朝鲜方面每次都会派出富有倚马之才的文士担当此任。此外，三使书记的人选也同样须是文采斐然。而日本方面也会派出一些文学之士来接应，在彼此唱和之间，展示本国的汉文化水平，同时也在较量高低。所以，虽然出席的人数或有多少，却足以充当国家的代表。从某种意义上说，唱和双方内心对彼此文学的评价，也就在相当程度上代表了对两国文学水平的评价，其变化也就透露出文学风气的转移和创作水平的升降。

1. 特征

所谓甲申行唱和笔谈之“特征”，是在与此前的比较中得出的。此行朝鲜通信使以赵曮（1719—1777，号济谷）为正使，李仁培（号吉庵）为副使，金相翊（号弦庵）为从事官。掌管文事的有制述官南玉（号秋月），书记成大中（1732—1812，号龙渊）、元重举（1719—1790，号玄川）、金仁谦（1707—1772，号退石）。他们于英祖三十九年癸未（1763）十月初六离开釜山，至次年甲申六月二十二日回到釜山。从

[1] 雨森芳洲《橘窗茶话》上云：“朝鲜来聘称通信使，‘通信’者传通讯问也。或为‘通国’之‘通’者，误。‘通国’字出《孟子》。”《雨森芳洲全书》二《芳洲文集》，关西大学出版部，1980年版，页155—156。

唱和笔谈来看,此行之特点首先在于参与的人数及唱和笔谈的数量都颇为惊人,因此遗留下的文献也很多[1]。不仅如此,他们还结识了一批日本的英髦之士,南玉、成大中、元重举等人对之皆印象深刻。泷长恺《长门癸甲问槎》乾下记录其与南玉的问答云:

> 鹤台:诸君东行浪华、江都及其它处处,藻客髦士抱艺求见者定多矣,才学风流可与语者有几人乎?
>
> 秋月:江户诸彦中,井太室、木蓬莱,仆辈尤所惓惓者……浪华木弘恭之风流,合离之才华,平安那波师曾之博学,释竺常之雅义,尾张州源正卿之伟才,冈田宜生之词律,二子之师源云之丰望,皆仆辈所与倾倒。而那波与之同往江都,情好尤密。足下若与从容,当知仆辈此言非阿好之比,幸为致意。[2]

大典禅师《萍遇录》卷下录成大中《复蕉中禅师》云:

> 仆入贵境以来,接韵士文儒多矣,而于筑州得龟井鲁,于长门州得泷弥八,于备前州得井潜,于摄津州得木弘恭、福尚修、合离,于平安城得那波师曾,于尾张得源云、冈田宜生、源正卿,于江户得涩井平、木贞贯,而最后得蕉中师。[3]

元重举《和国志》地卷"诗文之人"条云:

> 以今行所见诗文言之,在江户则柴邦彦文气颇健,而但其为人清浅褊僻;其次冈明伦也。在名护屋则冈田宜生、源正卿年少夙成,俱受业于源云;云温厚,有老成之风。西京则冈白驹、播摩清绚、芥焕,号为"西京三杰",而实不知(案:疑为"如")其名。

---

〔1〕 据李元植统计,此行唱和笔谈的资料达 37 种之多,参见辛基秀、仲尾宏编《大系朝鲜通信使》第 7 卷,明石书店,1994 年版,页 117—118。

〔2〕 日本明和二年(1765)秋七月刊本,东京都立日比谷图书馆藏。

〔3〕 韩国国立中央图书馆藏本。

大坂则永富凤似优，而合离次之；木弘恭以诗画标致，开蒹葭堂，以交四方游学之人，而但地太微、名太盛，恐不能自容也。备前州则井潜、近藤笃，俱以江户游学，辟为记室。潜赡敏，笃沉静。长门州则龙长凯、草安世，而凯颇老成，且有人誉；安世稍清秀。筑前州龟井鲁，年少有逸才，亦声名太早，恐不能见容也……余于唱酬之席，如得可语之人，则辄曰："天道自北而南久矣，观贵国人聪明秀敏，此诚文化可兴之日。"[1]

以上举到的人物，在江户有涩井平（1720—1788，号太室）、木贞贯（1715—1765，号蓬莱山人）、柴邦彦（1724—1807，号栗山）；在浪华有木村弘恭（1736—1802，号蒹葭堂）、合离（1727—1803，号斗南）、福原尚修（1735—1768，号石室）、永富凤（1732—1766，号独啸庵）；在平安有那波师曾（1727—1789，号鲁堂）、释大典（1719—1801，号蕉中）、冈白驹（1692—1767，号龙洲）、清田绚（1719—1785，号儋叟）、芥川焕（1710—1785，号养轩）；在尾张有源正卿（1737—1802，号沧洲）、冈田宜生（1737—1799，号新川）、源云（1696—1783，号君山）；在筑州有龟井鲁（1742—1814，号南溟）；在长门有泷长恺（1709—1773，号鹤台）、草安世（号大麓）；在备前有井上潜（1730—1819，号四明）、近藤笃（号西涯）。从地域来讲，他们从东到西，分布在今日的自福冈到东京之间；从年龄来看，多数人在三四十岁，都是当时在儒学和文学上颇有造诣者，多有著述传世，其传记可见于《先哲丛谈》及《续编》《后编》中。

朝鲜通信使对日本文人予以如此大规模的好评，可谓空前，这成为此行唱和笔谈中最突出的特征。将此行的评价与过去通信使的言

〔1〕《和国志》，亚细亚文化社，1990年版，页329—330。

行态度作一比较，就能够明显看出其重大差别。

早期的日本行纪对于其文学皆不着一字，直到宣祖二十三年（1590）副使金诚一（1538—1593）的《海槎录》卷二《赠写字官李海龙并序》中才略有提及，但流露出的是在文化上对日本的藐视态度。自光海君九年（1617）正使吴允谦的《东槎录》开始，出现了朝鲜使臣与日本僧人的诗文唱和纪录。但朝鲜方面往往流露出不屑之意，有时甚至对日本首唱拒不应和。由僧人执掌文事的现象，直到孝宗六年（1655）从事官南龙翼（1628—1692）的笔下才有所改变。但提及与他接触者，尽管都是当时的日本头面人物，但似乎皆不入其眼。如林道春"诗则全无格调，文亦犹昧蹊径"；林恕"稍解诗文，性质冥顽"；林靖"言语文字比厥兄颇优"；林春信"亦能写字缀句"〔1〕。林道春是日本太学头之始，当时人称许他"最为我国之儒宗也"〔2〕，南龙翼与他也有诗歌唱和，见于其《扶桑录》。而在他看来，林氏诗作亦不过尔尔。直到申维翰（1681—1752）于肃宗四十五年（1719）以制述官身份赴日，虽然也遇见二三可其心之人，但对日本文学的总体评价仍然不高，所谓"使之为歌行律语，则平仄多乖，趣味全丧，为我国三尺童子所闻而笑者"；"人人自谓欲学唐音，而无一句画虎于古人"；"与余对坐酬唱者，率多粗疏遁塞，语无伦序"〔3〕；等等。可见，甲申年朝鲜通信使对日本诗文现状的评论，实为一重大转折。即由此前的基本否定转变为基本肯定，由此前对个别人的欣赏转变为对群体的称赞，由对自身文明程度的骄傲转变为对自身的反省。

从日本文坛对朝鲜诗文的评价来看，此行唱和笔谈也同样具有

---

〔1〕《海行总载》三，朝鲜古书刊行会，1914年版，页496。

〔2〕石川丈山《与朝鲜国权学士菊轩笔语》，《新编覆酱续集》卷十六，富士川英郎等编《诗集日本汉诗》第1卷，汲古书院，1987年版，页248。

〔3〕《青泉集续集》卷八，《韩国文集丛刊》第200册，页520。

转折意义。在此之前,日本对朝鲜的诗文书画,皆以一种仰慕的态度追捧之惟恐不及。以近五十年前的申维翰所记为例,其《海游闻见杂录》上《风俗》载:

> 日本人求得我国诗文者,勿论贵贱贤愚,莫不仰之如神仙,货之如珠玉。即舁人、厮卒目不知书者,得朝鲜楷草数字,皆以手攒顶而谢。所谓文士,或不远千里而来待于站馆。一宿之间,或费纸数百幅。求诗而不得,则虽半行笔谈,珍感无已。盖其人生长于精华之地,素知文字之可贵。而与中华绝远,生不见衣冠盛仪,居常仰慕朝鲜。故其大官、贵游则得我人笔语为夸耀之资,书生则为声名之路,下贱则为观瞻之地。书赠之后,必押图章以为真迹。每过名州巨府,应接不暇。[1]

这种状况是举国皆然,不分贵贱,亦无区域差别,已成为一种"风俗"。到了甲申年,固然仍有延续以往的情形在,而其变化之处则是惊心动魄的。例如,撰于此年春三月的山根清《长门癸甲问槎序》云:

> 余及觏韩使四修聘也,阅其所唱酬者,辛卯幕中李东郭已超乘矣,尔后此行南秋月、成龙渊亦为巨擘焉。然而皆操其土风,苏、黄末派之雄耳。如夫笔语者,应酬敏捷,颇似得纵横自由者也。是其生平之所业,习惯如天性,而唯是应务而已,何有文章之可观。盖韩土取士之法,一因明制,廷试专用濂、闽之经义,主张性理,以遗礼乐。故文唯主达意,而修辞之道废矣,宜乎弗能知古文辞之妙,而列作者之林也。此邦昌明敦庞之化,有若物夫子勃兴,唱复古之业,五六十年来,多士炳蔚,文者修秦、汉已上,诗亦不下开、天。吾藩之设校也,先得其教者也。观辛卯以来唱

〔1〕《青泉集续集》卷七,同上注,页517。

酬集梓行于世可见矣，矧乎此行以鹤台氏之业莅焉。与彼曷争晋、楚之盟，吾小儿辈亦从行，如执旗鼓而周旋，则报淝水之捷，亦何难焉。虽然，韩使修聘，固大宾也……唯恐违国家柔远人之意也，以故柔其色，孙其言，而不相抗，从容乎揖让于一堂上，固君子无所争，亦可以见昌明敦庞之代而已矣。[1]

对朝鲜诗文的如此评论，亦可谓得未曾有。山根清曾四次遇见朝鲜通信使，当为正德元年辛卯(1711)、享保四年己亥(1719)、宽延元年戊辰(1748)和宝历十四年甲申(亦即明和元年，1764)，亲眼目睹、亲身经历了这五六十年来的变化，从而得出一番全新的见解：第一，就历次朝鲜使臣在唱酬中的表现而言，能够得到肯定的首推李礥(东郭)，其次是南玉(秋月)和成大中(龙渊)。其馀似皆碌碌辈，不堪齿及。而即便如上述三人，也不免"操其土风，苏、黄末派之雄耳"之讥。所学者苏、黄，亦非盛唐可比。第二，朝鲜文人在唱酬笔谈间惟一擅长的是"应酬敏捷"，但这主要得之于平日的训练，"习惯如天性"而已，却无"文章之可观"。第三，朝鲜以科举取士，惟重濂洛性理之学，其文章不识修辞之道，不知古文辞之妙，故其人亦不得"列作者之林"。第四，日本自物徂徕提倡古文辞，人才辈出，皆从"复古之业"，文学秦汉，诗效盛唐，在"辛卯以来唱酬集"中已可见日本诗文主盟的地位。第五，因为朝鲜通信使是国家之"大宾"，所以尽管日方在文学上已占有优势，但也依然要秉承"君子无所争"之训。这样的评论，一改以往之仰慕步趋，完全是足以分庭抗礼甚至有些居高临下的语气和姿态。

然而这并不是孤立的现象。甲申夏五月奥田元继跋其所辑《两

[1] 《长门癸甲问槎》卷首，日本明和二年(1765)乙酉明伦馆藏版，东京都日比谷图书馆藏本。

好馀话》云：

> 余详察朝鲜人作为文章，固不为韩、柳、欧、苏，又不为李、王，实有方土俗习。而一守其师承，不复少变矣。固陋之甚，阅古今笔话可知也。今兹甲申聘使同行四百八十有馀人，其中笔翰如流，语言立成，间有奇妙可评者，唯秋月一学士而已，龙渊犹可谓具品也……余与夫徒所讨论方俗同异或文变诗话，随得辑录，尚唱酬之诗若干首，悉具别集。然要之共无用，亦无足观者。唯以异国异音而同文之妙无意不通为奇会，则此册亦幸不可弃矣。[1]

他的印象是：第一，朝鲜人的文章不学唐宋八大家，也不学李攀龙、王世贞，所以有“方土俗习”。而这恰恰是当时日本人习文的入门读物。第二，朝鲜人的文章固陋而缺乏变化。第三，此行文才可称道者仅南玉和成大中，其他如元重举、金仁谦等人不免“迟涩钝拙”。第四，总体而言，这些笔谈酬唱“无用亦无足观者”，仅仅是因为“异国异音而同文之妙无意不通”的“奇会”，此书尚有其存在价值。

同样值得注意的是，山根和奥田的评论也是在历观数十年来日鲜双方唱酬笔谈的基础上提出的，所谓“观辛卯以来唱酬集梓行于世可见矣”，“阅古今笔话可知也”。日方将与朝鲜使臣的唱酬笔谈刊行于世，是在17世纪中叶以后，特别是从天和二年（1682）开始，其刊印者不仅数量多，而且速度快。将这些“文战”的记录公之于世，也许隐隐地表达了这样一番意思，即日本的文学水平与朝鲜已堪对话，并具有应战乃至分庭抗礼的能力。

文明的进步往往是整体性的，甲申朝鲜通信使不仅对日本的诗

〔1〕 明和元年（1764）刊本，日本京都大学附属图书馆藏。

文有高度评价，对其书画篆刻收藏也投以惊异的目光。如中村三实、平鳞(1732—1796)、木弘恭、福原修等人，都曾为南玉等人篆刻私印。又有韩天寿(1727—1795)者，字大年，多蓄中国古碑法书，名其斋曰"醉晋斋"。此外，如木弘恭之藏书，平鳞之蓄金石，收藏之富之精，皆引起朝鲜通信使的惊诧。而平鳞所赠《峄山碑》搨本，由成大中携归朝鲜，后为金正喜(1786—1856)所得，复以之赠送给翁方纲，翁为赋长诗《秦峄山碑旧本》，成为东亚文化交流史上的一段佳话[1]。

总之，甲申年朝鲜通信使在日本的唱和笔谈具有明显的特征，双方对彼此文学的评价发生了翻天覆地的变化。从数十年来的总体趋势上看，这一变化是在朝鲜方面对日本诗文水平的逐步肯定，以及日本方面对本国汉学日益提高之自觉的双重作用下产生的结果，从而使得1764年成为汉文学史上富有重大意义的历史关捩。

2. 反响

成大中、元重举等人结束使命，回到朝鲜，此行对日本的印象和观感尚萦绕心头，不能自已。元重举将此行日本人的赠答之作带回朝鲜，又撰写了《和国志》及《乘槎录》二书；成大中则口陈笔撰，称道日本人及其文学。这直接导致了朝鲜第一部日本诗选的编辑，孕育了朝鲜文坛对日本诗文的第一次高度评价。

朝鲜文学史上第一部日本诗选，就是由李书九(1754—1825)、柳得恭(1749—1807)、朴齐家(1750—1805)、李德懋(1741—1793)等人参与编纂的《日东诗选》，又名《蜻蛉国诗选》。柳得恭撰《日东诗选序》，大意乃谓日本自来"独不能工诗"，近年由于长崎与中国交通，大量书籍传入，使其国人"解藏书，学为书画"。元重举于癸未

〔1〕 参见藤塚邻《清朝文化东传の研究》"归东篇"第四章第四节，国书刊行会，1975年版，页158—160。

(1763)年赴日,归后将日本文人的赠别诗编为二册,李书九从中抄出六十七首为《日东诗选》。其诗已非昔日之比,"高者模拟三唐,下者翱翔王、李"[1]。而在柳得恭看来,编纂此书的另一个意义,是要让中国人了解日本的诗文水平,不再将他们置于安南、占城之下,并以春秋时小国附庸大国以进于上国之例,把这项工作当作朝鲜人义不容辞的责任。《日东诗选》的底本实出于元重举甲申行所携归之赠别诗,首部日本诗选的编成,屡经李书九、柳得恭、朴齐家、李德懋之手,而这四人就是朝鲜文学史上所称的"后四家",是当时文坛上的杰出代表。

在柳得恭看来,日本人诗文水平所发生的变化在当时尚未为中国人所知,故编辑属国之诗,往往把日本置于安南、占城之下。而他已认识到日本诗文水平的今非昔比,所以在其编纂的当代诗选《并世集》(此书编于正祖二十年丙辰,1796)中,首先录中国,其次是日本、安南、琉球,根据的就是他自己的认识和理解。卷二所收日本诗人及作品来源有三:其一是《日东诗选》(亦即《蜻蛉国诗选》);其二是李德懋补抄《蜻蛉国诗选》;其三是成大中所携归的《蒹葭雅集图》。可知此书的日本部分,凝聚着柳得恭等人文学团体的意见,也都与成大中、元重举的甲申之行有关。

在元重举、成大中等人的影响下,李德懋在其诗话随笔中首次对日本诗文作出较高的评价。李德懋本人并未去过日本,他对于日本文学的印象受到元重举、成大中的很大影响。就其与元重举的关系而言,他们之间属于姻亲。元氏癸未(1763)年赴日本,李德懋以诗相赠。元氏归国后,他们也常常互相酬唱论诗,其中自然会讲到日本诗文。《观读日记》甲申(1764)十月癸未载:

---

[1] 《日东诗选序》,《泠斋集》卷七,《韩国文集丛刊》第260册,页111—112。

余近与逊庵元丈谈文章升降，逊庵曰："余新游日本来，其文士方力观白雪楼诸子文集，靡然成风，文章往往肖之。大凡明无文章，又无理学，抛掷明代文章，做文做诗，有何不可哉？"[1]

李德懋显然接受了这种观察，《清脾录》卷一《日本兰亭集》云：

《兰亭集》日本人诗也，命词奇健，骎骎于雪楼之馀响……癸未岁，元玄川之入日本也，与弥八笔谈，尝称博学谨厚，风仪可观云。[2]

《兰亭集》作者是高野惟馨，而"雪楼之馀响"，就是元氏所谓"其文士方力观白雪楼诸子文集"，"文章往往肖之"的意思，实即指明代李攀龙的影响，这与元玄川的意见一脉相承。又《清脾录·蒹葭堂》云：

善乎元玄川之言曰："日本之人，故多聪明英秀，倾倒心肝，炯照襟怀。诗文笔语，皆可贵而不可弃也。我国之人，夷而忽之，每骤看而好訾毁。"余尝有感于斯言，而得异国之文字，未尝不拳拳爱之，不啻如朋友之会心者焉。[3]

元重举最为人重视的著作是《和国志》，他又有《乘槎录》，部分内容与《和国志》接近，而后者内容更加丰富。在《乘槎录》中，有两处"懋官云"的案语，在《和国志》的相应位置上也同此，这应该是李德懋的阅读痕迹。《和国志》中有对日本文学及文人的评论，这些大都被李德懋所接受。即便不是评论日本诗文，而与元重举在日活动有关，他也往往征引其言。

成大中的日本之行也同样给李德懋的文学评论带来很大影响。

---

〔1〕《青庄馆全书》卷六，《韩国文集丛刊》第257册，页115。

〔2〕《青庄馆全书》卷三十二，《韩国文集丛刊》第258册，页8。

〔3〕同上注，页10。

他虽年长德懋九岁，但钦佩其学问，故经常讨论学术文章，并互相批评。所以，他对于日本的观感和印象也给李德懋很多刺激。

从来朝鲜人对日本人的观感，若以一字而蔽之，则曰“诈”，李德懋也不例外。他在《奉赠书记逊庵元丈重举随副使之日本》中写道：“岛俗多狙诈，外面待朝鲜。揖让升降际，忠信当勉旃。”[1]希望元玄川到日本后，在揖让之际能勉之以忠信。但自甲申通信使归来后，受其影响，李德懋的观念也发生了转变。例如，成大中《书金养虚杭士帖》云：

> 吾尝观日本，其人亦重交游，尚信誓。临当送别，涕泣汍澜，经宿不能去。孰谓日本人狡哉？愧我不如也。[2]

元重举《和国志》地卷“诗文之人”条云：

> 混窍日凿，而长崎之书遂通见。今家家读书，人人操笔，差过十数年，则恐不可鄙夷而忽之也……虽谓之海中文明之乡，不为过矣。[3]

李德懋《清脾录》卷一《蒹葭堂》云：

> 岁甲申，成龙渊大中之入日本也，请世肃作《雅集图》。世肃手写横绡为一轴，诸君皆记诗于轴尾。书与画皆萧闲逸品……嗟呼！朝鲜之俗狭陋而多忌讳，文明之化，可谓久矣。而风流文雅，反逊于日本。无挟自骄，凌侮异国，余甚悲之。[4]

其态度的根本性转折，无疑是受到了成大中等人甲申之行的影响。

---

〔1〕《青庄馆全书》卷二，《韩国文集丛刊》257册，页46。
〔2〕《青城集》卷八，《韩国文集丛刊》第248册，页504。
〔3〕《和国志》，页326、330。
〔4〕《青庄馆全书》卷三十二，《韩国文集丛刊》258册，页10。

甲申通信使之行，对日本诗文高度评价，对日本人物由衷赞赏，从而影响到朝鲜文坛对日本文学的整体改观。第一部日本诗选由此应运而生，文学评论界也一改过去对日本诗文不屑齿及的面貌，出现了整体性的高度评价。从使行之言转化为文坛认识，其关键性的转折也是在 1764 年。

不仅是日本文学，李德懋对于朝鲜文学和中国文学的评论，也有与甲申通信使相关之处。其中比较重要的一点，是对女性诗文的关注。

朝鲜人对女性的文学创作向来不提倡，间或有之，亦不甚关注。然而在元重举的《和国志》中，却观察到日本“女子之能诗能书者甚众，殆若唐人之诗外无馀事”[1]，又列举“人君诗文自天武天皇始，释氏诗自智藏始，女子诗自大伴姬始”[2]，这些话，都被李德懋原封不动地搬进其《蜻蛉国志 · 艺文》中。很可能是在日本“女子能诗”的刺激下，李德懋也特别留意起朝鲜、中国和安南的女性作品，对以往东国文学评论中对女性作品较为轻视的态度有所改变。首先是对女性作品的评论，如《清脾录》中有七则与女性创作相关的条目，涉及士大夫家室、妓女以及中国女性的诗歌及书法之作，其评价用语亦多属正面。其次是对于洪大容言行的纠正。第三，积极搜罗女性作品。李德懋在正祖二年（1778）入燕，与朴齐家往琉璃厂抄书目，除了通常的经史子集外，还特别留意禁书以及女性创作，其中就有《名媛诗抄》和《名媛诗归》。

李德懋在当时虽官阶较低，但在文坛上的影响很大，去世后由正祖特赐钱印制《雅亭遗稿》，可谓文人之殊荣。他的《蜻蛉国志》，柳

---

〔1〕《和国志》地卷，页 330。
〔2〕同上注，页 327。

得恭曾劝人“读之以知海外诸国之情状”[1]。他的《清脾录》则流传于中国,李调元为之刻入《续函海》中;又传入日本,引起文坛上的反响。所以,他和他的文学同好,以其鲜明的理论主张,在当时的知识文化界刮起的“北学风”,其作用无疑是值得重视的[2]。

3. 意义

从一个较长时段来考察唱和笔谈的活动,就会发现其引起的连锁反应不容轻忽,而这些反应在汉文学史乃至汉文化史上的意义也是不可低估的。

就朝鲜方面而言,此时有了一个较为普遍的认识,即日本文明之进步,与大量中国书籍之输入长崎有着密切关系。元重举《和国志》“诗文之人”条云:

> 其后混窍日凿,而长崎之书遂通见。[3]

李德懋《蜻蛉国志》“艺文”云:

> 近者江南书籍,辐凑于长崎,家家读书,人人操觚,夷风渐变。[4]

柳得恭《古芸堂笔记》卷五“我书传于倭”条云:

> 倭子慧窍日开,非复旧时之倭。盖缘长崎海舶委输江南书籍故也。[5]

---

〔1〕《蜻蛉国志序》,《泠斋集》卷七,《韩国文集丛刊》第260册,页117。

〔2〕金柄珉《朝鲜中世纪北学派文学研究——兼论与清代文学之关联》一书,对此问题有详论,延边大学出版社,2013年版,可参看。

〔3〕《和国志》地卷,页326。

〔4〕《青庄馆全书》卷六十四,《韩国文集丛刊》第259册,页162。

〔5〕《雪岫外史》外二种,亚细亚文化社,1986年版,页125。

这种看法已成为趋势,如果说,日本能够由“蛮俗化为圣学”[1],是由于大量吸收了清代的文章和学术,那么,朝鲜是否依然能够以“小华”自居,而以“夷狄”视清呢?以往所坚持的华夷观是否又有改变的必要呢?诚然,李德懋等人在当时是属于强调“北学”的,但这种观念却是后起的。英祖三十五年(1759),十九岁的李德懋曾与漂流到朝鲜康津县的福建人黄森问答,发出了如下的感叹:“独我东尚礼义而冠带之,于今觉幸生东国也。”[2]而当他目睹日本文明之进步,就不仅不再以“蛮”视之,同时也很容易联想到不能以“虏”视清。在与赵衍龟的信中,李德懋说:

> 世俗所见,只坐无挟自恃,妄生大论,终归自欺欺人之地。只知中州之陆沉,不知中州之士多有明明白白的一颗好珠藏在袋皮子。只独自喃喃曰“虏人”“夷人”,何其自少乃尔。其为不虏不夷之人,行识见识果如中州人也乎不也?[3]

朴齐家《北学议》外编《北学辨》指出:

> 下士见五谷,则问中国之有无;中士以文章不如我也;上士谓中国无理学。果如是,则中国遂无一士,而吾所谓可学之存者无几矣……夫载籍极博,理义无穷。故不读中国之书者,自划也;谓天下尽胡也者,诬人也。[4]

而成大中在正祖十四年(1790)《送徐侍郎浩修以副价之燕序》中说:

> 夫集天下之礼乐而折衷之,是之谓大成。如其可采,夷亦进

---

〔1〕 李德懋《盎叶记》五“日本文献”,《青庄馆全书》卷五十八,《韩国文集丛刊》第259册,页39。

〔2〕《青庄馆全书》卷三,《韩国文集丛刊》第257册,页72。

〔3〕 同上注,页258。

〔4〕《楚亭全书》下册,亚细亚文化社,1992年版,页535—536。

之……况彼中土，实三代礼乐之墟也，故器遗制，犹有可征。书籍则宋、明之旧也，测候则汤、利之馀也。若其兵刑田郭之制，简劲易守。建酋之所以并诸夏也，取彼之长，攻吾之短，不害为自强之术也，在吾人博采而慎择之耳。[1]

尽管此处仍然以“酋”呼清，但核心思想是要“博采而慎择”，不可“自划”。从整体上看，这是“华夷观”的改变。以文学来说，就是要虚心向清代学习。可以说，朝鲜人是先认识了日本文学的价值，从中受到刺激而反思，然后才认识到清代文学的价值。李书九云：

东国人心粗眼窄，类不能知诗，而至于清，则不问其人之贤否、诗之高下，动辄以“胡人”二字抹杀之……如贻上(王士禛)者，至今犹不识其为何状人也……余酷嗜贻上诗，尝以为非徒有明三百年无此正声，求诸宋元，亦罕厥俦。[2]

将清人作品凌驾于明人之上，这在朝鲜真是破天荒的议论。因为要特别关注当代文学，柳得恭《并世集》遂应运而生。其序云：

言诗而不求诸中国，是犹思鲈鱼而不之松江，须金橘而不泛洞庭，未知其可也……读陈其年《箧衍集》、沈归愚《国朝诗别裁》，益觉中土人文之盛，而独未知不先不后与我同时者为何人也。十数年来，同志数子，莫不涉马訾踔辽野而游乎燕中，所与游者，皆二南十三国之地之人……言诗而不求诸中国，恶乎可哉？[3]

此书编于正祖二十年(1796)，言诗必“求诸中国”，已成为他坚定的

〔1〕《青城集》卷五，《韩国文集丛刊》第248册，页430。
〔2〕《清脾录》卷三，《韩国文集丛刊》第258册，页47。
〔3〕《燕行录全集》第60册，页50—52。

信念。从文坛趋势来看，这种认识也愈来愈普遍，且愈来愈强化。如洪奭周(1774—1842)云：

> 近世我国文人如丁洌水、金秋史辈最称博学，其外亦无多人。然向余入燕，访见太学贡生诸人，与之谈论书史，皆随问应答，轮笔递写……是不过远方赴举，失第未还，旅食京师之无名小生也，而以余观之，无非丁洌水、金秋史也。我国人才学，其能当中州人三四分乎？[1]

又徐有素《燕行录》(写于纯祖二十三年，1823)卷二"文学笔翰"云：

> 中国人非惟天姿颖悟，闻见极博，且有积工一生从事于文学……其规模工程，决非我国之文所可跂及也。远省举人之来留候选者，作小说鬻于市肆，即不过稗官鄙俚之作，而其运意排铺之法，操纵短长之手，亦非我国能文之士所可能也。[2]

至此，朝鲜人对清代文章学术的看法，亦可谓彻底改观。而要追溯这种改观的起因，则不得忽略甲申年朝鲜通信使在日本的唱和笔谈活动。衡论其文学史意义，此可谓其一。

其次，与第一点相联系的，由于日本文学的迅速成长，在朝鲜人眼中已成为不可忽略的存在；进而反省自身对于清代文学的认识，从而又是一番改观，形成了汉文学圈整体视野的雏形。比如柳琴曾编李德懋、柳得恭、朴齐家、李书九四家诗为《韩客巾衍集》，并于英祖五十二年(乾隆四十一年，1776)携带入燕，请李调元、潘庭筠撰序评点。其后，柳得恭编《巾衍外集》，李德懋为之补充，其内容分别是中国和日本诗，内外结合，就是一个具体而微的汉文学圈。柳氏又编辑《并

〔1〕 洪翰周《智水拈笔》引，亚细亚文化社，1984年版，页445—446。
〔2〕《燕行录全集》第79册，页245—247。

世集》，其书以酬唱诗为主，既录中国诗，又录日本、安南和琉球之作，其视野显然是整体性的。

就日本方面而言，在其平安时代的文学史上，文人间就有了“斗诗”活动，且认为这是日本文人的创造性活动。本来，文人间的诗歌唱酬，就是既交流情感又彼此较量的“文战”，而在两国之间文人的唱酬中，这种试比高下的因素往往更为加强。判定“文战”之胜负，往往是以速度来决定。朝鲜方面派出的人员，就特别挑选那些具备倚马之才的文人充当制述官或书记，以应付此类场面。甲申年朝鲜通信使之行，尽管亦有捷才随行，且赢得荣誉，但面对日本诗文水平的迅速提升，有识之士也会有所反省。朝鲜通信使再度赴日，已是纯祖十一年（文化八年，1811）。松崎复《接鲜瘖语》卷上记林衡对朝鲜使臣语云：

> 两国交欢业已二百年，各宇靖宁，得与诸公遇于一堂上，真是太平乐事也。从前缟纻相赠，动辄强辨夸辞，更相争竞，恐非君子相待之道。

又云：

> 旧时贵价入境，所在小有词艺者，杂然而前，布鼓嘈嘈，一概以拙速相抗。如此陋习，识者固已哂之。然今废之，又何用叙情？

朝鲜正使金履乔回答道：

> 盛教拙速相抗，识者哂之，果是知言。况文章不系迟速乎，往复足以叙情。[1]

---

〔1〕《松崎慊堂全集》第4册，冬至书房，1988年版，页16—17。

"巧迟不如拙速"原来是中国兵法上的话,用到诗文酬唱上,显然也是"文战"用语,早为中国有识者所讥[1]。日方提及以往的"强辨夸辞,更相争竞""一概以拙速相抗"乃为"陋习"云云,首先浮现在心中的应该是最近一次的情形。审其语气,虽较山根、奥田更为从容,骨子里却更为高傲。如表面上将本国文章之士黜抑为"小有词艺者",但"拙速"二字,也只能属于速度快的一方,实指朝鲜文士。从整体趋势来看,日本文坛对朝鲜文学的贬低更甚,这可以说是一个基本动向。

李德懋《清脾录》中对日本诗文有所肯定,此书完成不久便传入日本,西岛长孙在二十岁前后所写《弊帚诗话附录》中加以引述并评论道:

> 观此二节,则韩人之神伏于本邦可谓至矣。如高兰亭、葛子琴易易耳,若使一见当今诸英髦,又应叹息绝倒。[2]

不止在文学方面自傲,日本人在艺术方面也不再对朝鲜那么恭敬了。纯祖十一年辛未朝鲜通信使之行,在对马岛接应他们的有古贺精里(1750—1817)、草场佩川、以酊庵长老等。兹举古贺的三段文字为例如下,《题冈本丰洲韩客唱和诗帖》云:

> 丰洲以计属供办韩客于对岛,偶有以其诗什示彼者,叹赏不已,恳求相见,而法不可。因寄数首,获丰洲和章而去。韩客乞和诗,实为仅事。事传播远近,操觚之士多钦仰其诗名。[3]

朝鲜人对冈本丰洲的诗"叹赏不已",乃至首倡"乞和",这样的殊荣

---

〔1〕 李东阳《麓堂诗话》云:"'巧迟不如拙速',此但为副急者道。若为后世计,则惟工拙好恶是论,卷帙中岂复有迟速之迹可指摘哉?"丁福保《历代诗话续编》下册,中华书局,1983 年版,页 1398。

〔2〕《日本诗话丛编》第五卷,页 552。

〔3〕《精里三集·文稿》卷二,《诗集日本汉诗》第 7 卷,页 530。

致使国人“多仰其诗名”。此为文学。又《题尔信画》云：

> 向余赴对，与韩客接也，丹邱草场生从行……是时尔信随聘使来，余偶得其画，示之生。生云：“韩画无法，不足观矣。”[1]

以往是日本人争求朝鲜人画，现在是朝鲜人争求日本人画。更有甚者，在日本人的眼中，“韩画无法，不足观矣”。此为绘画。又《题韩人皮生帖》云：

> 盖彼中书法，从前为松雪（案：指赵孟頫）优孟，使人厌恶。辛未来者，正副使则袭故态，而制述以下，则往往步趋玄宰（指董其昌）。清国主多摸仿玄宰，韩业为其属国，纳岁贡，字画亦不免效颦也邪？[2]

以往日本人那么热衷追求朝鲜人书法，得片纸寸楮皆以为宝，而现在的评价是“使人厌恶”。即便摹拟董其昌字，亦不免“纤佻有习气”。此为书法。

与此同时，就是日本文坛对中国文学的批评，有时几乎达到肆无忌惮的程度。此前日本人学习写诗，根据他们的普遍认识，诀窍就是要多读诗话，这当然主要指读中国诗话。以此为背景，导致了江户时期大量中国诗话的传入与翻刻[3]，并激发了日本人写作诗话的热情。而在此时，就出现了对中国诗话的全面批判之著。古贺精里之子古贺侗庵（1788—1847），在文化十一年（1814）撰写了《非诗话》，对中国历代诗话作了高调门的叱责：

> 诗话之名昉于宋，而其所由来尚矣。滥觞于六朝，盛于唐，

〔1〕《精里三集·文稿》卷四，《诗集日本汉诗》第7卷，页549—550。

〔2〕《精里三集·文稿》卷五，同上注，页564。

〔3〕参见张伯伟《清代诗话东传略论稿》第五章“清代诗话东传日本之时间及数量”，页194—214。

蔓于宋，芜于明，清无讥焉。其嵬说谬论，难一一缕指。[1]

撇开其个人因素不论，这种批判与当时日本文坛的大势是一致的。他们拥有的愈来愈强的自信心和优越感，使他们在评论中国和朝鲜的文学艺术之际，有时显得非常尖刻。虽然这是在自家门内说话，但也正因为如此，这些话是他们真实观念的自然流露。

对于18世纪中叶到20世纪初期东亚文化的走向，我有这样一个基本判断，即一方面是朝鲜学术与清朝文化的日益接近，而另一方面，是日本开始对中国、朝鲜的逐步轻视，强调日本中心主义，以东洋之英国自负，主张“脱亚入欧”。这里讨论的1764年朝鲜通信使与日本文士的唱和笔谈，似乎也可以从一个方面加强以上的判断。因此，就其在汉文化圈内的影响和意义而言，1764年这场笔谈不仅是汉文学史上，更是汉文化史上的一个重要标志。

---

〔1〕《侗庵非诗话》卷一，崇文院，1927年版。

阅读及参考书目*

这里所列举的书目，不包含原始文献，仅指近现代学者的研究论著。所列书目亦以中、日文撰著者为主，兼及其他文字的论著。书目以研究内容的国别区分，若涉及两国以上者，则归入综合类。书目编次，以经眼者为范围，以出版时间为序，并且更偏重早期著作，即刘咸炘据戴震所谓“书略旧便有几分好处”而撰《旧书录》之意。书目截止于2011年。

一、综合

《中日交通史》，木宫泰彦著，陈捷译，商务印书馆，1932年版

《中国法律在东亚诸国之影响》，杨鸿烈著，台湾商务印书馆，1937年版

《日支交涉史研究》，秋山谦藏著，岩波书店，1939年版

《东亚古文化研究》，原田淑人著，座右宝刊行会，1941年版

《中世日支交通贸易史の研究》，小叶田淳著，刀江书店，1942年版

---

* 近十馀年间国际学术界尤其是中国学界出版相关著作甚多，一则多为关心者熟悉，且易于得手，二则本人未能经眼者众，若加以推荐难免不得要领，故对此书目未作增补，读者谅之。

《上代日支交通史の研究》,藤田元春著,刀江书院,1943年版

《日宋文化交流の诸问题》,森克己著,刀江书店,1950年版

《雍乾嘉时代的中琉关系》,陈大端著,明华书局,1956年版

《中世海外交涉史の研究》,田中健夫著,东京大学出版会,1959年版

《东亚古文化论考》,原田淑人著,吉川弘文馆,1962年版

《上代日本文学と中国文学:出典论を中心とする比较文学的考察》,小岛宪之著,塙书房,1962—1965年版

《日本朱子学と朝鲜》,阿部吉雄著,东京大学出版会,1965年版

《日鲜关系史の研究》,中村荣孝著,吉川弘文馆,1965—1969年版

《万历二十三年封日本国王丰臣秀吉考》,李光涛著,"中研院"历史语言研究所专刊之五十三,1967年版

《中韩民族与文化》,李光涛著,中华丛书编审委员会,1968年版

《清代东アジア史研究》,周藤吉之著,日本学术振兴会,1972年版

《古代中韩关系与日本》,王仪著,台湾中华书局,1973年版

《世对外关系史》,田中健夫著,东京大学出版会,1975年版

《日鲜史话》,松田甲著,原书房,1976年版

《清朝文化东传の研究》,藤塚邻著,藤塚明直编,国书刊行会,1975年版

《古代アジア教育史研究》,多贺秋五郎著,日本学术振兴会刊,1977年版

《中国と琉球》,野口铁郎著,开明书院,1977年版

《清韩宗藩贸易(1637—1894)》,张存武著,台湾"中研院"近代

史研究所,1978 年版

《中国文学と日本文学》,铃木修次著,东京书籍,1978 年版

《韩中诗话渊源考》,许世旭著,黎明文化事业公司,1979 年版

《赵宋与王氏高丽及日本的关系》,王仪著,台湾中华书局,1980 年版

《中法越南交涉史》,刘伯奎著,学生书局,1980 年版

《日中文化交流史》,木宫泰彦著,胡锡年译,商务印书馆,1980 年版

《中国文化对日韩越的影响》,朱云影著,黎明文化事业公司,1981 年版

《对外关系と文化交流》,田中健夫著,思文阁出版,1982 年版

《韩日关系史研究》,松田甲述,韩国成进文化社据朝鲜总督府发行本影印,1982 年版

《中韩南宗绘画之研究》,崔炳植著,文史哲出版社,1982 年版

《中国古代国家と东アジア世界》,西嶋定生著,东京大学出版会,1983 年版

《中国・日本における历史观と隐逸思想》,小林昇著,早稻田大学出版部,1983 年版

《元明时代东传日本的文献》,郑樑生著,文史哲出版社,1984 年版

《唐代东亚教育圈的形成——东亚世界形成史的一侧面》,高明士著,国立编译馆,1984 年版

《中韩日诗话比较研究》,赵锺业著,学海出版社,1984 年版

《东アジアの民俗と祭仪》,熊谷治著,雄山阁出版,1984 年版

《中日文化交流史论》,梁容若著,商务印书馆,1985 年版

《明代中日关系研究:以明史日本传所见几个问题为中心》,郑樑生著,文史哲出版社,1985 年版

《元明时代东传日本的水墨画》,郑樑生著,文史哲出版社,1986 年版

《近世日朝関系史の研究》,三宅英利著,文献出版,1986 年版

《清朝初期的中韩关系》,刘家驹著,文史哲出版社,1986 年版

《阳明学对韩国的影响》,郑德熙著,文史哲出版社,1986 年版

《清代中韩关系论文集》,张存武著,台湾商务印书馆,1987 年版

《锁国日本と国际交流》,箭内健次著,吉川弘文馆,1988 年版

《近代日本と中国:日中关系史论集》,安藤彦太郎编,汲古书院,1989 年版

《古代の日朝关系》,山尾幸久著,塙书房,1989 年版

《近世日本と东アジア》,荒野泰典著,东京大学出版会,1989 年版

《日韩古地名の研究》,金泽庄三郎著,草风馆,1989 年版

《域外汉文小说论究》,中国古典文学研究会主编,学生书局,1989 年版

《中国典籍在日本的流传与影响》,陆坚、王勇主编,杭州大学出版社,1990 年版

《剪灯新话与传奇漫录之比较研究》,陈益源著,学生书局,1990 年版

《明代前期中韩国交之研究》,叶泉宏著,台湾商务印书馆,1991 年版

《杜诗流传韩国考》,李立信著,文史哲出版社,1991 年版

《宋・高丽制度史研究》,周藤吉之著,汲古书院,1992 年版

《汉籍在日本的流布研究》,严绍璗著,江苏古籍出版社,1992年版

《中日汉籍交流史论》,王勇主编,杭州大学出版社,1992年版

《中越关系史论文集》,张秀民著,台湾文史哲出版社,1992年版

《中日关系史研究论集》(1—13),郑樑生著,文史哲出版社,1990—2004年版

《中日文化关系史论》,周一良著,江西人民出版社,1993年版

《大系朝鲜通信使》,辛基秀、仲尾弘编,明石书店,1993—1996年版

《韩国と日本の交流史(古代・中世篇)》,李进熙著,明石书店,1994年版

《韩国と日本の交流史(近世篇)》,姜在彦著,明石书店,1994年版

《古代东アジア金石文论考》,佐伯有清著,吉川弘文馆,1995年版

《中国、日本、朝鲜实学比较》,李甦平等著,安徽人民出版社,1995年版

《东亚文化的探索》,黄俊杰、福田殖主编,正中书局,1996年版

《汉方の历史:中国・日本の传统医学》,小曽户洋著,大修馆书店,1996年版

《东亚文化的探索:传统文化的发展》,黄俊杰、町田三郎、柴田笃主编,正中书局,1996年版

《中日文化交流史大系1・历史卷》,王晓秋、大庭修主编,浙江人民出版社,1996年版

《中日文化交流史大系2・法制卷》,刘俊文、池田温主编,浙江

人民出版社,1996年版

《中日文化交流史大系3·思想卷》,严绍璗、源了圆主编,浙江人民出版社,1996年版

《中日文化交流史大系4·宗教卷》,杨曾文、源了圆主编,浙江人民出版社,1996年版

《中日文化交流史大系5·民俗卷》,马兴国、宫田登主编,浙江人民出版社,1996年版

《中日文化交流史大系6·文学卷》,严绍璗、中西进主编,浙江人民出版社,1996年版

《中日文化交流大系7·艺术卷》,王勇、上原昭一主编,浙江人民出版社,1996年版

《中日文化交流史大系8·科技卷》,李廷举、吉田忠主编,浙江人民出版社,1996年版

《中日文化交流史大系9·典籍卷》,王勇、大庭修主编,浙江人民出版社,1996年版

《中日文化交流史大系10·人物卷》,王勇、中西进主编,浙江人民出版社,1996年版

《古代中世における日中关系史の研究》,大庭修著,同朋社出版,1996年版

《宋丽关系史研究》,杨渭生著,杭州大学出版社,1997年版

《中韩关系史论集》,全海宗著,全善姬译,中国社会科学出版社,1997年版

《江户时代日中秘话》,大庭修著,徐世虹译,中华书局,1997年版

《汉唐中日关系论》,王贞平著,文津出版社,1997年版

《汉籍输入の文化史——圣德太子から吉宗へ》,大庭修著,研文出版,1997年版

《江户时代中国典籍流播日本之研究》,大庭修著,戚印平等译,杭州大学出版社,1998年版

《中韩实学史研究》,中国实学研究会编,中国人民大学出版社,1998年版

《中国古典小说在韩国之传播》,闵宽东著,学林出版社,1998年版

《东アジアにおける宗教文化の传来と受容》,窪德忠著,第一书房,1998年版

《朝鲜通信使:人の往来、文化の交流》,辛基秀著,明石书店,1999年版

《道教とアジアの宗教文化》,窪德忠著,第一书房,1999年版

《方志学研究论丛》(修订版),宋晞著,台湾商务印书馆,1999年版

《德川吉宗と康熙帝:锁国下での日中交流》,大庭修著,大修馆书店,1999年版

《朱子学之东传日本与其发展》,郑樑生著,文史哲出版社,1999年版

《日本中国文化摄取史》,郑彭年著,杭州大学出版社,1999年版

《近代中日文化交流史》,王晓秋著,中华书局,2000年版

《儒学南传史》,何成轩著,北京大学出版社,2000年版

《中日关系史》,郑樑生著,五南图书出版公司,2001年版

《7—14世纪中日文化交流的考古学研究》,苌岚著,中国社会科学出版社,2001年版

《源氏物语与白乐天》,中西进著,马兴国、孙浩译,中央编译出版社,2001 年版

《朝鲜实学者の见た近世日本》,河宇凤著,井上厚史译,ぺりかん社,2001 年版

《东亚儒学史的新视野》,黄俊杰著,喜马拉雅研究发展基金会,2001 年版

《儒教と日本》,山下龙二著,研文社,2001 年版

《隋唐の国际秩序と东アジア》,金子修一著,名著刊行会,2001 年版

《中国—朝鲜、韩国关系史》,杨昭全、何彤梅著,天津人民出版社,2001 年版

《明清时代中国与朝鲜的交流——朝鲜使节与漂着船》,松浦章编著,乐学书局,2002 年版

《清代中朝使者往来研究》,刘为著,黑龙江教育出版社,2002 年版

《东アジアの文化交流史》,池田温著,吉川弘文馆,2002 年版

《西嶋定生东アジア史论集》,第 3 卷,《东アジア世界と册封体制》,西嶋定生著,岩波书店,2002 年版

《西嶋定生东アジア史论集》,第 4 卷,《东アジア世界と日本》,西嶋定生著,岩波书店,2002 年版

《清代海外贸易史の研究》,松浦章著,朋友书店,2002 年版

《中国传统文化在日本》,蔡毅编译,中华书局,2002 年版

《明清时期琉球日本关系史》,何慈毅著,江苏古籍出版社,2002 年版

《朱舜水在日本的活动及其贡献研究》,林俊宏著,秀威资讯科技

有限公司,2002 年版

《二王尺牍与日本书纪所载国书之研究——隋唐期中日关系史之一章》,徐先尧著,艺轩图书出版社,2003 年版

《明治前期日中学术交流の研究:清国驻日公使馆の文化活动》,陈捷著,汲古书院,2003 年版

《清代中国琉球贸易史の研究》,松浦章著,榕树书林,2003 年版

《朱舜水与日本文化》,町田三郎、潘富恩主编,人民出版社,2003 年版

《从"笔谈外交"到"以史为鉴":中日近代关系史探研》,伊原泽周著,中华书局,2003 年版

《七世纪中叶唐与新罗关系研究》,拜根兴著,中国社会科学出版社,2003 年版

《朝鲜韵书与明清音系》,金基石著,黑龙江朝鲜民族出版社,2003 年版

《近世日中文人交流史研究》,德田武著,研文出版,2004 年版

《高丽与宋金外交经贸关系史论》,姜吉仲著,文津出版社,2004 年版

《中国—朝鲜·韩国文化交流史》,杨昭全著,昆仑出版社,2004 年版

《东アジア史のなかの日本と朝鲜》,吉野诚著,明石书店,2004 年版

《东亚儒学史的新视野》,黄俊杰著,台大出版中心,2004 年版

《东亚古代的政治与教育》,高明士著,台大出版中心,2004 年版

《东亚儒学:批判与方法》,子安宣邦著,陈玮芬译,台大出版中心,2004 年版

《东亚近世耶稣会史论集》,戚印平著,台大出版中心,2004年版

《近世近代小说と中国白话文学》,德田武著,汲古书院,2004年版

《中日四书诠释传统初探》,黄俊杰编,台大出版中心,2004年版

《书物の中日交流史》,王勇著,国际文化工房,2005年版

《清代中日学术交流の研究》,王宝平著,汲古书院,2005年版

《东亚汉文化圈的形成与发展——政治法制篇》,高明士编,台大出版中心,2005年版

《东亚汉文化圈的形成与发展——儒家思想篇》,高明士编,台大出版中心,2005年版

《东亚儒学研究的回顾与展望》,黄俊杰编,台大出版中心,2005年版

《东亚教育史研究的回顾与展望》,高明士编,台大出版中心,2005年版

《东亚传世汉籍文献译解方法初探》,郑吉雄、张宝三编,台大出版中心,2005年版

《东亚儒者的四书诠释》,黄俊杰编,台大出版中心,2005年版

《东亚视域中的近世儒学文献与思想》,郑吉雄编,台大出版中心,2005年版

《东亚传统教育与法制研究(一)——教育与政治社会》,高明士编,台大出版中心,2005年版

《东亚传统教育与法制研究(二)——唐律诸问题》,高明士编,台大出版中心,2005年版

《东亚传统教育与学礼学规》,高明士编,台大出版中心,2005年版

《东亚交流史的新局:以基督宗教为中心》,古伟瀛编,台大出版中心,2005年版

《东亚传统家礼、教育与国法(一):家礼、家族与教育》,高明士编,台大出版中心,2005年版

《东亚传统家礼、教育与国法(二):家内秩序与国法》,高明士编,台大出版中心,2005年版

《东亚近世世界观的形成》,吴展良编,台大出版中心,2005年版

《清末中琉日关系史の研究》,西里喜行著,京都大学学术出版会,2005年版

《古代中国:东亚世界的内在交流》,韩昇主编,复旦大学出版社,2005年版

《中国礼学在古代朝鲜的播迁》,彭林著,北京大学出版社,2005年版

《东アジア世界の形成:中国と周边国家》,堀敏一著,汲古书院,2006年版

《东アジア阳明学の展开》,崔在穆著,ぺりかん社,2006年版

《使行录に见る朝鲜通信使の日本观》,郑章植著,明石书店,2006年版

《江户时代の朝鲜通信使と日本文学》,朴赞基著,临川书店,2006年版

《东亚文献研究资源论集》,潘美月、郑吉雄主编,学生书局,2007年版

《清代诗话东传略论稿》,张伯伟著,中华书局,2007年版

《域外汉籍研究丛稿》,金程宇著,中华书局,2007年版

《中越汉文小说研究》,陈益源著,东亚文化出版社,2007年版

《中国东アジア外交交流史の研究》,夫马进编,京都大学学术出版会,2007 年版

《清代中琉关系档案研究》,丁春梅著,中国档案出版社,2007 年版

《唐与新罗文化关系研究》,党银平著,中华书局,2007 年版

《东亚视域中的茶山学与朝鲜儒学》,黄俊杰编,台大出版中心,2007 年版

《江户时代唐船による日中文化交流》,松浦章著,思文阁出版,2007 年版

《明治の汉学者と中国:安绎・天囚・湖南の外交论策》,陶德民著,关西大学出版部,2007 年版

《三国志享受史论考》,田中尚子著,汲古书院,2007 年版

《迷濛七世纪:幕府时代的中日关系》,林景渊著,南天书局有限公司,2007 年版

《中国地方志流播日本研究》,巴兆祥著,上海人民出版社,2007 年版

《朝鲜王朝时代の世界观と日本认识》,河宇凤著,小幡伦裕译,明石书店,2008 年版

《东アジアの死刑》,冨谷至著,京都大学学术出版会,2008 年版

《东亚文化交流:空间・疆界・迁移》,徐兴庆、陈明姿主编,台大出版中心,2008 年版

《东亚儒学九论》,陈来著,生活・读书・新知三联书店,2008 年版

《世界のなかの日清韩关系史:交邻と属国、自主と独立》,冈本隆司著,讲谈社,2008 年版

《“训读”论——东ァジァ汉文世界と日本语》,中村春作、市来津由彦、田尻祐一郎、前田勉编,勉诚出版,2008年版

《隋唐帝国と古代朝鲜》,砺波护、武田幸男著,中央公论社,2008年版

《幽玄研究——中国古代诗学视域下的日本中世文学》,李东军著,吉林大学出版社,2008年版

《江户时代的诗风诗论:兼论明清三大诗论及其影响》,松下忠著,范建明译,学苑出版社,2008年版

《近代日中关系人物史研究の新しい地平》,陶德民、藤田高夫编,雄松堂出版,2008年版

《东アジアの文芸共和国——通信使·北学派·蒹葭堂——》,高桥博巳著,新典社,2009年版

《东アジア文化交流と经典诠释》,松浦章编,日本关西大学アジア文化交流研究センター,2009年版

《亚洲汉文学》,王晓平著,天津人民出版社,2009年版

《东亚世界形成史论》,韩昇著,复旦大学出版社,2009年版

《海东集:古代东亚史实考论》,韩昇著,上海人民出版社,2009年版

《事大与保国——元明之际的中韩关系》,范永聪著,香港教育图书公司,2009年版

《明清时期中国史学对朝鲜的影响:兼论两国学术交流与海外汉学》,孙卫国著,上海辞书出版社,2009年版

《日本京都中国学与东亚文化》,连清吉著,学生书局,2010年版

《近代中日词汇交流研究:汉字新词的创制、容受与共享》,沈国威著,中华书局,2010年版

《近世日本社会と宋学》，渡边浩著，东京大学出版会，2010年版

《中国古典小说在韩国的研究》，闵宽东著，学林出版社，2010年版

《朝鲜燕行使与朝鲜通信使》，夫马进著，伍跃译，上海古籍出版社，2010年版

《明代文臣出使朝鲜与皇华集》，杜慧月著，人民出版社，2010年版

《朝鲜朝使臣眼中的中国形象——以〈燕行录〉〈朝天录〉为中心》，徐东日著，中华书局，2010年版

《清末中琉日关系史研究》，西里喜行著，胡连成等译，社会科学文献出版社，2010年版

《续“训读”论——东アジア汉文世界の形成》，中村春作、市来津由彦、田尻祐一郎、前田勉编，勉诚出版，2010年版

《汉文と东アジア——训读の文化圈》，金文京著，岩波书店，2010年版

《域外汉籍研究论集》，张伯伟著，北京大学出版社，2011年版

《东亚文化意象之形塑》，石守谦、廖肇亨主编，允晨文化公司，2011年版

《宅兹中国：重建有关“中国”的历史论述》，葛兆光著，中华书局，2011年版

《作为方法的汉文化圈》，张伯伟著，中华书局，2011年版

《燕行与中朝文化关系》，杨雨蕾著，上海辞书出版社，2011年版

《印刷出版与知识环流——十六世纪以后的东亚》，关西大学文化交涉学教育研究中心、出版博物馆编，上海人民出版社，2011年版

《日本所藏中国戏曲文献研究》，黄仕忠著，高等教育出版社，

2011 年版

《杨柳的形象:物质的交流与中日古代文学》,张哲俊著,人民文学出版社,2011 年版

《日本古代文献の汉籍受容に关する研究》,王小林著,和泉书院,2011 年版

《汉籍东渐及日藏古文献论考稿》,静永健、陈翀著,中华书局,2011 年版

二、 韩国—朝鲜

《朝鲜佛教通史》,李能和著,宝莲阁,1918 年版

《朝鲜文化史大全》,青柳南冥著,朝鲜研究会,1924 年版

《朝鲜女俗考》,李能和著,翰南书林,1927 年版

《朝鲜基督教及外交史》,李能和著,朝鲜基督教彰文社,1928 年版

《李朝佛教》,高桥亨著,宝文馆,1929 年版

《朝鲜通史》,林泰辅著,进光社书店,1944 年版

《ローマ法王厅古文书馆所藏黄嗣永帛书の研究》,山口正之著,全国书房,1946 年版

《新罗史の诸问题》,末松保和著,东洋文库,1954 年版

《韩国道教史》,李能和辑述,东国大学校,1959 年版

《韩国地名沿革考》,权相老编,东国文化社,1961 年版

《韩国史大观》,李丙焘著,许宇成译,正中书局,1961 年版

《朝鲜医学史及疾病史》,三木荣著,1963 年版

《增订补注朝鲜语学史》,小仓进平著,河野六郎补注,刀江书院,

1964年版

《青丘史草》,末松保和著,笠井出版,1965年版

《韩国书院制度之研究》,金相根,台湾嘉新水泥公司文化基金会,1966年版

《朝鲜西教史:朝鲜キリスト教の文化史的研究》,山口正之著,雄山阁,1967年版

《朝鲜解语花史》,李能和著,新韩书林,1968年版

《韩国图书馆史研究》,白麟编,韩国图书馆协会,1969年版

《近世朝鲜教育史研究》,渡部学著,雄山阁,1969年版

《多尔衮征女朝鲜史事》,李光涛著,"中研院"历史语言研究所,1970年版

《朝鲜"壬辰倭祸"研究》,李光涛著,"中研院"历史语言研究所,1972年版

《高丽及李朝史研究》,今西龙著,今西春秋编,国书刊行会,1974年版

《新罗花郎の研究》,三品彰英著,平凡社,1974年版

《新罗史基础研究》,井上秀雄著,东出版,1974年版

《朝鲜中世社会史の研究》,旗田巍著,法政大学出版局,1976年版

《朝鲜佛教史の研究》,江田俊雄著,国书刊行会,1977年版

《韩国佛教の研究》,李锺益著,国书刊行会,1977年版

《韩国古印刷史》,韩国图书馆学研究会编,同朋舍,1978年版

《百济史の研究》,坂元义种著,塙书房,1978年版

《朝鲜金石考》,葛城末治著,亚细亚文化社,1978年版

《朝鲜绘画大观》,刘复烈编著,文教院,1979年版

《高丽朝官僚制の研究》,周藤吉之著,法政大学出版局,1980年版

《朝鲜の茶と禅》,诸冈存、家人一雄著,民俗苑,1984年版

《韩国音乐序说》,李恩求著,首尔大学校出版部,1985年版

《日本传存韩国逸书研究》,沈隅俊著,一志社,1985年版

《〈老乞大〉〈朴通事〉研究》,康寔镇著,学生书局,1985年版

The Rise of Neo-Confucianism in Korea, ed. by William. Theodore de Bary and JaHyun Kim Haboush, Columbia Univ. Pr., 1985

《朝鲜旧书考》,黑田亮著,岩波书店,1986年版

《高丽儒学思想史》,金忠烈,东大图书公司,1986年版

《韩国儒学史略》,李丙焘著,亚细亚文化社,1986年版

《〈鸡林类事〉与高丽时期朝鲜语》,安炳浩著,黑龙江民族出版社,1986年版

《高丽时代诗话批评研究》,张鸿在著,亚细亚文化社,1987年版

《丁茶山论语古今注原义总括考征》,金彦锺著,学海出版社,1987年版

《朝鲜古史の研究》,今西龙著,国书刊行会,1988年版

《朝鲜史の栞》,今西龙著,国书刊行会,1988年版

《日本访书志》,沈隅俊著,韩国精神文化研究院,1988年版

《新罗史研究》,今西龙著,国书刊行会,1988年版

《虚学から实学へ——十八世纪朝鲜知识人洪大容の北京旅行》,金泰俊著,东京大学出版社,1988年版

《朝鲜通信使》,李元植著,民音社,1991年版

《韩国诗话研究》,赵锺业著,太学社,1991年版

The Confucian Transformation of Korea: a Study of Society and

Ideology, Martina Deuchler, Harvard University Press, 1992

《高丽朝鲜两朝的科举制度》,李成茂著,张琏瑰译,北京大学出版社,1993 年版

《朝鲜李朝实学派文学观念研究》,李岩著,北京大学出版社,1994 年版

《好太王碑新考》,耿铁华著,吉林人民出版社,1994 年版

A Korean Confucian Encounter with the Mordern World: Yi Hang-no and the West, Chai-sik Chung, Institute of East Asian Studies, 1995

《韩国禅教史》,忽滑谷快天著,朱谦之译,中国社会科学出版社,1995 年版

《韩国近世思想文化史》,蔡茂松著,东大图书公司,1995 年版

《朝鲜汉文学史》,金台俊著,张琏瑰译,社会科学文献出版社,1996 年版

《朝鲜天主教小史》,楠田斧三郎著,大空社,1996 年版

《韩国哲学史》,韩国哲学会编,韩振乾等译,社会科学文献出版社,1996 年版

《韩国诗话研究》,郑判龙主编,延边大学出版社,1997 年版

Understanding Korean Literature, Kim Hunggyu, Translated by Robert J. Fouser, M. E. Sharpe, 1997

《韩国儒学思想研究》,崔根德著,学苑出版社,1998 年版

《韩国高丽时代における陶渊明观》,朴美子著,白帝社,2000 年版

《东方著名哲学家评传(韩国卷)》,李甦平编,山东人民出版社,2000 年版

《朝鲜西学史研究》,李元淳著,王玉洁、朴英姬、洪军译,中国社

会科学出版社,2001 年版

《韩国实学思想史》,葛荣晋主编,首都师范大学出版社,2002 年版

《沧江金泽荣研究》,吴允熙著,李顺连译,华中师范大学出版社,2002 年版

A History of Korean Literature, ed. by Peter H. Lee, Combridge University Press, 2003

《好太王碑一千五百八十年祭》,耿铁华著,中国社会科学出版社,2003 年版

《韩国道教思想》,车柱环著,赵殷尚译,人民文学出版社,2005 年版

《朝鲜族谱研究》,常建华著,天津古籍出版社,2005 年版

《从当代儒学观点看韩国儒学的重要论争》,杨祖汉著,台大出版中心,2005 年版

《韩国江华阳明学研究论集》,郑仁在、黄俊杰编,台大出版中心,2005 年版

《高句丽史研究》,卢泰敦著,张成哲译,学生书局,2007 年版

《高丽史史籍概要》,黄纯艳著,甘肃人民出版社,2007 年版

《李植杜诗批解研究》,左江著,中华书局,2007 年版

《高丽官僚制度研究》,矢木毅著,东京大学学术出版会,2008 年版

《韩国音乐史》(增补),张师勋著,朴春妮译,中央音乐学院出版社,2008 年版

三、日本

《日本阳明学派之哲学》,井上哲次郎著,富山房,1900 年版

《群书备考》,早川纯三郎著,国书刊行会,1916 年版

《和魂汉才说》,加藤仁平著,培风馆,1926 年版

《典籍说稿》,山田孝雄著,西东书房,1934 年版

《近世日本における支那俗语文学史》,石崎又造著,弘文堂书房,1940 年版

《五山文学史稿》,北村泽吉著,富山房,1941 年版

《日本书志学の研究》,川濑一马著,大日本雄辩会讲谈社,1943 年版

《本朝书籍目录考证》,和田英松著,明治书院,1943 年版

《日本汉文学史》(增订版),冈田正之著,山岸德平、长泽规矩也补,吉川弘文馆,1954 年版

《汉文の研究》(改订版),阿部吉雄著,旺文社,1954 年版

《日本佛教史》(1—10 卷),辻善之助著,岩波书店,1955—1961 年版

《中世禅林の学问および文学に关する研究》,芳贺幸四郎著,日本学术振兴会,1956 年版

《典籍杂考》,山田孝雄著,宝文馆,1956 年版

《日本的古学及阳明学》,朱谦之著,上海人民出版社,1962 年版

《近世藩校に於ける出版书の研究》,笠井助治著,吉川弘文馆,1962 年版

《平安朝日本汉文学史の研究》(增补合册再版),川口久雄著,

明治书院,1964 年版

《长崎の唐人贸易》,山胁悌二郎著,吉川弘文馆,1964 年版

《江户时代における唐船持渡书の研究》,大庭修著,关西大学东西学术研究所,1967 年版

《国风暗黑时代の文学》(上中下),小岛宪之著,塙书房,1968—1998 年版

《大学寮と古代儒教:日本古代教育史研究》,久木幸男著,サイマル出版会,1968 年版

《日本书志学概说》(增订版),川濑一马著,讲谈社,1972 年版

《增补上代史籍の研究》,岩桥小弥太等著,吉川弘文馆,1973 年版

《足利学校善本图录》,长泽规矩也编,足利学校遗迹图书馆后援会,1973 年版

《日本教育史》,佐藤诚实著,仲新他校订,平凡社,1973 年版

《大阪の学问と教育》,小岛吉雄著,每日放送,1973 年版

《增补新订足利学校の研究》,川濑一马著,讲谈社,1974 年版

《日本汉文学史论考》,山岸德平著,岩波书店,1974 年版

《日本古印刷文化史》,木宫泰彦著,富山房,1975 年版

《图解和汉印刷史:图录篇》,长泽规矩也著,汲古书院,1976 年版

《图解和汉印刷史:解说篇》,长泽规矩也著,汲古书院,1976 年版

《近世儒学思想史の研究》,衣笠安喜著,法政大学出版局,1976 年版

《日本学校史の研究》,石川谦著,日本图书センター,1977 年版

《锁国时代日本人の海外知识:世界地理・西洋史に关する文献解题》,开国百年纪念文化事业会编,原书房,1978 年版

《近代日本における千字文型教科书の研究》,尾形裕康著,早稻田大学出版部,1978 年版

《足利学校志》,冈田讷平著,足利学校遗迹图书馆后援会,1978 年版

《唐通事家系论考》,宫田安著,长崎文献社,1979 年版

《日本思想论争史》,今井淳、小泽富夫编,ぺりかん社,1979 年版

《平安朝汉诗文の研究》,金原理著,九州大学出版会,1981 年版

《怀德堂知识人の学问と生活》,怀德堂纪念会编,和泉书院,1981 年版

《松江藩学艺史の研究:汉学篇》,佐野正巳著,明治书院,1981 年版

《古文书研究:方法と课题》,荻野三七彦著,名著出版,1982 年版

《江户幕府编纂物》,福井保著,雄松堂,1983 年版

《长崎唐人屋敷》,山本纪纲著,谦光社,1983 年版

《上代学制の研究》,桃裕行著,吉川弘文馆,1983 年版

《研究资料日本古典文学:汉诗・汉文・评论》,大曾根章介、久保田淳等编,明治书院,1984 年版

《江户幕府出版物》,福井保著,雄松堂,1987 年版

《日本文艺史》,小西甚一著,讲谈社,1985—1992 年版

《江户诗人传》,德田武著,ぺりかん社,1986 年版

《日本阳明学派の研究:藤树学派の思想とその资料》,木村光德

著,明德出版社,1986年版

《近世汉文学史》,山岸德平著,汲古书院,1987年版

《近世长崎贸易史の研究》,中村质著,吉川弘文馆,1988年版

《国儒论争の研究:直毗灵を起点として》,小笠原春夫著,ぺりかん社,1988年版

《日本史から见た日本人(古代编)》,渡部升一著,祥传社,1989年版

《荀子注释史上における邦儒の活动》,藤川正数著,风间书房,1990年版

《日本古典书志学总说》,藤井隆著,和泉书院,1991年版

《日本的修史与史学》,坂本太郎著,沈仁安、林铁森译,北京大学出版社,1991年版

《朱子学と反朱子学:日本における朱子学批判》,山下龙二著,研文社,1991年版

《长崎唐人の研究》,李献璋著,亲和银行,1991年版

《日本幕末以来之汉学家及其著述》,町田三郎著,连清吉译,文史哲出版社,1992年版

《日本中世禅林の儒学》,久须本文雄著,山喜房佛书林,1992年版

《遣唐使と正仓院》,东野治之著,岩波书店,1992年版

《日本茶道文化概论》,滕军著,东方出版社,1992年版

《宋元版禅籍の研究》,椎名宏雄著,大东出版社,1993年版

《中世学问史の基底と展开》,山崎诚著,和泉书院,1993年版

《日本儒学史概论》,阿部吉雄等著,许政雄译注,文津出版社,1993年版

《江户思想史の地形》,野口武彦著,ぺりかん社,1993年版

《汉诗と日本人》,村上哲见著,讲谈社,1994年版

《近代日本文化与思想》,周佳荣著,台湾商务印书馆,1994年版

《独庵玄光と江户思潮》,镜岛元隆编,ぺりかん社,1995年版

《日本佛教史》,杨曾文著,浙江人民出版社,1995年版

《近世日本の儒学と兵学》,前田勉著,ぺりかん社,1996年版

《抄物の世界と禅林の文学:中华若木诗抄・汤山联句钞の基础的研究》,朝仓尚著,清文堂出版,1996年版

《日本藏宋人文集善本钩沉》,严绍璗著,杭州大学出版社,1996年版

《日本古代印集成》,国立历史民俗博物馆编印,1996年版

《日本の近世と老庄思想:林罗山の思想をめぐって》,大野出著,ぺりかん社,1997年版

《日本古代史料学》,石上英一著,东京大学出版会,1997年版

《日本的尚书学与其文献》,刘起釪著,商务印书馆,1997年版

《日本金石文举要》,雷志雄著,湖北美术出版社,1998年版

《明治の汉学》,三浦叶著,汲古书院,1998年版

《古代中世史料学研究》,皆川完一编,吉川弘文馆,1998年版

《我国における千字文型教科书の研究:本编》,尾形裕康著,校仓书房,1998年版

《我国における千字文型教科书の研究:图录编》,尾形裕康著,校仓书房,1998年版

《日本江户时代的考证学家及其学问》,连清吉著,学生书局,1998年版

《日本江户后期以来的庄子研究》,连清吉著,学生书局,1998

年版

《日本における书籍蒐藏の历史》,川濑一马著,ぺりかん社,1999年版

《江户绘画と文学:“描写”と“ことば”の江户文化史》,今桥理子著,东京大学出版会,1999年版

《日本汉学思想史论考:徂徕・仲基および近代》,陶德民著,关西大学出版部,1999年版

《日本的朱子学》,朱谦之著,人民出版社,2000年版

《日本藏书印鉴》,林申清编著,北京图书馆出版社,2000年版

《日本填词史话》,神田喜一郎著,程郁缀、高野雪译,北京大学出版社,2000年版

《江户时代の图书流通》,长友千代治著,思文阁出版,2002年版

《明治的汉学家》,町田三郎著,连清吉译,学生书局,2002年版

《日本早期耶稣会史研究》,戚印平著,商务印书馆,2003年版

《五山文学の研究》,俞慰慈著,汲古书院,2004年版

《吉益东洞“古书医言”の研究:その书志と医学思想》,馆野正美著,汲古书院,2004年版

《德川日本“忠”“孝”概念的形成与发展——以兵学与阳明学为中心》,张昆将著,台大出版中心,2004年版

《德川时代日本儒学史论集》,张宝三、徐兴庆编,台大出版中心,2004年版

《日本德川时代古学派的王道政治论:以伊藤仁斋、荻生徂徕为中心》,张昆将著,台大出版中心,2004年版

《日本上代汉诗文论考》,松浦友久著,研文出版,2004年版

《日本汉字和汉字词研究》,何华珍著,中国社会科学出版社,

2004 年版

《平安朝の汉诗と“法”:文人贵族の贵族制构想の成立と挫折》,桑原朝子著,东京大学出版会,2005 年版

《明治哲学与文化》,卞崇道、王青主编,中国社会科学出版社,2005 年版

《日本汉文小说の世界:绍介と研究》,日本汉文小说研究会编,白帝社,2005 年版

《遣唐使眼中的中国》,古濑奈津子著,高泉益译,台湾商务印书馆,2005 年版

《江户の儒学》,日野龙夫著,ぺりかん社,2005 年版

《近代日本汉学的“关键词”研究:儒学及相关概念的嬗变》,陈玮芬著,台大出版中心,2005 年版

《日本德川时代的教育思想和媒体》,辻本雅史著,台大出版中心,2005 年版

《日本文化史》,叶渭渠著,广西师范大学出版社,2005 年版

《江户の出版》,中野三敏监修,ぺりかん社,2005 年版

《汉文脉の近代:清末=明治の文学圈》,斋藤希史著,名古屋大学出版会,2005 年版

《日本近代汉文学》,高文汉著,宁夏人民出版社,2005 年版

《罗山·贞德“儒佛问答”:注释と研究》,大桑齐、前田一郎编,ぺりかん社,2006 年版

《德川日本〈论语〉诠释史论》,黄俊杰编,台大出版中心,2007 年版

《正仓院》,韩昇著,上海人民出版社,2007 年版

《日本汉诗论稿》,蔡毅著,中华书局,2007 年版

《江户时代の唐话に关する基础研究》,奥材佳代子著,关西大学出版部,2007年版

《怀德堂研究》,汤浅邦弘编,汲古书院,2007年版

《江户の知识から明治の政治へ》,松田宏一郎著,ぺりかん社,2008年版

《前近代日本人的对外认识》,邢永凤著,中国社会科学出版社,2008年版

《佛教与汉语史研究——以日本资料为中心》,梁晓虹著,上海古籍出版社,2008年版

《日本古代籍帐の研究》,岸俊南著,塙书房,2009年版

《吉益东洞——日本古方派的“岱宗”与“魔鬼”》,廖育群著,上海交通大学出版社,2009年版

《日本诗经学史》,王晓平著,学苑出版社,2009年版

《近世日本汉方医学变迁研究》,杨晶鑫著,吉林大学出版社,2010年版

《日本汉文学史》,陈福康著,上海外语教育出版社,2011年版

《海外汉籍与日本汉学论丛》,李庆著,中华书局,2011年版

四、越南

《北属时期的越南》,吕世朋著,华世出版社,1977年版

《汉文文学在安南的兴替》,郑永常著,台湾商务印书馆,1987年版

《越南通史》,陈重金著,戴可来译,商务印书馆,1992年版

《东方著名哲学家评传(越南卷)》,于向东、蔡德贵编,山东人民

出版社,2000 年版

Confucianism in Vietnam, Viet National University, Hochiminh City Publishing House, 2002

《越南史论——金石资料之历史文化比较》,耿慧玲著,新文丰出版公司,2004 年版

《黄铁球著译选集》,徐亮等编注,暨南大学出版社,2004 年版

《越南汉喃古籍的文献学研究》,刘玉珺著,中华书局,2007 年版

《越南汉籍文献述论》,陈益源著,中华书局,2011 年版

五、 琉球

《琉球の研究》,加藤三吾著,未来社,1975 年版

《琉球历史便览》,宫里朝光监修,月刊冲绳社,1999 年版

《外国人来琉记》,山口荣铁编译,琉球新报社,2000 年版

《琉球と中国:忘れられた册封使》,原田禹雄著,吉川弘文馆,2003 年版

附录一　再谈作为方法的汉文化圈

2009 年,我曾经写过一篇《作为方法的汉文化圈》,刊登在刘梦溪先生主编的《中国文化》2009 年秋季号。2011 年,我又在中华书局出版了同样标题的著作。想要表达的核心观念是:回顾百年来的中国学术,除去文献、人物和史实的考辨,其学术方法、理论框架以及提问方式,占据主流的都是"西方式"的或曰"外来的"。因此,当代学术面临的最大问题,就是如何反省西方学术(主要是"汉学")对中国学术的影响和改造,中国学人能否提出并实践一种有别于西方的理论与方法,发现一个东方的、亚洲的、中国的知识生产方式。《作为方法的汉文化圈》一书,就是针对以上问题所作的初步回答。但这样一个命题,既需要在实践中不断进行补充、完善和修正,其学术意义也有继续诠释和阐发之必要。本文的写作动机即在于此。

"汉文化圈"可以有不同的表述,比如"东亚世界""东亚文明""汉字文化圈"等等,其基本载体就是汉字。以汉字为基础,从汉代开始逐步形成的汉文化圈,直到 19 世纪中叶,积累了大量的汉籍文献,表现出大致相似的精神内核,也从根柢上形成了持久的聚合力。在历史上,东亚各国虽然先后有了自己的文字,但或称"谚文",或称"假名"(与"真文"相对)。"谚文"被朝鲜时代人称作"方言",指的是与汉语相对应的"本来的朝鲜语",含有"乡野之文"的意思;用假名写成的和歌、物语，也被日本男性贵族轻视为“女文字”或“女流文学”。所以，在东亚的知识人中，就形成了以汉字为核心的共同体。以朝鲜半岛为例，谚文是一般女性使用的文字，对于许多男性知识人来说，他们根本就不学（至少是宣称不学）谚文。理学家宋浚吉（1606—1672）发现《家礼谚解》一书中有很多错误，想求教于父亲，但他的父亲“未习谚字，不能一一看过”（《同春堂集》别集卷四《上慎独斋先生》）。朴世采（1631—1695）说自己“不识谚字”（《南溪集》外集《答尹子仁》），他也是一个理学家。再如汉文学造诣极高的文人朴趾源（1737—1805），他公然宣称：“吾之平生，不识一个谚字。”（《答族孙弘寿书》，《燕岩集》卷三）少数知识女性学会了汉字，能够使用两种文字，但仍然分别高下。张氏（1598—1680）在1668年写给其子李徽逸（1619—1673，著名性理学家）一封信，末云：“谚书不见信，书此以送。”意思是“用谚文写给你恐怕不会受到重视，所以用汉字写了这封信送你”。其玄孙李象靖（1711—1781）在《跋》中说：“夫人以谚书不见信，故手书此以与之，其忧疾之虑、勉学之意，烂然于一纸。”（《贞夫人安东张氏实记》）谈论严肃、重大的问题就使用汉字。这一通常现象在新西兰学者费希尔（S. R. Fischer）的观察中，就被描述为“汉语成了东亚的‘拉丁语’，对所有的文化产生了启迪，其程度远远超过了拉丁语在西方的影响”[1]。英国史学家彼得·伯克（Peter Burke）在《语言的文化史：近代早期欧洲的语言和共同体》一书中指出，古典时代以后的近代早期，欧洲广大地区的学者们“都使用拉丁语相互通信，这一事实让他们产生了一种归属感，认为自己属

〔1〕《阅读的历史》（*A History of Reading*）第三章“阅读的世界”，李瑞林等译，商务印书馆，2009年版，页93。

于一个被他们称作'文人共和国'或'知识共和国'的国际共同体"[1]。将这两者作一类比,以汉字为媒介和工具,在东亚长期存在着一个知识和文化的"共同体",或曰"文艺共和国"(日本学者高桥博巳有《东亚文艺共和国》一书),这是一个不争的事实。如果说,研究方法是研究对象的"对应物",那么,"作为方法的汉文化圈"的提出,与其研究对象是契合无间的。

这样一个知识与文化的"共同体"或曰"共和国"并不单一,借用巴赫金的话来说,它是"复调的"甚至"众声喧哗的"。以对传统学术(类似于今日所谓的"汉学")的研究而言,最早的相互交流、刺激、影响在东亚内部已经展开,其中就涉及面对外来学术的态度问题。试举一例,日本奈良时代的天平十年(738)就有皇侃《论语义疏》传入的记录,此书一直受到彼邦读书人的重视。江户时期,荻生徂徕(1666—1728)弟子太宰纯(1682—1747)撰《论语古训》,以皇侃等人之说驳斥朱熹的《论语集注》,标榜其独特立场。此书后来传入朝鲜半岛,就引起另一种反响。金迈淳(1776—1840)《题日本人〈论语训传〉》云:"日本书籍余不能多见,而使其学术皆如此,则真所谓不如亡也。蛮夷鴃舌,不闻大道,啁啾咿嘤,自鸣一隅,诚若无足道者。而余于是窃有隐忧焉。我国风气之浮浅,为士者少真实见解,而好新慕奇,甚于他方……于斯时也,太宰氏之书逾海而来,其声气之感欤?"(《台山集》卷八)金氏此文后传入中国,梅曾亮(1786—1856)又有《台山氏论日本训传书后》云:"如台山氏之言,彼二人(指荻生、太宰)者,可谓异端之尤者矣,而自以为其学出于皇侃诸人。夫皇侃诸人,皆欲实事求是,以证明圣人之

[1] 彼得·伯克《语言的文化史:近代早期欧洲的语言和共同体》(*Languages and Communities in Early Mordern Europe*),李霄翔、李鲁、杨豫译,北京大学出版社,2007年版,页74。

经，惟不能以义理之精微，求圣贤词气之微眇，而专以训诂求之，非可以异端斥也。然异端之生，自失吾心之是非始，而学者苟日从事于琐琐训诂之间，未有不疏于义理而驯至于无是非者。”（《柏枧山房文集》卷六）剔除其中贬损性的眼光及用语，他们指出了对于外来学说有两种值得警惕的态度：一曰“好新慕奇”，二曰“失吾是非”。而导致“无是非”的原因，则归结于“日从事于琐琐训诂之间”。用现在的话来说，就是埋头于饾饤考据而渐渐失去了思考能力。20 世纪以来的中国学术，其对外来思想学说之“好新慕奇”远甚于古人，而在种种因素的合力之下，“失吾是非”的心理状态也持续良久。我曾经采用春秋时“赋诗断章”的方式，对百年来中国学术的面貌作了一个漫画式的概括：一曰“云谁之思，西方美人。彼美人兮，西方之人兮”（《邶风·简兮》）。这里的“美人”既是美貌之人，也是欧美之人。朝思暮想的是“西方美人”，堪称美人的也只有“西方之人”。20 世纪二三十年代固然以追求西洋人做学问的方法为学术主流，80 年代以来，大量西方译著在中国学术界涌现，即便仅就其中的汉学部分而言，其数量也极为惊人。本来是作为“他山之石”，却不知不觉演变为潜在的金科玉律。不是力求与之作深度的学术对话，而是一味地为西洋思考模式的传播不断提供在东亚的“演出平台”或“扬声器”。邯郸学步，甚至连论文、著作的制题也模仿美国。我讲的不是初出茅庐的后生新手，而是一些学有所成、颇具影响的学术闻人。美国史学家罗伯特·达恩顿（Robert Darnton）在 20 世纪 80 年代曾经用调笑挖苦的方式写过一篇文章《学术著作的出版窍门》，其中列出了六个要点，最后一点就是关于标题：“这有两个原则要把握：一要听上去铿锵有力，二要用冒号。大标题要铿锵有力，简短，意味深长，弄得读者搞不清你的书是写什么的。用个冒号，再用个副标题解释这本书是讲什么的。”[1]今天人们只要去书店浏览一眼，这种以四五字领起加冒号说明的制题方式，已成为眼下摩登论著的时髦风景。用《邶风·静女》中的句子来形容，就是“匪女之为美，美人之贻”。反观欧美学术，即便是在汉学研究的传统中，也早已形成了其优越感。他们所承认的中国学者的研究价值，大抵限定在文献考据。至于理论和方法，他们不仅自有一套，而且还觉得更为高明。这正如萨义德（Edward Said）所概括的“东方学”的一个共同之处：“那就是，西方文化内部所形成的对东方的学术权威。……它被人为构成，被辐射，被传播；它有工具性，有说服力；它有地位，它确立趣味和价值的标准。”[2]这样的学术状态，到了应该被改变的时候了。而想要有所改变，首先就应去除“失吾是非”前提下的“好新慕奇”，把眼光转向东方，反求诸己。我相信，中国学术一旦真正的“出其东门”，能够看到的就不止是“有美一人”，而是“有女如云”。

为什么要把汉文化圈当做方法而不是其他，比如范围、视角、研究对象？西嶋定生理解的“东亚世界”主要由四方面构成，除汉字以外，还有儒教、律令制和佛教[3]。儒教属思想，律令制属制度，佛教属宗教，它们分属于不同领域，也涉及各类不同题材。如果把东亚汉字文献当作一个整体看待的话，也可以分出目录文献、文学文献、史学文献、儒学文献、宗教文献、教育文献、石刻文献、地理文献、艺术文献、医学文献等，无论从范围还是从研究对象来看，都显得极为宽泛乃至无所不包，在传统学术中，这些文献也可以归入各门不同学科。

---

〔1〕 罗伯特·达恩顿《学术著作的出版窍门》，收入其《拉莫莱特之吻：有关文化史的思考》（*Kiss of Lamourette: Reflections in Cultural History*），萧知纬译，华东师范大学出版社，2011 年版，页 81。

〔2〕 萨义德《东方学》（*Orientalism*），王宇根译，生活·读书·新知三联书店，1999 年版，页 26。

〔3〕 西嶋定生《东亚世界的形成》，载刘俊文主编《日本学者研究中国史论著选译》第 2 卷，中华书局，1993 年版，页 88—92。

以汉文化圈为方法，强调的是研究对象与思维方式的契合。在汉文化圈的整体观照下，这些不同的领域和学科可以得到贯通和整合。说到底，把汉文化圈当作方法，是为了揭示一种研究路径，而不仅仅是一系列研究材料或论题。至于视角，从某种意义上说，它是方法的题中应有之意。但仅仅将汉文化圈当作视角，未免显得狭隘和单一，无法包容方法的多方面的意涵。

作为方法的汉文化圈，以我目前思考所及，大致包括以下要点：其一，把汉字文献当作一个整体。即便需要分出类别，也不以国家、民族、地域划分，而是以性质划分。比如汉传佛教文献，就包括了中国、朝鲜半岛、日本以及越南等地佛教文献的整体，而不是以中国佛教、朝鲜佛教、日本佛教、越南佛教为区分。在考察佛教文献的同时，也应注意到它与其他文献之间的关系。无论研究哪一类文献，都需要从整体上着眼。其二，在汉文化圈的内部，无论是文化转移，还是观念旅行，主要依赖“书籍之路”。人们是通过对于书籍的直接或间接的阅读或误读，促使东亚内部的文化形成了统一性中的多样性。因此，注重文献的“东西流传”（借用日本井上息《唐诗绝句注解序》语），而不只是单向的“东传”或“回流”，就显得十分重要。而援入“环流”的概念，透过阅读的环节，考察观念和文化的变迁，就会发现，“所有文化的历史都是文化借鉴的历史”（借用萨义德《文化与帝国主义》语）。其三，以人的内心体验和精神世界为探寻目标，打通中心与边缘，将各地区的汉籍文献放在同等的地位上，寻求其间的内在联系。不只是揭示中国对周边国家、民族的文化传入，而是呈现汉文化圈在内外接触中的“受容”和“变容”，强调不同地区人们的相互影响和相互建构。其四，注重文化意义的阐释，注重不同语境下相同文献的不同意义，注重不同地域、不同阶层、不同性别、不同时段上人们思想方式的统一性和多样性。目的是为了更好地认识汉文化,更好地解释中国与世界的关系,最终更好地推动东亚文明对人类的贡献。

作为方法的汉文化圈,其实是一个总体原则。具体到每个问题的研究,并没有一成不变的方法,也没有固定的理论后援。提出这样一个命题,一方面希望以此而逐步摆脱百年来处于西洋学术牢笼之下的困境,另一方面,也希望能够对百年来所受西洋学术之恩惠报以适当的回馈。我的基本认识是:方法建立在具体的个案研究基础上,理论产生于与西洋学术的对话中。套用西方理论固不可为,无视西方理论更不可为。在今天,以西方理论为参照,以汉文化圈为方法,其意义显得十分重大。我们的观念和方法应该独立于,而不是孤立于西方的研究和理论。不予关注的结果只能是自说自话,最终在学术上自生自灭。

从一个文学研究工作者的立场出发,我的研究主要也集中在文学方面。有些论题是直接关涉东亚诸国的,比如对于东亚文化意象的考察,是以文学和绘画中文人骑驴为例,探讨这一意象在中国、朝鲜半岛和日本在空间和时间上的演变及特征,以及在文学与绘画两种艺术门类中的不同表现。又比如对于东亚三国汉文学史在近代转捩点的发覆,结合朝鲜通信使在日本的酬唱笔谈,朝日双方互相评价的变迁,以及朝鲜知识人的反省,揭示 1764 年在汉文学史乃至汉文化史上的重要意义。有些论题的研究对象仅限于某一国家或某一身份,比如对于朝鲜女性诗文的研究,要概括其特色所在,也同样需要置于汉文化圈的整体当中,通过与中国、日本的女性创作比较之后得出若干结论,诸如文坛典范以陶渊明、杜甫为效法对象,文体特征是以古诗和论说文见长,除妓女外,文学社交仅限于家族之内等,都是其深具独特性的方面。有些问题是全新的,比如将书籍史和文学史结合，透过阅读的环节来探讨一书在东亚地区的“环流”，涉及书籍刊刻的改动，不同的阅读方式，以及由此引发的观念和立场的变迁。有些题材则属于传统的，比如杜诗，但即使是传统题材，置于汉文学史的整体视野中，探讨其作为典范的形成与变迁，也能获得新的认识。总之，以汉文化圈为方法，不仅能够提出很多新问题，开辟一些新领域，也能在旧题材中阐发新意义。我向来认为，如果今天的传统题材研究和二十年前、一百年前的研究，在问题的提出、切入的方式等方面没有多大改变的话，恐怕谈不上有多少学术上的意义。为了与国际学术作深度对话，我们当然应该关心今日西方学术中的话题。因为西方汉学说到底，不是中国学术的分支，而是西洋学术的组成部分。如果不是因为在20世纪60年代的美国兴起女权主义运动，就不会有80年代妇女史研究的蔚然成风，更不会有90年代以来汉学界对中国以及东方女性文学的热衷。如果不是因为西方的非裔少数族群和女性主义者对于西方文学史上的典范（即欧洲男性白人）发出挑战甚至颠覆，有关文学经典的问题、文学史的书写与建构问题，就不会成为90年代以来汉学的热点。如果不是因为欧美新文化史的影响，有关书籍史、抄本文化以及文学文化史就不会在西方汉学界吸引众多的关注和实践。因此，以汉文化圈为方法，涉及以上论题的时候，就不能也不该回避，而是要通过我们的研究，对于西方的理论和方法作出回应，包括采纳、修正、补充、批判，使得西方汉学家在运用这些理论和方法的时候，也能够从中国学者的论著中得到益处。

2012年6月，我曾经在台北参加第四届国际汉学会议，从1980年开始，这个会议每十年举办一次，是世界汉学研究的一个新检阅。王汎森先生在开幕式上作了题为“汉学研究的动向”的主题演讲，分别从主题、史料、工具等三方面概述了十年来的新发展。有两点给我印象深刻:就主题而言,东亚是 21 世纪国际汉学的新动向;就史料而言,域外史料,特别是域外汉籍日益受到学术界的重视。他在演讲中表达了这样的愿景:西方人写中国史很少用到中国人的研究,这样的状况应该得到改变。我以为,这样的改变应该从中国学者自身做起,用余英时先生的话来说,就是真正开始"中国人文研究摆脱西方中心取向、重新出发"〔1〕的途程。从这个意义上说,"作为方法的汉文化圈",无论是作为理论还是实践,与新世纪以来世界汉学的动向也是合拍的。

最近二十年间,在欧美人文研究领域中影响最大的恐怕要数"新文化史"。它抛弃了年鉴派史学宏大叙事的方式,强调研究者用各种不同文化、自己的词语来看待和理解不同时代、不同国族的文化,在一定程度上改变了"欧洲中心论"的固定思路,提倡用"文化移转"取代"文化传入"。以欧洲史研究为专业的彼得·伯克,曾列举有关亚洲、非洲、美洲和澳洲的研究说,"当前一些最激动人心的文化史研究出现在边界上";"这些边界上的研究工作给了我们其他人以灵感"。而"文化的碰撞与相互影响","应当成为新文化史的主要对象";"借鉴和同化的过程不再是边缘的,而是核心所在"〔2〕。从新世纪以来世界汉学的动向看东亚和域外汉籍的研究,它们将成为"核心所在"的趋势也十分明显。但"新文化史"的研究也有其弊端,由于注重对历史之树的树叶研究,因此,其最为人诟病之处,一是历史研究的"碎片化",另一是由史料不足而带来的过度诠释。而"作为方法的汉文化圈"的提出,因为强调了整体视野,并力求破除中心与边缘的界限,因

〔1〕 余英时《试论中国人文研究的再出发》,载其著《知识人与中国文化的价值》,时报文化出版公司,2007 年版,页 296。

〔2〕 彼得·伯克《文化史的统一性和多样性》,收入其《文化史的风景》(*Varieties of Cultural History*),丰华琴、刘艳译,杨豫校,北京大学出版社,2013 年版,页 227、233。

而便于在揭示东亚各地区文化多样性的同时,克服“碎片化”,呈现其内在的统一性。而汉籍的巨大而丰富的存在,也使得研究者可以自由游弋于文献的海洋之中,对历史过程及其细节作出更为仔细的描写,使我们获得更为深刻的理解。钱存训说:“中国典籍数量的庞大,时间的久远,传播的广泛和记录的详细,在 17 世纪结束以前,都可说是举世无双。”[1]他还引用了自 20 世纪初以来西方斯温格尔(W. T. Swingle)、拉图雷尔(Kenneth S. Latourette)等人的意见:到 1700 年乃至 1800 年止,中国抄、印本总的页数比当时世界上用一切其他语言文字集成的页数总和都多。如果我们把东亚其他国家和地区的汉籍加入其中,这样的估计绝不过分。因此,我们有理由乐观地说,东亚汉籍是一座无比丰富的宝库,深入于这一宝库之中,不仅能够而且应该对于今日世界的学术研究,不管在方法上还是实践上,做出卓越的贡献。

(原载《文学遗产》2014 年第 2 期)

〔1〕 钱存训《中国纸和印刷文化史》,广西师范大学出版社,2004 年版,页 356。

附录二　域外汉籍与唐诗学研究

十多年前，我曾经发表过一篇《域外汉籍与中国文学研究》(载《文学遗产》2003 年第三期)，本文将范围缩小到“唐诗学研究”，但思考的问题与前者已有所不同，有兴趣的读者，可以参看。

一、新材料与唐诗学研究

陈伯海先生在《唐诗学史稿》的馀论“走向更新之路”中，特别举出了 20 世纪前半叶的两位学者的功绩，即陈寅恪与闻一多，代表了两种“较为成熟的学术范型”，前者称之为“诗史互证”，后者则取名为“诗思融会”。这无疑是一个精准的概括。然而对于一位成就突出的学者来说，任何概括都可能会有所遗漏。以闻一多而言，尽管他给学术界留下深刻印象的是其论文中诗情与哲思的高度融合，然而成就其这一方面高度的基础，却是他在文献上的坚实功夫。十二卷本《闻一多全集》(湖北人民出版社，1993 年版)中有《唐诗编》三卷，涉及唐诗文献的辑佚、辨伪、去重、校勘、注释等一系列工作，而在辑佚和校勘部分，他使用的材料就包括域外汉籍，主要出自日本，有回流的汉籍如《翰林学士集》《庐山记》，也有日本人的著述如《文镜秘府论》《千载佳句》等，还有英藏、法藏的敦煌资料。在 20 世纪二三十年代，这些都是当时的新材料。我们几乎可以把闻一多看成是用现代学术手段整理《全唐诗》的第一人，而从他开始，就已经注意到了域外汉籍。学术研究的进步，有赖于新材料的发现，这在20世纪的学术发展中，已经得到了证明，并且为当代学者所接受。陶敏、李一飞教授合著的《隋唐五代文学史料学》（中华书局，2001年版），也包含了“域外汉籍”一节，其文出自陈尚君教授之手，可见他们对新材料的敏感。

域外汉籍研究的兴盛，是本世纪以来的学术新貌之一，所以与唐诗学研究相关的很多文献，尚有待进一步发现和利用。兹以2014年在韩国影印出版的《唐贤诗范》三卷为例，此书乃北宋熙宁元年（1068）编成，以“天文”“时节”“花木”等分二十门，收录唐人五言绝句163首。在南宋时已佚，见录于《宋秘书省续编到四库阙书目》。此书册板现存韩国海印寺，属于佛教典籍以外的“杂板本”，是高丽朝高宗丙午年（1246）刊刻。纯粹就诗学文献学角度言，据编者郑容秀统计，此书所选163首诗中有15首不见于《全唐诗》。即便有存者，也可以校对异文。同时影印合为一册的还有朝鲜时代孙肇瑞的《格斋赓韵唐贤诗》，是对《唐贤诗范》的逐一赓韵之作，乃朝鲜成宗十年（1479）刻本，体现了这一选本的影响。这是中国选本之流传域外者。也有域外人士的唐诗选本，如日本蓬左文库所藏朝鲜时代匪懈堂李瑢在世宗二十七年（1445）编选的《香山三体诗》，为嘉靖乙丑（朝鲜明宗二十年，1565）刊本，李瑢根据“元本”编选了白居易的五律、七律和七绝共159题185首，亦颇多校勘价值。

二、新问题与唐诗学研究

好多年前有一位前辈学者听说我关注域外汉籍，曾经有此一问：

"还能找到一本像《文镜秘府论》那样的书吗?"言外之意是,如果能找到类似性质的书,域外汉籍还有点意思,否则恐怕是浪掷精力。《文镜秘府论》是日本平安时代的空海大师自唐归国后,应学习汉诗的后生辈之请,根据他在唐代收罗的诗学文献(主要是诗格)编纂成书。由于其中的很多材料在中国已经亡佚,所以在文献上有特殊的价值。多年前我编撰《全唐五代诗格汇考》,就曾经充分利用了这本书的材料。在这位前辈学者的心目中,域外汉籍的意义主要属于"新材料",这也是直到今天很多人仍然秉持的看法。但我不能不说,这样的认识是片面的。陈寅恪"一时代之学术,必有其新材料与新问题"云云,是学界耳熟能详的一段话,但人们往往将注意力集中在"新材料"而忽略了"新问题"。我可以大胆地说:如果没有新问题,即便有无穷的新材料,也形成不了"时代学术之新潮流"。甚至可以说,如果问题意识照旧,思维模式照旧,仅仅用新材料重建了一个旧建筑,实际上也是糟蹋了新材料。梅曾亮在《答朱丹木书》中说:"文章之事莫大于因时。……使为文于唐贞元、元和时,读者不知为贞元、元和人,不可也;为文于宋嘉祐、元祐时,读者不知为嘉祐、元祐人,不可也。"(《柏枧山房诗文集》卷二)文学创作如此,学术研究也是如此。如果今天的杜诗研究,在问题的提出、资料的采撷、切入的角度以及最终的结论,与二十年前、五十年前没有多大差别的话,这种研究的价值如何就很有疑问了。由于域外汉籍是以往学者较少注意者,因此,其中就蕴含了大量值得提炼、挖掘的新问题。问题的提出也有契机,可以从不同文献的比较而来,也可以由西洋学术的刺激而来。

以后者为例,文学经典问题,自 20 世纪 70 年代以来,在欧美理论界成为讨论的热点。从 90 年代开始,这一问题也受到中国学术界的广泛关注。对于经典问题的热议,引起了对文学经典的修正,其背景就是20世纪后期对多元文化的关注和评价。对西方文学史上的经典发出挑战的最强音主要来自两方面:性别和族群。他们纷纷发表了众多火药味十足的宣言和挑战性强劲的论著,并且在一定范围内和一定程度上取得了胜利。文学经典是文学史上存在的普遍现象,那么,在东亚汉文化圈中,其形成途径和方式是否也如同西方的剑拔弩张式吗?这是东西文化的比较。再进一步,汉文化圈诸国中,同一个文学经典的形成是否遵循同一条准则呢?这是东亚文化圈内部的比较。如果我们就此考察一下杜甫作为一个文学经典,其在中国、日本、朝鲜半岛的形成过程,就会发现,不仅这一过程存在很大差别,而且经典本身也有了一些令人惊叹的"变异"(读者如有兴趣,可以参看拙作《作为经典的东亚文学史上的杜诗》,载第四届国际汉学会议论文集《跨文化实践》,台湾"中研院",2013年版)。这些"变异"提示了我们要注意东亚汉文化圈内部的丰富性和多样性,同时我们也应注意到,尽管在东亚各国存在其自身的物质特征和文化特色,但仍然是一个文化整体。这样的问题,就是利用域外汉籍的新材料提出的新问题,同时,面对西洋学术的挑战,也从自身材料出发作出了回应。

三、新方法与唐诗学研究

问题的大小各异,"拈大题目,出大意义"(谢章铤《赌棋山庄词话》卷八"江藩论词")不仅在创作上而且在学术上也同样重要。面对今日学术界,什么是我们的"大题目"呢?阮元曾在《十驾斋养新录序》里说:"学术盛衰,当于百年前后论升降焉。"回顾百年来东亚学术的发展变迁,现今的最大问题,就是如何反省西方学术对于东亚学术的影响和改造，它集中在方法的问题上。百年前，东亚学术由传统向现代转型期间，在“方法”的问题上，几乎是众口一词地向欧美学习。真正独立不迁，在研究方法的探讨和实践上有所贡献的，只有陈寅恪堪为典范。他在1932年说：“以往研究文化史有二失：旧派失之滞……新派失之诬。”（蒋天枢《陈寅恪先生编年事辑》增订本附录二）1936年又说：“今日中国，旧人有学无术；新人有术无学，识见很好而论断错误，即因所根据之材料不足。”（卞僧慧《陈寅恪先生欧阳修课笔记初稿》，载《中国学术》第二十八辑）这里的“学”指材料，“术”指方法。在陈寅恪看来，“今世治学以世界为范围，重在知彼，绝非闭户造车之比”（《吾国学术之现状及清华之职责》，《金明馆丛稿二编》）。综观陈寅恪在研究方法上的探索，他实践了“一方面吸收输入外来之学说，一方面不忘本来民族之地位”的历史经验，既开掘新史料，又提出新问题；既不固守中国传统，又不被西洋学说左右。在吸收中批判，在批判中改造，终于完成其“不古不今之学”（《冯友兰中国哲学史下册审查报告》，《金明馆丛稿二编》）。

域外汉籍当然不限于唐代诗学研究，但在唐代诗学研究中，同样应该继承陈寅恪的学术精神，同样可以贯彻对于研究方法的追求。我曾经以李白的“三五七言体”为例，探索这一诗体的形成与佛教汉译偈颂的关系，又进而通过这一诗体在朝鲜半岛的流衍，发现其中的种种“变异”，揭示其与朝鲜时代的歌谣以及女性创作的关系。使用的方法，就是以汉文化圈整体视野处理问题，即所谓“作为方法的汉文化圈”。用这样的方法来研究文体的变迁，似为前人所未有。在该文的探讨中，从西域到中土，跨越了两种不同的文化；从中国到东国，则是在同一个汉文化圈中。面对两种异质文化，我们常常易见其异而不见其同；反之，在考察两种同质文化时，又往往易见其同而不见其异。就文体的发展来说,其流变有实际发生的轨迹,也有蕴含在内的各种变化的潜能,后者体现的往往是一种未能充分实现的文体变化的新姿态。"三五七言体"在朝鲜半岛的"变体",恰恰表现出这一点(读者如有兴趣,可参看拙作《"文化圈"视野下的文体学研究——以"三五七言体"为例》,载《中国社会科学》2015 年第七期)。为方便说明起见,这里援引了自己的研究实例。但是就方法的探索而言,实际上是无止尽的。重要的是,我们应该拥有这样的自觉。在今天的人文学理论和方法的探求中,套用西方固不可为,无视西方更不可为。我们的观念和方法应该自立于而不自外于、独立于而不孤立于西方的学术研究。陈伯海先生在《唐诗学史稿》的馀论中,也对最近二十年的唐诗研究做了回顾,其中提及"理论方法的更新"趋向,但总体看来,仍然未能完全摆脱对于西方汉学的亦步亦趋。所以在对今后的研究展望中,他也特别提出"走出历史学的视野,使唐诗研究朝向理论科学升华"的期待。我在这里所说的,也就权当对于陈先生的倡导的一番回应吧。

(原载《学术月刊 2016 年 10 月号》)

附录三　关于东亚文化交流的若干断想

如果以《史记》作为明显的开端，中国人对于世界的看法就是一个“天下”的概念，而自身便处于天下的中心，故称“中国”，天下秩序就是“华夷”。这样一种观念，我们不妨用地图来加以说明：金熙宗大德二年(1136)立在凤翔府学校的石刻“华夷图”，是作为学校教育使用的地图，中心是中国，向外是四夷，再往外是八荒。在当时中国人的观念中，中原是华夏，四夷为夷狄，八荒就是禽兽。在历史上朝鲜半岛人的眼中，其实也只有中国。他们绘制的地图，比如权近在朝鲜太宗二年(1402)所绘“混一疆理历代国都之图”(现藏日本龙谷大学附属图书馆)，便是以元末苏州文人李泽民的“声教广被图”为蓝本。这一类舆地图，往往是在中国式天下图的基础上，外加朝鲜半岛、日本、琉球以及东南亚诸岛。无疑，中国仍然居于世界中心，也最为广大，朝鲜仅次于中国，且与中国相连，日本小于朝鲜。如果说中国代表了中华，朝鲜就代表了“小中华”。直到18世纪中叶以前，在许多朝鲜人的观念中，日本还是“禽兽之域”，其人“虎欲狼贪”。16世纪末，西方的传教士进入中国，在带来天主教教义以及天文历法数学等新知识的同时，也带来了世界地理的新知识。利玛窦的《山海舆地全图》让中国的知识人知道，这个世界不只是十五省的天下，即便受中国文化“声教广被”的周边五十多个国家，也不过占世界上所有国家的五分之一。利玛窦带来的世界地图,原将本初子午线置于地图的中央,中国偏在地图的东方一隅,为了适应中国人的心理,利玛窦就将本初子午线移到地图边缘,使得中国又位于地图的中央,这一直影响到今日中国世界地图的画法。19 世纪中叶以来,西方列强凭借其船坚炮利,打开了中国的国门,轰坍了天朝的美梦。但即便如此,中英鸦片战争之后,社会上流行的一些小说或传闻中,或是英国女王的妹妹被中国人生擒,或是英军主将副将被林则徐活捉,且图文并茂,最后是英吉利"感于道光皇帝之情,永为清国属国,年年献贡物,汉土威风大震遐迩"[1],仍然满足于自欺欺人的陶醉之中。这些故事还传到了日本,受到改编或翻刻。在东亚诸国,朝鲜和越南长期处在中国的影响之下,全盘接受中国的天下观念,所以在近代,他们在与西洋文化以及由日本代表的东洋势力的接触中,都难逃悲惨的命运。1894 年的中日甲午战争,中国战败于"蕞尔小国"的日本,朝野震动。从此开始重视日本,并向日本学习。但实际上,也只是透过日本的中转,目的还在于借鉴西洋文明。在西方列强巨大的冲击和压迫下,东亚各国都在寻求自己的出路,借用英国历史学家汤因比(Arnold Joseph Toynbee)在《历史研究》一书中归纳的模式,就是"挑战和回应"。而中国的知识界总是将重点放在如何面对西洋文明,重视更多的是中西文化的比较。在注重中西对比的同时,却有意无意地冷落了东亚文明内部之间的对话。这在韩国也存在类似现象,以文学来说,用韩国学者白乐晴(Baik Nak-chung)的话说,存在着"把真正的亚洲文学,尤其是与我们最近的东亚文学搁置一边,总是关注远处的文学"的问题。因此,他倡导"立足于第三世界自我认识的基础上进行

〔1〕《海外馀话》(1851)。参见增田涉《西学东渐与中国事情》"鸦片战争异闻",由其民、周启乾译,江苏人民出版社,2010 年版,页 62—67。

研究本国文学、中国文学以及日本文学”,以改变东亚文学“只在西方文学的边缘彷徨”[1]的现状。在历史方面,韩国学者白永瑞(Baik Youngseo)提出过这样的问题:在中国有“亚洲”吗?在他看来:“中国的知识分子缺少‘亚洲性的展望’,尤其缺乏把中国放在东亚的范围里来思考问题的视角。中国要直接面对世界的观念很强烈,可是对周围邻邦的关心却很少。”“中国人的历史经验里几乎缺乏对亚洲的横向性思考。越是如此,为了中国,为了其邻邦,中国就越迫切需要对东亚持有横向思考和关心。”[2]中国学者孙歌指出:“就中国知识分子而言,一个似乎是自明的问题却一直是一个悬案:我们为什么必须讨论东亚?而对于东亚邻国的知识分子而言,中国知识分子的这种暧昧态度则被视为‘中国中心主义’。”[3]

所以,中国知识界对于东亚乃至东亚文明共同体的理解和认识,实际上是要到本世纪才真正开始。在这里我也只能就自己的关注所及,谈一些粗浅的理解和认识。

首先需要提出的问题是,东亚是否有一个直至20世纪初犹存的文明共同体?学术界有不同意见,一是将东亚世界看做一个整体,比如西嶋定生《東アジア世界の形成》(1970)中,就揭示了汉字文化、儒教、律令制和佛教这四项内容,作为统一的东亚世界的表征,并指出“共通性并非抹杀民族特质,相反是民族性的特质以中国文明为媒体从而具备了共通性”[4]。美国学者狄百瑞(William Theodore de

[1] 《看第三世界文学的眼睛》,白永瑞、陈光兴编《白乐晴——分断体制·民族文学》,李旭渊翻译校订,台湾联经出版事业公司,2010年版,页63。

[2] 《思想东亚——朝鲜半岛视角的历史与实践》,生活·读书·新知三联书店,2011年版,页114、115—116、131。

[3] 《我们为什么要谈东亚——状况中的政治与历史》,生活·读书·新知三联书店,2011年版,页27。

[4] 刘俊文主编《日本学者研究中国史论著选译》第2卷,中华书局,1993年版,页92。

Bary)《东亚文明》(1988)一书就是将东亚作为一个整体,将中国、日本和朝鲜半岛"代表着东亚所共享的文明,同时又允许通过这种共享传统的重叠而坚持其本土的文化"[1]。而根据罗兹·墨菲(Rhoads Murphey)的意见,这一共同体还延续到今天,他说:"东亚各部分虽然存在物质和文化的差异性,但显然是一个整体,共性多于个性,是当今世界最大的文化共同体和经济共同体。"[2]另外一种看法则认为,东亚是一个多极的区域,并不存在一个共有的认同,比如葛兆光说"十七世纪以后无中国","如果说这个'东亚'真的存在过认同,也恐怕只是17世纪中叶以前的事情"[3]。更有人将这种分崩离析的状态上推到唐代,如王贞平《多极亚洲中的唐代中国:外交与战争的历史》(*Tang China in Multi-Polar Asia: A History of Diplomacy and War*, 2013),即如其书名所揭示,唐代的东亚世界便已经是一个"多极的"世界了。类似的历史现象并不只限于东亚。以西方来说,"西方是一连串无尽的对立——无论在宗教、政治、艺术、道德还是礼仪方面"[4],可是从另外的角度看,它又是一个整体,如澳大利亚学者约翰·赫斯特(John Hirst)所说的"欧洲在政治上虽然四分五裂,但仍然是一个完整的文明,中世纪以降就一直被称为基督教文明"[5],这也称得上是某种共识。

---

〔1〕《东亚文明:五个阶段的对话》(*East Asian Civilization: A Dialogue in Five Stages*),何兆武、何冰译,江苏人民出版社,2012年版,页1。案:中译本将"Korea"译成了"高丽",误,此处改为"朝鲜半岛"。

〔2〕《东亚史》第四版(*East Asia: A New History*, 4E, 2007),林震译,世界图书出版公司,2012年版,页23。

〔3〕《宅兹中国:重建有关"中国"的历史论述》,中华书局,2011年版,页166。

〔4〕雅克·巴尔赞(Jacques Barzun)《从黎明到衰落:西方文化生活五百年,1500年至今》(*From Dawn to Decadence: 500 Years of Western Culture Life, 1500 to the Present*),林华译,中信出版社,2013年版,页XⅦ。

〔5〕约翰·赫斯特(John Hirst)《极简欧洲史》(*The Shortest History of Europe*),席玉苹译,广西师范大学出版社,2011年版,页226。

以上的意见如果要从历史上去寻找依据的话,都不难找出书面或口头上的事实以及连篇累牍的文献,然而将“事实”和“文献”用不同的方式排列,就可能引导出完全不同甚至是相互对立的结论。《庄子·德充符》中曾借用孔子的话说:“自其异者视之,肝胆楚越也;自其同者视之,万物皆一也。”历史现象本来就是可以“自其同者而观之”或“自其异者而观之”的。谈整体并不排除多样,论差异也不能忽略统一。这里,我想引进一个概念——“张力”,尝试作为东亚文化交流史的一个解释框架。

“张力”是一个文学批评的概念,来自于英文的“tension”,据新批评家艾伦·泰特(Allen Tate)的说法,这是将逻辑术语“外延”(extension)和“内涵”(intension)的前缀删去,就形成了“张力”这个概念[1]。这是一个在文学批评中广泛运用的术语,指的是“互补物、相反物和对立物之间的冲突或摩擦”,“凡是存在着对立而又相互联系的力量、冲动或意义的地方,都存在着张力”[2]。任何一个文化圈的内部,都存在着向心力和离心力,都是多样性与统一性的并存体。而不同文化以及不同文化圈之间的接触,也始终有着接纳与排斥相伴随。从差异的角度看,在空间上有地域、阶层、性别、教养的区别,在时间上又有阶段性的区别。18世纪前期的朝鲜人赵龟命(1693—1737)曾说:“我东之称小中华,旧矣。人徒知其与中华相类也,而不知其相类之中又有不相类者存。”[3]而“相类”与“不相类”之间的“冲突或摩擦”就是“张力”。就好像我私下用SPAN来概括晚近的西方

〔1〕 参见M. H. 艾布拉姆斯(Meyer Howard Abrams)《文学术语词典》(*A Glossary Literary Terms*),吴松江等编译,北京大学出版社,2009年版,页631—633。

〔2〕 R. 福勒(Roger Fowler)《现代西方文学批评术语词典》(*A Dictionary of Mordern Critical Terms*),袁德成译,朱通伯校,四川人民出版社,1987年版,页280。

〔3〕《贯月帖序》,《东溪集》卷一,《韩国文集丛刊》第215册,页6。

学术，分别指代 Super（超）、Post（后）、Anti（反）和 New（新），各种学术流派、概念纷纷兴起，而有所谓的超现实、超自我、后殖民、后现代、反叙述、反主体、新左派、新史学等等。然而“span”一词所蕴涵的意义又有距离、跨越和伸展，这样看的话，所有的这些流派和概念，一方面想要和过去拉开距离，一方面又要跨越种种障碍，但最后，从一个较长时段来观察，种种的 SPAN 与传统、与自身的文化脉络必然存在着千丝万缕的伸展关系。那么，在一个文化圈中，既有向心力又有离心力，以什么为最后的判断依据呢？我觉得，巴尔赞（Jacques Barzun）的看法值得参考。他认为尽管西方文化的内容“有东拼西凑和互相冲突的地方，却有它特有的目的——这就是它的统一性所在”〔1〕。因此，“什么是一个新的年代的标志呢？那就是某个目的具体表现的出现或消失”〔2〕。在欧洲，将 1500 年作为近代的开始是约定俗成的，整个文化发生了改变，首先表现出来的，就是拉丁文开始衰落，各地方言的地位开始上升，“打消了西方人同宗共祖的一体感”〔3〕。将历史上的东亚凝聚在一起的力量，不是政治、经济或军事，而是汉文化。以汉文化作为最高文明来追求，就是他们的共同目的，由此而确定了其核心价值并形成了统一性，直到 19 世纪后期。日本的“脱亚入欧”，以“东洋之英国自负”〔4〕，越南的汉字、喃文拉丁化，国际间外交文本中汉语地位下降、英语地位上升，东亚文明世界日益崩溃。从西方人的眼中看东亚文化圈，最显著的特征就是“汉字”。法国学者汪德迈（Léon Vandermeersch）认为，“汉文化圈的同一即‘汉字’（符号

〔1〕《从黎明到衰落》，页 XⅫ。

〔2〕同上注，页 XX。

〔3〕同上注，页 4。

〔4〕原田藤一郎《亚细亚大陆旅行日志并清韩露三国评论》（1894），小岛晋治监修《幕末明治中国见闻录集成》第 12 卷，ゆまに书房影印本，1997 年版，页 248。

signes)的同一"[1]。狄百瑞1994年为其《东亚文明》一书中文版所写的序言中也认为,东亚文明中"一种更高层次的沟通"就是"文字的与文人的讨论"[2]。这里的"文字"便是汉字,"文人"就是我所关注的"东亚文人共和国"。

"文人共和国"的提法,始于16世纪的欧洲,学者们使用拉丁语相互通信,产生了一种共同的归属感,认为自己属于一个被他们称作"文人共和国"(Republic of Letters)的国际共同体,类似的说法还有"知识共和国"(Commonwealth of Learning)或"文本共同体"(Textual Communities)。其最基本的要素就是拉丁文。而从公元前2世纪开始,直到19世纪后期,在东亚地区以汉字为基础,也形成了约二千年的汉字文化圈,其地区包括今天的中国、韩国、日本、越南等国家。这样一个地区的知识人,他们以汉字为工具,书写了大量的有关历史、文学、思想、宗教、艺术等各个方面的著述。所以,墨菲就将这两者作了一个类比:"在欧洲和东亚,拉丁语和中文分别象征着各自地区内在的文化统一。"[3]而新西兰学者费希尔(S. R. Fischer)说:"汉语成了东亚的'拉丁语',对所有的文化产生了启迪,其程度远远超过了拉丁语在西方的影响。"[4]所以,在本世纪也有学者将东亚的这一文化现象用"文艺共和国"来代指,其实就是翻译自"Republic of Letters"。如日本学者高桥博巳(Takahashi Hiromi)有《東アジアの文芸共和国——通信使·北学派·蒹葭堂——》(*A Republic of Letters in East Asia*, 2009)一书,韩国学者郑珉(Jung Min)有《十八世纪韩中知识人

〔1〕《新汉文化圈》(*Le Nouveau Monde Sinisé*),陈彦译,江西人民出版社,1993年版,页1。

〔2〕《东亚文明:五个阶段的对话》,页2。

〔3〕《东亚史》,页2。

〔4〕《阅读的历史》(*A History of Reading*)第三章"阅读的世界",李瑞林等译,商务印书馆,2009年版,页93。

的文艺共和国——哈佛燕京图书馆中所见的藤塚收藏》(《18 세기韓中 知識人의 文藝共和國——하버드 옌칭도서관에서 만난 藤塚 컬렉션》,2014)。在理论和方法上,则有法国学者帕斯卡尔·卡萨诺瓦(Pascale Casanova)的《文学世界共和国》(*La république mondiale des lettres*,1999)一书奠定了基础。可见,这是一个正在逐步受到学者瞩目的一个研究方向。相较于局限在民族文学或国别文学范围内的研究,"文人共和国"的研究将问题置于文化交流的视野中,不仅在整体上可以获得五彩缤纷的文学世界,同时也更能凸显各民族文学的"差异资源"。

尽管这一问题的重要性毋庸置疑,但对于该问题的研究却远远不够。从具体的研究来说,高桥博巳仅仅处理了日韩之间在 18 世纪中叶的文人交流,而郑珉所处理的,也是韩中之间在 18 世纪知识人的往来。18 世纪的东亚"文人共和国"确实有较为丰富的表现,但这一"共和国"的形成、发展、变迁并非 18 世纪所能涵括,在时间和空间上有着大量值得开拓的馀地。至于理论和方法,帕斯卡尔·卡萨诺瓦以西洋文学为讨论对象,其中固然有一些蕴含普遍性的结论,但如果想要揭示东亚文学共和国的特征,就必须根据东亚文学的实际,重新提炼出符合问题本身脉络的理论和方法。比如在这个共和国中最重要的因素是语言文字,但东亚的情形与欧洲不同,卡萨诺瓦所概括的"语言将成为权力工具……斗争将在敌对的语言之间展开,将一直同时在文学上和政治上产生革命"[1],就不能成为覆盖东亚文人共和国的定律。

研究东亚文人共和国,考察其形成、构造、特征、变迁,可以从以

〔1〕 帕斯卡尔·卡萨诺瓦(Pascale Casanova)《文学世界共和国》(*La république mondiale des lettres*),罗国祥等译,北京大学出版社,2015 年版,页 26。

下几方面入手，而每一个方面都充满了“张力”：

(1) 东亚文人笔谈研究，这是以“人”为核心展开研究。“笔谈”是东亚汉文化圈一种特殊的交流方式，“笔谈”文献是对笔谈的记录，其中很多笔谈记录散布在笔谈者的出使记录之中，为笔谈提供了可确定的时间、地点、场景、情境，所以“笔谈”文献具有田野调查报告的意味。而且每次笔谈必有发起者，发起者对笔谈对象有所选择，发起人的提问方式、期待视野，对谈时的情境走向，笔谈结束后，笔谈记录的归属者，都具有深刻的文化内涵。“笔谈”文献是一种特殊的文献，其作者一定是跨国界的，他们围绕一件事情展开交谈，实际提供了东亚各国相互理解的方式。朝鲜时代初期的权近(1352—1409)《送日本释大有还国》云：“情怀每向诗篇写，言语须凭象译通。”[1]江苏吴县文人夏文焘曾在琉璃厂赠诗柳得恭(1749—1807)云：“柳州今有集，箕子旧传碑。国俗兼家学，于君一遇之。”[2]越南使者冯克宽(1528—1613)在《答朝鲜国使李睟光》中写道：“彼此虽隔山海域，渊源同一圣贤书。”[3]表达的是东亚文人共有的文化认同之情。但笔谈有时也是不见硝烟的“文战”。朝鲜通信使回国之后，照例要向国王覆命，金世濂(1593—1646)在其《海槎录》中，记载了与仁祖的对答：“上问：‘彼国之人有能文乎？’上使对曰：‘不成文理，诗则尤不好。’”[4]赵曮(1719—1777)《海槎日记》也记载了他与英祖的对答：“上曰：‘彼以谓朝鲜人文武才皆难以云乎哉？’对曰：‘然矣。’”[5]日本在文化年间(1804—1818)为了应对朝鲜文人，也曾编过《拟答拟

[1] 《阳村集》卷二，《韩国文集丛刊》第7册，页28。

[2] 《燕台再游录》，林基中编《燕行录全集》第60册，页303。

[3] 裴辉璧《皇越诗选》卷五，越南汉喃研究院藏本。

[4] 《海行总载》二，朝鲜古书刊行会大正三年(1914)版，页469。

[5] 《海行总载》四，页464。

问》,预先设想了朝鲜通信使的若干问题以及向对方提出的若干问题,并拟出答案,显然也是为了在笔谈间获胜。

(2) 东亚汉文学关系研究,这是以“作品”为核心展开研究。就文体而言,涉及诗歌、散文、骈文、辞赋;就问题而言,涉及东亚文人对同一题材的歌咏,陶渊明、杜甫、白居易、苏轼等人在东亚各国的受容与变容,东亚文人相互之间的文学评论,文学经典的更迭、文化意象的变迁以及文体的改造与新创等。这里面同样存在很大的“张力”。

(3) 东亚书籍环流研究,这是以“书籍”为核心展开研究。自 20 世纪 80 年代以来欧美的书籍史研究中,普遍注重人们的想法和观念是怎样通过印刷品得到传播,阅读如何反过来影响人们的思想和行为,已经完全摆脱了纯物质、纯技术的研究方式。在东亚书籍史研究中,以往的工作偏重在汉籍的“东传”或“回流”,而较少注重书籍的“环流”(circulation)。前者获得的往往是书籍传播的“表象”,而“环流”注重探索的是书籍传播、阅读后的“心象”。这一研究集中在探究文学典籍的“环流”,是如何改变人们的文学观念,同一种书在不同国家所拥有的不同遭遇,以及造成此种不同的深层原因。

(4) 东亚女性书写研究,这是以“女性”为核心展开研究。“文人共和国”中同样有女性的地位,放在“文人共和国”的范围内,在与男性文人的互动之中,考察东亚女性文学的交流以及成就、特色等。

今天的东亚,既不太平也不安定,在这样的形势下,加强对东亚的认识和理解非常重要。两百多年前的嘉庆六年(1801),朴学家陈鳣感受到“山雨欲来风满楼”,曾对朝鲜的柳得恭说:“天下将大乱矣!”但柳得恭缺乏东亚整体的观念,回答说:“吾是外国人,于我何关?”[1]却没有想到“覆巢之下,安有完卵”。数十年后,东亚世界便

〔1〕《燕台再游录》,《燕行录全集》第 60 册,页 295。

面临亘古未有之剧变。二十年前,美国学者塞缪尔·亨廷顿(Samuel P. Huntington)在他的《文明的冲突与世界秩序的重建》(*The Clash of Civilizations and the Remaking of World Order*, 1996)一书中宣称,冷战结束以后,以意识形态的差别所造成的对抗与冲突将逐渐消逝,代之而起的很可能是“文明的冲突”,其根本目的则在唤起人们重视整个世界上的“文明的对话”。我非常认同亨廷顿对于文明的重要性的认识和理解,我不赞同世界混乱的根源在于不同文明之间的“冲突”。在我看来,这个世界冲突的根源就是对于“利益”的无休止的占有。孟子说:“上下交征利而国危矣。”在今天,就是各国交征利而天下危矣。美国出于围剿中国的目的而主导 TPP(“跨太平洋战略经济伙伴协定”),目前参与国有十二个,其中就包括越南和日本,为了追逐利益而走到一起,哪里有什么意识形态或文明共同体的立场?至于目前美国在南海、东海以及台湾海峡的种种动作,在韩国部署“萨德”反导系统,在亚洲呼应、配合美国战略的国家和地区,主要的也还是出于利益的考虑。所以,处于今日世界的读书人,更应该“述往事,思来者”,守先待后。在这样的背景下,加强对不同文明单元的研究,或将有助于人类发展与世界和平。这原来是读书人本色,但这样的本色在今天也已经渺如飞鸿,让人禁不住有一片苍茫之感。

(原载《史学调查与探索》2017 年卷)

附录四　东亚诗话的文献与研究

自中国文学批评史学科建立，研究者不断扩大史料来源，对于"诗话"的重视与日俱增。其初关注者为宋人诗话，如郭绍虞、罗根泽等；20 世纪 70 年代以来，关注重点转移到清诗话，如郭绍虞、吴宏一、张寅彭、蒋寅；90 年代以来，人们又开始关注明诗话，如吴文治、周维德、陈广宏。由 90 年代后期而进入新世纪以来，人们更将眼光扩展到域外的东亚地区诗话，如由中韩学者共同倡议成立的"东方诗话学会"，以及若干学者在东亚诗话文献方面的整理与研究，其工作尽管良莠不齐，但体现出的倾向是不容忽视的。诗话的观念与过去相比，已发生很大改变。与此相关的比如"诗格""论诗诗""选本""评点"等，也都受到越来越多的关注。这与学科观念的明确、重视是相关联的。

一、 东亚诸国诗话观念的演变

诗话起源于中国，影响到韩国、日本（越南也有少数诗话，数量太少，姑且不论）。但三国文人的诗话观念并不一致，略述如下：

1. 中国

最早以"诗话"命名其论著的是欧阳修，卷首云："居士退居汝阴,而集以资闲谈也。”[1]因为是“闲谈”,所以态度是轻松的,文体是自由的,立论也往往是较为随意的。这一观念深入人心,在此观念指导下的历代诗话也就具备了这样的基本特征。所以清代章学诚在《文史通义·诗话》中批评说,诗话“以不能名家之学,入趋风好名之习,挟人尽所能之笔,著惟意所欲之言”[2]。此话虽然在章氏本人有其特定的针对性,但也确实在一定程度上揭示了历代诗话共有的某些特征。这种对于诗话的整体否认,在明代就有“诗话作而诗亡”的口头禅,但恰能形成反讽的是,文人一方面在弹奏这样的老调,另一方面又在不断汇编旧诗话、推出新诗话,以至于明清时代的诗话数量远超前代。后人以“滥”责之,也是有缘故的。

当然,我们也不能说古人没有对诗话作过“尊体”的努力,但看来效果不大。明人文征明(璧)说:“诗话必具史笔,宋人之过论也。玄辞冷语,用以博见闻、资谈笑而已,奚史哉?所贵是书正在识见耳。”[3]在现有的文献中,我们并不能看到宋人有“诗话必具史笔”的要求或期待,即便有这样的议论,也未能得到后人的认同。文征明在给都穆(玄敬)的诗话作序时,已经对此论有所反驳,清人方濬师也附和其说云:“此言极当。见闻博则可以熟掌故,识见正则不至谬是非。古人学问,各有所得,但当遵守其长处,若一概抹煞,岂非愚妄。”[4]他们既肯定了“博见闻、资谈笑”的意义,在驳斥“宋人”论调的同时,也强调了诗话著作贵在“识见”。若无自家眼光,以拾人馀唾为满足,则不啻矮子观戏,随人喝彩而已。

相对于欧阳修,许顗《彦周诗话》中对“诗话”一体作了重新定

[1] 欧阳修《六一诗话》,何文焕辑《历代诗话》,中华书局,1981年版,页264。

[2] 叶瑛《文史通义校注》,中华书局,1985年版,页559。

[3] 文璧《南濠居士诗话序》,丁福保辑《历代诗话续编》,中华书局,1983年版,页1341。

[4] 方濬师《蕉轩随录》卷三,同治十一年本。

义:“诗话者,辨句法,备古今,纪盛德,录异事,正讹误也。”[1]虽有五项,但真正体现文学批评性质的,其实只在“辨句法”一端,“正讹误”涉及考证,其他三项皆属于记事。《沧浪诗话》倒是由五节构成,即诗辨、诗体、诗法、诗评、考证,但严羽最自我看重的是“诗辨”。他说:“仆之《诗辨》,乃断千百年公案,诚惊世绝俗之谈,至当归一之论。……是自家实证实悟者,是自家闭门凿破此片田地,即非傍人篱壁、拾人涕唾得来者。”[2]强调的就是“识见”,就是以“自家实证实悟”的观念撰著诗话,足可为诗话体赢得荣誉、舒一长气。可惜这样的观念,在诗话类中堪称凤毛麟角。1990 年冬在南京大学举办的首届唐代文学国际研讨会上,我第一次见到时任日本京都大学教授的兴膳宏先生,他问了我一个问题:“你对诗话的整体评价是什么?”我回答:“借用《世说新语》中孙绰评论陆机的话说(此话在钟嵘《诗品》中被引作谢混语),就是‘排沙简金,往往见宝’。”承蒙兴膳教授颔首称是。虽然是几近三十年前的旧事,但就我而言,这个评价至今未变。

2. 韩国

中国诗话传入朝鲜半岛并发生影响,在高丽时代已见痕迹。高丽僧子山注释《十抄诗》,就引用到钟嵘《诗评》、佚名《唐宋诗话》(全称《唐宋分门名贤诗话》)、张某《汉皋诗话》、阮阅《诗话总龟》等。不仅有单种诗话,也有诗话总集。尽管钟嵘《诗品》较早已传入(此书唐宋史志皆著录为《诗评》,故该书东传应在元代以前。而据林椿写的《次韵李相国知命见赠长句》诗中有“讥评不问痴钟嵘”[3]来看,

---

〔1〕 何文焕辑《历代诗话》,页 378。
〔2〕 严羽《答出继叔临安吴景仙书》,张健《沧浪诗话校笺》,上海古籍出版社,2012 年版,页 758。
〔3〕 林椿《西河集》卷二,《韩国文集丛刊》第 1 册,页 219。

《诗品》至晚在南宋初期已传入),但对于朝鲜半岛的诗话撰著却影响不大。真正起到样板作用的,是北宋的诗话体。确定为高丽朝的诗话有,李仁老《破闲集》、崔滋《补闲集》和李齐贤的《栎翁稗说》(又有旧题李奎报《白云小说》者,乃后人编辑,夹杂了他人议论,不尽可信[1])。从书名就可以发现,这些诗话受到欧阳修《六一诗话》"以资闲谈"的著述观念影响颇深,内容也不外如是。崔滋《补闲集序》说,其书内容不外乎"有一二事可以资于谈笑者,其诗虽不嘉,并录之"[2],乃"集琐言为遣闲耳"[3]。至于《破闲集》中引用自作"飞鸟岂补一字脱"[4]句,其典就出自《六一诗话》。影响到后来,朝鲜时代的诗话著作百馀种,真以"诗话"命名者不到一半,很多著作的书名中都有一"闲"或"琐"字,如《謏闻琐录》《遣闲杂录》《玄湖琐谈》《闲居漫录》等。然而在对诗话价值的认识上,他们与中国传统的看法却有较大差异。

总体看来,朝鲜半岛文人对诗话多有肯定,对创作实践中读诗话的意义也多有阐扬。姜希孟《东人诗话序》云:"盖诗不可舍评而袪疵,医不可弃方而疗疾。自雅亡而骚,骚而古风,古风而律,众体繁兴,而评者亦多,如《总龟集》、苕溪《丛话》、菊庄《玉屑》等编,议论精严,律格备具,实诗家之良方也。"[5]这里评论了宋代的三大诗话总

---

〔1〕《白云小说》最早见于洪万宗编《诗话丛林》,据其序文可知,洪氏编集《丛林》时已有此书。其文共三十一则,有六则不见于《东国李相国集》,第十一则和三十一则的部分内容也不见于文集,颇滋疑问。如第一则引《尧山堂外纪》,为明人蒋一葵所撰,时代不相及,柳在泳《白云小说研究》(韩国益山圆光大学校出版局,1979年版)认为乃朝鲜时代人辑入。丁奎福《韩国古典文学的原典批评研究》(首尔高丽大学校民族文化研究所出版部,1992年版)则推测为洪万宗编纂。

〔2〕崔滋《补闲集序》,赵锺业编《修正增补韩国诗话丛编》第一卷,首尔太学社,1996年版,页79。

〔3〕《修正增补韩国诗话丛编》第一卷,页80。

〔4〕李仁老《破闲集》卷下,《修正增补韩国诗话丛编》第一卷,页62。

〔5〕《修正增补韩国诗话丛编》第一卷,页397。

集，以为其功能类似“诗家之良方”，这或许还是本于黄升《诗人玉屑序》对魏庆之的吹捧之语：“友人魏菊庄，诗家之良医师也。……是书既行，皆得灵方。”[1]但黄升为了凸显魏书之优，以“水落石出法”行文云：“诗话之编多矣，《总龟》最为疏驳，其可取者惟《苕溪丛话》，然贪多务得，不泛则冗。”惟有魏庆之及其《诗人玉屑》，“犹仓公、华佗按病处方，虽庸医得之，犹可藉以已疾，而况医之善者哉”[2]。但姜希孟将三书相提并论，统称为“诗家之良方”。又崔淑精《东人诗话后序》云：“所赖大雅君子，世不乏人，而始有诗评，如《总龟》《丛话》《玉屑》诸编是已。”[3]这里又将宋代诗话“三书”的作者褒奖为“大雅君子”。金守温评论徐居正书云：“虽古之《诗林》《玉屑》亦无过之，而益知公文章之美。”[4]把朝鲜人的诗话之作与他们心目中的诗话典范《诗林广记》《诗人玉屑》相比，认为后者“亦无过之”，此乃以“水涨船高法”行文，在肯定宋代诗话的同时，更表彰了自身诗话的价值。

再举一例，李植《学诗准的》云：“余儿时无师友……四十以后，得胡元瑞《诗薮》，然后方知学诗不必专门先学古诗。唐诗归宿于杜，乃是《三百篇》《楚辞》正脉，故始为定论。而老不及学，惟以此训语后进。大抵欲学诗者，不可不看《诗薮》也。”[5]此论至朝鲜中期不变。到朝鲜后期，尽管有对清人的个别诗话提出意见，但未有全面否定者。所以，从较为普遍和长期的历史现象着眼，朝鲜半岛对诗话体多抱有肯定，可以成为一项基本判断。

3. 日本

至少在唐代的时候，就有大量中国诗学著作涌入日本。从《日本

---

〔1〕〔2〕 魏庆之编《诗人玉屑》卷首，上海古籍出版社，1978年版，页2。

〔3〕 《修正增补韩国诗话丛编》第一卷，页535—536。

〔4〕 《东人诗话序》，《修正增补韩国诗话丛编》第一卷，页534。

〔5〕 《泽堂集》卷十四，《韩国文集丛刊》第88册，页517。

国见在书目录》来看,《文心雕龙》和《诗品》固然在目,但尤为引人瞩目的是隋唐人的“诗格类”著作,其中有二十多种是中国历代文献中从未出现者。市河宽斋《半江暇笔》卷一“《秘府论》”条云:“唐人诗论,久无专书,其散见于载籍者,亦仅仅如晨星。独我大同中释空海游学于唐,获崔融《新唐诗格》、昌龄《诗格》、元兢《髓脑》、皓(皎)然《诗议》等书而归,后著作《文镜秘府论》六卷。唐人卮言,尽在其中。”[1]而《文镜秘府论》也就成为日本历代诗话之祖。

如果说,朝鲜半岛的诗话观念受宋人影响较大,那么日本的诗话观念则主要受唐人诗格的影响。在中国文学批评史上,以著述体式而言,诗格在前,诗话在后。但诗话体兴盛之后,诗格的内容往往被诗话吸纳,所以在后来诗格就渐渐被诗话体所覆盖。严格说来,当然是有区别的。诗格的内容主要是讲述诗歌创作的格式、法则,其目的主要是教导初学者。这就决定了其内容难免死板、肤浅,所以常常受到如下批评,或曰“妄立格法”[2],或曰“浅稚卑鄙”[3],或曰“一字不通”“强作解事”[4]。在中国诗学体系中,对这类著述的评价,往往还低于一般的诗话,许学夷贬之云“村学盲师所为”[5];王夫之则斥为“画地成牢以陷人者”[6],其作用不啻“引童蒙入荆棘”[7]。而在日本文人的观念中,就不完全是这样。

通观日本诗话之作,不难发现两大特点:一是诗格类的内容特别多,与此相联系的就是,第二,为指导初学而作的特别多。像这一类

---

〔1〕 稿本。

〔2〕《蔡宽夫诗话》语,郭绍虞《宋诗话辑佚》卷下,中华书局,1980 年版,页 410。

〔3〕 许学夷《诗源辩体》卷三十五,人民文学出版社,1987 年版,页 333。

〔4〕《四库全书总目》卷一九七《二南密旨》《少陵诗格》提要语,中华书局,1965 年影印本,页 1797。

〔5〕《诗源辩体》卷三十五,页 331。

〔6〕 戴鸿森《薑斋诗话笺注》卷二,人民文学出版社,1981 年版,页 69。

〔7〕 同上注,附录,页 205。

书,如《诗律初学钞》《初学诗法》《幼学诗话》,仅仅从标题上就综合了上述特点。而在诸书的序引中,这样的提示就更多了。如原尚贤《刻斥非序》谓其书“以示小子辈”[1],泷长恺《南郭先生灯下书序》云:“此书之行也,后进之士赖焉。”[2]山田正珍《作诗志彀序》云:“其意在使夫后学不失诗正鹄也。”[3]岩垣明《跋淇园诗话》云:“此书先生特为后进示义方者也。”[4]诸如此类的议论,堪称不绝于书与耳。江户时期的雨森芳洲在《橘窗茶话》中说:“或曰:‘学诗者须要多看诗话,熟味而深思之可也。’此则古今人所说,不必覼缕。”[5]因为是自古以来的通说,所以要熟读诗话的理由就不必详细罗列,这似乎已经成为一则不证自明的潜在铁律。

我们不妨就一本书来作个对比,还是在《橘窗茶话》一书中,有这样两段记载:“一日告示童生曰:《圆机活法》一书,其在幼学,最为要紧之物。凡遇得题,不管作诗与否,须要开卷一阅,熟读详味。”[6]又云:“林道荣喜读《圆机活法》,自少至老,一生不废。……少有间隙,则必手之不废。此则大有深意,在日本人则当学之以为法。如杨升庵论《草诀百韵歌》与《诗学大成》,别是一意。后进小子不知其源委,恐有难成材器之患,故絮切至此。”[7]这里提到的《诗学大成》和《圆机活法》,它们都是中国自元明以来的诗学启蒙读物,但在中国颇为有识者轻视。雨森芳洲提及杨慎云云,见于《丹铅总录》:“《草书百韵歌》乃宋人编成,以示初学者,托名于羲之。近有一庸中书取以

〔1〕 池田胤编《日本诗话丛书》,东京文会堂书店大正九年(1921)至十一年版,第三卷,页133。
〔2〕《日本诗话丛书》第一卷,页48。
〔3〕《日本诗话丛书》第八卷,页3。
〔4〕《日本诗话丛书》第五卷,页227。
〔5〕《芳洲文集》,《雨森芳洲全书》二,页255。
〔6〕 同上,页190。
〔7〕 同上,页208—209。

刻石，而一巨公序之，信以为然。有自京师来滇持以问余曰：'此羲之《草韵》也？'余戏之曰：'字莫高于羲之，自作《草书百韵歌》奇矣。又如诗莫高于杜子美，子美有《诗学大成》。经书出于孔子，孔子有《四书讲套》。若求得二书，与此为三绝矣。'其人愕然曰：'孔子岂有《四书活套》乎？'余曰：'孔子既无《四书活套》，羲之岂有《草书百韵》乎？'其人始悟。"[1]两相比较，异同立见。

日本人通论如此，但亦有少数具特识者持不同意见，如藤原惺窝、古贺侗庵。林鹅峰《论史通寄函三弟》："闻惺窝之言，初学者见诗话则卑屈不能作诗。"[2]古贺侗庵《非诗话》历数诗话十五病云："一曰说诗失于太深；二曰矜该博以误解诗意；三曰论诗必指所本；四曰评诗优劣失当；五曰稍工诗则自负太甚；六曰好点窜古人诗；七曰以正理晦诗人之情；八曰妄驳诗句之瑕疵；九曰擅改诗中文字；十曰不能记诗出典；十一曰以僻见错解诗；十二曰以诗为贡谀之资；十三曰不识诗之正法门；十四曰解诗错引事实；十五曰好谈谶纬鬼怪女色。"[3]又对诗话总评云："诗话之为书，大抵一分辩证，二分自负，三分谐谑，四分讥评。"[4]批评虽不可谓不严厉，但这样的声音毕竟只是偶一闻之。

总体看来，由于19世纪末汉文化圈的分崩离析，到二战以后民族文化意识的高涨，从事汉诗写作的人在韩国和日本急剧减少，汉文学地位也大幅下降，因此，诗话的阅读圈已经缩小到专门研究的学者。偶有写作者，如韩国李家源《玉溜山庄诗话》(1972)纯以汉

---

〔1〕 杨慎《丹铅总录》卷十五"草书百韵歌"条，台湾商务印书馆影印文渊阁《四库全书》本。
〔2〕《鹅峰林学士文集》卷三十九，《近世儒家文集集成》第十二卷，ぺりかん社，1997年版，页411。
〔3〕《非诗话》卷首目录，崇文院昭和二年(1927)版。
〔4〕 同上注，卷一。

文为之，也只是一种自娱自乐，对于当代文学批评并不能起到什么作用。

二、东亚诗话的文献整理

对诗话的整理工作，如果从明代人对诗话的汇编工作开始，可谓由来尚矣。有专收一代者，如杨成玉《诗话》辑宋人诗话十种，周子文《艺薮谈宗》专辑明人诗论。也有不限于一代者，如稽留山樵《古今诗话》即汇编了唐宋元明的论诗之作数十种。日本明治时期近藤元粹《萤雪轩丛书》，开日本学者整理中国诗话之先河。在朝鲜半岛，类似的工作可以追溯到18世纪初洪万宗编纂的《诗话丛林》。这里主要就20世纪80年代以来的诗话文献整理略作评述。

1. 中国

近年来对诗话整理极为重视，举其代表者，关于宋代有程毅中主编，王秀梅、王景侗、徐俊、冀勤辑录的《宋人诗话外编》（国际文化出版公司1996年版），吴文治主编的《宋诗话全编》（江苏古籍出版社1998年版），张伯伟编校的《稀见本宋人诗话四种》（江苏古籍出版社2002年版）。关于辽金元有吴文治主编的《辽金元诗话全编》（凤凰出版社2006年版）。关于明代有吴文治主编的《明诗话全编》（江苏古籍出版社1997年版），周维德集校的《全明诗话》（齐鲁书社2005年版），张健辑校的《珍本明诗话五种》（北京大学出版社2008年版），陈广宏、侯荣川编校的《稀见明人诗话十六种》（上海古籍出版社2014年版）以及在编的《全明诗话新编》；齐鲁书社自20世纪80年代开始，陆续出版了程千帆主编的"明清文学理论丛书"，其中也包含了多种明清诗话的笺注本。关于清代的有郭绍虞编选、富寿荪校点的《清诗话续编》(上海古籍出版社 1983 年版),张寅彭选辑、吴忱、杨焄点校的《清诗话三编》(上海古籍出版社 2014 年版)以及在编的《清诗话全编》。关于民国的有张寅彭主编的《民国诗话丛编》(上海书店出版社 2002 年版),王培军、庄际虹校辑的《校辑近代诗话九种》(上海古籍出版社 2013 年版)。此外,还有校辑一地者,如贾文昭主编的《皖人诗话八种》(黄山书社 1995 年版);有校辑一人者,如张忠纲编注的《杜甫诗话六种校注》(齐鲁书社 2002 年版);有校辑一类者,如王英志主编的《清代闺秀诗话丛刊》(凤凰出版社 2010 年版)。至于单本诗话的校注,近年来也颇有成绩。如张寅彭和强迪艺《梧门诗话合校》(凤凰出版社 2005 年版)、张健《沧浪诗话校笺》(上海古籍出版社 2012 年版)、蒋寅《原诗笺注》(上海古籍出版社 2014 年版)等。中国传统治学以目录学为津梁,近年亦颇有成绩,由于清诗话数量庞大,人们对其总貌如何不得其详,这种状况在近年得到很大的改变,如吴宏一主编《清代诗话知见录》("中研院"中国文哲研究所 2002 年版),张寅彭著《新订清人诗学总目》(上海古籍出版社 2003 年版),蒋寅著《清诗话考》(中华书局 2005 年版),吴宏一主编《清代诗话考述》("中研院"中国文哲研究所 2006 年版)。从以上挂一漏万的胪列中,就不难看出诗话整理热潮的概貌。如果从出版社着眼,人民文学出版社、上海古籍出版社、凤凰出版社(原江苏古籍出版社)、齐鲁书社的业绩尤为突出。

上述所举诸书中,吴文治先生主编的几种大型诗话曾经引起一时的注重。该书从各类载籍中辑录了大量诗论材料,的确可以提供学者的参考。但是以名实相符的要求来看,其所谓的"诗话",极为广义。无论其著述形态、文体如何,只要涉及论诗,一律辑入。当然,这样的看法在古代也有,比如林昌彝《射鹰楼诗话》卷五云:"凡涉论诗,即诗话体也。”[1]前人如郭绍虞先生《诗话丛话》也说:“由体制言,则韵散分途;由性质言,则无论何种体裁,固均有论诗及事及辞之处。”[2]又云:“我之所以谓论诗韵语,亦是诗话一体者,盖又就更广义言之,欲使人于这种形貌之拘泥,亦且一并破除之耳。”[3]但这种意见,我极不赞成。性质上的相通并不等于体制上的相同,如果不从体制上着眼,就无法显示中国文学批评各种形式的特点,毕竟中国文学批评史不等于中国诗话史。

总之,中国的诗话文献整理,已经取得不少令人欣喜的成绩,在可以看到的若干年内,还将有重大收获。

2. 韩国

最重要的工作是由韩国学者赵锺业教授完成,他奠定了韩国诗话文献收集整理的基础,代表者是其编纂的《修正增补韩国诗话丛编》(太学社 1996 年版)。赵锺业先生集三十年收集之劳,网罗高丽朝至 20 世纪东人诗话之著 129 目 115 种(其中有两种标为中国资料),是迄今为止收集相关文献最多的韩国诗话总集。但赵氏对于诗话取较为广泛之定义,凡涉论诗,皆可视作诗话,故将论诗诗、选集、文集、笔记中数据尽量收入,若以此为标准,则其书遗漏者便甚多。倘若以较为狭义之诗话定义来看,亦有可补充者。如南公辙《日得录》、李玄圭《诗话》、李熼《诗林琐言》、金泽荣《杂言》等。又如东京大学文学部小仓文库所藏《海东诗话》,与《丛编》所收四种皆不同,静嘉堂本《大东稗林》所载《诗话汇编》也为赵编本所未收。又东洋文库所藏《见睫录》、美国伯克利大学远东图书馆所藏《海上清云》等,皆为诗话,实可再作增补。2012 年,人民文学出版社出版了蔡美

〔1〕 林昌彝《射鹰楼诗话》卷五,上海古籍出版社,1988 年版,页 95。

〔2〕 郭绍虞《照隅室杂著》,上海古籍出版社,1986 年版,页 226。

〔3〕 同上注,页 230。

花、赵季的《韩国诗话全编校注》,以赵编本为基础,增加了一定的篇目,也作了一些注释,尤其是经过排印出版,扩大了读者群,也便利了学者的参考。赵编本是照原书影印,有一个简要的解题,校注本理应在其基础上,对文献的真伪、版本的异同、作者的考订作出应有的贡献,令人未免遗憾的是,若以上述要求来衡量,此书尚存在较多不足,有待后人继续努力的空间还很大。

在单本诗话著作的整理(翻译和注释)方面,韩国学者有较多成绩,兹不一一列举。中国学者也有少量贡献,如邝健行整理的《清脾录》(上海古籍出版社2010年版),刘畅、赵季《诗话丛林校注》(人民文学出版社2015年版)。

3. 日本

日本较为大型的诗话文献整理,始于大正九年至十一年间池田胤编纂的《日本诗话丛书》十卷(文会堂书店),收书六十四种,剔除其中朝鲜徐居正的《东人诗话》,实收六十三种。此后直到今天,再也没有较为大型的诗话整理本出现。六十三种日本诗话中,以汉文撰写者约三十种。

韩国赵锺业教授有《日本诗话丛编》(太学社1992年版),乃以《日本诗话丛书》为蓝本,删去《东人诗话》,增加一种,并按作者的时代先后排列全书。马歌东编选校点之《日本诗话二十种》(暨南大学出版社2014年版),同样以《日本诗话丛书》为范围,选择其中二十种汉文诗话校点出版,解题也是完全照译原书(原书无者亦不补)。池田胤书编纂年代较早,存在一些问题尚可谅解,但经过近百年的学术发展,有关日本诗话的整理工作仍然停留在当年的水平,甚至有所倒退,就不能不令人遗憾。

日本在单本诗话文献的整理上也取得一些成绩,如"新日本古典文学大系"第65卷收录了《读诗要领》《日本诗史》《五山堂诗话》《孜孜斋诗话》《夜航馀话》等数种,并加以校注。这些工作,多出于名家之手,固然值得信赖。但也有一些问题存在,比如底本选择之不理想,《五山堂诗话》选用的是两卷本,而非完整的十卷本加《补遗》五卷本;有些日本历史和中国文学方面的典故未能完全注释;当然,最主要的还是缺乏对日本诗话文献的整体收集、整理。至于日本诗话中最有影响的《文镜秘府论》,用力最勤、关注最久的反而是中国学者,卢盛江《文镜秘府论汇校汇考》(中华书局2006年版)堪作代表。

三、东亚诗话的研究

诗话研究,如果从"批评之批评"的定义来衡量,《文心雕龙·序志篇》和钟嵘《诗品序》中对以往批评论著的批评,便堪称嚆矢。但以较为集中批评者而言,在中国以清人何文焕《历代诗话考索》为最早,成篇于乾隆三十五年(1770),其基本做法是"考故实,索谬讹"。但在东亚地区最早从事此类工作的,是朝鲜时代的洪万宗,他编纂的《诗话丛林》成书于"崇祯玄默执徐",即康熙五十一年(朝鲜肃宗三十八年,1712),其书凡例最末一则云:"古人名章杰句,杂出于诸家编录,而其中有不可不证正者,亦有所可监戒者。故今并博考,略加数款语于卷末云。"[1]这就是其书卷末所附《证正》。而日本的同类工作,则始见于古贺侗庵的《非诗话》,成书于嘉庆十九年(日本文化十一年,1814)。但总体看来,这一类的"批评"还是属于传统学术的范畴。进入20世纪以后,东亚学术在西方的刺激和影响下开始了转型,文学批评史作为一门学科也因此成立。东亚诗话研究状况,以国

〔1〕 洪万宗《诗话丛林》,《修正增补韩国诗话丛编》第5册,页26。

别而言，中国学者取得的成绩相对可观，韩国、日本则较为沉寂。赵锺业之后，韩国学者集中于诗话研究方面用力者较少，只是在近年开始，安大会教授设计整理计划，正在逐步实施，希望通过若干年的努力，能够得到可观的成果。日本则在船津富彦之后，很少有人关心此类文献，更不要说研读此类文献，进一步做出研究了。虽然在1996年成立了“东方诗话学会”，成员包括来自韩国、日本以及中国的两岸三地，但相较而言，以日本的会员最不活跃。其国际学术研讨会至今已举行了十届，地点有韩国和中国的两岸三地，但一次都没有在日本举办，这多少也能透露出其中的一些消息。

二十多年前(1990)，我在南京第一次和韩国车柱环教授见面，他对我说：“我认为中国文学批评史是一门高次元的学问。”车柱环教授在钟嵘《诗品》的校证方面具有国际影响。钱穆1960年6月7日致孙国栋信中说：“穆此次去哈佛，晤北(案：当作‘南’)韩车君柱环，并细读其论文，以新亚研究所诸君相比，车君实无多让，并有胜过处；如此之例，实大足供吾侪之警惕也。”[1]诗话属于文学批评史料，因此，在文献整理之后的研究，如果拥有较高的学术追求的话，便显出其难度，这在今天尤其如此。大体来说，有以下三端：

1. 需要全面把握基本史料，包括东亚各国。以东亚的全局来看，中国诗话的收集整理成绩最为突出，日本诗话资料的收集最为欠缺。本人也会加紧工作进程，争取以较完美的面目将这批文献贡献给学界。韩国诗话文献也大有增补、考订的馀地，韩国本土所藏文献中也有不少遗漏，比如佚名的《诗话汇编》，多达12万字，就没有能够收入到诗话丛书之中。另有海外所藏的韩国诗话文献，也值得关注。

〔1〕 黄浩朝、陆国燊编《钱穆先生书信集——为学、做人、亲情与师生情怀》，香港中文大学新亚书院，2014年版，页101。

2. 研究工作不能仅仅局限在诗话类文献，要与创作、思想、宗教以及历史背景作紧密结合。以日本诗话为例，第一部以“诗话”命名的是五山诗僧虎关师炼，后人为便于区分，在“诗话”前加上了“济北”。作为临济宗的僧人，他的文学观念与禅宗并非毫无关系，想深入研究，不能不对五山时期的僧侣文化下一番功夫。又如古贺侗庵有《非诗话》，但他同时又和其父古贺精里同为朱子学的学者，而且研修的是日本式的朱子学——山崎闇斋的学问。如果同时关注其《刘子》《侗庵笔记》《四书问答》《诗朱传质疑》《读诗折衷》等相关著作，对《非诗话》的研究也就能达到新的高度和深度。

3. 要在研究的理论和方法上用心。比如以上提及《清脾录》的不同版本，固然可以从传统的文献学角度作异文比勘，但如果将书籍史和文学史相结合，也许可以做出别开生面的新研究，也能够对于研究方法作出新探索[1]。

本文主要以十到十五年前所读书为基础写出，挂一漏万及评骘不当处在在有之，有待补充修正者甚多。马齿徒长，废学如旧，走笔至此，弥增愧恧。

（原载《中国古籍文化研究》，日本东方书店 2018 年 3 月版）

〔1〕 参见张伯伟《书籍环流与东亚诗学——以〈清脾录〉为例》，载《中国社会科学》2014 年第 2 期，页 164—184。

附录五　从新材料、新问题到新方法

——域外汉籍研究的回顾与前瞻

时至今日，尽管人们对“域外汉籍”已经不那么陌生，但仍有必要在文章的开始对这一概念下一定义：所谓“汉籍”，就是以汉字撰写的文献，而“域外”则指禹域（也就是中国）之外，所以，“域外汉籍”指的是存在于中国之外的20世纪之前用汉文撰写的各类典籍文献。具体说来，包含以下三方面内容：一是历史上域外文人用汉字书写的文献；二是中国典籍的域外刊本、抄本以及众多域外人士对中国典籍的选本、注本或评本；三是流失在域外的中国古籍（包括残卷）。作为其主体，就是域外文人写作的汉文献。

历史上周边国家和地区的读书人，用汉字撰写了大量文献，其涉及范围几乎与“国学”相当，这些材料构成了长期存在于东亚世界的“知识共同体”，既向我们提出了许多新问题，也提供了在理论上和方法上继续探索的可能性。从这个意义上看，域外汉籍研究大致会经历三个阶段：

第一阶段是作为“新材料”的域外汉籍，主要是文献的收集、整理和介绍。第二阶段是作为“新问题”的域外汉籍，主要是就其内容所蕴含的问题作分析、阐释。第三阶段是作为“新方法”的域外汉籍，针对文献特征探索独特的研究方法。目前的总体状况大概在一、二之间,少数论著在二、三之间。当然,所谓“三阶段”,只是就其总体趋向而言,其中必定有所交叉,并非取代关系。

一、 域外汉籍研究前史

中国人过去有一个以自我为中心的天下观念,从《史记》开始,中国的正史也具有世界史的规模。因此,对于中国以外的周边汉籍的认识也由来已久。统一新罗时代的崔致远在唐代为宾贡进士,其《桂苑笔耕集》曾著录于《崇文总目》及《新唐书·艺文志》,《中山覆篑集》则见录于宋代《秘书省续编到四库阙书目》,其书在中国亦有不少传本。高丽时代则有北宋元丰年间崔思齐等使臣的作品,以《高丽诗》为名刊刻于中国,见《郡斋读书志》。熙宁年间,朴寅亮、金觐出使宋朝,宋人为刊二人诗文,名曰《小华集》,事载《高丽史·朴寅亮传》。又李齐贤《益斋集》被刻入《粤雅堂丛书》,其词被刻入《彊村丛书》。朝鲜时代的许兰雪轩作为女性作家的代表,在中国大受欢迎,《列朝诗集》《明诗综》等大量现存明清之际的选本中入选其诗,就是一个证明。又如徐敬德,其《花潭集》入《四库全书》集部。朝鲜末期的金泽荣,一生大部分著作,都是在江苏南通翰墨林印书局出版。此外,如日本山井鼎、物观的《七经孟子考文补遗》入《四库全书》,市河宽斋怀着“传之西土,以观国之华”[1]的愿望而编纂《全唐诗逸》,且最终收入鲍廷博《知不足斋丛书》。越南黎澄的《南翁梦录》被编入多种中国丛书,朝鲜时代许浚的《东医宝鉴》在中国也有翻刻本。至于中国流失在外的典籍,也曾大量回流,如皇侃《论语集解义疏》从日

〔1〕 市河宽斋《与川子钦》,载市河三阳编《宽斋先生馀稿·宽斋漫稿》,游德园,1926年版,页105。案:关于《全唐诗逸》的编纂,蔡毅《市河宽斋与〈全唐诗逸〉》一文有详细考论,收入其《日本汉诗论稿》,中华书局,2007年版,可参看。

本舶回,入《四库全书》。江户时代林衡编纂《佚存丛书》,大量收集刊印保存在日本的汉籍,其中如太宰纯校《古文孝经孔氏传》和隋朝萧吉《五行大义》等,后来皆收入《知不足斋丛书》。甚至历来被视为"小道"的小说类,如张鷟《游仙窟》在晚清从日本回流中国。在现存文献记载中,也还有中国方面以官方的名义向周边国家访书的情况,最著名者为《高丽史·宣宗世家》八年(1091)六月丙午的记载:

> 李资义等还自宋,奏云:"帝闻我国书籍多好本,命馆伴书所求书目录授之。乃曰:'虽有卷第不足者,亦须传写附来。'凡一百二十八种。"[1]

这里所访求的是中国佚书。又《通文馆志》卷九记载,肃宗四年(康熙十七年,1678),清使"求观东国文籍,赍去石洲、挹翠、荷谷、玉峰、兰雪、圃隐等集,《正气歌》《桂苑笔耕》《史略》《古文真宝》及近代墨刻法帖,东人科体表赋诗论十二篇"[2],这里访求的"东国文籍",除了东人所撰著者,还包括中国书籍的东国刻本。

域外汉籍进入中国,当然多少也会受到一些评论。但除了汉传佛教典籍部分[3],历史上中国人对于它们的认识,往往是从展现本国"文教之盛"或"礼失而求诸野"的心理出发。如况周颐《蕙风词话》卷五评论越南阮绵审《鼓枻词》和朝鲜朴訚《撷秀集》云:"海邦殊俗,亦擅音闼,足征本朝文教之盛。"[4]就是一例。20世纪初以来,学术

---

〔1〕《高丽史》卷十,亚细亚文化社,1983年版,页212。案:关于朝鲜文献中这一记载的研究,参见屈万里《元祐六年宋朝向高丽访求佚书问题》,载《东方杂志》复刊第8卷第8期,1975年。

〔2〕《通文馆志》卷九"纪年",韩国明昌文化社1991年据日本总督府1944年版影印版,页134。

〔3〕如宋僧遵式《方等三昧行法序》云:"山门教卷自唐季多流外国,或尚存目录,而莫见其文,学者思之,渺隔沧海。《方等三昧行法》者,皇宋咸平六祀,日本僧寂照等赍至,虽东国重来,若西乾新译。"《大藏经》第46册,页943。案:此类事至今未绝,如上海古籍出版社便有"日藏佛教孤本典籍丛刊",陆续印行。

〔4〕《蕙风词话 人间词话》合刊本,人民文学出版社,1960年版,页124。

开始由传统向现代转型，学者尤其重视新材料的发现。胡适当年强调用科学的方法整理国故，而所谓“科学的方法”，其实就是西洋人做学问的方法，重心之一就是找材料。傅斯年 1928 年在《历史语言研究所工作之旨趣》中说：“西洋人作学问不是去读书，是动手动脚到处寻找新材料，随时扩大旧范围，所以这学问才有四方的发展，向上的增高。”[1]这一观念其实来自于 19 世纪中叶以下的德国，他们改变了 18 世纪对单纯博学多闻的追求和赞赏，使得原创研究成为新时代的“学术意识形态”，所以特别重视古典语文学和历史学[2]，也因此而特别重视新材料，这就是傅斯年所接受的德国学术影响。陈寅恪在 1934 年写的《王静安先生遗书序》中，总结了以王氏为代表的学术典范，其中之一就是“取异族之故书与吾国之旧籍互相补正”[3]，“异族之故书”就不排除域外汉籍。又如胡适在 1938 年 9 月 2 日给傅斯年信中，言及他在同年八月苏黎士举办的史学大会上宣读的《近年来所发现有关中国历史的新资料》（“Recently Discovered Material for Chinese History”）中，提到“日本朝鲜所存中国史料”[4]，其中绝大部分都是汉文史料。近几年出版的《青木正儿家藏中国近代名人尺牍》[5]一书，收录了胡适、周作人、王古鲁、赵景深、傅芸子等人的信件，其中就不乏对日本所藏汉籍的调查与求购。域外汉籍史料虽然已经引起当时一些有识之士的注意，但总体说来，其价值和意义远远未能得到学术界的普遍认识和重视。而在中国的周边国家和地区，由于近代西洋学术的大举进入和民族意识的觉醒乃至民族主义的高

〔1〕《傅斯年全集》第 4 册，联经出版事业公司，1980 年版，页 258。

〔2〕参见彼得·沃森（Peter Watson）《德国天才》（*The German Genius*）第二卷第三编第十章，王志华译，商务印书馆，2016 年版，页 5—24。

〔3〕《金明馆丛稿二编》，上海古籍出版社，1980 年版，页 219。

〔4〕王汎森辑《史语所藏胡适与傅斯年来往函札》（十七），载《大陆杂志》第 93 卷第 3 期。

〔5〕张小钢编注，大象出版社，2011 年版。

涨，汉籍受到了空前的冷落。对于国文学研究者来说，虽然本国文学史上存在大量的汉诗文，但因为是用汉字撰写，所以难为“国粹”，被视为不能真正代表本民族的呼声。小岛宪之是日本汉文学专家，他在1968年的一部以《国风暗黑时代的文学》命名的著作自序中，将书名解释为“换言之，即研究平安初期汉风讴歌时代的文学”[1]。这里的“国风”即“日本风”，在他的眼中，“汉风”是不能代表“国风”的。同样，在韩国学者撰写的本国文学史中，汉文学或缺席，或仅作点缀，汉文学研究风气之式微也就可想而知了。

中国传统的研究学术史的方法，无不以“考镜源流，辨章学术”悬为标准与鹄的，所以，回顾域外汉籍的研究史，我们也会很自然地把目光追溯到久远的过去，有时还会为今日的工作寻找一个堂皇的祖先。但学术史上称得起一种新学术的兴起，必然要有新材料、新问题、新理论和新方法，而不仅仅是出于一二名公巨子的偶然关注，或是某个概念的无意触及，所以，对于域外汉籍的研究，我只能把以上部分看作“前史”。

二、 作为新材料的域外汉籍

在国际上，真正对域外汉籍开始重视和研究，始于20世纪80年代。如旅法学人陈庆浩先生提倡汉文化整体研究，在域外汉文小说的整理方面取得若干成绩；台湾联合报国学文献馆组织“中国域外汉籍国际学术会议”，从1986年到1995年举办了十次。在日本和韩国，虽然其本国的历史典籍多为汉籍，但较大规模地影印汉文古籍，纷纷成立汉文学研究会，也是20世纪80年代以后的事，这已经成为

[1] 《国风暗黑时代の文学》上，塙书房，1968年版，页1。

学术界的共识。原台湾“中研院”中国文哲研究所图书馆主任刘春银指出：

全球各地有关域外汉籍之研究，系自1980年代起在各国各地纷纷展开，如联合报国学馆自1986年起所举办之“中国域外汉籍国际学术研讨会”，至1995年，共计举办了10次。而南京大学则于2000年正式成立了“域外汉籍研究所”，这是全球首设之专门研究机构，目前已出版《域外汉籍研究集刊》《域外汉籍研究丛书》，该所系有系统地针对域外汉籍的传布、文献整理、文化交流、研究领域及对汉文化之意义等面向进行研究与学术交流。[1]

日本九州岛大学大学院人文科学研究院教授静永健指出：

学术研究本来就没有“国境线”！然而在现实之中，与研究日本文学的学者一样，研究本国文学的中国学者们，也同样陷入了一种被种种无形的“国境线”封锁了视野的迷茫之中。正是在这种学术背景之下，中国大陆兴起了一种新的中国学研究方法。这就是南京大学域外汉籍研究所所长张伯伟教授提出的“域外汉籍研究”。我个人认为，这是建立在批判传统“只关注本国文学与文献资料”的研究方法基础之上、一个试图打破学术研究之“国境线”的崭新的研究理念。[2]

法国国家科学研究中心研究员陈庆浩也指出：

汉文化整体研究观念是上世纪八十年代初我在台湾提出来

---

〔1〕 刘春银《提要之编制：以〈越南汉喃文献目录提要〉暨〈补遗〉为例》，载《佛教图书馆馆刊》第46期，2007年12月。

〔2〕 静永健《新・中国学のヒソト(#1)域外汉籍研究》，载《东方》第348号，日本东方书店，2010年2月。

的，到现在也快三十年了。自观念提出到现在，回顾起来可分成前后两个阶段。第一阶段是观念的传播和古文献的整理与研究，通过举办国际会议、编纂目录和域外汉文献的整理和研究开展的。……2000年，南京大学建立“域外汉籍研究所”，可以看成是域外汉籍研究一个新时代的开始。2005年起创办《域外汉籍研究集刊》，主编《域外汉籍资料丛书》和《域外汉籍研究丛书》，形成了一个完整的域外汉籍研究系统，发展未可限量。大陆近年已有很多研究机构或个别学者，进行相关资料整理或研究，又出版了多种书目、丛书及研究论文，使域外汉文献之整理与研究成为一个新兴的学科，展望未来将有更好的发展。[1]

这大致概括了自20世纪80年代以来的研究趋势，其论述重点都放在文献的整理和出版。

事实上，在域外汉籍研究的初始阶段，人们主要是从“新材料”的意义上去认识和理解的。我们不妨以1986年“第一届中国域外汉籍国际学术研讨会”为例，在会议论文集的《编者弁言》中，大致归纳了会议论文的若干主题，它们集中在以下几方面：1. 域外汉籍的流传、出版与版本；2. 域外汉籍的现存情形与研究概况；3. 域外汉籍的史料价值以及中国与东亚各国的关系。编者特别指出：“这些学术论著多是以往汉学家们不曾注意，或是根本生疏的。”[2]二十多年前，我在《域外汉诗学研究的历史、现状及展望》一文中提出：“当务之急是文献的整理和出版……中国学者应该积极地投入于对基本文献的收集、考辨工作中去。”[3]十多年前，我在《域外汉籍研究集刊》的“发刊

---

〔1〕 陈庆浩《汉文化整体研究三十年感言》，载《书品》2011年第5期。

〔2〕《第一届中国域外汉籍国际学术会议论文集》，台北联合报文化基金会国学文献馆，1987年版，页1—2。

〔3〕 载蒋寅、张伯伟主编《中国诗学》第三辑，南京大学出版社，1995年版，页4。

词”中，特别揭橥了《集刊》的宗旨，即“重视以文献学为基础的研究”[1]。不难看出，这里强调的都是“新材料”。所以，多年前有一位前辈学者听说我关注域外汉籍，曾经有此一问：“还能找到一本像《文镜秘府论》那样的书吗？”言外之意是，如果能找到类似性质的书，域外汉籍还有点意思，否则恐怕是浪掷精力。《文镜秘府论》是日本平安时代空海大师自唐归国后，应学习汉诗的后生辈之请，根据他在唐代收罗的诗学文献（主要是诗格）编纂成书。由于其中的很多材料在中国已经亡佚，所以在文献上有特殊的价值。多年前我编撰《全唐五代诗格汇考》，就曾经充分利用了这本书的材料（当然还利用了其他材料，如日本平安时期的抄本等）。在这位前辈学者的心目中，域外汉籍的意义主要属于“新材料”，这也是直到今天很多人仍然秉持的看法。而在中国，对域外汉籍研究持否定态度的人，也会站在“材料”的立场，认为那些汉文学作品水平不高，因此也谈不上有多少研究价值。

学术研究要重视材料，这是毫无疑问的，但新材料的发现和运用应该得到学术工作者更多的重视，也是天经地义的。正是在这个意义上，陈寅恪说出了那一段学术界耳熟能详的名言：

> 一时代之学术，必有其新材料与新问题。取用此材料，以研求问题，则为此时代学术之新潮流。治学之士，得预于此潮流者，谓之预流。其未得预者，谓之未入流。此古今学术史之通义，非彼闭门造车之徒，所能同喻者也。[2]

对于这段话，学界的注意力往往集中在“新材料”而忽略了“新问题”，我想要说的是，如果缺乏“新问题”，即便有无穷的“新材料”，也

---

〔1〕《域外汉籍研究集刊》第一辑“卷首”，中华书局，2005年版。

〔2〕《陈垣敦煌劫馀录序》，《金明馆丛稿二编》，页236。

形成不了“时代学术之新潮流”。甚至可以说,如果没有新问题,新材料照样会被糟蹋。梅曾亮在《答朱丹木书》中说:“文章之事莫大于因时。……使为文于唐贞元、元和时,读者不知为贞元、元和人,不可也;为文于宋嘉祐、元祐时,读者不知为嘉祐、元祐人,不可也。”[1]文学创作如此,学术研究也是如此。如果今天的杜诗研究,在问题的提出、资料的采撷、切入的角度以及最终的结论,与二十年前、五十年前没有多大差别的话,这种研究的价值如何就很有疑问了。由于域外汉籍是以往学者较少注意者,因此,其中就蕴含了大量值得提炼、挖掘的新问题。所以,这一研究若想获得长足的进步,必然要从“新材料”的阶段向“新问题”“新方法”转变。

三、 蕴含新问题的域外汉籍

新问题从何而来? 当然离不开文献的阅读。但问题的提出也有一个契机,可以从不同文献的比较而来,也可以由西洋学术的刺激而来。

熟悉禅宗史的人都知道,唐代虽然有南北分宗,但在南宗内部的五家分灯,却没有多少对立和冲突。然而宋代禅林宗派意识较强,禅宗内部的争斗(当然也有融合)比较激烈,经过一番较量,到了南宋,基本上就是临济宗和曹洞宗并传,而以临济宗的势力尤为壮大。在中国,其争斗一直延续到清代[2];而在日本,荣西和道元分别从南宋将临济宗和曹洞宗传入,同时也将两者的争斗带入。由于临济宗的影响多在幕府将军,曹洞宗的影响多在民间层面,故有“临济将军,曹

---

〔1〕《柏枧山房诗文集》卷二,上海古籍出版社,2005年版,页38。

〔2〕参见陈垣《清初僧诤记》卷一“济洞之诤”,《励耘书屋丛刻》下册,北京师范大学出版社,1982年影印本,页2407—2444。

洞土民”之说。当我们阅读日僧廓门贯彻《注石门文字禅》，并了解其生平之后，自然就会产生如下问题：一个曹洞宗的门徒怎么会去注释临济宗的典籍？这个问题并非强加，廓门贯彻在书中就曾设一道友质问：“师既新丰末裔，讵不注洞上书录而钻他故纸乎？”[1]“新丰末裔”指曹洞宗徒，“洞上书录”指曹洞宗典籍，“故纸”在禅宗的语汇中，不仅是旧纸，而且是脏纸[2]，这里用来代指临济宗著作《石门文字禅》，表达的是同样意思。如果结合廓门之师独庵玄光的描述：“今日日域洞济两派之徒，各夸耀所长，更相毁辱。”“两派之不相容，如水火之不同器。”[3]廓门的学术眼光和宗派观念就更需深究，其学术渊源如何？其观念的产生背景如何？其学术意义又如何？便都是值得探讨的新问题[4]。

自宋代开始，《孟子》由子部上升到经部，陈振孙《直斋书录解题》云：“今国家设科取士，《语》《孟》并列为经。”[5]至朱熹为之集注，影响深远。朱熹的注释，不仅发挥义理，而且注重文章的章法和语脉，这对于明、清时代用文章学眼光考察《孟子》影响很大。就《孟子》本身来说，在汉代思想界和文学界起了很大作用[6]，朱熹的注释在此基础上更加推波助澜。朝鲜时代的儒者和文人都十分尊孟，在

---

〔1〕《跋注石门文字禅》，张伯伟等点校《注石门文字禅》下册，中华书局，2012年版，页1727。

〔2〕比如，唐代的德山宣鉴禅师把佛教经典比作“鬼神簿，拭疮疣纸”（《五灯会元》卷七），宋代兴化绍铣禅师说：“一大藏教，是拭不净故纸。”（《五灯会元》卷十六）唐代古灵神赞禅师更说：“钻他故纸，驴年去！”（《五灯会元》卷四）

〔3〕《独庵玄光护法集》卷二《自警语》上，日本驹泽大学图书馆藏本。

〔4〕参见张伯伟《廓门贯彻〈注石门文字禅〉谫论》，原载《域外汉籍研究集刊》第四辑，中华书局，2008年版，后收入张伯伟《作为方法的汉文化圈》一书，中华书局，2011年版。

〔5〕《直斋书录解题》卷三“语孟类”，上海古籍出版社，1987年版，页72。

〔6〕参见庞俊《齐诗为孟子遗学证》，载《四川大学季刊》第一期文学院专刊，1935年；蒙文通《汉儒之学出于孟子考》，载《论学》第三期，1937年3月；王国维《玉溪生年谱会笺序》，收入《观堂集林》卷二十三；曹虹《孟子思想对汉赋的影响》，收入其《中国辞赋源流综论》，中华书局，2005年版。

思想界和文学界的影响较中国更甚。儒者阐释《孟子》常注重文势语脉,文人写作文章常借用《孟子》的思想资源。然而同样是这一部儒家经典,在日本却大不受欢迎。谢肇淛《五杂组》曾记载一则荒唐传说:“倭奴亦重儒书,信佛法,凡中国经书皆以重价购之,独无《孟子》,云有携其书往者,舟辄覆溺。此亦一奇事也。”[1]相似的内容也见载于日本藤原贞干的《好古日录》和桂川中良的《桂林漫录》中。日本汉文学受《孟子》影响极小,像斋藤正谦《拙堂文话》中对《孟子》高调表彰的议论极为罕见。越南之有儒学,始于东汉末年的士燮任交趾太守。汉代的《孟子》注有三家,即赵岐、郑玄和刘熙,后二者已佚。刘熙曾避地交州,其《孟子注》在当地也有流传。李朝圣宗神武二年(1070)修建文庙,塑周公、孔子、孟子像。仁宗太宁四年(1075)开科取士,考儒家经典。后黎朝考试第一场内容以四书为主,只有《孟子》是必考者。这些不同,无论是中韩越之间的小异,还是日本与中韩越之间的巨差,原因何在?意义如何?都值得作深入探讨。

有些问题是受到西洋学术的刺激。自20世纪70年代以来,关于“文学典范”或“文学经典”的问题,在欧美理论界成为讨论的热点。从90年代开始,这一问题也受到中国学术界的广泛关注。20世纪欧美理论界对于经典问题的热议,引起了对文学典范的修正(Canon transformation),其背景就是20世纪后期对多元文化的关注和评价。对西方文学史上的典范发出挑战的最强音主要来自两方面:性别和族群。前者是女性主义者,后者是非裔少数种族的评论家,他们纷纷发表了众多火药味十足的宣言和挑战性强劲的论著,并

〔1〕《五杂组》卷四,上海书店出版社,2001年版,页86。

且在一定范围内和一定程度上取得了成功[1]，以至于在传统文学典范的捍卫者哈罗德·布鲁姆(Harold Bloom)看来，这些女性主义者、非洲中心论者等都属于"憎恨学派"(school of resentment)的成员[2]，因为其目的皆在于对以往文学经典的颠覆。如果回看16世纪末、17世纪初的朝鲜女性文学，在与拥有悠久的文学典范并占据主流话语权的中国相对应的场合，要通过何种途径才能建立起自身的文学典范？这与20世纪后期的西方在"拓宽经典"(the opening-up of the canon)的道路上所发出的尖锐的、神经质的喊叫，或是犀利的冷嘲热讽和高傲的"对抗性批评"(antithetical criticism)有何不同？我们看到，从17世纪到20世纪的三百多年间，许兰雪轩作为朝鲜女性文学的典范，确立了她的文学史地位，其声誉也向东西方辐射，特别是在中国受到了热情而高度的礼赞。明人潘之恒指出："许景樊夷女，尚擅誉朝鲜，夸于华夏。"[3]"夷女"之称，便涵括了女性和少数族群。如果我们不拘泥于含有偏见意味的"夷女"称谓，而是具体考察其"擅誉朝鲜，夸于华夏"的过程，就很容易发现，当这样一个文学典范出现在中国文人的面前时，她得到了真诚而一贯的慷慨赞美。就总体而言，他们既不是挟主流权威之势的打压，也不是以居高临下的方式施恩；既没有男女之间的性别之战，也没有中外之间的种族排斥[4]。而这一点，也

---

〔1〕比如在《哥伦比亚美国文学史》中，增加了不少女性和少数种族作家的篇幅，更改了过去美国文学史的版图。又比如《诺顿女性文学选集》和《诺顿非裔美国文学选集》等权威选本的编辑出版，建构了新的文学经典的阵容。而对于女性和非裔作家的研究，也堂而皇之地进入了大学的课程，拓宽了经典的名单。参见金莉《经典修正》，载《西方文论关键词》，外语教学与研究出版社，2006年版，页294—305。

〔2〕《西方正典》，江宁康译，译林出版社，2005年版，页14。

〔3〕《吴门范赵两大家集叙》，《明文海》卷三百二十六，《四库全书》本，台湾商务印书馆版。

〔4〕孙康宜在《明清文人的经典论和女性观》(载《江西社会科学》2004年第2期，页206—211)一文中，曾略微比较了明清文人与19世纪英国男性作家对女性作家的态度，前者是对才女的维护，后者是对女作家的敌视或嘲讽，可参看。

许正是汉文化圈中文学典范建立的东方特色。在21世纪充满性别、族群以及不同文明之间的紧张、对立的今天，重温历史，我们也许能够对汉文化的价值和意义拥有更多的认同和肯定，也能够从域外文学典范的形成中得到一些有益的启示。这一类问题和视角，就是由西洋学术的刺激引导而来的。

从以上举例中不难看到，无论是通过阅读文献还是由西洋学术的刺激，都能产生新的问题，而只要将问题置于东亚视野之下，也就会别有一番意味。在这里，最需要的是整体眼光。由于我们处理的新问题，往往也是过去的理论和方法难以圆满解决的，由此也就势必导向下一个阶段——“新方法”。

四、提炼新方法的域外汉籍

阮元曾说：“学术盛衰，当于百年前后论升降焉。”[1]以百年升降衡论东亚学术，今日遇到的最大问题，就是如何反省西方学术对于东亚的影响和改造，它集中在方法的问题上。当然，由于认知角度和追求目标的差异，这也只是就我个人所能认识和把握的范围而言。百年前，东亚学术由传统向现代转型期间，在“方法”的问题上，几乎众口一词地要向欧美学习。其中日本走在最前列，东洋史学家桑原隲藏在20世纪初说：“我国之于中国学研究上，似尚未能十分利用科学的方法，甚有近于藐视科学的方法者，讵知所谓科学的方法，并不仅可应用于西洋学问，中国及日本之学问亦非藉此不可。”不仅如此，整个东方学的研究莫不皆然：“印度、阿拉伯非无学者也，彼辈如解释印度文献及回教古典，自较欧洲学者高万倍，然终不能使其国之学问发

〔1〕《十驾斋养新录序》，陈文和编《钱大昕全集》第7册，江苏古籍出版社，1997年版，页1。

达如今日者，岂有他哉，即研究方法之缺陷使然耳。”[1]胡适当年读到此文，乃高度赞美曰“其言极是”[2]。中国学者看待日本的汉学研究成果，大抵也取同样眼光。傅斯年在 1935 年说：“二十年来，日本之东方学之进步，大体为师巴黎学派之故。”[3]日本学者看中国学者的成绩，也着眼于此，狩野直喜在 1927 写的《忆王静安君》中说：“王君能够善于汲取西洋研究法的科学精神，并将其成功地运用在研究中国的学问上了。我以为这正是王君作为学者的伟大和卓越之处。”[4]这样的看法和主张，在当时的东亚形成了一股新潮流。真正独立不迁，在研究方法的探讨和实践上有所贡献的，只有陈寅恪堪称典范。他在 1932 年说：“以往研究文化史有二失：旧派失之滞……新派失之诬。”[5]1936 年又说：“今日中国，旧人有学无术；新人有术无学，识见很好而论断错误，即因所根据之材料不足。”[6]“学”指材料，“术”指方法。旧派不免抱残守阙、闭户造车，新派则据外国理论解释中国材料，且标榜“以科学方法整理国故”。在陈寅恪看来，旧派固然难有作为，新派也算不得好汉。他在 1931 年强调“今世治学以世界为范围，重在知彼，绝非闭户造车之比”[7]，体现的是立足中国文化本位而又放眼世界的学术胸怀和气魄。可惜这一思想和实践少有接续者。综观陈寅恪在研究方法上的探索，他实践了“一方面吸收

---

〔1〕《中国学研究者之任务》，J. H. C. 生译，原载《新青年》第 3 卷第 3 号，1917 年 5 月，此据李孝迁编校《近代中国域外汉学评论萃编》，上海古籍出版社，2014 年版，页 79—80。

〔2〕曹伯言整理《胡适日记全编》第 2 册 1917 年 7 月 5 日，安徽教育出版社，2001 年版，页 614。

〔3〕傅斯年《论伯希和教授》，原载《大公报》1935 年 2 月 19、21 日，此据《近代中国域外汉学评论萃编》，页 307。

〔4〕《王静安君を忆ふ》，原载《艺文》第十八年第八号（1927 年 8 月），后收入其《支那学文薮》，みすず书房，1973 年版。此据周先民译《中国学文薮》，中华书局，2011 年版，页 384—385。

〔5〕蒋天枢《陈寅恪先生编年事辑》（增订本）附录二，上海古籍出版社，1997 年版，页 222。

〔6〕卞僧慧《陈寅恪先生欧阳修课笔记初稿》，载刘东主编《中国学术》第二十八辑，商务印书馆，2011 年版，页 2。

〔7〕《吾国学术之现状及清华之职责》，《金明馆丛稿二编》，页 318。

输入外来之学说，一方面不忘本来民族之地位”的历史经验，既开掘新史料，又提出新问题；既不固守中国传统，又不被西洋学说左右。在吸收中批判，在批判中改造，终于完成其“不古不今之学”[1]。

就域外汉籍的研究而言，我曾经提出“作为方法的汉文化圈”，试图在方法论上有所推进[2]。“汉文化圈”可以有不同的表述，比如“东亚世界”“东亚文明”“汉字文化圈”等等，作为该文化圈的基本载体就是汉字。以汉字为基础，从汉代开始逐步形成的汉文化圈，直到19世纪中叶，积累了大量的汉籍文献，表现出大致相似的精神内核，也从根柢上形成了持久的聚合力。以汉字为媒介和工具，在东亚长期存在着一个知识和文化的“文本共同体”或曰“文艺共和国”[3]。尽管从表面构成来说，它似乎是一个松散的存在，但实际上是有一条强韧的精神纽带将他们联系在一起。值得重视的是，这样一个共同体或共和国中的声音并不单一，它是“多声部的”甚至是“众声喧哗的”。如果说，研究方法是研究对象的“对应物”，那么，“作为方法的汉文化圈”的提出，与其研究对象是契合无间的。

作为方法的汉文化圈，以我目前思考所及，大致包括以下要点：其一，把汉文献当作一个整体，从文字到图像。即便需要分出类别，也不以国家、民族、地域划分，而是以性质划分。比如汉传佛教文献，就包括了中国、朝鲜半岛、日本以及越南等地佛教文献的整体，而不

〔1〕《冯友兰中国哲学史下册审查报告》，《金明馆丛稿二编》，页252。参见张伯伟《现代学术史中的“教外别传”——陈寅恪“以文证史”法新探》，载《文学评论》2017年第三期。

〔2〕参见张伯伟《作为方法的汉文化圈》，载刘梦溪主编《中国文化》2009年秋季号；《再谈作为方法的汉文化圈》，载《文学遗产》2014年第2期。作为这一理念的实践，还可以参见张伯伟《作为方法的汉文化圈》，中华书局，2011年版；《东亚汉文学研究的方法与实践》，中华书局，2017年版。

〔3〕日本学者高桥博巳撰有《东アジアの文芸共和国—通信使・北学派・蒹葭堂—》（新典社，2009年版）一书，在某种程度上揭示了上述意义。

是以中国佛教、朝鲜佛教、日本佛教、越南佛教为区分。无论研究哪一类文献，都需要从整体上着眼。其二，在汉文化圈的内部，无论是文化转移，还是观念旅行，主要依赖“书籍环流”。人们是通过对于书籍的直接或间接的阅读或误读，促使东亚内部的文化形成了统一性中的多样性。其三，以人的内心体验和精神世界为探寻目标，打通中心与边缘，将各地区的汉籍文献放在同等的地位上，寻求其间的内在联系。其四，注重文化意义的阐释，注重不同语境下相同文献的不同意义，注重不同地域、不同阶层、不同性别、不同时段上人们思想方式的统一性和多样性。诚然，一种方法或理论的提出，需要在实践中不断进行完善、补充和修正，其学术意义也有待继续发现、诠释和阐扬。因此，我期待更多的学者能够加入到探索的行列中来。

所有的方法背后都有一个理论立场。“作为方法的汉文化圈”的理论立场是：首先，将域外汉籍当做一个整体，不再以国别或地区为单位来思考问题；其次，从东亚内部出发，考察其同中之异和异中之同；第三，特别注重东亚内部和外部的相互建构，而不再是单一的“中华中心”“西方中心”或“本民族中心”。这样的理论立场，所针对的是以往的研究惯性，其表现有四：

首先是在中国的一个根深蒂固的观念，就是把周边国家的文化仅仅看成是中国文化的延伸。从宋人刊刻朴寅亮、金觐的诗文为《小华集》开始，“小华”就是对应于“大中华”而言的。日本著名汉学家神田喜一郎有一部《日本填词史话》，但其书正标题却是《在日本的中国文学》[1]，他在序言中还明确自陈，此书所论述者是“在日本的中国文学，易言之，即作为中国文学一条支流的日本汉文学”。所以，

---

〔1〕《日本における中国文学》，二玄社，1965年版。

在这一领域中最热门的话题也往往是“影响研究”。

“影响研究”是19世纪比较文学法国学派所强调的方法，虽然在理论阐释上会强调“两种或多种文学之间在题材、书籍或感情方面的彼此渗透”[1]，但在研究实践中，注重的仅仅是接受者如何在自觉或非自觉的状况下，将自身的精神产品认同于、归属于发送者（或曰先驱者）的系统之中。由于19世纪法国文学的伟大成就和在欧洲的垄断性地位，这一比较文学研究的结果也就单方面强化了其自身的辉煌。

19世纪中叶以来，西方列强对东亚造成了极大的侵略和压迫，此后西方汉学家或东方学家大致搬用了英国历史学家汤因比（Arnold J. Toynbee）在其《历史研究》（*A Study of History*）中所归纳的“挑战—响应”模式，用于他们的东方研究之中。在这里，“挑战”的一方是主动的、主导的，“响应”的一方是被迫的、无奈的。有能力应对西方文明的挑战，这一文明就有继续生存的机会（当然也要将光荣奉献给挑战者）；反之，若无力应战或应战乏力，这一文明的宿命就是走向灭亡，这一地区的出路就是“归化”西洋。

上述三个方面的研究趋向，从本质上来说，都隐含着一种文化帝国主义的理论立场（尽管很多时候是无意识的）。“大中华”观念是“中华中心”，“影响研究”是“法兰西中心”，“挑战—响应”模式则是“欧洲中心”。更需要指出的是，东亚知识分子在这一过程中，也自觉不自觉地“自我东方化”，他们在研究近代东亚的历史文化时，往往采用了同样的方法和眼光。用“挑战—响应”的模式从事研究的弊端，主要在于这是以发送方或曰挑战方为中心的。在19世纪中叶以前的东亚，这样的研究强化了“中华主义”；在19世纪中叶以后的世界，

---

〔1〕 基亚《比较文学》第6版，颜保译，北京大学出版社，1983年版，页4。

这样的研究强化了“欧洲中心”。它们都是以较为强势的文化轻视、无视甚至蔑视弱势文化,后者或成为前者的附庸,而前者总能显示其权威的地位。

于是就有了第四种趋向,从本质上说是属于民族主义的。在文学研究中,就是强调所谓的“内在发展论”。从 20 世纪 70 年代以来的韩国文学史著作,大多都在强调本国文学自身的独立发展,而完全割裂了与外在的,特别是与中国文学的关系。正如韩国崔元植教授的叹息:“近来越发切实地感受到我们社会对中国、日本的无知,其程度令人惊讶。”[1]而在中国学术界,与对西方学术的模仿或抗拒相映成趣的,就是对于东亚的漠视。韩国学者白永瑞曾提出过这样的问题:在中国有“亚洲”吗?在他看来:“中国的知识分子缺少‘亚洲性的展望’,尤其缺乏把中国放在东亚的范围里来思考问题的视角。中国要直接面对世界的观念很强烈,可是对周围邻邦的关心却很少。”[2]中国学者孙歌指出:“就中国知识分子而言,一个似乎是自明的问题却一直是一个悬案:我们为什么必须讨论东亚?而对于东亚邻国的知识分子而言,中国知识分子的这种暧昧态度则被视为‘中国中心主义’。”[3]

最近二十年间,在欧美人文研究领域中影响最大的恐怕要数“新文化史”。它抛弃了年鉴派史学宏大叙事的方式,强调研究者用各种不同文化自己的词语来看待和理解不同时代、不同国族的文化,在一定程度上改变了“欧洲中心论”的固定思路,提倡用“文化移转”取代

---

〔1〕 崔元植《“民族文学论”的反省与展望》,收入《文学的回归》,崔一译,延边大学出版社,2012 年版,页 94。

〔2〕《思想东亚——朝鲜半岛视角的历史与实践》,生活·读书·新知三联书店,2011 年版,页 114。

〔3〕《我们为什么要谈东亚——状况中的政治与历史》,生活·读书·新知三联书店,2011 年版,页 27。

“文化传入”,后者强调的是主流文化单方面的影响,而前者强调的是两种文化的互惠[1]。在东方,沟口雄三提出了“作为方法的中国”,“想从中国的内部结合中国实际来考察中国,并且想要发现一个和欧洲原理相对应的中国原理”[2],并且以李卓吾、黄宗羲的研究为个案,为明代中叶到清代中叶的中国思想史勾画出一条隐然的线索,实际上是提出了另外一种解读历史的思路。而直到2006年,有些中国学者还认为沟口这样的思维方式是“在关注内部线索时否定作为主流的外部线索,这样书写下来的历史只能是片面的、丢掉基本事实的历史”,甚至说“如果没有鸦片战争、甲午战争、十月革命的外来刺激,一百个黄宗羲也没有用”[3]。这可以说是长期陷入“挑战—响应”模式中的后果。

基于以上的思考,我提出“作为方法的汉文化圈”,并将这一理念付诸实践。它期待一方面破除文化帝国主义的权势,一方面又能打开民族主义的封闭圈。然而这只是希望对研究现状有所改善,并不奢望开出包治百病的良方。在这个意义上,我很欣赏法国学者安托万·孔帕尼翁对于理论的态度:“文学理论是一种分析和诘难的态度,是一个学会怀疑(批判)的过程,是一种对(广义上的)所有批评实践的预设进行质疑、发问的‘元批评’视角,一个永恒的反省:‘我

---

〔1〕这一观点最初由古巴社会学家费尔南德·奥尔蒂斯(Fernando Ortiz)提出,受到“新文化史”学者的赞赏,如彼得·伯克(Peter Burke)对此阐发道,这一转变的“理由是作为文化碰撞的结果不只是所谓的‘赠与者’(似当为‘受赠者’)发生变化,而是两种文化都发生了变化。……这种反向的文化传入,也就是征服者被征服的过程”。见《文化史的风景》(*Varieties of Cultural History*)第十二章,丰华琴、刘艳译,北京大学出版社,2013年版,页232。

〔2〕沟口雄三《日本人视野中的中国学》(《作为方法的中国》),李苏平、龚颖、徐滔译,中国人民大学出版社,1996年版,页94。

〔3〕刘再复《相关的哲学、历史、艺术思考——与李泽厚对谈选编》四“对沟口雄三亚洲表述的质疑”(2006),《李泽厚美学概论》,香港天地图书公司,2010年版,页175。

知道什么?'"[1]兹援以为本文的结束。

(原载《古代文学前沿与评论》第一辑,社会科学文献出版社2018年6月版)

〔1〕《理论的幽灵:文学与常识》(*Le démon de la théorie: Littérature et sens commun*),吴泓渺、汪捷宇译,南京大学出版社,2017年版,页15。

附录六　域外汉籍研究的理论、方法与实践*

——张伯伟教授访谈录

一、域外汉籍研究的现状及问题

张　勇：张老师您好！记得多年前在接受访问时，您用“方兴未艾”来形容国内的域外汉籍研究。2000年，南京大学成立国内首家东亚汉籍研究机构“南京大学域外汉籍研究所”之后，国内外各大学也成立了不少类似的机构，并且大规模地影印域外汉籍文献。这固然有利于学者接触域外汉籍文献，但似乎也给人以无序之感。不知您如何看待目前国内外的域外汉籍研究？

张伯伟：谈到这个问题，我想先略微回顾一下。国际范围内的“中国域外汉籍”研究始于20世纪80年代中叶，其标志有二：一是台湾联合报国学文献馆组织了“中国域外汉籍国际学术会议”，从1986年到1995年，共举办了十次，分别在台北、汉城（今首尔）、东京、夏威夷等地，并出版了会议论文集；二是旅法学人陈庆浩先生等人在域外汉文小说方面的整理与研究。以上两方面的成绩，堪称这一领域的嚆矢。虽然在此之前，也有人对域外汉籍作零星的关注，远的不说，

* 本次访谈提问者为安徽师范大学文学院张勇教授。

就拿晚清以来为例,如杨守敬在日本访得空海的《文镜秘府论》并带回中国,对于中国文学史和文学批评史的研究有很大的推动作用。胡适于1938年出席在苏黎世举办的世界史学大会上,宣读了《近年来所发现有关中国历史的新资料》,其中也提及"日本朝鲜所存中国史料"。近代学人在与域外学者的通信中,也每每关注索求存于彼国的中国文献(参见张小钢编注《青木正儿所藏中国近代名人尺牍》)。但真正开始关注域外汉籍(尤其是域外人士用汉文撰写的著作,而非局限于域外所存中国资料),是从80年代开始的。此外,对于域外汉籍的基本定义,也是通过这些国际会议而慢慢形成共识的。只是由于规模和人员的限制,国际会议在1995年之后便告消歇,域外小说资料的整理与研究,其速度也显得缓慢,使得关注这一领域的人,还仅仅局限在少数的专家学者。陈庆浩先生在《汉文化整体研究三十年感言》一文中,就把自20世纪80年代以来的域外汉籍研究分成了两个阶段,指出:"2000年,南京大学建立'域外汉籍研究所',可以看成是域外汉籍研究一个新时代的开始。"其区别于之前的重要一项就在于"系统性"。陈庆浩先生接着说:"2005年起创办《域外汉籍研究集刊》,主编'域外汉籍资料丛书'和'域外汉籍研究丛书',形成了一个完整的域外汉籍研究系统,发展未可限量。"时任台湾"中研院"中国文哲研究所图书馆主任的刘春银女士也说:"南京大学于2000年正式成立了'域外汉籍研究所',这是全球首设之专门研究机构。该所系有系统地针对域外汉籍的传布、文献整理、文化交流、研究领域及对汉文化之意义等面向进行研究与学术交流。"(《提要之编制:以〈越南汉喃文献目录提要〉暨〈补遗〉为例》)在他们的表述中,都特别强调了"系统"二字,这是颇有见识的。事实上,南京大学域外汉籍研究所成立伊始,就有一个较为立体的、多管齐下的策略和步骤。不仅有上述已被提及的“两书一刊”，而且培养硕士生、博士生，开设课程，举办读书会、工作坊以及国际学术大会，规划研究项目，特别注重在新材料的基础上如何提炼新问题、总结新理论和新方法。

在南京大学成立了“域外汉籍研究所”之后，各地也开始纷纷成立相关的研究机构。如日本二松学舍大学在 2004 年成立“构筑世界性的日本汉学研究基地”（即 21 世纪 COE 计划），出版《日本汉文学研究》，就是针对日本学术界对于日本汉籍、准汉籍、和刻汉籍这一庞大的资源，尚未获得充分整合的研究现状而提出，目的也是要对日本所存汉字文献做总结性、综合性的研究。日本关西大学于 2008 年创办“东亚文化交涉学教育研究据点”（即全球化 COE 计划），出版《东亚文化交涉研究》。韩国的汉文学研究会、经学研究会也开始有较为活跃的学术活动。高丽大学的“汉字汉文研究所”、成均馆大学的“大东文化研究院”等机构，在推动以国际化为背景的韩国古典学研究方面，也有很多积极的贡献。韩国古典翻译院和景仁文化社合作出版的《韩国文集丛刊》及《续丛刊》、《韩国历代文集丛书》等，都是大型文献的收集影印，为研究事业奠定了较好的基础。台湾大学于 2002 年成立了“东亚文明研究中心”，以东亚文献、教育、儒学为主要研究方向，出版“东亚文明研究丛书”“东亚文明研究资料丛刊”“东亚文明研究书目丛刊”三大系列丛书。台湾“中研院”中国文哲研究所在“经学研究群”和“诗与诗学研究群”下，也都有关于日本、韩国、琉球的经学与汉诗研究。在大陆各高校，上海师范大学、复旦大学也相继成立了一些专门的研究机构，特别是复旦大学的“文史研究院”，在越南和琉球文献的收集、出版方面，取得了令人欣喜的成绩。到了 2010 年之后，南北各地的一些著名高校也纷纷响应，成立了不少相关的研究基地或研究中心。现在的各类媒体也时常有采访报道，给人的印象是“人人自谓握灵蛇之珠，家家自谓抱荆山之玉”，也许就是你所说的“给人以无序之感”的原因之一。

从某种意义上说，“无序”是正常的。从正面来看，“无序”也代表了一种生命力。拿儒家来说，孔子死后，儒分为八，到汉初只有孟、荀两家有影响（《史记》将两人合传），汉武帝“独尊儒术”后又定为官学一家，看起来是有序，其实也就渐渐失去活力。班固在《汉书·艺文志》中说“惑者既失精微，而辟者又随时抑扬”，最终造成了“儒学寖衰”。“有序”反而堕落为“门户之见”，“非所师承则必毁，殊所授受则必刊”。学术不能上升为“道术”，而渐渐流于“方术”。研究学术史的后来者，为了建构框架，往往大而化之。其实回到历史现场，我们会发现一种思想或主张，在相近表述的语言外貌之下，其实存在着大小不等的差异甚至是根本的断裂。凌廷堪在讲到学术变迁时说：“当其将盛也，一二豪杰振而兴之，千百庸众忿而争之；及其既衰也，千百庸众坐而废之，一二豪杰守而待之。”在梁启超的表述中，就是在学术转变之机，由少数人形成历史的“发动机”。如果少数人的主张与整个时代的关怀相契合，透过其不懈的努力，就可能改变这个时代的思想趋向。域外汉籍研究在今日，只能说是“方兴未艾”，尚未达到千百人“忿而争之”的状态。但即便如此，在这样一面旗帜底下，还是有很多不同层次的差异存在的。

张　勇：从21世纪伊始，朝鲜行纪文献的研究随着《燕行录全集》的出版而蓬勃兴起，至今已有近二十年的时间，中韩日各国出版的论著更是不胜枚举。但是，从选题的思路到研究的方法，不少研究成果似乎陷入您所提到的“碎片化”及“过度诠释”。您是如何看待这一现象的？

张伯伟：这个问题比较具体。朝鲜时代的中国行纪文献主要有两大称谓："朝天录"和"燕行录"，学术界目前使用的通名是"燕行录"。不过我不太赞成，原因在于这是一个带有强烈政治色彩的名称，如同"朝天录"一样。我提倡使用"中国行纪"的名称。此类文献的汇编成帙，始于20世纪60年代，成均馆大学大东文化研究院编印了《燕行录选集》，其后韩国民族文化推进会（今韩国古典翻译院）编印了《国译燕行录选集》。2001年，韩国东国大学的林基中教授出版了《燕行录全集》100册，又与日本夫马进教授合编《燕行录全集日本所藏编》。2014年出版的《增补燕行录丛刊》，共收书556种，是目前规模最大的此类文献的汇编。海峡两岸学者对此类文献的重视也由来已久，1978年台湾珪庭出版社印有《朝天录》，大陆广西师大出版社自2010年起陆续出版《燕行录全编》，复旦大学出版社在2011年也出版了《韩国汉文燕行文献选编》，采用的方式都是影印。我在南京大学域外汉籍研究所主持了一项"高丽朝鲜时代中国行纪资料汇编"，选择了重要的资料约100种，标点整理，并附以解题、索引等，希望有便于读者的参考。

朝鲜时代的中国行纪是一个庞大的资料群，即便以目前已经公开印行的资料看，也是相当丰富，但研究的基础还较为薄弱。林基中教授以一己之力编纂《燕行录全集》，但其中存在的文献错误也较为严重，已经有一些学者提出了批评，只要大家重视，这方面的问题也会日益减少。目前对此类文献的研究，大致有两种方式：一是就某种行纪的单独研究，二是以问题为中心，结合若干种行纪的研究，都取得了一些可喜的成果，这里就不一一列举了。我想着重就存在问题提出一些看法。要研究行纪，应该对此类文献的特征有所了解和把握。首先，因为使行团的行走路线相对固定，行纪作者在出发前和途中往往会参考前人所写的同类纪录,因此存在着较多的雷同,后出者抄录、节选或改窜前人著作的情况时时可见,他们有时注明,有时匿而不宣。如果偶而取一种或若干种行纪资料来进行研究,往往就难以发现这一问题,于是在文献的使用上,或张冠李戴,或前后倒置,最终影响了结论的可靠。其次,行纪是一种观察记录,但任何一种观察都会受到"先入之见"的影响,于是在记录的时候,难免夸张或贬低,造成"失实"。第三,如果记录的对象是"人"而不是"物",那所谓的"真相"就更加扑朔迷离。如果用福柯《知识考古学》的理论来看,一种文献叙述中总是隐藏着某种秘密,它在记录什么,回避什么,它是如何叙述的,又为何如此叙述,如果仅仅根据呈现在外的文字记录,不加质疑地信以为真,那就未免太过幼稚了。克服上述困境的方法,就是首先要系统地把握资料,对此类文献下一番"考镜源流"的工夫;其次,就是作综合研究,比较不同文献对相同场所、事件、人物的记载和评价,分析其话语体系,深究其所以然。这就是将文献置于特定的时间和空间中加以"脉络化"(contextualization)。总之,要同时对"文本的历史性"(historicity of texts)和"历史的文本性"(textuality of history)作双向关注。

张　勇: 您在《东亚汉文学研究的方法与实践》中提到了在东亚行纪研究中参考西洋人观察记录的重要性。但是,面对数量庞大的西方传教士与外交使节记录,应该如何将其整合到域外汉籍研究中呢?

张伯伟: 这个问题与上一个问题有联系。我曾经提到二十多年前的一个研究设想,那就是"东西方视野里的中国",选择同一时代、同一地点对同一事物的不同观察,考察不同的观察者与被观察者之间的复杂关系。再引申一下,也可以将中国人走向西方世界的记录包含其中。其实,西洋人航海东来,笔录其闻见以成书,自马可·波罗而后,数量也同样汗牛充栋。这些材料,自民国初期就有留意翻译者,如刘半农,他在1916年就说过,此类书之多,达千五百馀种,他寓目者也有六十多种。近二十年来,这类文献的翻译出版较成规模,人们的重视程度也与日俱增。但其中存在的问题,与朝鲜的中国行纪文献也有类似者。刘半农曾批评道:"纰缪驳杂,肆为妄谈者居十一二;而摭拾浮言,结构一本臆测者居五六。要皆西人所谓一点钟之书,书朝出而夕可求诸拍卖之肆者也。"至于晚清膺命出使西洋的中国官员,写出的西洋行纪,也有两种大型的"走向世界"丛书,钟叔河还以此为对象写出研究著作。同样需要注意的问题,在钱锺书的序言中曾有所提示:"一些出洋游历者强充内行或吹捧自我,所写的旅行记——像大名流康有为的《十一国游记》或小文人王芝的《海客日谭》——往往无稽失实,行使了英国老话所谓旅行者享有的凭空编造的特权(the traveller's leave to lie)。'远来和尚会念经',远游归来者会撒谎,原是常事,也不值得大惊小怪。"而刘半农的评价就更低:"剿袭陈说者有之,但记宴游琐事者有之;己不能作,而令书胥为之者有之;甚至某使懵懂不解事,出洋考政,惧无以复命,阴属留学生数辈,为撰游记,而以千金易其稿。"所以,我们在重视这一类文献的重新挖掘的同时,对此类文献在"真实性"上的警惕,一点都不能弱于朝鲜时代的中国行纪,由于文化隔膜,甚至要更加警惕。虽说如此,能够在更广泛的范围中采撷资料,互相比较,总是胜于偏听偏信。至于如何对各类文献作相互比较,只能具体问题具体对待了。

二、 域外汉籍研究的理论立场

张　勇： 您在《东亚汉文学研究的方法与实践》中多次提到了"作为方法的汉文化圈"及域外汉籍研究的内涵。但是在韩国学界，有一部分学者对于域外汉籍的研究总是不免抱有一种"疑虑"。就是在东亚汉文学的框架下研究域外汉籍，中国的汉文学将成为绝对的中心，韩国汉文学的个性会被淡化甚至边缘化。您是如何看待这种"疑虑"的呢？

张伯伟： 就域外汉籍的研究而言，我曾经提出"作为方法的汉文化圈"，试图在方法论上有所推进。"汉文化圈"在不同的人可以有不同的表述，比如"东亚世界""东亚文明""汉字文化圈"等等，其基本载体就是汉字。以汉字为基础，从汉代开始逐步形成的汉文化圈，直到 19 世纪中叶，积累了大量的汉籍文献，表现出大致相似的精神内核，也从根柢上形成了持久的聚合力。从表面构成来说，东亚各国似乎是一个松散的存在，但实际上是有一条强韧的精神纽带在根源处将他们联系在一起。如果说，研究方法是研究对象的"对应物"，那么，"作为方法的汉文化圈"的提出，与其研究对象是契合无间的。

所有的方法背后都有一个理论立场。"作为方法的汉文化圈"的理论立场是：首先，将域外汉籍当做一个整体，不再以国别或地区为单位来思考问题；其次，从东亚内部出发，考察其同中之异和异中之同；第三，特别注重东亚内部和外部的相互建构，而不再是单一的"中华中心""西方中心"或"本民族中心"。这样的理论立场，所针对的是以往的研究惯性，其表现有四：

首先是在中国的一个根深蒂固的观念，就是把周边国家的文化仅仅看成是中国文化的延伸。日本著名汉学家神田喜一郎有一部《日本填词史话》,但其书正标题却是《在日本的中国文学》,他在序言中还明确自陈,此书所论述者是"在日本的中国文学,易言之,即作为中国文学一条支流的日本汉文学"。可见这一观念还影响到一些汉学家。所以,在这一领域中最热门的话题也往往是"影响研究"。

"影响研究"是19世纪比较文学法国学派所强调的方法,虽然在理论阐释上会强调"两种或多种文学之间在题材、书籍或感情方面的彼此渗透"(基亚《比较文学》语),但在研究实践中,注重的仅仅是接受者如何在自觉或非自觉的状况下,将自身的精神产品认同于、归属于发送者(或曰先驱者)的系统之中。由于19世纪法国文学的伟大成就和在欧洲的垄断性地位,这一比较文学研究的结果也就单方面强化了其自身的辉煌。

19世纪中叶以来,西方列强对东亚造成了极大的侵略和压迫,此后西方汉学家或东方学家大致搬用了英国历史学家汤因比(Arnold J. Toynbee)在其《历史研究》中所归纳的"挑战—回应"模式,用于他们的东方研究之中。在这里,"挑战"的一方是主动的、主导的,"回应"的一方是被迫的、无奈的。有能力应对西方文明的挑战,这一文明就有继续生存的机会(当然也要将光荣奉献给挑战者);反之,若无力应战或应战乏力,这一文明的宿命就是走向灭亡,这一地区的出路就是"归化"西洋。

以上的三种研究趋向,从本质上来说,都隐含了一种文化帝国主义的理论立场(尽管有时候是无意识的)。"大中华"观念是"中华中心","影响研究"是"法兰西中心","挑战—回应"模式则是"欧洲中心"。更需要指出的是,东亚知识分子在这一过程中,也自觉不自觉地"自我东方化",他们在研究近代东亚的历史文化时,往往采用了同样的方法和眼光。用“挑战—回应”的模式从事研究的弊端，主要在于这是以发送方或曰挑战方为中心的。在19世纪中叶以前的东亚，这样的研究强化了“中华主义”；在19世纪中叶以后的世界，这样的研究强化了“欧洲中心”。它们都是以较为强势的文化轻视、无视甚至蔑视弱势文化，后者或成为前者的附庸，而前者总能显示其权威的地位。

于是就有了第四种趋向，从本质上说是属于民族主义的。在文学研究中，就是强调所谓的“内在发展论”。从20世纪70年代以来的韩国文学史著作，大多都在强调本国文学自身的独立发展，而完全割裂了与外在的，特别是与中国文学的关系。正如韩国学者崔元植教授的叹息：“近来越发切实地感受到我们社会对中国、日本的无知，其程度令人惊讶。”(《“民族文学论”的反省与展望》)白乐晴教授也有类似的认知，他认为韩国文学研究界存在着“把真正的亚洲文学，尤其是与我们最近的东亚文学搁置一边，总是关注远处的文学”的问题。因此，他倡导“立足于第三世界自我认识的基础上进行研究本国文学、中国文学以及日本文学”，以改变东亚文学“只在西方文学的边缘彷徨”(《看第三世界文学的眼睛》)的现状。

正是基于以上的思考，我提出“作为方法的汉文化圈”，并将这一理念付诸实践。它期待一方面破除文化帝国主义的权势，一方面又能打开民族主义的封闭圈。

张　勇：您提出的书籍“环流”与“东西流传”给我留下了深刻的印象，应该说日本与朝鲜是东亚汉籍“环流”中的重要支点。那么在这个“环流”过程中，这两个国家的文字(假名与谚文)是否也发挥了作用？应该如何在域外汉籍研究的框架中评价这种作用呢？

张伯伟：除了汉籍，域外人士当然也用本国文字撰写各类文献。这些用本国文字撰写的文献，不属于汉籍，但在研究域外汉籍的时候，必然会有参照之用。在书籍的“环流”过程中，这些以本国文字撰写的著作，无疑也参与其中，并发挥了重要的作用。域外汉籍是我们的研究对象，而用假名或谚文撰写的文献，是研究时可资利用的材料。前者是研究对象，后者是辅助材料。

我们不妨举例说明。大家都熟悉《文镜秘府论》，其中的西卷专论“文病”，至有二十八种之多，但主要还是从永明体的“八病”繁衍而来。其序文中也说：“沈侯、刘善之后，王、皎、崔、元之前，盛谈四声，争吐病犯。”这些书，一般也都认为是空海入唐携归者。但如果我们注意到在他之前的藤原滨成于宝龟三年(772)奉敕撰写的《歌经标式》(以汉字和假名夹杂而成)，就可以知道在空海之前，中国有关论述声病的文献已传入日本。例如其“和歌七病”中的“头尾，第一句终字与第二句终字同也”，“胸尾，第一句终字与第二句三六等字同字也”，“腰尾，他句终字与本韵同字也”，就是仿照了永明“八病”中的“平头、上尾、蜂腰、鹤膝”而来，且定义也有类似者。虽然列出的和歌是“七病”，但由于是模仿了“八病”而来，所以在行文中有时竟也出现了“八病”：“况一篇之内，遂乏繁艳之词；五句之中，重犯八种之病者乎？”其句式也是仿照了沈约“一简之内，音韵尽殊；两句之中，轻重悉异”。但在“环流”过程中，文献的立意和重点也会发生变异。比如其中所说的“动天地，感鬼神，莫近于和歌”，这显然改造自《毛诗序》的“正得失，动天地，感鬼神，莫近于诗”，去掉了有政教意味的“正得失”；“咏之者无罪，闻之者足以知音”，也将《毛诗序》中“言之者无罪，闻之者足以戒”的道德讽咏转换为艺术鉴赏。而书名中的“式”，也来自于唐人诗格、诗式的名目，体现的是一种“规范”意识。

所以,如果把《歌经标式》与《文镜秘府论》相结合,考察齐梁至初盛唐诗歌批评文献在日本的“环流”,就可以发现更多有意味的现象,由此作进一步研究。

三、 域外汉籍研究的方法

张　勇:继2011出版《作为方法的汉文化圈》之后,您在2017年又出版了《东亚汉文学研究的方法与实践》一书,从您的博士论文《中国古代文学批评方法研究》开始,您就一直关注古代文学研究的方法论,现在又将问题意识扩大到整个东亚汉文化圈。但有的学者认为,古代文学研究不必强调方法论,有用的就是好方法。不知您为何在研究中特别强调方法问题?方法论对21世纪的古代文学研究有什么关键意义?

张伯伟:这个问题问得好。在域外汉籍研究领域中,最先引人注目的往往是新材料,然后能从新材料中发现新问题,而最终贵在通过新材料的使用和新问题的探索,提炼出新的理论和方法。但是长期以来的学术积弊,使得中国学术界对于材料的兴趣较为浓厚,而对于问题尤其是理论和方法的意识则较为淡漠。我曾经把域外汉籍研究分为三个阶段,即作为新材料的域外汉籍、作为新问题的域外汉籍以及作为新方法的域外汉籍。目前从总体上来看,多数处于一、二之间,少数论著在二、三之间,这也就是上面说的“不同层次的差异”。由于将重心放在材料上,重视者会因为其“新”或“稀见”而自喜,轻视者会因为其“碎”或“边缘”而藐视。好多年前有一位前辈学者曾经问我:“你还能再找到一本《文镜秘府论》吗?”大家知道,《文镜秘府论》是日本平安时代的空海大师撰写,他曾经在贞元二十年(804)

到元和元年(806)在唐留学三年,回国后,应学习汉诗的后辈之请,遂以他在唐代收罗的诗学文献为基础编纂成书。关于此书在这一方面的价值,日本江户时代的市河宽斋曾经这样说:“唐人诗论,久无专书,其数见于载籍,亦仅仅如晨星。独我大同中释空海游学于唐,获崔融《新唐诗格》、王昌龄《诗格》、元兢《髓脑》、皎然《诗议》等书而归,后著作《文镜秘府论》六卷。唐人卮言,尽在其中。”(《半江暇笔》卷一“秘府论”条)正因为其中载录的材料很多已经在中国亡佚,所以有特殊的文献价值。由此可见,在这位前辈的心目中,域外汉籍的价值主要属于“新材料”。如果没有这种特殊的文献价值,仅仅就著作本身来看,多数达不到中国古代较为优秀的水平,所以研究这些材料,也就没有多大意义。我觉得,这恐怕也是直到今天有不少人仍然秉持的立场。但在我看来,这个立场是有问题的。八十多年前,陈寅恪曾经说过一段话,颇为大家熟稔:“一时代之学术。必有其新材料与新问题。取用此材料,以研求问题,则为此时代学术之新潮流。”但学术界(包括不少热心域外汉籍收集、整理、研究的学者)的注意力,往往集中在“新材料”,而忽略了“新问题”,这就往往造成用新材料盖旧房子的令人惋惜的现象。说得决断一些的话,如果缺乏“新问题”,即便有无穷的“新材料”,也形成不了“时代学术之新潮流”。甚至不妨说,如果没有“新问题”,实际上就是糟蹋了“新材料”。梅曾亮在《答朱丹木书》中说:“文章之事莫大于因时。……使为文于唐贞元、元和时,读者不知为贞元、元和人,不可也;为文于宋嘉祐、元祐时,读者不知为嘉祐、元祐人,不可也。”文学创作如此,学术研究也是如此。试问一下:假如今天的杜诗研究,在问题的提出、资料的采撷、切入的角度以及最终的结论,与二十年前、五十年前差别不大的话,这种研究的价值如何就很有疑问了。由于域外汉籍是以往学者较少注意者，因此，其中就蕴含了大量值得提炼、挖掘的新问题。由于我们处理的新问题，往往也是过去的理论和方法难以圆满解决的，由此也就势必导向下一个阶段——“新方法”。所以，域外汉籍研究若想获得长足的进步，必然要从“新材料”的阶段向“新问题”“新方法”转变。

如你所说，在我的学术研究生涯中，的确比较重视研究方法。大致来说，从20岁到40岁，主要围绕“中国古代文学批评方法”的研究，40岁以后，集中探索东亚汉文学研究的理论和方法，这分别可以由《中国古代文学批评方法研究》(中华书局2002年版)和《东亚汉文学研究的方法与实践》(中华书局2017年版)为代表。前者重在对既有的文学批评方法作总结，后者重在探索新的研究方法。重视研究方法，当然与我的师承有关。先师程千帆先生在2000年去世，如果要拈出一个最重要的特点，使他区别于、高出于同时代的古代文学研究者，那就是在他的研究工作中，贯彻了强烈而持久的方法论意识。从他早年提出的将“考证和批评”相结合，到晚年提出的“两点论”——文艺学和文献学的精密结合，这种努力是一以贯之的。他说的“两点论”，至少在南京大学“两古”专业的师生都是耳熟能详的。由于缺乏阐释，有点流为一句“口头禅”的危险，所以我最近写了一篇文章，对此作了较为详细的说明，希望把他的这一观念作进一步弘扬，并期待学术界更多地付诸实践。而千帆先生对于方法的重视，又是受到陈寅恪先生的深刻影响。在中国现代学术史上，寅恪先生非常重视学术研究方法，这当然不算其特性，因为同时代的新派人物，如胡适、傅斯年等，也都十分强调用“科学方法”或曰“不陈的工具”(实际上就是西洋人做学问的方法)来整理国故。而当时的旧派人物，不妨以“东南学风”的核心人物柳诒徵为代表。在世人的心目中，他是不注重研究方法的代表，其实也不尽然。前几年新印的李孝迁编《史学研究法未刊讲义四种》，其中就有柳诒徵的《史学研究法》（约 1919 年），该讲义的整体框架就取法于日本坪井九马三的《史学研究法》（早稻田大学出版部 1903 年版），而透过日本摄取方法论知识的途径以达到学习西洋的目的，在民国时代也带有共性。寅恪先生对此一是非常不满，二是与他们不同，他在《北大学院己巳级史学系毕业生赠言》中写道："群趋东邻受国史，神州士夫羞欲死。田巴鲁仲两无成，要待诸君洗斯耻。"第三句"田巴鲁仲两无成"，指的就是当时史学的新旧两派——"旧人有学无术，新人有术无学"。其实胡适也曾对日本学者今关寿麿说过："南方史学勤苦而太信古，北方史学能疑古而学问太简陋。将来中国的新史学须有北方的疑古精神和南方的勤学工夫。"陈寅恪先生就是这样做的。在研究方法上，他采取的路径不是"忠实输入北美或东欧之思想"，而是自创一路，将中国传统与西洋学术相嫁接。用他自己的话来说，就是"固不同于乾嘉考据之旧规，亦更非太史公冲虚真人之新说"，后者从广义上来理解，实际上就是西洋学说。可以是否定性的表述，也可以换个说法，"既吸收中国乾嘉学派的考据方法，又结合 19 世纪德国历史学派的语言文字考据方法"。可惜的是，寅恪先生这些意见的继承者和发扬者较少，使他在 1945 年有"论学论治，迥异时流，而迫于事势，噤不得发"的自叹，而垂暮之龄嘱其多年助手黄萱在其身后"写篇谈谈我是如何做科学研究的文章"，同样是"迫于事势"，得到的回答是："陈先生，真对不起，您的东西我实在没学到手。"而他的回答更令人伤痛："没有学到，那就好了，免得中我的毒。"阮元曾说："学术盛衰，当于百年前后论升降焉。"以百年升降衡论东亚学术。我觉得，今日学界遇到的最大问题，就是如何反省西方学术（尤其是汉学）对于东亚的影响和改造，它集中在方法的问题上。我曾经举出三位汉学家的意见，史学研究方面的保罗·柯文(Paul A. Cohen)，文学方面的宇文所安(Stephen Owen)，以及思想史方面的包弼德(Peter K. Bol)，尽管他们的态度不同，有的平和，有的坦率，有的刻薄，但共同的一点是，都认为百年来的中国学术，除了文献整理之外，使用的分析框架、理论基础、问题意识等等，都是外来的。而还有不少研究者根本缺乏理论意识，产出的论文往往只是知识的罗列。如果以禅宗"应病施药"法治之，今日从事学术研究，就应该具备理论和方法的自觉。不然，就无法在国际平台上与我们的同行作较为深入的交流，也无法尽到中国学者对世界学术的责任和义务。所谓"有用的就是好方法"，或者说"适用的就是好方法"，虽然有一定的道理，但如果将这些话作为放弃自身努力探索研究方法的托词，或冠冕堂皇的遁词，那就愧对了我们的时代。

张　勇：您在您的新书《东亚汉文学研究的方法与实践》中多次从东亚汉文学研究的角度论述了西方学界的理论与研究成果，这是否意味着随着东亚汉文学研究方法的不断成熟，中国学界也能够提供一种新的方法论，而这种方法论又能与西方学界的研究方法能够形成良性的互动。

张伯伟：随着中国经济的崛起，中国越来越多地吸引了世界的目光。美国学者也纷纷著书撰文，比如美国地球政策研究所所长莱斯特·布朗(Lester R. Brown)写了一份报告《向中国学习：为什么西方的经济模式对整个世界不灵》；美国外交政策和国家安全顾问斯蒂芬·哈儿珀(Stefan Halper)则著有《北京共识：中国权威模式将如何主导二十一世纪》。这些因素在学术研究上也悄悄地反映出来，原来以世界为范围的论题,中国及东亚基本上是缺席的,欧洲和美国就代表了世界、代表了人类,但从21世纪开始,我们看到西方的很多研究著作都打破了“欧洲中心主义”的牢笼,试图在与中国历史的对话中展现世界的历史。英国学者彼得·沃森(Peter Watson)2005年出版了《思想史:从火到弗洛伊德》,他在2016年写的中文版序言中说:“这本书不仅仅是一部西方胜利高歌的历史。相反,该书虽然花了很多篇幅讲述欧洲的崛起及其重要地位,但是它同样探讨了中东、印度、朝鲜半岛、日本,尤其是中国的思想在历史上关键时期所起的作用。”这样的眼光和立场,与他在序言中写到的“这个国家近来发生的许多变化(社会的、经济的、技术的、教育的)意味着新的思想正在各处涌现”,以及“现代中国正在学术上快速发展”,“正在创立新传统”,“亚洲开始在思想领域重新获得其应有的地位”等等,我想是有着内在的、必然的联系的。再比如荷兰学者任博德(Rens Bod)在2010年出版了《人文学的历史——被遗忘的科学》,这是世界上第一部描述人文学成长历史的著作,几乎在每一个分支上,他都以中国作为不可或缺的描述和比较对象。其实,就经济而言,正如德国学者安德烈·贡德·弗兰克(Andre Gunder Frank)在其《白银资本:重视经济全球化中的东方》一书中所揭示的,直到19世纪之前,“‘中央之国’实际上是世界经济的某种中心”,“把中国称作‘中央之国’是十分准确的”。在作者(他并非汉学家,而是全球史研究的开拓者之一)看来,以往的汉学家们,更不用说欧洲/西方中心论者,他们往往不假思索地认为,至少从1500年以来(有人甚至认为自1000年或更早的时候开始),西方就是世界经济的中心。从学术发展的历史来看,姑且以历史研究为例,如果按齐思和(他是中国学术界少有的可以同时讲授中国史和西洋史的教授)在20世纪中叶写的《近百年来中国史学的发展》中的说法:“西洋史学赶上并且超过了我们,不过是近百年来的事。在一百多年前,西洋史学,无论在质或量方面,皆远不及中国。”那么,尽管在今天我们还需要不断向其他的文化学习,但在精神上应该彻底摆脱“以西学为神圣”的桎梏,充满信心地为恢复两百年前中国在世界上的地位而努力。这样一个基本观念,在今天应该深入人心。

以上所说的话好像有点离题,其实,我揭示这样一个时代背景,是想提醒大家,处在这样一个时代,中国学术应该在理论和方法上对世界有所贡献。尽管前路还很漫长,但现在已经到了踏上这条道路重新出发的时候了。我还是想重复一下已经说过的话:在今天的人文学理论和方法的探求中,套用西方理论固不可为,无视西方理论更不可为。我们的观念和方法应该自立于而不自外于、独立于而不孤立于西方的学术研究。在研究方法的探索中,要达到成熟的阶段还需假以时日,可是已有的探索经验告诉我们,最终能达到这一阶段是必然的。我们不妨乐观地借用毛泽东在《星星之火,可以燎原》结尾的几句话来形容:“它是站在海岸遥望海中已经看得见桅杆尖头了的一只航船,它是立于高山之巅远看东方已见光芒四射喷薄欲出的一轮朝日,它是躁动于母腹中的快要成熟了的一个婴儿。”

四、 域外汉籍研究的未来展望

张 勇:您在2016年在南京大学召开了“东亚汉籍研究的学术意义”国际工作坊,2017年又与美国莱斯大学合办的“重思汉文化圈:汉字书写在东亚文化中的运用之批评性考察”,同年又举办了第二届“南京大学域外汉籍研究国际学术研讨会”,邀请到美国、加拿大、日本、韩国、越南、新加坡等国的学者入会。从这些会议可以看出，域外汉籍研究已经不再限于东亚地方，欧美等国也有越来越多的学者加入。您觉得，未来的域外汉籍研究将是一种什么样的图景？其未来在欧美学界会占据什么的地位？还有，您有没有将域外汉籍研究“学科化”的想法，也就是将其上升为二级学科或一级学科？

张伯伟：东亚在文化上是否堪称一个整体，能否将汉文化圈当做一个整体来研究，这些在学理上可能还会继续争论下去，但却不妨碍学者的研究。就文化来源说，欧洲文明的组成元素不是单一的，有古希腊、罗马文化，有基督教，有日耳曼蛮族的战士文化，所以是一个混合体。现代民族国家也是从19世纪才开始逐步形成的。所以从一个方面来说，“西方是一连串无尽的对立——无论在宗教、政治、艺术、道德还是礼仪方面”（雅克·巴尔赞《从黎明到衰落：西方文化生活五百年，1500年至今》语），可是从另外的角度看，它又是一个整体，“在政治上虽然四分五裂，但仍然是一个完整的文明，中世纪以降就一直被称为基督教文明”（约翰·赫斯特《极简欧洲史》语），这也称得上是某种共识。所以，历来以整个欧洲为叙述单元的著作层出不穷，谈到文艺复兴，不仅有意大利的，也有德国的、法国的、荷兰的，其间也有各种差别。可是将东亚作为一个完整的单元来叙述，这样的著作并不多见。一百多年前日本学者开始用“东亚”或“东洋”的概念，目的不是学术上的，而是要取代中国，少量的著作以东亚为叙述单元，也是要突出大和民族的优秀，为军国主义称霸亚洲张目。“二战”以后，亚洲各国开始摆脱西方的殖民统治，纷纷谋求民族独立，所以汉字在东亚一度被减少压缩甚至去除，以至于到了今天，东亚是否存在共有的文化，也就出现了不同意见。一是将东亚世界看作一个整体，比如西嶋定生在《东亚世界的形成》中，就揭示了汉字文化、儒教、律令制和佛教这四项内容，作为统一的东亚世界的表征。美国学者狄百瑞(William Theodore de Bary)《东亚文明》一书也是将东亚作为一个整体，将中国、日本和朝鲜半岛看成“代表着东亚所共享的文明，同时又允许通过这种共享传统的重叠而坚持其本土的文化”。而根据罗兹·墨菲(Rhoads Murphey)的意见，这一共同体还延续到今天(《东亚史》第4版)。另外一种看法则认为，东亚是一个多极的区域，并不存在一个共有的认同，比如葛兆光说“十七世纪以后无中国”，“如果说这个‘东亚’真的存在过认同，也恐怕只是17世纪中叶以前的事情”(《宅兹中国:重建有关“中国”的历史论述》)。更有人将这种分崩离析的状态上推到唐代，如王贞平《多极亚洲中的唐代中国:外交与战争的历史》，即如其书名所揭示，唐代的东亚世界便已经是一个“多极的”世界了。以上意见如果要从历史上去寻找依据的话，都不难找出书面或口头上的事实以及连篇累牍的文献，然而将“事实”和“文献”用不同的方式排列，就可能引导出完全不同甚至是相互对立的结论。历史现象本来就是可以“自其同者而观之”或“自其异者而观之”的。谈整体并不排除多样，论差异也不能忽略统一。将历史上的东亚凝聚在一起的力量，不是政治、经济或军事，而是汉文化。以汉文化作为最高文明来追求，就是他们的共同目的，由此而确定了其核心价值并形成了统一性，直到19世纪后期。以东亚作为一个叙述单元，在欧美学术界，也越来越受到重视。除了上文提及的书以外，法国学者汪德迈(Léon Vandermeersch)有《新汉文化圈》，康灿雄(David C. Kang)有《西方之前的东亚》等等，在梅维恒(Victor H. Mair)主编的《哥伦比亚中国文学史》中，也特别在卷末安排了三章，分别讨论朝鲜半岛、日本和越南对中国文学的接受。一些欧美的有识之士也指出，在西方有东亚系而无东亚学，所以，在其内部也产生了一种需求，就是将东亚的汉文学（广义的）当做一个整体来研究。这种需求，完全是来自于学术本身的要求。而我认为，东亚的学者有责任对这一需求有所呼应和推动。

有鉴于此，我在2016年举办了“东亚汉籍研究的学术意义”国际工作坊，在2017年与美国莱斯大学（Rice University）合办了“重思汉文化圈：汉字书写在东亚文化中的运用之批评性考察”，还举办了第二届“南京大学域外汉籍研究国际学术研讨会”。与以往的会议最大的差别，就是欧美学者的参与，尤其是与美国莱斯大学合办的会议，有来自北美、欧洲和亚洲十一个国家和地区的学者参加。

除了学术会议，另一个推动就是英文出版。目前已经列入计划的是两部书：一是 *Reconsidering the Sinosphere: Cultural Transmissions and Transformations*；二是 *Rethinking the Sinosphere: Ideology, Aesthetics and Identity Formation*。两书都将由美国CAMBRIA出版社出版。另外，我还计划与欧美学者合作一部“东亚汉籍研究指南”性质的书。如果这些计划能够一一实施，对于欧美的东亚汉文化研究，一定能够有所推动。至于在欧美学术体系中，这项研究能占什么地位，这不是我需要考虑的问题。

一门学科能否成立，需要若干前提条件，至少包括：1. 研究的材料相当丰富；2. 可以提炼出新问题和独特的方法；3. 有一批专门从事这一领域的研究者。从这个意义上说，域外汉籍是有可能成为一个新学科的。孔子说“人能弘道，非道弘人”，我是确信的。至于这一结果什么时候能够达成，我还是欣赏曾国藩的理念：“但问耕耘，不问收获。”

张　勇：南京大学域外研究所主编的学术期刊《域外汉籍研究

集刊》已经出版了15辑，在国际学界已经有良好的口碑。请问《集刊》目前的来稿情况如何？《集刊》倾向于发表年青学者的稿件吗？不知将来的《集刊》用稿方向有没有什么变化？将来会不会在集刊中设立专题或笔谈？

张伯伟：《集刊》创办于2005年，转眼就是十三年，从2015年开始，由年刊改为半年刊，但每辑的篇幅没有减少，从这里就可以知道，我们的稿源是较为充分的。起初的时候以约稿为主，现在基本上都是自然来稿，这也反映了域外汉籍研究事业的发展。域外汉籍研究所成立伊始，我们就筹划编辑“两书一刊”，编纂刊物的目的，一是为了建设一个可供中外学者公开讨论、交流的学术平台，二是为了倡导一个新的学术方向，三是为了鼓励和培养年轻学人。就选稿本身来说，只有一个标准，就是学术质量。但对于年轻学人，我们会多予鼓励，甚至帮助他们将不够成熟的稿子改的较为成熟。事实上，《集刊》的作者多数是年轻学人。在“发刊词”中，我们强调了刊物“重视以文献学为基础的研究”特色，这一特色还将继续保持，同时，我们也会鼓励学者在研究方法上多作探索，即便有点生涩，也还是一种有益的尝试。《集刊》的栏目，从开始到现在变化不大，如何在现有的高度更上层楼，我们也愿意听取各方面的意见。专题、笔谈以及书评等栏目的拓展，都是有可能的。总之，《集刊》能有今天的成绩，得到了中外学者的大力支持，我们只能以更努力的工作来回报大家。

（原载《安徽师范大学学报》2018年第4期）

附录七　东亚文明研究的模式及反思*

以汉字为基础，从汉代开始逐步形成的汉文化圈，直到19世纪中叶，积累了大量的汉籍文献，表现出大致相似的精神内核，也从根柢上形成了持久的聚合力。以汉字为媒介和工具，在东亚长期存在着一个知识和文化的"文本共同体"或曰"东亚文明"。尽管从表面构成来说，它似乎是一个松散的存在，但实际上是有一条强韧的精神纽带将他们联系在一起。值得重视的是，这样一个共同体或文化圈中的声音并不单一，它是"多声部的"甚至是"众声喧哗的"。

关于东亚是否存在一个直到19世纪末的文明共同体，学术界是有不同意见的。一种看法是将东亚世界视为整体，如日本学者西嶋定生（Nishijima Sadao）就揭示了汉字文化、儒教、律令制和佛教这四项内容，作为统一的东亚文明的表征，并指出"共通性并非抹杀民族特质，相反是民族性的特质以中国文明为媒体从而具备了共通性"。法国学者汪德迈（Léon Vandermeersch）也指出："所谓汉文化圈，实际就是汉字的区域。汉文化圈的同一即'汉字'（符号 signes）的同一。"在美国学者狄百瑞（William Theodore de Bary）看来，中国、日本和朝鲜半岛"代表着东亚所共享的文明，同时又允许通过这种共享传统的

* 本文根据作者在南京大学主办的"南京论坛 2018：理解与对话——构建亚太命运共同体"分论坛四"东亚文明与文化创新"上的总结发言改写而成。

重迭而坚持其本土的文化”。而在罗兹·墨菲(Rhoads Murphey)看来,这一“共享传统”还延续到了今天,“东亚各部分虽然存在物质和文化的差异性,但显然是一个整体,共性多于个性,是当今世界最大的文化共同体和经济共同体”。另外一种看法则认为,东亚从历史上的某个时候开始已是一个多极的区域,并不存在共有的认同,比如葛兆光说“17世纪中叶以后,在文化上已经不是一个‘中华’。……东方(其实是东亚)内部原有的同一性基础已经瓦解,而彼此之间的文化认同更已经全盘崩溃”。更有人将这种分崩离析的描述上推到唐代,如王贞平《多极亚洲中的唐代中国:外交与战争的历史》(*Tang China in Multi-Polar Asia: A History of Diplomacy and War*, 2013),就像其书名所揭示,在作者的心目中,唐代的东亚世界便已经是一个“多极的”世界了。从差异的角度去观察,这种历史现象并不只限于东亚,以西方来说,既可以像雅克·巴尔赞(Jacques Barzun)说“西方是一连串无尽的对立——无论在宗教、政治、艺术、道德还是礼仪方面”,可是从另外的角度看,也可以像约翰·赫斯特(John Hirst)那样,把欧洲看成“是一个完整的文明,中世纪以降就一直被称为基督教文明”,后者也称得上是某种共识。

其实,任何一个文化圈的内部,都存在着向心力和离心力,都是多样性与统一性的并存体。而不同文化以及不同文化圈之间的接触,也始终有接纳与排斥相伴随。自其异者而观之,在空间上有地域、阶层、性别、教养的区别,在时间上又有阶段性的区别。18世纪前期的朝鲜人赵龟命曾说:“我东之称小中华,旧矣。人徒知其与中华相类也,而不知其相类之中又有不相类者存。”而“相类”与“不相类”之间的“冲突或摩擦”就是一种“张力”(tension)。那么,判断一个文明圈是否成立,应以什么作为最后依据呢?我觉得,巴尔赞的看法值得参考,他认为尽管西方文化的内容"有东拼西凑和互相冲突的地方,却有它特有的目的——这就是它的统一性所在"。因此,"什么是一个新的年代的标志呢?那就是某个目的具体表现的出现或消失"。在欧洲,将1500年作为近代的开始是约定俗成的,当时整个文化发生了改变,首先表现出来的,就是拉丁文开始衰落,各地方言的地位开始上升,"打消了西方人同宗共祖的一体感"。将历史上的东亚凝聚在一起的力量,不是政治、经济或军事,而是文化。以汉文化作为最高文明来追求,就是他们的共同目的,由此而确定了其核心价值并形成了统一性,直到19世纪后期。日本的"脱亚入欧",以"东洋之英国自负",越南的汉字、喃文拉丁化,国际间外交文本中汉语地位下降、英语地位上升,东亚文明世界至少在表面上日益崩溃,但文化的根还在。只要汉字仍然作为共同尊重和使用的媒介,东亚汉文化圈就依然是有生命力的。17世纪以下的朝鲜半岛和日本,或以"夷狄"视满清,或以"中国"自任,否定的不是汉文化,而是汉文化天然的承担者——大清帝国。

参加我们分论坛"东亚文明与文化创新"的学者主要从事文学研究,文学研究工作者的重要任务之一就是"解释"。讲到解释,正如尤尔(P. D. Juhl)在《解释》(*Interpretation*, 1980)中所说:"如果文学作品以完全不同的方式被理解的话,我们的文化传统就会成为或变得与其本来面目大不相同。文学作品的解释在形成文化传统方面就是如此的重要。"这样一来,问题的焦点就集中到站在什么样的理论立场、用什么方法来研究东亚文明。对这么一个重大问题,我们目前并无力回答,但也许可以反过来考虑,以往的东亚文明研究有哪些模式?这些模式的弊端如何?通过反思,我们能否认清什么样的观念和方法是不应该继续持有或使用的。从我的文学专业出发,个人认为以下四种常见的模式是需要我们加以反思的:

其一,“中国中心观”。在东亚,这首先是中国人的一个根深蒂固的观念,就是把周边的文化仅仅看成是中国文化在四裔的延伸。晚清况周颐《蕙风词话》中曾提及越南词人阮绵审和朝鲜词人朴訚,其结论是:“海邦殊俗,亦擅音阕,足征本朝文教之盛。”在以往的东亚汉文学交流研究中,这样的路径屡见不鲜。日本汉学家神田喜一郎有一部《日本填词史话》(1965),其书正标题却是《日本における中国文学》(即“在日本的中国文学”),他在序言中也明确指出,此书所论述者是“在日本的中国文学,易言之,即作为中国文学一条支流的日本汉文学”。在这样的思维世界中,存在着中心—边缘、主流—支流的对峙。不仅在纯文学领域,在学术史研究上也类似。藤塚邻的名著《清朝文化东传之研究》(1975)即为代表之一,尽管研究的是朝鲜时代的“实学”,但重心是放在清朝嘉、道学风的东移。

其二,“影响研究”。这是19世纪法国比较文学研究提倡的方法,虽然在理论上也会说这是就两种或多种文学之间在题材、书籍或感情方面的彼此渗透展开研究,但落实到具体的研究实践上,其注重的仅仅是“接受者”如何在自觉的或非自觉的状况下,将自身的精神产品认同于、归属于“发送者”或曰“先驱者”的系统中。由于19世纪法国文学的伟大成就和在欧洲的崇高地位,这一比较文学研究方法的成果也就单方面强化了法国文化的辉煌。“中国中心观”遇上法国比较文学的“影响研究”,两者一拍即合,成为东亚比较文学中最常见的主题和方法。东亚或者欧洲文学往往被描述成中国或法国文学史的附庸,好像是其自然的延伸。研究者常常试图缩减汉字圈或法语区作家的独特性和原创性,对他们采用略显高傲的家长作风。

其三,“挑战—回应”模式。这是由英国历史学家汤因比(Arnold J. Toynbee)在《历史研究》中归纳的一个文明发展的模式,西方汉学家或东方学家往往援用这一理论，用于其学术研究之中。在这里，“挑战”的一方是主动的、主导的，“回应”的一方是被动的、无奈的。有能力应对西方文明的挑战，这一文明就有继续生存的机会（当然也要将光荣奉献给挑战者）；反之，若无力应战或应战乏力，这一文明的宿命就是走向灭亡。这一理论体现的是“欧洲中心观”。在这样的背景下，东亚研究的唯一出路，就是援用西方的文学理论。由于东亚学术由传统向现代转型过程中，主要以西洋学术为榜样（至多可以排除文献考证），所以这样的观念可谓深入人心，并且延续至今。日本在1975年前后，为祝贺美国学者 Donald Keene 提出《日本文学史》的写作计划，在座谈会上就有很多日本学者说：“只有美国学者才能写出真正的日本文学史。”即一方面承认在东亚的历史资源中找不到学术研究的理论和方法，另一方面，用西洋的理论和方法处理东亚的文献是理所应当之事。

其四，“内在发展论”。这在本质上属于“民族主义”的理论立场。从20世纪70年代以来的韩国文学史著作，大多秉持这样一种立场，强调本国文学自身的独立发展，割裂了与外在的，特别是与中国文学的关系。近年来，这样一种观念已经开始受到白乐晴、崔元植等学者的质疑。随着中国经济的崛起，民族主义的膨胀也是需要我们警惕的一种不良倾向。

总而言之，由于东亚学术资源中大量新材料的涌现，也蕴含了各种新问题，所以，即便是从纯学术的角度考虑，我们完全可以把东亚汉文学研究当成一个文学理论和方法的实验室，重新思考东亚汉文学的位置和意义。一切文学史都是某种归纳出来的结构，研究者和批评家有义务赋予这些概念、范畴某种关联性，而单纯的民族语言学归类法不足以对它们加以论证。

针对上述研究模式，我曾经提出“作为方法的汉文化圈”，试图在方法论上有所改进或推进。以我目前思考所及，这大致包括以下要点：其一，把汉字文献当作一个整体。即便需要分出类别，也不以国家、民族、地域划分，而是以性质划分。比如汉传佛教文献，就包括了中国、朝鲜半岛、日本以及越南等地佛教文献的整体，而不是以中国佛教、朝鲜佛教、日本佛教、越南佛教为区分。在考察佛教文献的同时，也应注意到它与其他文献之间的关系。无论研究哪一类文献，都需要从整体上着眼。其二，在汉文化圈的内部，无论是文化转移，还是观念旅行，主要依赖“书籍环流”。人们是通过对于书籍的直接或间接的阅读或误读，促使东亚内部的文化形成了统一性中的多样性。因此，注重文献的“东西流传”，而不只是单向的“东传”或“回流”，就显得十分重要。而援入“环流”的概念，透过阅读的环节，考察观念和文化的变迁，就会认同萨义德（Edward W. Said）的看法：“一切文化的历史都是文化借鉴的历史。”其三，以人的内心体验和精神世界为探寻目标，打通中心与边缘，将各地区的汉籍文献放在同等的地位上，寻求其间的内在联系。不只是揭示中国对周边国家、民族的文化传入，而是呈现汉文化圈在内外接触中的“受容”和“变容”，强调不同地区人们的相互影响和相互建构。其四，注重文化意义的阐释，注重不同语境下相同文献的不同意义，注重不同地域、不同阶层、不同性别、不同时段上人们思想方式的统一性和多样性。目的是为了更好地认识汉文化，更好地解释中国与世界的关系，最终更好地推动东亚文明对人类的贡献。诚然，一种方法或理论的提出，需要在实践中不断进行完善、补充和修正，其学术意义也有待继续发现、诠释和阐扬，因此，我期待更多的学者能够加入到探索的行列中来。

今日的东亚世界，既不太平也不安定，在这样的形势下，加强对东亚的认识和理解非常重要。两百多年前的嘉庆六年(1801),朴学家陈鳣感受到“山雨欲来风满楼”,曾对朝鲜的柳得恭说:“天下将大乱矣!”但柳得恭缺乏东亚整体观念,回答说:“吾是外国人,于我何关?”(《燕台再游录》)却没有想到“覆巢之下,安有完卵”。不出几十年,东亚世界就遭遇了亘古未有之剧变。二十年前,美国学者亨廷顿(Samuel P. Huntington)在他的《文明的冲突与世界秩序的重建》(*The Clash of Civilizations and the Remaking of World Order*, 1996)一书中宣称,冷战结束以后,以意识形态的差别所造成的对抗与冲突将逐渐消逝,代之而起的很可能是“文明的冲突”。我非常认同亨廷顿对于文明的重要性的认识和理解,但我不赞同把世界混乱的根源归结于不同文明之间的“冲突”。文明之间对话合作的可能远远大于冲突对抗,今日世界冲突的根源是对于“利益”的无休止的争夺和占有。孟子说“上下交征利而国危”,在今天,就是“各国交征利而天下危”。所以,处于今日世界的读书人,更应该“述往事,思来者”,守先待后。在这样的背景下,加强理解和对话,重新理解和认识东亚文明并阐发其现代意义,那么,一个亚太命运共同体的出现也许会成为可能。就像八百多年前的陆九渊所期待的那样:

> 东海有圣人出焉,此心同也,此理同也;西海有圣人出焉,此心同也,此理同也;南海北海有圣人出焉,此心同也,此理同也;千百世之上有圣人出焉,此心同也,此理同也;千百世之下有圣人出焉,此心同也,此理同也。

(原载《丝路文化研究》第四辑,商务印书馆2019年版)

附录八　江南文脉与东亚文明*

"江南文脉"是中华文明的重要组成部分之一,中华文明以其伟大的创造性、悠久的连续性和强劲的辐射性,成为人类历史上少有的至今依然生命力旺盛的古老文明之一,这是每个中华儿女都引以为豪的。"江南文脉与东亚文明"就是中华文明整体中的一个分支。

直到19世纪末以前,在东亚地区存在着一个以中国为中心的文明世界,中国、朝鲜、日本、越南、琉球诸国,共同构成了东亚汉文化圈[1]。在这样一个文化圈里,彼此之间既有相互交流,也有相互刺激,所以在其内部,不仅有着共同的基本原则,也拥有丰富的、众声喧哗的内涵。汉字是形成东亚汉文化圈最根本的基础,儒学和佛教是其精神支柱,文学就是盛开的精神之花。虽然东亚文明的形成并不由江南文脉决定,但东亚文明由小苗成长为树大根深、枝繁叶茂,则离不开江南文脉的滋养。

讲起"文脉",人们首先联想到的形象往往是从古到今流动不歇的水,而一旦与"文明"相联系,在我脑海里浮出的形象却是光芒四射的火。把江南文脉和水与火联系起来不是我个人的"私见",因为白居易早就用文学语言描写了他心目中的"江南好",不仅有"春来江

---

* 本文是作者于2019年11月28日在"第二届江苏文脉论坛"的主题演讲辞。

〔1〕 参见西嶋定生《東アジア世界の形成と展開》,《西嶋定生東アジア史論集》第三卷《東アジア世界と册封体制》,日本东京岩波书店,2002年版,页66—69。

水绿如蓝”,而且是“日出江花红胜火”。这里描写的,不只是江南的某种表现于外的自然景观,也是一种蕴蓄于内的人文情怀。如果再往前追溯,将文明与“火”联系在一起的就是《周易》。《周易》中代表火的卦是离(☲),在六十四卦中,含有“☲”的卦象很多,其含义都与太阳、光明、电、火有关。就“文明”而言,最经典的表述见于贲卦(下离☲上艮☶),该卦的《彖》辞云:“刚柔交错,天文也;文明以止,人文也。观乎天文,以察时变。观乎人文,以化成天下。”[1]文明社会的根本在于拥有制度和礼仪,通过教育使人懂得在何种场合之下要“止”,这就是“人文”。而不是像野蛮社会或者动物世界,起居动静都凭着单纯的食色之性而为所欲为。“人文”就像太阳、火把、光明、闪电,不是仅仅照亮、温暖一时一地之人,而是要“化成天下”,使得全天下所有的人都能沐浴在文明的阳光下,心中充满温暖和光亮。两千多年前中国的古代先贤已经提出了如此伟大的文化理想,后来许许多多认同这种理想的东亚知识分子,将观念落实到行为,通过不断地践行,造就了独特而伟大的东亚文明的世界。

江南文脉与东亚文明,其内容上下千年,纵横万里,真让人有“一部廿四史,不知从何处说起”[2]的感叹。所以,我想选择一件事、一本书和一个人来谈,这与孔子“我欲载之空言,不如见之于行事之深切著明”[3]的教导也许较为接近。

首先是一件事,我要讲的是发生在朝鲜半岛历史上三国时代新罗朝中后期的“花郎道”。这是当时社会上颇为流行的一个民间修养团体,是人才养成的基地,对国家的兴衰存亡起到了重要作用。其首领为“花郎”,门徒则为“花郎徒”。这一风气最初始于中国北方的

---

〔1〕 高亨《周易大传今注》,齐鲁书社,1979 年版,页 226。
〔2〕 《官场现形记序》,《官场现形记》附录二,凤凰出版社,2007 年版,页 785。
〔3〕 《史记·太史公自序》引,中华书局香港分局,1969 年版,页 3297。

"燕夫人",她"多蓄美人,名曰国花","其风东渐"至新罗,也是以女子为首领,名为"源花"。但因为她们之间相互嫉妒,彼此残杀,结果两败俱伤,门徒散尽。到了公元6世纪的法兴王(514—539在位)时代,就改用男性为首领,名曰"花郎"[1]。根据公元8世纪初新罗金大问撰写的《花郎世纪》来看,成为"花郎"的人选具有以下三个特征:其一,都是风姿俊美者;其二,皆生于贵族之家;其三,颇多僧人,且长于清谈、文学和艺术。以上三点,涉及家族背景、外在标志和内在修养。"花郎"的人选标准,受到魏晋名士、名僧风流的影响,其中最重要的文献记载,就是南朝刘义庆编纂的《世说新语》和慧皎的《高僧传》。撰写了《花郎世纪》的金大问,同时也撰有《高僧传》。《花郎世纪》"二花郎"赞语云:"二花风流,鸡林清谈。华胄宝眷,聘王公主。金佛来依,药师如来。花郎之门,法师之亲。振振公族,万世无穷。"[2]这里集中的若干名词概念,如"风流""清谈""华胄""法师"等,就是一个具体而微的证据。魏晋以来的名士、名僧大多具有上述特征,名士固然多出自贵族之家,而作为名士风流、名僧风采的标志,就有上文说到的美风姿、善容止、性风流、好清谈等特征,尤其是其外貌之美,还带有若干女性特征。新罗统一了三国之后,成为朝鲜半岛文化的集中代表,所以唐玄宗就说:"新罗号为君子之国,颇知书记,有类中华。"[3]而新罗文化的最高体现就是花郎,唐代顾愔在《新罗国记》中说:"择贵人子弟之美者,傅粉妆饰之,名曰花郎,国人皆尊事之也。"[4]高丽朝李仁老的《破闲

〔1〕 金大问著,李泰吉译《花郎世纪》附影印本,韩国釜山图书出版民族文化,1995年版,页1。

〔2〕 同上注,页11。

〔3〕 金富轼《三国史记·新罗本纪第九》,吉林大学出版社,2015年版,页122。

〔4〕 金富轼《新罗本纪第四》引,页52。案:原文误引作"唐令狐澄《新罗国记》",令狐澄为令狐绹之子,著有《大中遗事》(《新唐书·艺文志二》"杂史类"著录为《贞陵遗事》),其中引用了《新罗国记》,鲇贝房之进《花郎考》(日本东京国书刊行会,1973年版)认为金富轼之误由此而来。

集》卷下也说:“鸡林旧俗,则男子美风姿者,以珠翠饰之,名曰花郎,国人皆奉之。”[1]而这些特征,就是在江南文脉的影响下形成的[2]。

新罗本为三韩之一,地处海隅,其吸收中国文化的进程,较高句丽、百济为后,国力也最弱。但他们拥有“后发优势”,积极吸取江南文脉,将儒道释三者融合为“花郎道”的理想,用崔致远的话来说,就是“包含三教,接化群生”[3]。与魏晋风流不同之处在于,新罗人将江南的文化理念转化为社会实践,造成“贤佐忠臣,从此而秀;良将勇卒,由是而生”[4]的局面,成为推动历史进步的巨大力量,最终在文武王三年(663)灭百济,八年(668)灭高句丽,统一了朝鲜半岛。到了元圣王四年(788)“定读书三品以出身”,改变了过去“只以弓箭选人”的方法[5],而在“三品”之中,必须能通《文选》者才可以进入上品[6]。这些都显示了江南文脉的巨大影响力。

其次是一本书,这就是上面提到的《世说新语》。需要补充说明的是,明代松江人何良俊仿照《世说新语》作了《语林》,太仓人王世贞将《世说新语》和《语林》合而为一,编成《世说新语补》。此书风靡一时,甚至压过了刘义庆的原书,不仅在中国如此,而且传播到朝鲜半岛和日本。尤其在日本的江户时代(1603—1868),引起了极大的反响,形成了一股“《世说》热”,远远超过同时代的中国和朝鲜。在日本的关东地区,只要精通《世说》一书,便可成为名家,堪与精通经史的学者并驾齐驱。而随着“《世说》热”的普及,这一风气也蔓延到

---

〔1〕 赵锺业编《修正增补韩国诗话丛编》第1册,韩国首尔太学社,1996年版,页58。

〔2〕 详见张伯伟《花郎道与魏晋风流关系之探讨》,原载《古典文献研究》(1993—1994),南京大学出版社,1995年版。略改后收入张伯伟《域外汉籍研究论集》,北京大学出版社,2011年版,页63—79。

〔3〕 崔致远《鸾郎碑序》语,《三国史记·新罗本纪第四》引,页52。

〔4〕 金大问《花郎世纪》语,《三国史记·新罗本纪第四》引,页52。

〔5〕《三国史记·新罗本纪第十》,页135。

〔6〕《三国史记·杂志第七》,页554。

全国，无论是京畿地区，还是北方、中部和西陲，都被“《世说》热”所笼罩。这突出地表现在著述和出版方面：一是注释众多，在中国，唐代以后流传的只有刘孝标的注释，宋代以后有些简略的评点，但是在日本江户时代，注释之著达51种之多；二是模仿者众多，用《世说新语》的文体撰写本国的《世说》，其著也多达9种。以上两类的存世之作尚有36种，其中大部分是以汉字书写，刚出版的《日本世说新语注释集成》十五册就是代表[1]；三是冒名假托之作众多，很多书虽与《世说》无关，但也要借用“世说”之名，此类书也有8种，比如释子登《和汉世说故事苑》、山崎尤最《世说愚案问答》、壄雅亮《世说儿谈》、马鹿人《世说新语茶》等等。甚至在翻译Robert Chambers（1802—1871）的书时，也以《泰西世说》作为其书译名[2]。

日本自从在应神天皇十六年（285）由百济的王仁带去《论语》和《千字文》，就开始了汉籍的阅读。直到17世纪之前，流行的阅读方法是“训读”。荻生徂徕则强调“直读”，也就是用汉语阅读汉籍。但当时的日本处于锁国年代，一般人很难有机会接触中国人，于是通过阅读通俗小说就成为学习汉语的捷径。当时最有名的汉语权威冈岛冠山，传说他的汉语口语（当时称为“唐话”），就是通过反覆阅读《肉蒲团》所致，所谓“朝夕念诵，不顷刻歇，他一生唐话从一本《肉蒲团》中来”[3]。《世说新语》中记载了大量的晋人口语，《世说新语补》则将范围扩大到唐宋，所以，这也成为日本人学习汉语口语和文章的教材。日本的《世说》注，因此而具有“唐话学”和“文章学”这两项重要特色，并因此而与中国、朝鲜的《世说学》有所区别，东亚文明的世界，

---

〔1〕张伯伟编著《日本世说新语注释集成》，凤凰出版社，2019年版。

〔2〕参见张伯伟《江南文脉的空间流衍——〈世说新语〉在东亚》，载日本立命馆大学《立命馆文学》第664号“芳村弘道教授退职纪念论文集”，2020年版。

〔3〕《芳洲文集》，《雨森芳洲全书》二，页158。

也因此而变得更为波澜壮阔、绚丽多彩。

由于对《世说》的注释成为风气，所以在外交场合，日本人会以此为炫耀的资本。1764年朝鲜通信使赴日，在两国文人笔谈之际，朝鲜书状官南玉被日本奥田元继问到朝鲜是否有关于《世说新语补》的注释时，为了在外交场合争得面子，勉强来了一通炎炎大言："弊邦人士专攻经术，如此书多有旧说，不复喜凿求，故无发注者。"[1]其实，他完全忘记了，或者根本就不知道，朝鲜的许筠对《世说新语补》的注释，较之日本最早注释书——冈白驹《世说新语补觿》早了一百四十年。只是其书从未刊刻，知之者少，致使南玉徒然丢失了一个满足虚荣心的机会。

最后是一个人。在今天南京市秦淮区水西门附近，有一条巷子叫"朱状元巷"，这是为了纪念明代万历二十三年（1595）南京的状元朱之蕃（1558—1624）而命名的。朱之蕃擅长诗文、书画、篆刻，在东亚文明的发展中，他作为江南文脉的代表人物之一做出了杰出的贡献。明万历三十四年，朱之蕃奉诏以正使身份前往朝鲜，还未到朝鲜之前，朝鲜国王就向大臣询问"今此天使，有名之人乎"，又问其诗写得如何，得到的回答是："中原之人数学士文章，只称焦竑、黄辉、朱之蕃三人，盖有名之人也。"[2]今天，我不想说朱之蕃与朝鲜文人展开了多么丰富的唱和活动，结集为《东方和音》《奉使朝鲜稿》；不想说他将其编辑的吴门画家画作集《千古最盛帖》送给朝鲜王室，衍生出《万古奇观帖》等众多摹本，对朝鲜中后期山水画发展起了多大的推动作用；不想说他带去了多少中国书籍，其中包括王世贞的《世说新语补》，催生了东亚历史上第一部注释之著——许筠《世说删补注

〔1〕奥田元继《两好馀话》卷下，书林明和元年（1764）刊本，今藏日本京都大学图书馆。

〔2〕此李德馨语，见《宣祖实录》卷一百九十五宣祖三十九年正月壬辰，《朝鲜王朝实录》第25册，国史编纂委员会编影印本，1955—1958年版，页152。案：关于朱之蕃在文才方面的地位应答宣祖者，同时还有李好闵、柳根、尹昉等，可参看。

解》,也包括他自己的著作《诗法要标》——这部在中国已经失传的诗学文献;不想说他在朝鲜各地留下多少书法墨迹,比如在今天韩国成均馆大学的“明伦堂”;更不想说他在朝鲜期间如何廉洁自律,载誉而归。我要说的是,他在东亚女性文学的交流史上扮演的重要角色。这不是单向地从中国传向朝鲜的“东流”,而是既从朝鲜流向中国,又返回朝鲜并曼衍日本的“环流”。就文学而言,朝鲜时代的文人自认为不亚于中国,唯一的不足是女性的文学创作,这是由于在朝鲜人的观念中,女性不宜从事文学创作。朱之蕃在朝鲜的时候,朝鲜方面负责接待的文人是许筠,许筠的姐姐许兰雪轩是朝鲜半岛历史上最优秀的女诗人,但生活非常不幸,丈夫庸碌,子女早夭,使她郁郁寡欢,年仅 27 岁就抱憾而终,临终前还嘱咐家人将其文学创作付之一炬。许筠对兰雪轩的命运充满同情,不甘心其生命的徒然摇落,所以根据自己的记忆,将兰雪轩的作品恢复出来,编成《兰雪轩集》,并邀请朱之蕃为该集作序。由中国的正使为朝鲜女性文集作序,这是开天辟地未有之事,朝鲜人具树勋说:“华文之弁卷于偏邦女人文集,罕有之事也。”[1]既震撼了朝鲜文坛,也激发了朝鲜女性的创作热情。不止于此,朱之蕃还将《兰雪轩集》带回中国,于是在中国文坛掀起了“兰雪风”:首先是在中国出现了最早的两种刻本,第一种由浙江嘉兴人沈无非序刻;第二种是侨寓南京的潘之恒刻本,朝鲜刻本皆在此后。其次是几乎所有的晚明时期的女性诗歌选本,都大量选入了兰雪轩诗。这也引起了朝鲜人李宜显的关注,他说:“明人绝喜我东之诗,尤奖许景樊诗,选诗者无不载景樊诗。”[2]第三是中国文人(都是男性)对兰雪轩诗给予了高度的赞美,使得兰雪轩在中国拥有了很高的知

---

〔1〕《二旬录》卷上,《稗林》第九辑,韩国首尔探求堂,1991 年版,页 441。

〔2〕李宜显《陶峡丛说》,《陶谷集》卷二十八,《韩国文集丛刊》第 181 册,页 455。

名度。以上三点,都可以归功于朱之蕃,用钱谦益的话来说:“金陵朱状元奉使东国,得其集以归,遂盛传于中夏。”[1]由此而在朝鲜、日本也引发了一串的连锁反应:首先是中国人到朝鲜,纷纷向人索取《兰雪轩集》,其中不仅有私人行为,而且有官方行为。其次是《兰雪轩集》朝鲜版的刻印,计有宣祖四十一年(1608)初刻本,肃宗十八年(1692)的重刊本,肃宗至英祖年间的戊申活字本,最后是1912年辛亥吟社编印本。第三是朝鲜女性创作热情的高涨,她们纷纷以兰雪轩为心目中的典范。第四是朝鲜文人对女性创作的态度发生了改变,甚至影响到最高统治阶层。在朝鲜王室藏书中,惟一得到收藏的朝鲜女性别集就是《兰雪轩集》[2]。第五是《兰雪轩集》在日本的流传,并且有了日本的翻刻本。值得一提的是,此书以朝鲜重刊本为底本,是在肃宗三十一年由朝鲜通信使带入日本,以宣扬朝鲜的文教之盛。他们在当年的九月末抵达京都,而日本刻本在当年的十二月初一就开版印刷,速度堪称惊人,这也许能够表明当时日本读者群的态度是多么迫切。第六是无论在中朝之间,或是在朝日之间,有关许兰雪轩诗歌的议论都成为外交场合的话题之一。凡此种种,追根寻源,都是由朱之蕃激起的滔天巨澜。而如果再进一步讨论朱之蕃对朝鲜女性创作大力肯定的原因,就更应该注意到明清时代江南女性的诗歌风潮,她们用一支支彤管写出了江南女性的纯洁和高贵,写出了那如春水、如烈火、柔美如蚕丝、精致如锦绣的“女儿心”和“女儿魂”。生长在如此环境中的朱之蕃,怎么能够对此无动于衷呢?他对许兰雪轩的态度,不也是由江南女儿的心魂所萦系、所缩带的吗?

---

〔1〕 钱谦益《列朝诗集》闰集卷六,中华书局,2007年版,页6858。

〔2〕 参见《西库藏书录》和《大畜观书目》,张伯伟编《朝鲜时代书目丛刊》第2册,中华书局,2004年版,页689、766。

当然,正如所有的事情都有两面性,“兰雪风”在中国也曾遭遇寒流,这是由另外一位江南女性掀起的。钱谦益在编纂《列朝诗集》的时候,曾经把朝鲜女性诗集的编纂任务交给柳如是,她对于中国男士众口赞美兰雪轩诗极为不满,口口声声说兰雪轩诗抄袭,并且讥讽道:“此邦文士,徒见出于外夷女子,惊喜赞叹,不复核其从来。”〔1〕文化交流的前提是差异,正因为有了河床的高低、宽窄和水流的缓急、大小之别,这才形成了交流,所以真正的交流势必会有不同的立场、观点、情感、信仰的交汇与交锋。对于柳如是和许兰雪轩的公案,我们也可以这样看。

就江南文脉与东亚文明的历史来说,有无数事、无数书、无数人,我今天没有谈大家熟知的人和事,比如唐代扬州大明寺的高僧鉴真和尚(688—763),经过六次东渡,终于抵达奈良,向日本传去了佛教律宗、天台宗和大唐文化。又比如新罗朝的崔致远,在中国宾贡进士及第,曾任溧水县尉,并著《中山覆篑集》,其后宦游扬州淮南幕府,有《桂苑笔耕集》。返回新罗后,成为朝鲜半岛汉文学的鼻祖,洪奭周称之为“东国文章之本始者”〔2〕。他们在东亚文化交流史上的事迹都非常著名、传在人口。而除了上面所讲的江南文脉与东亚文明有直接关系者外,发生在外地、外国的事件,也同样能折射江南文脉的光彩。

清代乾隆以后,北京琉璃厂书肆是朝鲜文人最多光顾的场所,自明代以来,江南就是刻书业的重镇,琉璃厂的书籍也大多来自江南。朝鲜使臣李永得谈到北京琉璃厂时说:“盖无书不存,然犹不及于南

〔1〕《列朝诗集》闰集卷六,页6857。

〔2〕《校印桂苑笔耕集序》,《桂苑笔耕集》卷首,《韩国文集丛刊》第1册,页3。

京书肆云。凡求于北京书肆而未得者,往求于南京而得之云。”[1]尽管书店林立,但影响最大的是五柳居。五柳居主人陶生是苏州人,自称是陶渊明的后人,与苏州人黄丕烈——著名的藏书家、目录学家、校勘家相友好。李德懋在乾隆四十三年(1778)访琉璃厂,比较了各家书店,推崇“陶氏所藏,尤为大家。揭额曰‘五柳居’,自言书船从江南来”。在结识陶生之后又感叹道:“不惟吾之一生所求者尽在此,凡天下奇异之籍甚多,始知江浙为书籍之渊薮。”[2]五柳居不仅书籍丰富,更重要的是,主人陶生为人忠厚信实,书籍价格公道,并且经常协助朝鲜人购买清朝禁书。经过李德懋的宣传,此后朝鲜文人莅临琉璃厂者,必到五柳居。在朝鲜燕行使的笔下,或“津津说五柳居,今过此中,如逢故人”[3],或“连日约会于五柳居”[4],中国江南文人“皆于五柳居书肆相识”[5],或“来访余五柳居书肆”[6],等等。柳得恭《并世集》卷末记录了他在北京认识的“搢绅、举人、孝廉、布衣共四十一人”[7],大多是江南文人,其结识之所也大多在五柳居。五柳居俨然成为当时中朝文人热烈交流的“文艺沙龙”,而江南文脉正隐伏其间。

---

〔1〕《燕行录》内篇第一卷“书籍”,林基中编《燕行录全集》第79册,页228。案:关于此书作者,林基中署为徐有素,实误。根据我的考订,该书自著部分的作者应为李永得,其他绝大部分乃抄录中日各种书籍而成。参见张伯伟《名称·文献·方法——关于“燕行录”研究的若干问题》,原载澳门大学《南国学术》2015年第1期。后收入张伯伟《东亚汉文学研究的方法与实践》,中华书局,2017年版,页209—233。

〔2〕李德懋《入燕记》下五月二十五日,《青庄馆全书》卷六十七,《韩国文集丛刊》第259册,页223。

〔3〕朴趾源《热河日记》八月初三日,《燕岩集》卷十二,《韩国文集丛刊》第252册,页202。

〔4〕柳得恭《燕台再游录》,《燕行录全集》第60册,页294。案:《燕行录全集》收柳得恭两种燕行录,分别题为《燕台录》和《燕台再游录》,但审其内容,几乎完全一致。柳氏曾于朝鲜正祖十四年庚戌(乾隆五十五年,1790)五月和朝鲜纯祖元年辛酉(嘉庆六年,1801)二月两次到北京,现存两种燕行录所记皆始于“辛酉正月二十二日”,其内容实为第二次赴京见闻,故应以《燕台再游录》为名副其实。

〔5〕同上注,页303。

〔6〕柳得恭《咏燕中诸子七首》之七自注,《泠斋集》卷五,《韩国文集丛刊》第260册,页91。

〔7〕柳得恭《并世集》,《燕行录全集》第60册,页188。

朝鲜燕行使每年都有几次到中国，与此不同，朝鲜通信使则每隔七八年甚至几十年才去一次日本。乾隆二十九年也就是1764年，第十一次朝鲜通信使赴日本，之前的一次是乾隆十三年即1748年。虽然仅仅相隔了十六年，但令朝鲜通信使大为惊讶的是，日本的汉文化水平得到了飞跃的发展，不能不刮目相看。反之，此前日本文人对朝鲜通信使团的崇拜敬仰，到这时却荡然无存。这迫使朝鲜人要探究其原因，的确也找到了原因，他们发现日本大量吸收了当时的清朝文化，途径就是从江南输入了大批最新的书籍。如李德懋说："近者江南书籍，辐凑于长崎，家家读书，人人操觚，夷风渐变。"[1]他又说："日本人通江南，故明末古器及书画、书籍、药材，辐凑于长崎。……文雅方盛，非我国之可比。"[2]柳得恭说："倭子慧窍日开，非复旧时之倭，盖缘长崎海舶委输江南书籍故也。"[3]金正喜说："长崎之舶，日与中国呼吸相注，丝铜贸迁尚属第二，天下书籍无不海输山运。"[4]李尚迪说："近来中国书籍，一脱梓手，云输海舶，东都西京之间，愈往而愈兴者，赖有此一路耳。"[5]由此而引起朝鲜有觉悟的知识分子的进一步反省。自从明清鼎革之后，朝鲜人以"小中华"自居，视满清政权为夷狄，在文化上充满优越感，而面对日本文化的迅猛发展，其原因恰恰在于大量吸收了代表清朝文化的江南书籍，那么，朝鲜还能否继续以"小华"自视而以"夷狄"视清呢？以往所持的华夷观是否还有必要继续坚守呢？所以，在1764年以后，朝鲜"北学派"（出于《孟子》"北学于中国"）迅速兴起，对清代的学术文化作了全面的拥抱。

---

〔1〕 李德懋《蜻蛉国志·艺文》，《青庄馆全书》卷六十四，《韩国文集丛刊》第259册，页162。
〔2〕 《天涯知交书·笔谈》，《青庄馆全书》卷六十三，《韩国文集丛刊》第259册，页131。
〔3〕 柳得恭《古芸堂笔记》卷五，《雪岫外史》外二种，韩国首尔亚细亚文化社，1986年版，页125。
〔4〕 金正喜《杂识》，《阮堂全集》卷八，《韩国文集丛刊》第301册，页147。
〔5〕 李尚迪《读蔫录》，《恩诵堂集》续集"文"卷二，《韩国文集丛刊》第312册，页242。

由此而改变了东亚文明的内部走向，即一方面是朝鲜与清朝的日益接近，另一方面，日本开始对中国、朝鲜逐步轻视，在甲午战争之后，“以东洋之英国自负”[1]，主张“脱亚入欧”。这样来看，江南文脉实际上关系到了东亚文明的结构调整，甚至也关系到了整个东亚世界的势力消长。

今天的中国，已经在迅速改变自19世纪以来的落后面貌，随着经济上的崛起，中国越来越多地吸引了世界的目光。这些因素在学术研究上也悄悄地反映出来。原来以世界为范围的论题，中国及东亚基本上是缺席的，欧洲和美国就代表了世界、代表了人类。但从21世纪开始，我们看到西方的很多研究著作都纷纷突破了“欧洲中心主义”的牢笼，试图在与中国历史的对话中展现世界的历史。处在这样一个时代，中国学术也应该在理论和方法上对世界有所贡献。尽管前路还很漫长，但现在已经到了踏上这条道路重新出发的时候了。回顾江南文脉对东亚文明的巨大影响，可以使我们的信心更加坚定，步伐更为稳健。

广矣！江南文脉。壮哉！江南文脉。

（原载《跨文化研究·中国与世界》，商务印书馆2021年1月版）

---

〔1〕原田藤一郎《亚细亚大陆旅行日志并清韩露三国评论》，小岛晋治监修《幕末明治中国见闻录集成》第十二卷，ゆまに书房，1997年版，页248。

附录九　汉文化圈·激活传统·人文主义*

今天思考人文学的研究，包括文学研究在内，需要有一个基本立足点，这是个十字路口：经线是百年以来在中外交汇中形成、发展、演变的现代学术，纬线是当今世界的主潮——全球化。全球化是人类的理想，《礼记·礼运篇》说的“大道之行也，天下为公”，追求的就是“人不独亲其亲，不独子其子”的“大同世界”；宋代理学家讲的空间上的东西南北海、时间上的千百世之上千百世之下都会有“圣人出焉，此心同也，此理同也”；毛泽东在 1935 年写的《念奴娇·昆仑》中也同样表达了“太平世界，环球同此凉热”的理想。而全球化时代的到来，使人类朝着这样的理想迈开了步伐。

自 20 世纪 80 年代以来，整个世界的主潮是“全球化”，这虽然是以经济活动为主，但势必对人的生活和意识产生极大的影响。在学术上对这一潮流作出反应，最敏锐的领域体现在历史学，这就是“全球史”(Global History)的兴起。全球史写作与过去的世界史相[illegible]，最重要的是有两点新共识：一是在意识上破除了欧洲中心[illegible]，二是改变了以民族国家历史为叙述主体，将各国、各地区[illegible]械叠加而成的写法，易之以“文明”亦即“文化共同体”[illegible]化圈”为研究单

* 本文是作者于 2021 年 4 月 17 日在上海师[illegible]办的“东亚唐诗学”国际学术论坛上的主旨发言稿。

元，揭示其联系和交往。在很遥远的地方可以发现其“同”，而在一个文明单位之内又能捕捉其“异”，是多样与主潮的统一。所以，即便是以某个地区或国家为具体研究对象，也力求避免“民族的片面性和局限性”。一如柯娇燕（Pamela Kyle Crossley）所说：“全球史家正是以其方法而不是史实，区别于那些研究地区史或国别史的学者。”然而在文学研究领域中，对这一时代趋势的反应却显得迟钝而滞后，我指的主要不是观念而是实践。虽然“世界的文学”早在马克思、恩格斯的《共产党宣言》中已经提出，其所谓“文学”即德语的“Literatur”，在当时是泛指科学、艺术、哲学、政治等方面的著作，更接近于学术。但迄今为止“世界文学史”的写作，却难免国别文学史的叠加之弊。以文学史著作为例，1983 年开始分卷出版的前苏联高尔基世界文学研究所编纂的洋洋八卷十六巨册的《世界文学史》，尽管编者自豪地宣称，唯心主义文学史家“多半不再能撰述这样的著作”，并且强调将避免“西方中心主义”或“东方中心主义的倾向”；尽管编者也意识到，“把世界文学史理解为各民族文学的简单的、机械的总和显然是不能接受的，那么力求尽量广泛地包罗世界各民族文学在作为语言艺术的文学的整个发展史上的贡献，就具有原则性的、理论的和方法的意义”，然而在实际写作上，呈现的依然是国别文学史的叠加。正所谓“盖非知之难，能之难也”。以文化圈为范围的文学史写作也类似，日本[illegible]者藤井省三的《华语圈文学史》虽然出版于 2011 年，但令人遗憾的是，[illegible]术思路布满了陈陈相因之迹，分别描述中国各地区的文学现象，以及[illegible]春树作品的翻译，仅仅将若干史实并列叠加，完全没有分析其内在[illegible]要以国别文学史为例，出版于 2001 年的梅维恒（Victor H. Mair）[illegible]比亚中国文学史》，在其书的最后三章，分别讨论了朝鲜、日本[illegible]中国文学的接受，较之于过去的研究视野显然有所扩大，对于中国文学与周边国家地区文学的关系也有一定程度的显示，但仍然未能综合为一个有机整体。这种将各地历史加以罗列的写作方法，有意无意间遵循的还是19世纪以来的世界史模式。虽然是新书，走的却是老路。在文学领域中成绩较大的是文献出版，以欧美为例，2000年出版的艾布拉姆斯（M. H. Abrams）主编的《诺顿英国文学选集》第七版，与此前各版的最大区别，就是编者心目中的“英国文学”概念，“一指主要居住于英格兰、苏格兰、威尔士与爱尔兰的作家撰写的作品；二指用英语创作的文学作品，这种语言已经远远扩展到其原初边界之外”，反映的是“文学史国家”的概念，是超越了民族国家范围的“英语文学”。而法国索邦学术出版社自1990开始编纂的“法国及法语文学数据库（从中世纪到20世纪）”，其所谓“法语文学”，指的是法国之外的撒哈拉以南的非洲地区、印度洋地区的二十五个国家和一百多个少数族裔的作品，也就是“法语语系”（francophone）文学，该数据库将之与法国文学合为一体，已经包含了约14000个文本。至于在东亚地区，尤其是在中国，近二十年来域外汉籍文献的出版也如火如荼，这些都为未来的以汉文化圈为单元的文学研究构建了必要的资料基础。

汉文化圈以中国为核心，汉籍最初也是从中国出发向周边传播，这是一项既在的历史实况。18、19世纪的西欧文化对人类历史产生了很大影响，成为新的世界核心，从而演变为衡量历史发展和文价值的标准。以往的研究，也因此而形成了四种基本模式“中国中心观”，即把周边的文化仅仅看成是中国文化的延伸和再现，构成了一个明显的等级制网络，这是中惯性思路。二是“影响研究”，这是19世纪法国比提倡的方法，在实际运用中往往落实为“接受者”或非自觉的状态下，将自身的文化业绩奉献给"发送者"。丹麦学者勃兰兑斯(Gerog Brandes)《十九世纪文学主流》是一部影响巨大的名著，在比较丹麦文学和德国文学作家的关系时，就举例说明前者"一旦拿得出可以称之为'我的'的真正伟大的作品，而且如果它被世人所承认"，那就将"把所赢得的桂冠送给"后者，援用的就是这种模式。"中国中心观"遇上法国的"影响研究"，两者一拍即合，成为东亚比较文学研究中最常见的主题和方法。三是"挑战一回应"，这是英国历史学家汤因比(Arnold J. Toynbee)在其《历史研究》中提出的模式，西方汉学家或东方学家往往惯用这一理论，它实际上还是以欧洲文明为中心，并且强调文明间的冲突和对抗。四是"内在发展论"，这在本质上属于"民族主义"的理论立场，是以一个放大了的"自我"为中心，而无视文化的交流与融合。现代韩国学者的研究中，那些强调"内在发展论"的论著皆为此类。上述种种，都是应该予以改善的不良模式。也正因为这样，我反复提倡并实践"作为方法的汉文化圈"，强调将汉文化圈当做一个整体，将历史上的汉字文献当作一个整体，并且注重不同语境下相同文献的不同意义，注重汉文化圈内各个地域、阶层、性别、时段中的人们思想与感受的统一性和多样性。

具体到"东亚唐诗学"这样的课题，它应该属于文学史研究。虽然现代学术中的文学史研究已有百年的历史，但对于文学史的性质，学术界未必有较为一致的看法，也因此导致文学史研究往往不能把握核[illegible]题，要么集中在文献学研究，要么关注于其外在因素，并美其名曰[illegible]研究。这不只是中国如此，从 19 世纪到 21 世纪的两百年文学史[illegible]文学史观念，也[illegible]样的情形屡见不鲜。所以中国现代学术中的[illegible]年前在中山大学讲[illegible]西方的双重影响。就后者而言，傅斯年百[illegible]学史"的时候就说："文学史是史……

要求只是一般史学的要求，方法只是一般史料的方法”，所以强调“发乎考证”，以“语文学”(philology)也就是文献学、考据学为重心，他还特别强调“论文艺批评之无意义”。傅斯年将语文学与考据学相等同，本来只是沿用了19世纪德国语文学的概念，是对整个西方语文学的窄化和简化。就传统而言，刘师培曾经特别表彰挚虞的《文章志》和《文章流别》，一“以人为纲者也”，一“以文体为纲者也”，并认为中国古代文学史书“莫备于晋之挚虞”。然而就历史学的一般要求而言基本有二：一是史实，一是意义。前者是史料，后者是解释。刘师培强调的只是“材料”而没有解释。如果缺少了解释，“材料”也就是一堆没有意义的曾经发生过的事件而已，用这种方式写成的文学史，也就类同于“录鬼簿”。何况即便有了解释，那也只是一般的历史而已，还不是真正的“文学史”。刘师培的关注点是《蒐集文章志材料方法》，却没有注意到文学史研究的方法，后者在中国传统中并不缺少，这就是钟嵘《诗品》的“推源溯流”法。他在“史料”和“解释”之外，还增加了“批评”，也就是“辨彰清浊，掎摭利病”。他认为前人的文学研究之弊有二：一是“诸英志录，并义在文”，也就是仅仅关注文学史料；二是“皆就谈文体，而不显优劣”，充其量有所解释。钟嵘强调在史料和解释之外要有“品第”，也就是“批评”，所以他运用的是“推源溯流”法。根据我的分析，这一文学史方法由三部分构成，即1. 渊源论，追溯诗人渊源所自；2. 文本论，考察诗人及其作品特色；3. 比较论，在纵横关系中确定某一诗人的地位。文学史家的任务，最终还是要“显优劣”，即对文学家在历史上的序列有所定位。所以，“推源溯流”法展现的批评原则，就不仅是“历史的”，同时也是“审美的”。但这样的批评传统，有待于我们的“激活”，并且在实践中进一步完善。我认为，今天研究东亚唐诗学，“推源溯流”的方法论原则不仅可以而且应该予以坚持。即便置于比较文学的研究视野中,在与现有的法国学派和美国学派的比较中,其优越性也十分明显。二十年前我曾经出版《中国古代文学批评方法研究》,核心命题就是讨论在西洋学术进入中国以前,中国人是如何进行文学批评的,前面所讲内容在书中皆有详细讨论。此书今年由中华书局新版,似乎也表明其意义尚未终结。

商务印书馆今年要出版我的自选集《回向文学研究》,于是我想在书前写一篇"导论",因为每一篇文章处理的都是具体问题,而在这些写于不同时间段的文章背后,有个一以贯之的理论立场,需要阐述清楚。"导论"写了十多万字,现在只能另成一书。我在其中宣称了自己理想中的文学研究,用文本化、技法化和人文化来概括。而"人文化"的含义之一是,不以本民族文学为至高无上或无与伦比,在"文学"的框架内研究自身文学,在"文化圈"的范围内研究国别文学,并且通过比较的方式,尊重在交流活动中存在的差异和产生的变异,克服"固化"和"呆滞"的观念,敞开文学研究的大门。如果允许我将自己的心思和盘托出的话,那么,二十多年来我倡导并实践的"域外汉籍研究"和"作为方法的汉文化圈",其终极目的既不是"新材料"的开发,或是"新问题"的提炼,也不是"新方法"的探索,而是想通过对同一文化单元中不同民族国家文学特色的辨析,探索并理解"同"中之"异"——微小而又微妙之"异",养成对差异的欣赏和热爱,而非无视或鄙夷,从而使文学研究成为人文主义的批评实践。在这个意义上,我赞赏托多罗夫(Tzvetan Todorov)的意见:"作品研究折射出好多越来越大的同心圈:同一作家其他著述的同心圈,民族文学的同心圈,世界文学的同心圈;但是其最终极的背景和最重要的圈子,是由人类存在本身给我们提供的。"文学研究最终将我们引向对于人的认识,首先是对于自身的认识,在与其他人——陌生的人、不同的人的相遇中,纠正自我中心主义。他还说:“我们想扭转大学的文学教育,将之从国别列类和世纪划分的藩篱中解放出来,使之向作品与作品进行对照的东西开放。”同样值得赞赏的还有萨义德(Edward W. Said),他坚决反对“流传极少数经过选择、得到认可的作者和读物,盛行一种心胸狭窄的排斥的腔调”,他想对“傲慢自负的美国学者说……在这个世界上,有别的学术传统,有别的文化,有别的精神特征”。也是在这样的意义上,斯坦纳(George Steiner)告诫说:“宣称作为民族遗产的诗歌或作为民族传统的小说只能在本民族有效或至高无上,这样的批评家是关闭了原本可以开启的大门,是封闭了原本可以去感受同等伟大成就的精神。”在以汉文化圈为单元的域外汉籍研究中,中国学者需要克服的是自觉或不自觉的“傲慢自负”,需要学会的则是欣赏邻家花园里的芬芳。在“人文化”的文学研究中,我希望既能够破除文化帝国主义的膨胀欲,又能够打开民族主义的封闭圈。

以上三人有各自不同的文化背景,分别为东欧人、阿拉伯人、犹太人,我还想提一下,2015 年哈佛大学出版社出版了由波洛克(Sheldon Pollock)、艾尔曼(Benjamin A. Elman)、张谷铭主编的《世界语文学》,将“新语文学”重新定义为“使文本被理解的学科”,这也就通向了人文主义,而不再局限于旧日的文献考据。其在中国的传播,往往使人诧为“此曲只应天上有”,殊不知反观中国自身传统,却不得不让人有“春在枝头已十分”的感叹。我可以很负责任地说,这不是民族主义的“古已有之”的烂熟腔调。两千三百年前孟子提出的“以意逆志”“知人论世”的说诗方法,就是奠定于儒家人性论基础之上的。这一方法在中国传统文学批评中得到了广泛而持久的运用,只是在西方“作者死了”之类的话被误读误用之后(大家也许知道,“作者已死”的发明权在德里达，但被罗兰·巴尔特有意误读后在某种程度上家喻户晓了)，这一方法才受到毁灭性的打击。去年二月，正是新冠疫情在中国大地上肆虐之际，我编纂了《程千帆古诗讲录》一书，并撰写了编后记《我们需要什么样的文学教育》。什么样的文学教育就会训练出什么样的文学研究，我想用那篇文章的最后几句作为今天讲话的结束：

> 我期待中的文学教育，它能使阅读活动越来越专注，越来越广泛，越来越有接受力和抵抗力，用萨义德的话来说，就能“给人文主义提供足以相当于其基本价值的训练”。有了这样的基本价值，哪怕一弯新月突变成夜晚的伤口，湖面上也会涌出一万双秋水般的眼睛。

附录十　全球化时代的东亚汉籍研究*

以东亚汉籍为主体的域外汉籍研究，作为一种具有学术理念的学术实践，至今大约已有四十年。由于这些文献在过去几乎无人问津，所以尽管从客观上而言，它们是一个既有的、大量的"旧"存在，但对于当时的学术界而言，仿佛是一批陌生的、罕见的"新"材料。2010年8月，旅法学人陈庆浩先生写了一篇《汉文化整体研究三十年感言》，其中把2000年南京大学域外汉籍研究所的建立，看成是"域外汉籍研究一个新时代的开始"，其标志是"注意积累资料，培养研究人材，并以文献学为基础研究，既有丰富的资料，又有'一刊二书'发表整理资料和研究成果，发展未可限量"（《书品》2011年第五辑）。从这个评价中可以看到，当时人的关注重心和工作重心，还是放在对于资料的收集、整理和出版。尽管倡导者常常引用陈寅恪的那段著名论述："一时代之学术，必有其新材料与新问题。取用此材料，以研究问题，则为此时代学术之新潮流。"（《陈垣敦煌劫馀录序》）但在绝大部分的情况下，真正牵动人心的是"新材料"而非"新问题"，更不是"新方法"。虽然也有学者不断呼吁并践行研究的理论和方法，但得到的回应往往如同将一块石头丢进沙漠，而非"一石

* 本文为作者于2022年5月21日在北京大学举办的第二届"海外汉籍收藏、研究及整理出版"国际学术论坛上的主题演讲词。

激起千层浪”。四十年后的今天,我们再来看“东亚汉籍收藏、研究及整理出版”的问题,我认为,收藏和整理作为一项长时段的工作,仍然不失其意义,但我们的关注重心和工作重心,却不得不转移到“研究”上来。

一旦说到“研究”,就有一个立足点的问题。偶尔注意或零星提及东亚汉籍,在中国历史上由来已久。唐人杜佑《通典》即指出:“大抵东夷书文并同华夏。”明人朱权在《原始秘书》中也指出:“高丽之学始于箕子,日本之学始于徐福,安南之学始于汉立郡县。”统一新罗时代崔致远的《桂苑笔耕集》著录于《崇文总目》和《新唐书·艺文志》,日本山井鼎、物观的《七经孟子考文补遗》收入《四库全书》,越南黎澄的《南翁梦录》被编入多种中国丛书,朝鲜时代许浚的《东医宝鉴》在中国也有翻刻本。进入 20 世纪,陈寅恪总结的王国维学术成就之一,就是“取异族之故书与吾国之旧籍互相补正”(《王静安先生遗书序》)。胡适在 1938 年作的《近年来所发现有关中国历史的新资料》报告中,提到“日本朝鲜所存中国史料”(王汎森辑《史语所藏胡适与傅斯年来往函札》),其中绝大部分都是汉文史料。前些年出版的《青木正儿家藏中国近代名人尺牍》中,收录了胡适、周作人、王古鲁、赵景深、傅芸子等人的信件,也不乏对日本所藏汉籍的调查与求购。但今天的东亚汉籍研究,其立足点不能是古人的立场,不能是民国初期学人的立场,甚至四十年前域外汉籍研究初起时的立场也不足以成为我们今天的立足点。因为时代在改变,所以今天的立足点是一个十字路口,经线是百年来在中外交汇中形成、发展、演变的现代学术,纬线是当今世界的主潮——全球化。本文着重要谈的是“全球化”时代的东亚汉籍研究。

一、“复数”的全球化

全球化不是西方化,更不是美国化。从人类文明史的角度看,全球化是“复数”的,它代表了人类的某种追求和希望,尽管其间的质量是不等的。根据不同的考察时段,我们可以区分出不同的全球化:

一是二十年的全球化。此乃经济全球化,特征是脆弱。自20世纪90年代以来,以经济活动为主,形成了全球化的浪潮。地区与地区之间、国家与国家之间,甚至人与人之间,彼此的交往、相互的依赖越来越紧密。同时,不同文明之间的接触也越来越频繁。这一方面促进、增强了人类之间的理解,同时也增大了文明冲突的可能。冲突的表现可以是商业活动中的贸易壁垒,更严重的也会导致区域性甚至世界性的军事对抗。经济全球化的活动,完全改变了过去自给自足的农业经济模式,每一个产品的完成往往需要有多地的甚至是跨国的合作。因此,每一个环节都可能形成发展的瓶颈。一旦冲突爆发,无论其表现为商业或军事,抑或是兼而有之,这种全球化的脆弱特征就会立刻显现出来。这也是我们现在每天打开手机就能看到的情形,无须举例。

二是二百年的全球化。此乃殖民全球化,特征是霸道。18、19世纪欧洲资本主义的发达兴盛,使得商品以前所未有的速度和规模增长和扩展开来。为了在世界范围内攫取更多的原料并占领更广大的市场,拥有船坚炮利的西方列强用军事征服的手段对亚洲、非洲、拉丁美洲等国家和地区进行侵略和殖民,在强行推销商品的同时,也强行推销其价值观念,包括宗教、制度、文化。主导其行为的就是“欧洲中心观”,也可以说是“欧洲优越观”,意欲将自身的文化用霸道的手段推广到世界，从而形成一种全球化。它固然有其历史功绩，西欧文化对人类历史产生了很大影响，在众多统辖人生重要问题的方面成为新的世界核心，并且演变为衡量历史发展和文化价值的标准。而与之相异的众多其他文化，在西方军事侵略和商业侵略面前，其命运不是奄奄一息，就是改弦更张。对于血泪斑斑的这一页近代历史，中国人是有着惨痛的经历和记忆的。这不是我们，也不是今天的文明世界所需要的全球化。

三是二千年的全球化。此乃观念全球化，特征是文化。这里说的“文化”，是在中国古典意义上使用的一个名词，我可以作一点现代阐释。《周易·贲》卦“彖辞”曰：“文明以止，人文也……观乎人文，以化成天下。”我们看“贲”卦是由下离☲上艮☶构成的：“离”代表火，所以是“明”；艮代表山，所以是“止”。作为“人文”的“文”，其要义就是“明”和“止”。文明社会的根本在于拥有制度和礼仪，通过文化教育，“人”懂得了适可而“止”。这就使人类与野蛮社会或动物世界区分开来，后者的起居动静总是凭着本能的食色之好或身体的强壮之肌而为所欲为，到了今天，这种习性可以变形为商业上的贪婪或军事上的威胁。在中国的古圣先贤们看来，“人文”像火把，不是仅仅照亮一时一地之人，而是要“化成天下”，使得全天下所有的人都能沐浴文明之光，心中充满温暖和明亮。而古人的“全球化”观念，典型地表达在《礼记·礼运篇》中，也就是“大道之行也，天下为公”。它追求的是“人不独亲其亲，不独子其子”，“货恶其弃于地也，不必藏于己；力恶其不出于身也，不必为己”的“大同世界”。这里最值得注意的是两个“不独”和两个“不必”，它不是消灭了个人利益的所谓大公无私，而是“老吾老以及人之老，幼吾幼以及人之幼”的由己及人。这就是中国二千年前的“全球化”观念，并且希望通过“人文化成”的方式遍及全球。宋代理学家讲的空间上的东海、西海、南海、北海，时间上的千百世之上、千百世之下，都有“圣人出焉”，而且是“此心同也，此理同也”（《宋史·陆九渊传》）。毛泽东在1935年写的《念奴娇·昆仑》中说：“一截遗欧，一截赠美，一截还东国。太平世界，环球同此凉热。”也还是中国文化中的全球化理想的另一番表述。

我们需要弘扬、实践的是第三种全球化，这是人类真正的理想。其最终实现的全球化，也就必然是复数的、杂色的全球化，而非单一的、标准的全球化。各种不同的文明，本着“不独亲其亲，不独子其子”和“不必藏于己，不必为己”的精神，就可以在全球化的大家庭中拥有各自的位置。在今天的时代，世界性的广泛的经济活动已经为全球化奠定了基础，而且造成了不同文明之间接触、交流、冲撞、和解的各种机会，如果能够将“观念的全球化”运用于日常实践，就有可能使人类朝着这样的理想迈出坚定的步伐。

二、以往研究模式的反思

今天的东亚汉籍研究，既然是以全球化时代为立足点，那么，援用已经成为某种惯例的种种研究模式，就不免陷入种种弊端了。以下是我从一个文学研究者的立场出发，对以往研究中的四种基本模式的反思：

一是“中国中心观”，即把周边的文化仅仅看成是中国文化在四裔的延伸和再现，并构成一个明显的等级制网络。在东亚，这首先是中国人的一个根深蒂固的观念。晚清况周颐《蕙风词话》中提及越南词人阮绵审和朝鲜词人朴訚，其结论是：“海邦殊俗，亦擅音阕，足征本朝文教之盛。”在以往的东亚汉文学交流研究中，这样的路径屡见不鲜。日本汉学家神田喜一郎有一部《日本填词史话》(1965),其书正标题却是《日本における中國文學》(即“在日本的中国文学”),他自述本书所论者是“在日本的中国文学,易言之,即作为中国文学一条支流的日本汉文学”。不仅在文学领域,在学术史研究上也类似。藤塚邻的名著《清朝文化東傳の研究》(1975)即为代表之一,尽管研究的是朝鲜时代的“实学”,但重心是放在清朝嘉、道学风的东移。

二是“影响研究”。这是19世纪法国比较文学研究提倡的方法,虽然在理论上宣称这是就两种或多种文学之间在题材、书籍或感情方面的彼此渗透展开研究,但在具体的研究实践中,注重的仅仅是“接受者”如何在自觉的或非自觉的状况下,将自身的精神产品认同于、归属于“发送者”或曰“先驱者”的系统中。丹麦学者勃兰兑斯(Gerog Brandes)《十九世纪文学主流》是一部影响巨大的名著,在比较丹麦文学和德国文学作家的关系时,就举例说明前者“一旦拿得出可以称之为‘我的’的真正伟大的作品,而且如果它被世人所承认”,那就将“把所赢得的桂冠送给”后者,援用的就是这种模式。“中国中心观”遇上法国的“影响研究”,两者一拍即合,成为东亚比较文学研究中最常见的主题和方法。

三是“挑战—回应”,这是英国历史学家汤因比(Arnold J. Toynbee)在其《历史研究》中提出的模式,西方汉学家或东方学家往往惯用这一理论。在这里,“挑战”的一方是主动的、主导的,“回应”的一方是被动的、无奈的。有能力应对西方文明的挑战,这一文明就有继续生存的机会;反之,若无力应战或应战乏力,这一文明的宿命就是走向灭亡。这一模式体现的是“欧洲中心观”。在这样的模式影响下,东亚研究的唯一出路,就是援用西方的文学理论。一方面羞愧地承认在东亚历史资源中找不到学术研究的理论和方法,另一方面,又以毋庸置疑的态度认为，用西方的各种理论和方法处理东亚文献是理所应当之事。

四是“内在发展论”，这在本质上属于“民族主义”的理论立场。从20世纪70年代以来的韩国文学史著作，大多秉持这样一种立场，强调本国文学自身的独立发展，割裂了与外在的，特别是与中国文学的关系。这是一个以放大了的“自我”为中心，而无视文化的交流与融合。近年来，这种观念已经开始受到韩国国内如白乐晴、崔元植等学者的质疑。而随着经济的崛起和国力的强盛，民族主义的膨胀也是我们需要警惕的一种不良倾向。

如果说，上述种种研究模式都存在这样那样的缺陷，那么，我们能不能试图找到一种途径，在研究理念上既能够破除文化帝国主义的膨胀欲，又能够打开民族主义的封闭圈呢？

三、作为方法的汉文化圈

在不同的时代，人文学者应该能够拥有不同的问题意识，从而看到不同的风景，让我借用黑格尔的一个比喻和闻一多的几句诗来说明一下吧。黑格尔说，密涅瓦的猫头鹰只有在黄昏才起飞。这个说法有他特别的意思，我借来说明另外的问题：黄昏时猫头鹰已经起飞，但是若以惯用的眼光去打量，看到的可能仍然只有乌鸦和蝙蝠，犹如闻一多的诗句：“鸦背驮着夕阳，黄昏里织满了蝙蝠的翅膀。”（《口供》）所以，出现了新事物就该看到新风景，好比有了新材料就要盖新房子。如果有了新材料，问题意识照旧，思维模式照旧，重建起来的就还是一座旧房子。如果我们有幸遭遇新材料，却不幸盖成了旧房子，其令人悲哀的程度恐怕还远甚于无缘新材料。

2009年,我写了一篇《作为方法的汉文化圈》。2011年,我出了一本《作为方法的汉文化圈》。2013年,我又写了篇《再谈作为方法的汉文化圈》。学术界对于全球化潮流作出反应,最敏锐的领域体现在历史学,这就是"全球史"(Global History)的兴起。全球史写作与过去的世界史相比,最重要的是有两点新共识:一是在意识上破除了欧洲中心观念,二是改变了以民族国家历史为叙述主体,将各国、各地区历史机械叠加而成的写法,易之以"文明"亦即"文化共同体"或曰"文化圈"为研究单元,揭示其联系和交往。即便是以某个地区或国家为具体研究对象,也力求避免"民族的片面性和局限性"。一如柯娇燕(Pamela Kyle Crossley)所说:"全球史家正是以其方法而不是史实,区别于那些研究地区史或国别史的学者。"(《什么是全球史·导言》)然而在文学研究领域中,对这一时代趋势的反应却显得迟钝而滞后,我指的主要不是观念而是实践。虽然"世界的文学"早在马克思、恩格斯的《共产党宣言》中已经提出,更早些时候的歌德也有类似提法,但迄今为止"世界文学史"的写作,却难免国别文学史的叠加之弊。以文学史著作为例,1983年开始分卷出版的前苏联高尔基世界文学研究所编纂的洋洋八卷十六巨册的《世界文学史》,尽管编者自豪地宣称,唯心主义文学史家"多半不再能撰述这样的著作",并且强调将避免"西方中心主义"或"东方中心主义的倾向";尽管编者也意识到,"把世界文学史理解为各民族文学的简单的、机械的总和显然是不能接受的",然而在实际写作上,呈现的依然是国别文学史的叠加。以文化圈为范围的文学史写作也类似,日本学者藤井省三的《华语圈文学史》虽然出版于2011年,但只是分别描述中国各地区的文学现象,以及村上春树作品的翻译,将若干史实并列叠加。这种将各地历史加以罗列的写作方法,有意无意间遵循的还是19世纪以来的世界史模式。虽然是新书,走的却是老路。成绩较为突出的是文献的公布和出版。就前者而言,拜互联网之赐,文献的公开与便利使用形成了资料的全球化。美国哈佛燕京图书馆、日本京都大学图书馆、早稻田大学图书馆、韩国中央图书馆等众多藏书机构,慷慨地将汉籍珍稀文献甚至独有文献在互联网上公开,学者可以随心所欲地阅读甚至下载。反而是中国多数图书馆的观念,往往还停滞在偏狭的私人藏书楼的奇货可居的心理状态中,与泱泱大国的作风和气派格格不入。就出版来说,国外各重要图书馆也都慷慨提供底本,使得大量汉籍甚至国宝级的珍稀汉籍得以在中国化身千百影印出版。再以欧美为例,2000 年出版的艾布拉姆斯(M. H. Abrams)主编的《诺顿英国文学选集》第七版,与此前各版的最大区别,就是编者心目中的"英国文学"概念,反映的是"文学史国家"的概念,是超越了民族国家范围的"英语文学"。而法国索邦学术出版社自 1990 开始编纂的"法国及法语文学数据库(从中世纪到 20 世纪)",其所谓"法语文学",指的是法国之外的撒哈拉以南的非洲地区、印度洋地区的二十五个国家和一百多个少数族裔的作品,也就是"法语语系"(francophone)文学,该数据库将之与法国文学合为一体,已经包含了约 14000 个文本。至于在东亚地区,近二十年来域外汉籍文献的整理出版也如火如荼,这些都为未来的以汉文化圈为单元的文学研究构建了必要的资料基础。

那么,世界文学史该怎样研究,即便把范围缩小一点,以文化圈为单元的文学研究又该如何进行?如果作一个诚实而坦率的回答,那就是没有标准答案,每一步都需要我们付出艰辛的探索。在南京大学域外汉籍研究所十年庆的时候,友人王小盾教授写了一篇文章,其中指出:"域外汉籍研究本质上是探索者的事业……在一个新领域里独自行走的研究者，无法墨守成规，而必须脱离那种貌似自然的旧习惯……面对新材料的研究者，必须提出新的思路和新的问题，而走出旧的视野。”（《域外汉籍研究是探索者的事业》）这番话在当时曾经作为我们彼此间的激励，但在今天看来，仍然是有意义因而也是有价值的。

关于“汉文化圈”的定义，我很喜欢借用西嶋定生的说法，尤其喜欢他对于“民族性”和“共通性”的说明：“变化乃至独自性，是与中国文明相关联而呈现出来的现象。因而共通性并非抹杀民族特质，相反是民族性的特质以中国文明为媒体从而具备了共通性。”（《东亚世界的形成》）东亚汉籍就是这种“共通性”中的“民族性”的载体。因此，我试图采取的研究策略是，从特殊到普遍，从“民族性”的文本中寻找、挖掘、抽绎出具有“共通性”的意义，从而使“民族性”的文本挣脱其民族限制、克服其地方局限，由此而到达以文化圈为单元的研究目的。显然，不是所有的“民族性”文本都具备“共通性”意义，所谓“越是民族的，就越是世界的”恐怕很难成立。反过来说，笼统的、空洞的“世界文学”也是不存在的。如果允许我将自己的心思和盘托出的话，那么，多年来我倡导并实践的“域外汉籍研究”和“作为方法的汉文化圈”，其终极目的既不是“新材料”的开发，或是“新问题”的提炼，也不是“新方法”的探索，而是想通过对同一文化单元中不同民族国家文学特色的辨析，养成对差异的欣赏和热爱，而非无视或鄙夷，从而使文学研究成为人文主义的批评实践。在以汉文化圈为单元的东亚汉籍研究中，克服了自觉或不自觉的傲慢自负，同时也学会了欣赏邻家花园里的芬芳。

（原载《中华读书报》2022 年 6 月 1 日）

附录十一　从胡适“三术”谈“使行录”研究*

今天在这里讲话，很类似唐代临济禅师说的：“山僧今日事不获已，曲顺人情，方登此座。”（《临济录·上堂》）所以这个题目也就采用了禅宗说法的一种套路——“本地风光”，我先作一点解释。一百年前也就是1923年，胡适在《国立北京大学国学季刊》的《发刊宣言》中，将当时中国人文学最急需的“三术”概括为“历史的眼光、系统的整理、比较的研究”。至于“使行录”，这是漆永祥教授赞赏并主张的名称，其意即“使者纪行之录”（《燕行录千种解题·自叙》）。学术界目前使用的流行名称，无论是韩国学者、日本学者还是中国学者，都习惯用“燕行录”，我是不太赞成的。我主张用“行纪”一语，与“使行录”的意涵大致相当，在这里也求同存异。借用“三术”和“使行录”之名，我想要向永祥教授卓越的研究成果致敬，向北京大学伟大的学术传统致敬。

胡适“三术”的次序有其自身的用意，最终落实到“研究”，但不是孤立的、静止的研究，而是“比较的”研究。研究需要文献基础，不能是零散的、薄弱的，而是坚实的、广博的，故整理工作必须是“系统的”。要做到“系统”，就少不了历史眼光，有纵向的演变，也有横向

---

* 本文为作者于2022年11月5日在北京大学中文系举办的“使行录与东亚学术交流”国际会议上的主题演讲词。

的联系。可以说,“历史的眼光”是贯穿于文献整理和比较研究工作的共同的要求,所以列在首位。百年来的中国人文学术,求其成绩最大者而言,就是“系统的整理”。这一成绩的取得,与学术工作中普遍拥有的重视文献的意识是分不开的。今天我们对胡适“三术”的理解,当然要随着学术的进步和问题意识的改变,从而作出新的,至少是具体的理解和阐释。就“使行录”的研究而言,可以据此提炼出三个关键词:文献、历史、比较。

首先是文献。与后面两者相比,文献方面的成绩属于最为突出者。经过韩国、日本和中国学者的先后投入,有关“使行录”的文献收集、整理已经取得了很大的成绩,虽然还有进一步拾遗补阙的馀地,但已经形成了基本的文献规模,无论是朝鲜半岛与中国之间的“朝天”“燕行”文献,还是越南与中国之间的“北使”文献;无论是中国和琉球之间的行纪文献,还是朝鲜时代与江户日本之间的“通信使”文献,都得到了大量刊布。除了影印者外,还有一些是经过现代标点的整理本,尽管其水准良莠不齐,但总是提供了一份可资学术界参考的文献,并且为后出转精的整理工作提供了基础。值得重视的是,学术界对于使行录文献的时代、作者、真伪、存佚等研究工作也取得了可喜的成绩。以高丽、朝鲜时代为例,在本世纪第一个十年中,以中国学者左江教授的《〈燕行录全集〉考订》和漆永祥教授的《〈燕行录全集〉考误》为嚆矢,已经对上述问题展开了有规模的、精密的考证。这项工作以漆永祥教授在2021年出版的《燕行录千种解题》为标志,将相关问题的考辨提升并扩展到一个崭新的高度和广度,堪称“辨章学术,考镜源流”的“系统的”工作。我们期待后续有学者能够对越南的“北使”文献或朝鲜时代的“通信使”文献作出类似的工作,迄今为止,前者有复旦大学文史研究院以及陈益源教授、刘玉珺教授的若干成果,后者有日本学者高桥昌彦的《朝鲜通信使唱和集目录稿》较为完备,尤其是收录在2010年松原孝俊编《全球化时代的朝鲜通信使研究》一书中的文本(可惜京都大学人文科学研究所网站上的《朝鲜通信使关系资料目录》因故停止),但上述工作用胡适提出的“系统的”标准衡量还有一些距离。相信假以时日,使行录文献考辨工作会以一个更加全面均衡的样貌呈现出来。

第二个关键词是历史。所谓“历史的眼光”可以理解为具备从历史出发去观察事物的能力,但“从历史出发”在实际的学术活动中,常常变成从一时的历史观念出发。在胡适的时代,其主流历史观念就是德国的以语文学为基础的“兰克史学”,其史学品格主要是考证。这一典范随着美国史学界对兰克的误解,他甚至“被当作是一种本质上是实证主义路线的思想始祖”(格奥尔格·伊格尔斯《美国与德国历史思想中的兰克形象》),中国现代留德、留美的学人深受其影响。傅斯年在《历史语言研究所工作之旨趣》中说:“近代的历史学只是史料学。”其基础是“语文学”(philology),也就是时人心目中的考据学。历史语言研究所的英文表达是“The Institute of History and Philology”,不难看出语文学的重要地位。今天欧美的历史学早已不是百年前的状况,但中国的人文学研究,却在很大程度上还停留在或者说回复到百年前,把文献考据当作学术研究的最高殿堂,并美其名曰“历史”的研究。考据以外的研究,往往将自己的眼光局限在某一部或某几部书上,采取的是“短时段”充其量是“中时段”的研究策略。撇开研究者讨巧或懒惰的因素——不愿或不能广泛系统地阅读文献不谈,从史学立场来讨论,这与20世纪80年代以来欧美的“新文化史”也有一定的关联。最近三十来年间,在欧美史学界最为风光的要数“新文化史”研究,学者们纷纷抛弃年鉴派史学宏大叙事的方式，认为历史的本质不在“树干”，甚至不在“枝条”，而在“树叶”，这往往导致历史研究的“碎片化”（参见弗朗索瓦·多斯《碎片化的历史学——从〈年鉴〉到“新史学”》），而“碎片化”的研究必然是“短时段”的。若干年前，我曾提倡运用“长时段”的方法研究使行文献（参见《名称·文献·方法——关于“燕行录”研究的若干问题》，载《南国学术》2015 年第 1 期），现在，我还是坚持这样的看法，并且愿意再次强调。“长时段”（longue durée）一词，明眼人知道它是来自法国费尔南·布罗代尔（Fernand Braudel）的史学概念，与此相联系的还有“中时段”和“短时段”。布罗代尔指出：“传统历史学关心的是短时段、个人和事件，长久以来，我们已经习惯了它的那种急匆匆的、戏剧性的、短促的叙述节奏。”这里的“传统”一词，完全不同于汉语语境中带有的权威、合理的意味，而是一个贬义词。因此，布罗代尔史学中最重要的概念就是“长时段”。所谓“长时段”，大致是从一个世纪到几个世纪，其最大的长处在于，可能较准确地发现一个缓慢的、层积的历史结构的“断裂点”，“是相互矛盾的压力所造成的它们或快或慢的损坏”（《论历史》）。在朝鲜时代使行录的研究中，有些不失为优秀的论著将目光凝聚在 17 世纪中叶，准确地说，是从代表明清鼎革的崇祯十七年，也就是顺治元年（1644）前后的一段时间。在中国历史上，明清易代不只是一般意义上的政权更迭，也是少数民族政权取代汉族政权的更迭。所以，不仅在政治上有许多变化，而且在风俗上（比如服装、薙发、婚葬等）也与明朝有显著区别。对于朝鲜半岛的君臣上下而言，明朝对于他们有“再造之恩”，在其心目中，也一直视明朝为“天朝”，因而那时的使行记录一般都冠以“朝天录”“朝天日记”等名，彼时自称的“小中华”，是相对于“大中华”而言的。其心理状态如果不说是崇拜，也应该说是谦逊的。但在明清鼎革之后，情形就发生了变化。首先是由“朝天”改称为“燕行”,这一方面代表了朝鲜士大夫对清朝“含忍而又事之”(洪敬谟《燕槎汇苑总叙》)的无奈,另一方面也代表了他们对清朝的鄙视,认为这个政权属“夷”因而也不配“天朝”之称。其次是心理状态的变化,此时的“小中华”面对的是“腥膻毡裘”的“胡夷”,“华夷”的身份至此发生了转变,朝鲜人进入中国,犹如从文明之地进入蛮夷之邦,总是自觉地带着与身俱来的骄傲和自豪,特别是拥有“三使”(正使、副使、书状官)身份的人。也许正是有见于此,一些学者就得出了“明朝后无中国”或曰“十七世纪以后无中国”的结论(参见葛兆光《想象异域——读李朝朝鲜汉文燕行文献札记》),把以中国为核心的汉文化圈的崩坏追溯到四百年前。这个结论可以得到部分文献的支撑是显而易见的,如果用“短时段”或“中时段”的方法去考察,在某种程度上也可以说是证据确凿。然而,“短时段是所有时段中最变化莫测、最具欺骗性的”,在布罗代尔的忠告面前,我们实在应该对依据个别人物、事件或某个阶段的现象而导致的结论保持必要的警惕。一旦我们采取“长时段”,我曾经尝试用从 17 世纪到 20 世纪初三百年的历史眼光,分别考察了“衣冠服饰”“华夷变态”和“中州人物”三个不同问题,每个问题都是一幅历史图景的长卷,而透过三幅长卷的迭加,竟然发现在“断裂点”上的惊人相似,即 19 世纪中叶,就会得出完全不同的另外的结论。2014 年,乔·古尔迪(Jo Guldi)和戴维·阿米蒂奇(David Armitage)合著的《历史学宣言》公开发布,这部充满激情和挑战的著作(某些地方摹仿了《共产党宣言》的笔法)立刻引起欧美史学界的轰动。其核心观念就是呼唤“长时段”史学的回归。因为“在二十世纪的最后二十五年间,短期主义成了学术追求的时尚”,所以本书的开篇即云:“一个幽灵,短期主义的幽灵,正困扰着我们这个时代。”而在全书之末，作者呼吁道：“全世界历史学家，联合起来！你们会赢得一个世界，现在还为时不晚。”虽然作为一种历史技艺的概念，“长时段”在六十年前由布罗代尔提出，但回归后的“长时段”是一种“新的长时段”，“在概念上可能源自过去，但其指归却是朝向未来的”。这样的史学立场值得我们思考和借鉴，尤其是在使行录的研究中。

最后一个关键词是比较。将比较的视野从小到大列举起来，首先是一书之间的比较。李田秀《农隐遗稿》中收入了其《入沈记》，这是将他自己的《西游记》草稿与其仲兄李晚秀的《万泉录》草稿合而为一之著。在乾隆四十八年（正祖七年，1783），他们与沈阳士人张裕昆笔谈，有三段涉及时事的内容，李田秀是用正常方式记录，而李晚秀则是用谜语或隐语的方式记录。在《入沈记》中同时将两种稿子的文字录出，并作了这样的提示：“《万泉录》草本，凡系秘讳之事皆作谜语，故今悉改录，而附书原段以资览者之一，系后做此。”因为有正常文字在案，我们能够明白其意，用隐语记录的对话，有的能推测其理路，比如以“黄黑”代指满汉，以“银子”代指蒙古，用“蔘”（人参）“桂”（肉桂）代指吴三桂。但有的则无法理解，比如以下这段：“书问曰：‘根晨不立，豆晓何也？’书答曰：‘黄篋弆字，元棠知之，龙强俱类。’”即便根据正常记录的文字，我们能够明白所谈内容，是有关丁丑年（崇祯十一年，仁祖十五年，1637）朝鲜和清人和谈之事，但这样的谜语如何对应谜底的内容，至少对于我来说，也仍然是一个不解之谜。这里也提出来向各位请教。其次是同一系列中的不同书之间的比较。拿朝鲜时代的燕行录为例，以书而言，有时代之别，作者之别；以作者而言，有身份之别，地位之别，立场之别。所以，即使观察的是同一个对象，往往导致着眼点不同、观感不同、评价不同。用法国比较文学的“形象学”理论来说：“比较文学意义上的形象，并非现实的复制品（或相似物），它是按照注视者文化中的模式、程式而重组、重写的，这些模式和程式均先存于形象。”（巴柔《形象》）我这里使用的材料出自孟华教授主编翻译的《比较文学形象学》，请允许我再次借助“本地风光”向北大学者表示感谢。所谓比较，总是以异同为主，但异同只是现象，重要的是追究造成这一现象的原因，以及这种现象蕴含的意义。所以，我们不仅需要阅读文献，更需要拥有理论和方法的自觉。读过文献并不等于读懂文献，对于蕴含了思想意义和历史意义的文献来说，尤其是这样。第三，不同系列的书之间的比较。比如以“燕行录”与通信使文献的比较，将东方的使行录与欧洲的中国行纪文献的比较，那就能够引发无数有趣的话题，并且往往能够在貌似无关的领域中，发现其间隐蔽的、内在的联系。限于时间，我就不进一步展开了。

汉文化圈内的使行录文献，就其渊源来说，出自中国周朝的行人之书，从文献性质来说，属于外交文献。朝鲜时代较早汇编此类文献的书有《同文汇考》，日本明治以下汇编此类文献的有《通航一览》和《古事类苑・外交部》等，也都归在外交文献。今天阅读此类文献，其中流露的立场观点未必完全符合我们固有的认知，而不同国家和地区的学者研讨这些文献，即便面对同样的现象，由于文化立场的不同，也可能有种种别出心裁的不同解释。我认为，用简单化的好同恶异甚至党同伐异的方式对待，并不是一个好办法。胡适百年前提出的“今日吾国急需之三术”，在今天看来，文献方面“系统的整理”取得的成绩最大，认同度也最高，可以从“急需”中移除，而代之以“多元的观念”。所以，我想说的今日人文学的“新三术”，就是历史的眼光、比较的研究和多元的观念。在全球化时代人类不同文明的交往日益频繁的今天（即便有出于政治、经济、军事乃至疫情因素的干扰），秉持多元，欣赏差异，显得尤为重要。以一本 *Educated*：*A Memoir* 荣登《纽约时报》畅销书榜的女作家塔拉·韦斯特弗（Tara Westover），是个 1986 年出生的年轻人，她在接受《福布斯杂志》的访谈时说了一段话："教育意味着获得不同的视角，理解不同的人、经历和历史……教育不应该使你的偏见变得更顽固。如果人们受过教育，他们应该变得不那么确定，而不是更确定。他们应该多听，少说，对差异满怀激情，热爱那些不同于他们的想法。"这虽然不是针对我们的使行录研究而言，但这样的观念，在我们的研究工作中，是需要得到同情、理解并贯彻始终的。

附录十二　东亚书籍交流研究方法的再检讨*

一、引言

本文题目中的“再检讨”，意味着对以往研究的某种反思，我先作一点简短的回顾。对于东亚书籍交流的关注，可谓由来已久，具有学术意义的行为，最早体现在目录学上，但该课题真正成为学术研究的对象，是随着百年前现代人文学在东亚的兴起而出现的。现代人文学的基础是史学，百年前流行的史学观念是德国的以语文学（philology）为基础的兰克（Ranke）史学，它改变了18世纪对单纯博学多闻的追求，以原创研究作为新时代的“学术意识形态”，因此特别重视新材料的挖掘，这成为19世纪中叶以下欧洲史学的基本概念。兰克成为近代“考证派”史学的典范，不仅在德国，而且在法国、英国以及后来美国的历史学家，“他们都把兰克当作自己的导师，并且比别人更好地运用兰克的方法”[1]。这对于20世纪初的日本史学以及

* 本文是作者于2022年11月19日在韩国高丽大学主办的“东亚汉籍交流国际学术会议专题演讲会”上的演讲词。

〔1〕安托万·基扬（Antoine Guilland）《近代德国及其历史学家》（*Modern Germany and Her Historians*），黄艳红译，北京大学出版社，2010年版，页70。此书于1899年和1915年分别以法语和英语出版。

中国留美、留德、留日的青年学子造成了决定性的影响。以中国为例，傅斯年1928年在《历史语言研究所工作之旨趣》中说："西洋人作学问不是去读书，是动手动脚到处寻找新材料，随时扩大旧范围，所以这学问才有四方的发展，向上的增高。"[1]陈寅恪1934年写的《王静安先生遗书序》中，总结王氏学术典范，其中之一就是"取异族之故书与吾国之旧籍互相补正"[2]，这"异族之故书"就包括但不限于东亚汉籍。而且在陈寅恪自己的研究工作中，也涉及此类文献(如日本佛教经论注疏所引中土已佚古书及恩田仲任《世说音释》等)。胡适在1938年9月2日给傅斯年的信中，谈到他刚刚在瑞士苏黎世(Zurich)举办的史学大会上宣读的论文《近年来所发现有关中国历史的新资料》("Recently Discovered Material for Chinese History")，其中就有"日本朝鲜所存中国史料"[3]。将目光转移并扩大到周边国家，寻找新的史料来源，就成为一时的新风尚。2011年出版的《青木正儿家藏中国近代名人尺牍》一书，就收录了胡适、周作人、王古鲁、赵景深、傅芸子等人的信件，包含了不少对日本所藏汉籍的询问与求购。这些都可以视为东亚书籍交流研究的"前史"，真正的研究是从20世纪80年代发轫，并在本世纪初形成高潮的。这意味着不仅提出了研究方向，规划了基本的研究范围，而且证实了其研究价值，更能在问题意识和理论方法上有所创新和开拓。学术史上一二名公巨子的关注或某个相关概念的触及，与新领域的建立是无法相提并论的。

2005年，我在探讨清代诗话东传的课题时，曾就书籍交流的研究方法和途径作了十个方面的列举。2007年的春天，我也曾以此为主

[1] 《傅斯年全集》第4册，台北联经出版事业公司，1980年版，页258。

[2] 陈寅恪《金明馆丛稿二编》，上海古籍出版社，1980年版，页219。

[3] 王汎森辑《史语所藏胡适与傅斯年来往函札》(十七)，《大陆杂志》1996年第93卷第3期。

题在“复旦文史讲堂”作讲座，被主持人戏称为“十全大补”[1]。2012年，我写《域外汉籍研究入门》，在“书籍交流”的部分，依然沿用了上述思路。从2005年到现在已经过去了十七年，学术的发展现状和对学术进步的渴望迫使我们不能满足于过去并因此停留在过去，尤其是观念和方法，因此，今天我们要对既有的观念和方法作“再检讨”。但就某种意义上说，这番“再检讨”主要针对的是自身，也就是我常说的始终对自己保持“批判的距离”，是自我检讨或自我反省。尽管在十多年来的众多个案研究中，我曾试图从各方面拓展书籍交流研究的广度和深度，但并没有从理论上加以提炼和阐述，希望本文能够对此有所弥补。

二、以往研究方法之反思

十七年前我谈书籍交流“研究法”，列举了十个方面的内容，即据书目以考，据史书以考，据日记以考，据文集以考，据诗话以考，据笔记以考，据序跋以考，据书信以考，据印章以考，据实物以考[2]。这只是列举了十类可资采撷的相关文献，若要加以增损，也完全可以，但从方法的层面考察，本质上只是一种——文献学方法。东亚传统学术中关于书籍交流的研究，较为典型的是朝鲜时代的著述，私家之作如韩致奫的《海东绎史·艺文志》，官修之作则如历经英祖、正祖并最终成书于李太王十年（1906）的《增补文献备考·艺文考》。以后者为例，第一类“历代书籍”，以下又分子目为总论、购书赐书、献书、进书中朝、华史中记东事编目，堪称具体而微的“中韩书

〔1〕《着壁成绘：复旦文史讲堂之二》，中华书局，2009年版，页66。
〔2〕《清代诗话东传略论稿》，载《域外汉籍研究集刊》第二辑，中华书局，2006年版。

籍交流简史"[1]。十个方面的文献类别,较之于朝鲜时代相关著作的分目当然增加、细化了不少,但就方法层面而言,若权借一个日本学者惯用的表述,还是在文献学思考的"延长线"上。

文献学是一门非常重要的基础学科,在人文学研究中扮演着举足轻重的角色。欧洲的 philology 一语翻译成中文,可以是考据学、训诂学、语文学;而在日本和韩国,则通常译作"文献学",是一门以对文献的蒐集、考证、解释为主要目的,含括了考证学、书志学在内的古典学学问[2]。在百年前东亚现代学术的形成中,philology 作为从西方传来的崇尚考据的实证主义的学问摇身一变为"科学方法",与传统的乾嘉考据学相结合,成为学术界的宠儿。先师程千帆指出:"西洋学术输入,新文化运动勃兴……考据之学乃反得于所谓科学方法一名词下,延续其生命。"[3]钱锺书也在 1978 年指出:"在解放前的中国,清代'朴学'的尚未削减的权威,配合了新从欧美进口的这种实证主义的声势,本地传统和外来风气一见如故,相得益彰。"[4]胡适在 1923 年北京大学《〈国学季刊〉发刊宣言》中总结从明末以来三百年的学术业绩,无非是整理古书、发现古书、发现古物,而其缺点就是"研究的范围太狭窄了","太注重功力而忽略了理解"和"缺乏参考比较的材料",所以提出了"三个方向":"第一,用历史的眼光来扩大国学研究的范围。第二,用系统的整理来部勒国学研究的资料。第

---

[1] 《增补文献备考·艺文考》题解,张伯伟《朝鲜时代书目丛刊》第 6 册,中华书局,2004 年版,页 2858。

[2] 参见川濑一马《日本書誌学用語辞典》,雄松堂,1982 年版;诸洪圭《韓國書誌學辭典》,景仁文化社,1982 年版。

[3] 《论今日大学中文系教学之蔽》,《国文月刊》第 16 期,1942 年 10 月。此文收入张伯伟编《程千帆古诗讲录》"代序",人民文学出版社,2020 年版,页 1—5。

[4] 《古典文学研究在现代中国》,《钱锺书集·人生边上的边上》,生活·读书·新知三联书店,2002 年版,页 179。

三，用比较的研究来帮助国学的材料的整理与解释。”[1]其基本内容还是文献的开掘、分类、整理和解释，也就是一个 philology 的工作。所以，百年以来的中国人文学者，对于文献学的价值认同度最高，取得的成绩也最为突出。推广到日本和韩国学术界，大概也有某种共性在，即多以文献丰富见长[2]。20 世纪 50 年代的中国，随着毛泽东发起的“反对在古典文学领域毒害青年三十馀年的胡适派资产阶级唯心论的斗争”[3]的展开，“考证派”学术被打得落花流水，一蹶不振。但到了 90 年代初，用李泽厚的概括，“大陆学术时尚之一是思想家淡出，学问家凸显”[4]，考证派卷土重来，文献学又隐然成为众人心目中的最高学术殿堂，至今风流未沫。

用文献学的方法从事东亚书籍交流研究，是重要的和必要的。它涉及文献的传播轨迹，包括何时、何地、何人以及何种途径；涉及文献的扩散方式，包括赐赠、传抄、翻刻、购买、收藏甚至禁遏（以及随之而来的地下传阅）；涉及文献的二次加工，包括选本、注释、评点；涉及文献的衍生产品，包括仿作、批判，等等。这些可以帮助我们了解很多现象和事实，而对现象和事实的广泛了解，不仅可以满足某种知识上的好奇，也是从事严肃学术研究的起点；不仅可以让学者日渐博学多闻，也是采用综合研究方法的必要前提。此前列举的十类文献，可以提示我们在研究东亚书籍交流的时候，如何“即类求书，因书究学”（借用章学诚《校雠通义·互著》语），从而尽最大的可能获取所需要的文献。

---

〔1〕 收入刘东、文韬编《审问与明辨：晚清民国的“国学”论争》，北京大学出版社，2012 年版，页 381—396。

〔2〕 福井文雅曾提及法国学者对中日学者的批评：“中国人和日本人虽然有文献的知识，却不得处理、研究文献的方法。在方法上，我们比日本人优越。”（《有关道教的诸问题》，《汉字文化圈的思想与宗教》，徐水生、张谷译，武汉大学出版社，2010 年版，页 267）

〔3〕 毛泽东《关于红楼梦研究问题的信》，《毛泽东选集》第五卷，人民出版社，1977 年版，页 134。

〔4〕 香港《二十一世纪》1994 年 6 月号（总第 23 期）“三边互动”栏目。

比如，正仓院文书《天平二十年六月一日写章疏目录》是日本现存最早的藏书记录，天平二十年为唐天宝七载(748)，其中著录了《帝德录》和《文轨》各一卷，前者见载于《文镜秘府论》北卷，是唐代唯一流传至今的骈文创作论。后者有可能是隋代杜正藏的《文章体式》。据《隋书·杜正藏传》记载，杜氏"著《文章体式》，大为后进所宝，时人号为《文轨》。乃至海外高丽、百济，亦共传习，称为《杜家新书》"。这里的《文章体式》《文轨》和《杜家新书》很可能是同书异名[1]。而现藏正仓院的《杜家立成杂书要略》，也很可能出自《杜家新书》。根据以上叙述，目录、史书和实物三者互相印证，可以确认这一事实。我们还可以进而推论，唐五代文坛上流行的诗格、文式、赋枢类的书，最早起源于隋。而这一类书籍的出现，一则与晋宋以来对诗文技巧法则的重视程度有关，另外也与科举考试有关。据《文献通考》载，杜正元、正藏、正伦三兄弟都以善作诗赋文章而举秀才，"隋世天下举秀才不十人，而正元一门三秀才"。杜正伦亦有《文笔要决》一卷，著录于《日本国见在书目录》，其中"句端"一篇，日本有保存至今的平安末期写本，又见载于《文镜秘府论》北卷。《新唐书·杜正伦传》载同时人董思恭语云："与杜公评文，今日觉吾文顿进。"目录、史书、诗话、实物等不同类别的文献同样可以互相印证，但以文献学方法研究书籍交流，至此也就能事已毕。我们可以了解若干新鲜的史实，可以在资料上弥补本土传世文献之不足(杜氏兄弟的论文之著皆未见录于中国历代公私书目，其书在中土亦未见流传)。至于这些史实蕴含了什么意义，其在日本的文学批评史上引起了什么反应，人们如何阅读、如何接受，以及借助文献的"环流"而新发现的这些论文

[1] 《北史·杜正藏传》云："正藏为文迅速，有如宿构……又为《文轨》二十卷，论为文体则，甚有条贯。后生宝而行之，多资以解褐。大行于世，谓之《杜家新书》云。"

资料，进一步评价杜氏兄弟在中国文学批评史上的贡献，仅以文献学为方法，上述问题就无法进入研究者的视野。

再举一例，1764 年朝鲜通信使赴日，在两国文人的笔谈之际，奥田元继问南玉："近世文儒多讲《世说》者，故有《世说考》及《觹》等之书出，而非互无得失。贵邦亦有阐发此书者乎？"奥田讲的"近世文儒"，专指日本江户时代中期以降，其提及的书名，就是桃井白鹿的《世说新语补考》和冈田白驹的《世说新语补觹》。《世说新语补》是王世贞删改汇合刘义庆《世说新语》及何良俊《语林》而成，传入日本后，引起很大反响，注释、辑佚、考订、仿作不绝。奥田曾从学于冈田白驹，对日本学者"阐发此书"之举也颇为自傲，故有此问。但南玉对本国相关状况茫然无知，为了在外交场合争得面子，遂以炎炎大言对之："弊邦人士专攻经术，如此书多有旧说，不复喜凿求，故无发注者。"[1]以文献学方法考察，我们知道《世说新语补》无论是传入还是注释的年代，朝鲜都远远早于日本。《世说新语补》刊于万历十三年（1585），二十年后，朱之蕃作为正使赴朝鲜颁诏（1606），朝鲜方面委任柳根为远接使，柳又命许筠为从事官，根据许筠当时的记录，三月二十八日朱之蕃赠送他书籍，其中就有《世说删补》[2]。而该书传入日本则是在元禄二年（1685）前不久，比传入朝鲜的时间晚大约八十年。许筠不仅获得此书，而且还加以注释，有《世说删补注解》，其书相较于冈田白驹《世说新语补觹》（1749）也早了一百四十年。如果继续用文献学方法研究，我们还可以知道，李宜显谈起《世说新语补》传入朝鲜之事，经过一百三十年，已不甚准确，但还依然有些印象。他说："朱天使之蕃携来赠柳西坰（根），遂为我东词人所欣睹焉。"[3]

〔1〕 奥田元继《两好馀话》卷下，明和元年（1764）刊本，日本京都大学附属图书馆藏。

〔2〕 许筠《丙午纪行》，《惺所覆瓿稿》卷十八，《韩国文集丛刊》第 74 册，页 291。

〔3〕 李宜显《陶峡丛说》，《陶谷集》卷二十八，《韩国文集丛刊》第 181 册，页 448。

但许筠注释此书之事，则不见提及。南玉比李宜显再晚五十多年，对此已全无所知，在外交场合白白丢失了一个可以满足虚荣心的机会。但是从研究汉籍交流的角度来说，以上的考察可以让我们获得一些较为正确的知识，掌握一些已被历史尘埃掩埋的事实，却未能进一步理解这些知识和事实背后的意义。同样一部《世说补》，其传入朝鲜的时间及予以注解的行为都远远早于日本，为什么日本人津津乐道，而朝鲜人却语焉不详甚至懵然无知？为什么在日本能够形成"《世说》热"，而其书在朝鲜的反应却相当冷清甚至受到贬斥？造成两者间差异的原因，是政治的、经济的、文化的等多种因素的综合作用，甚至是某些关键人物的命运决定了书的命运。如果说，"书籍自有命运"(Habent Sua fata libelli)，这是公元2、3世纪之交一位拉丁诗人泰伦提雅努斯·马乌(Terentianus Maurus)的话，那么，它的命运是不能自我主宰的。而主宰其命运的并不是那只"看不见的手"(借用Adam Smith的话"Invisible Hand")，简单地说，"读者所在的物质及文化环境是他们解读文本的过滤器和控制器"[1]。我们需要的恰恰就是将研究目光投向其"过滤器和控制器"。

综上所述，在书籍交流即便缩小到东亚范围的课题上，我们虽然有必要重申，文献学的方法是重要的和必要的，但更有必要提醒，文献学的方法是无法满足求知的渴望和探索的心灵。我们需要寻找向上一路，运用更为有效的方法，从而将书籍交流的研究向更为深入、更为宽广也更为有趣的领域进发。

---

〔1〕 詹姆斯·雷文(James Raven)《什么是书籍史》(*What is the History of the Book?*)，孙微言译，北京大学出版社，2022年版，页14。

三、 书籍史视角的引入

这里说的“书籍史”不是传统的仅仅以物质的、技术的眼光考察书籍演变的历史轨迹，这在东亚已有不少成果，集中在对目录、版本、印刷历史的追溯和描写，关注重心在文本的“物理表征”(physical features)，类似于19世纪的英国学者把书籍当作物质文化来研究的作派。而书籍史则是以1958年法国史学家费夫贺(Lucien Febvre)和马尔坦(Henri-Jean Martin)合著的《印刷书的诞生》(*L'Apparition du livre*)为标志，他们与年鉴派学者的思路相当合拍，开启了书籍的社会文化史研究，经过二十多年的发展，在20世纪80年代形成了一门丰富而又多产的新学科。用美国学者罗伯特・达恩顿(Robert Darnton)在1982年文章中的描述：“书籍史是一门重要的新学科，是一种用社会史和文化史的方法研究人类如何沟通和交流的学问……人们的想法和观念是怎样通过印刷品得到传播的，阅读又是怎样反过来影响人们的思想和行为。”[1]虽然在达恩顿的时代，他已经认识到对这一门学问的研究“必须在范围上跨国际，方法上跨学科”[2]，但直到那个时候，大量的研究课题仍然多从民族国家的立场出发。而在2018年出版的英国学者詹姆斯・雷文著作的观察中，“近年来，书籍史掀起了一波更侧重于比较的浪潮……新的书籍史进行了全球比较，尽管其方法仍处在萌芽阶段……全新的问题占据了书籍史的学术前沿，这些问题涉及跨越大洋和横贯大陆的书籍生产、流通和阅读，以及本土化的知识创造及其广泛

[1] 《书籍史话》，收入《拉莫莱特之吻：有关文化史的思考》(*Kiss of Lamourette: Reflections in Cultural History*)，萧知纬译，华东师范大学出版社，2011年版，页85。

[2] 同上注，页112。

传播"[1]。作者还预言:"书籍历史的明显且源源不绝的动力在于打破民族国家的、帝国的或其他各种政治地理的界限。"[2]我想从以上引文中概括三点值得关注的看法:1. 挣脱民族国家的立场,进入跨国界的比较是书籍史研究的新浪潮;2. 从事这类研究的方法还处于萌芽阶段;3. 跨国界的研究构成了源源不绝的动力之一,推动着书籍史的发展。这,或许可以代表欧美书籍史研究的最新动向。而周绍明与彼得·伯克合编的《东亚与欧洲的书籍世界,1450—1850》,也可以堪当欧美学者关于书籍史跨国界研究的初步业绩[3]。

东亚书籍交流的研究,从内容来看,与"跨国界"的书籍史研究非常合拍。就通常的书籍史研究而言,"跨学科"是其鲜明的特征之一,历史学家、文学学家、社会学家、图书学家等都是这个学术圈中的重要构成者,在既有的研究中,有人曾构拟了具有普遍性的研究模式,如达恩顿就建构了这样一个循环:作者—出版商—印刷商—运输商—书商—读者。他强调:"图书史的研究不仅要探讨这个过程中的每一个环节,也要研究这整个过程,这个过程在不同时间地点的表现形式,以及它同周边其他经济、社会以及文化系统之间的关系。"[4](此处的"图书史"之译实即"书籍史",下同)在这样一个过程中,最终落实到读者,而他认为"阅读是书籍传播过程中最难研究的一个课题"[5]。为此,他又提出了"五种研究方法",但实际上只能看做是几个不同的研究方向或课题,真正具有方法意义的只是第四条——"熟悉文学理论",尤其应以德国、法国和美国学者倡导的"读者反应理

---

〔1〕《什么是书籍史》,页3—5。
〔2〕同上注,页2。
〔3〕*The Book Worlds of East Asia and Europe*, 1450 - 1850, Edited by Joseph P. McDermott and Peter Burke, Hong Kong University Press, 2015.
〔4〕《书籍史话》,《拉莫莱特之吻:有关文化史的思考》,页88—89。
〔5〕同上注,页98。

论”为核心。这意味着“在文学理论研究与图书史研究之间建立互动的时机已经成熟”[1]。在达恩顿的认知中，西方人到 16 世纪才真正掌握了文字（姑且不论识字率问题），所以他的书籍史研究主要是在 17 世纪以下的资本主义社会中，也因此，商业经济占据了极高的研究比重，他列出的六项因素中有四项都是商人。这种看法在今天的研究者也依然坚守不易，如詹姆斯·雷文指出：“任何时代、任何地方的书籍史研究都离不开对书籍生产经济学的了解。”[2]但这样的研究模式，“强调图书贸易流动甚过书籍本身”，同时也具有“明显的欧洲中心论色彩”[3]。如果将视线转移到欧洲以外，比如在以传统中国为核心的东亚世界，社会发展变迁的基本运作，不是经济决定政治、文化和社会，而是王权支配经济、文化和社会。一言以蔽之，就是“政治挂帅”。刘泽华指出：“中国传统思想文化的主体是政治思想和政治文化，而其主旨是王权思想。思想文化的王权主义又根源于‘王权支配社会’这一历史事实。”[4]我认为这是一个精辟的判断。“王权支配社会”也就自然形成“政治支配经济”，但以往的中国甚或东亚的书籍史研究，由于受到欧美书籍史理论和方法关注重心的指引或潜在影响，大部分目光被商业“妖韶女”吸引[5]，而对于过滤和控制商业

---

〔1〕《阅读史初探》（“First Steps Toward a History of Reading”），收入《拉莫莱特之吻：有关文化史的思考》，页 146—160。

〔2〕《什么是书籍史》，页 5。

〔3〕戴联斌《从书籍史到阅读史：阅读史研究理论与方法》，新星出版社，2017 年版，页 54—55。

〔4〕刘泽华《中国的王权主义·自序》，天津人民出版社，2019 年版，页 3。

〔5〕略举其例，国外汉学家著作如周绍明（Joseph P. McDermott）《书籍的社会史：中华帝国晚期的书籍与士人文化》（*A Social History of the Chinese Book: Books and Literati Culture in Late Imperial China*），何朝晖译，北京大学出版社，2009 年版。大木康《明末江南的出版文化》，周保雄译，上海古籍出版社，2014 年版。贾晋珠（Lucille Chia）《谋利而印：11 至 17 世纪福建建阳的商业出版者》（*Printing for Profit: The Commercial Publishers of Jianyang, Fujian, 11th–17th Centuries*），邱葵等译，福建人民出版社，2019 年版。中国学者著作如张献忠《从精英文化到大众传播——明代商业出版研究》，广西师范大学出版社，2015 年版。何朝晖《晚明士人与商业出版》，上海古籍出版社，2019 年版。

活动的政治因素，反而因为“习见”变成了“不见”。所以要强调指出，在东亚书籍史的研究中，商业因素的较高比重需要让位于政治因素的考量，这应该成为我们的基本认知。而当书籍史研究由“跨学科”进而“跨国界”，在研究方法上就更没有现成的理论模式可循。因此，将书籍史的视角引入东亚书籍交流研究之后，紧接着的工作就必须是对方法的探索。由于在欧美的书籍史研究中，迄今为止并没有统一的理论和方法，也就是说，既没有现成的理论模式可供套用，而以欧美的书籍传播、接受的普遍现象为基础构拟的某些理论框架也无法覆盖东亚，我们的工作重心就是首先针对与欧美书籍史拥有较大差异的现象——政治因素，以及欧美书籍史研究中的薄弱环节——阅读史，提出自己的观察以及研究方法上的建议，借此与西方书籍史研究的同行对话，也在书籍史“跨国界”“跨学科”研究的新浪潮中对理论和方法的探索作出东亚学者的贡献。

四、政治过滤网与书籍交流

政治因素对于书籍交流的影响，具有正面和负面的两类。就以往的研究而言，注意力多在其中的正面因素却又往往忽略其中的政治性，这也可以说是延续了某种叙事传统。比如《增补文献备考·艺文考》，其第一类“历代书籍”中的总论、购书赐书、献书、进书中朝等条目，都是政治意味极为浓厚的书籍交流叙事。一个“赐”字，便活脱脱地画出了中国皇帝居高临下的赏赐嘴脸（就其遣辞的本意而言，却是感恩戴德之情的表露）。无论是皇帝的主动“赐之”还是应国王的“奏请”，无论是儒家经典、中国古史还是佛道二藏，这些“赐书”都反映了特定时代的国家意识形态，通过由上而下、由中心而边缘的方式强行推扩，只是笼罩了一层封建时代的“温情脉脉的面纱”[1]。至于“赐”哪些书、“不许”哪些书，或彼时“不许”，而此时“又赐”，体现的也依然是“王权”的威严[2]。由“赐书”形成的等级观念，再经朝鲜国王的“复制”，向地方社会乃至个人家庭渗透。

在现存的朝鲜时代书目中，有一类被我界定为“地方书目”，其中包括各地乡校、书院的藏书目录。其中乡校属于官学系统（包括太学、四部学堂、乡校），书院属私学。乡校的书籍一律来自官方颁赐。《世宗实录》十七年乙卯（1435）十一月癸亥载：“传旨各道监司：《性理大全》及《四书五经大全》……实理学之渊源，学者当先讲究者也……欲印置于乡校者。”[3]同书二十三年辛酉（1441）十月辛巳载：“印《直解小学》二百本，颁赐各官、乡校及文臣。”[4]上述经学、理学著作皆来自中国，颁赐本是在朝鲜各道重新雕版印刷的，有的书则是对中国典籍的注释讲解。至于书院，自朝鲜明宗五年（1550）国王赐额“绍修书院”始，也有了颁赐书籍的先例，四年后，以郑梦周生长之地创建书院，也就以此为先例要求赐书。现存的《岭南各邑校院书册录》，其中玉山书院的藏书，首列自《礼记》三十卷到《御定朱书百选》三卷等十五种，都属于“宣赐”本[5]。这是国家意识形态通过教育途径向社会传播的表现。

至于个人家藏书籍，较为典型的例证是同春堂宋浚吉后裔所藏

---

〔1〕马克思、恩格斯《共产党宣言》指出：“资产阶级在它已经取得了统治的地方把一切封建的、宗法的和田园诗般的关系都破坏了……资产阶级撕下了罩在家庭关系上的温情脉脉的面纱，把这种关系变成了纯粹的金钱关系。”人民出版社，2017 年版，页 30。

〔2〕《增补文献备考·艺文考》载，高丽朝宣宗十年（1093），“遣使如宋，请《太平御览》，不许”；肃宗六年（1101），“王嘏、吴延宠等朝宋还，帝赐《太平御览》一千卷……此使之能也”。实际上，相距八年，一予一夺，皆是王权的体现。

〔3〕《朝鲜王朝实录》第 3 册，韩国国史编纂委员会，1955 年影印本，页 657。

〔4〕《朝鲜王朝实录》第 4 册，页 367。

〔5〕《朝鲜时代书目丛刊》第 5 册，页 2290—2292。

《家藏书籍簿》,其藏书据来源分作五类:内赐二十八种,家印二百三十七种,借来四加四(八)种,不归类二十种,书帖一百零八种[1]。内赐二十八种以儒家经典为主,另有极少的史书(如《通鉴》等)、文学(如《文选》《瀛奎律髓》)和医学类(《医学正传》)书。无论是乡校、书院抑或个人,获得国王的“赐书”是一种无上的殊荣,在所有的藏书中也占有最高地位。在上述书目中,绝对看不到佛道二教的踪影,也绝对看不到通俗小说的踪影,虽然这绝对不意味着儒生或士大夫不读小说。

由此可见,东亚的书籍交流,从国家、社会到个人,其最为重要的部分(未必总是数量最多的部分),既不是出于个人的自然需求,也不是来自商业的自由贸易,而是由政治决定的。从中国皇帝与朝鲜国王的关系看,或者从朝鲜国王与其臣民的关系看,应该赐什么书,买什么书,读什么书,藏什么书,往往透过“政治过滤网”的筛选。最高统治者的意志,经过层层“复制”,最后抵达社会和家庭,并以被“格式化”的思维自觉地“过滤”和“控制”自身。当然,这只是就普遍化的一般情形而言,每个时代总有不那么循规蹈矩的“出格”思想的人,并且由这种思想导致“奇言异行”甚或“异端邪说”。

“赐书”是以上对下的一种行为,另一种行为是“征书”,即要求高丽、朝鲜方面“献书”。《高丽史·宣宗世家》八年(1091)载,李资义从宋朝带回哲宗皇帝之命,要求高丽献书128种,“虽有卷第不足者,亦须传写附来”[2]。语气是峻烈的,不容讨价还价。《增补文献备考》的编者怀疑此“是远外传闻悬度之事”,也许不会有如此大规

---

〔1〕 손계영(Son Ke-Young)《동춘당 후손가 가전「家藏書籍簿」의 작성시기에 대한 고찰》(《对同春堂后裔家传〈家藏书籍簿〉作成时期的考察》),载韩国《书志学研究》第三十八辑,2007年12月。

〔2〕 《高丽史》卷十,第1册,西南师范大学出版社、人民出版社,2014年版,页289。

模的"征书",但高丽献书则是事实。《玉海》记载:"元祐七年,秘省言高丽献书多异本,馆阁所无。"据《朱子语类》记尤延之(袤)语云:"《孟子》'仁也者人也'章下,高丽本云:'义也者,宜也;礼也者,履也;智也者,知也;信也者,实也。合而言之,道也。'"并首肯云:"此说近是。"[1]其《孟子集注・尽心章句下》引用"外国本"云云,即尤氏所谓高丽本。而据李瀷的说法,多出20字的《孟子》版本在当时的朝鲜已不复可睹,"今不可得见,可胜叹哉"[2]。然而朝鲜国王也同样"复制"此类"征书"之举,对内命民间献书,史籍不绝于书,对外则要求文化地位及国家实力稍逊者献书,如世祖七年(1425)对琉球使者云:"予今付送中朝寻访书目,归报国王,所有书册送之可也。以天下而失其本,况海外之国,未必有也。然幸有一二本,须宜送之。"[3]同时又"赐书"琉球使者,完全是以上临下的姿态。而"须宜送之"云云,显然模仿了宋哲宗"须传写附来"的语气,只是稍作委婉而已。征书、献书,无非某种政治权力的体现。

以上是就政治影响的正面因素而言,所谓"正面",就是指对书籍交流起积极作用的因素,但负面因素的影响也极为重要,这突出表现为"禁书"。对于禁书的历史学研究,无论中西,都有学者加以研究[4],但在书籍史的研究中,这项内容往往是缺席的。1999年由卡洛莱兹(Nicholas J. Karolides)等人合著的《禁书》,将西方的禁书分

---

〔1〕《朱子语类》卷一百三十三,页3191。

〔2〕李瀷著、安鼎福编《星湖僿说类选》下辑卷六上"高丽古经"条,明文堂,1982年版,页6。案:此书乃安鼎福编辑其师李瀷言论而成,《增补文献备考・艺文考》引作安鼎福语,误。

〔3〕《国朝宝鉴》卷十二"世祖朝三",又《增补文献备考・艺文考》亦有记载。

〔4〕参见陈正宏、谈蓓芳《中国禁书简史》,学林出版社,2004年版。今田洋三《江戸の禁書》,吉川弘文馆,2007年版。卡洛莱兹(Nicholas J. Karolides)、伯德(Margaret Bald)和索瓦(Dawn B. Sova)《禁书:100部曾被禁的世界经典作品》(*100 banned books: literature suppressed on political, religious, sexual, and social grounds*),吴庶任译,台中晨星出版有限公司,2002年版。

为四类：性爱类、社会类、宗教类、政治类。严格地说，东亚的禁书主要是出于政治的原因和目的，宗教往往是政治化的，社会类（比如涉及民族、种族的措词等）也只是在与政治有关时才遭禁或被删被改。至于色情类的禁书，属于古今中外的通例。在中国禁忌稍严，但在东亚书籍交流中却反而得以大行，至少没有受到太多限制。就以孙楷第的《中国通俗小说书目》《日本东京所见小说书目》《大连图书馆所见小说书目》为例，后二者都是日本藏书，"烟粉类"甚多〔1〕。陈庆浩、王秋桂主编《思无邪汇宝》，收录艳情小说五十种，"大部分资料采自日本、俄罗斯、英国、法国、荷兰、美国等诸国图书馆及私人藏书"〔2〕，这其中又以日本占多数〔3〕。至于朝鲜时代，虽然有对通俗小说的"禁令"，却往往有禁不止或有令难行〔4〕。中国的情况也正如李梦生说："在禁书中，有违碍语的禁得很严，今存世大多是孤本、残本；其次是淫秽小说；最宽的是才子佳人小说，书坊几乎没有遵守禁令。"〔5〕所谓"违碍语"，大抵涉及政治。所以，就"禁书"而言，最大的禁忌是"时忌"，也就是关乎当时的政治的。

中国传统历史上禁书的高峰是清代，尤其是事关明清易代的作者及作品。1790 年，朝鲜徐浩修以进贺兼谢恩副使身份入清，在热河见到铁保，而有这番询问："《牧斋集》方为禁书，阁下何从得见？"铁

〔1〕 参见《中国通俗小说书目（外二种）》，中华书局，2012 年版。

〔2〕 陈庆浩《思无邪汇宝·总序》，台湾大英百科股份有限公司，1995 年版，页 12。

〔3〕 原因虽多，但最主要的是江户时代的日本人提倡借助通俗小说（含色情小说）学习汉语。雨森芳洲《橘窗茶话》卷上云："我东人欲学唐话，除小说无下手处。"又评论精通"唐话"的冈岛冠山说："冈岛援之只有《肉蒲团》一本，朝夕念诵，不顷刻歇。他一生唐话从一本《肉蒲团》中来。"又自谓"所读小说亦不下四五十部"（《芳洲文集》，《雨森芳洲全书》二，页 157—158）。虽或有些夸张，但时人重视利用通俗小说学习汉语则是事实。

〔4〕 参见张伯伟《朝鲜书目与时代及地域之关系》，载《延边大学学报》2004 年第 4 期；又《从朝鲜书目看汉籍交流》，载《书籍之路与文化交流》，上海辞书出版社，2009 年版。

〔5〕 李梦生《中国禁毁小说百话·前言》，上海辞书出版社，2017 年版，页 3。

保答复道:“凡禁书之法,止公府所藏而已,天下私藏,安得尽去?”[1]禁书的目标是要限制乃至杜绝书籍的流通,但实际效果却往往激发了人们的好奇乃至猎奇,禁书反而成为觅书、购书的首选。就如法国作家蒙田(Michel de Montaigne)说的:“不许我们做的事,也就是煽动我们欲望的事。”[2]入清以后,朝鲜使团在往返路途中,经常向当地人士觅购禁书,时见于记录。而更为集中的展现,则是在北京琉璃厂书肆的活动,禁书特别引发了他们搜罗、购买的兴趣和热情。禁书对于书籍交流的反作用,只能证明文化专制者的愚蠢和失败。金锡胄于康熙二十一年(1682)赴京,其《买书》诗有“前代禁书仍十失”[3]之句。李德懋于乾隆四十三年(1778)赴京,托琉璃厂五柳居陶生代购禁书,曾记录书状官沈念祖的话:“左右尝盛言顾亭林炎武之耿介,为明末之第一人物。购其集于五柳居陶生,陶生以为当今之禁书三百馀种,《亭林集》居其一。申申托其秘藏归来,余于轿中尽读之,果然明末遗民之第一流人也。”[4]李永得道光二年(1822)入京,其《燕行杂录》载:“往文盛堂买书……所买书册多禁书。”[5]购书本属商业行为,但朝鲜燕行使者在北京热衷购买禁书,却体现了政治因素向商业活动的渗透。仅以上述所举三例来看,这种意识已经延续了一百四十年,实际则更长。清朝民间广泛闻知的三百馀种禁书,在某种程度上,已经成为朝鲜人的购书向导。

政治因素对图书贸易的影响,同样体现在中日书籍交流中。最

[1] 徐浩修《热河纪游》卷二,林基中编《燕行录全集》第51册,页484。
[2] 《蒙田随笔全集》第二卷,马振骋译,上海书店出版社,2009年版,页274。
[3] 金锡胄《擣椒录》卷下,《燕行录全集》第24册,页93。
[4] 李德懋《入燕记》卷下,《燕行录全集》第57册,页324。
[5] 旧题徐有素《燕行录》,《燕行录全集》第81册,页171。案:此书旧题有误,其《燕行杂录》部分实出自李永得,参见张伯伟《名称·文献·方法——关于“燕行录”研究的若干问题》,载《南国学术》2015年第1期。

典型的案例,当然就是有关江户时代的禁书与书籍检查的制度。由于禁止的对象主要是基督教教义,而书籍的审查较之于一般商品更为复杂,所以在长崎奉行属下专设"书物改役"一职。最有代表性的研究,允属日本思想史、基督教史学者伊东多三郎的《禁書の研究》(1936),和历史学者大庭修的《江户時代における唐船持渡書の研究》(1967)、《江户時代における中国文化受容の研究》(1984),后者译为中文时改题为《江户时代中国典籍流播日本之研究》,堪称名副其实。大庭修在比较伊东氏与自己的研究时说:"他考察有哪些书被禁止输入,而我却是调查有哪些书被允许入境。"[1]江户幕府颁布了很多禁书目录,如贞享二年(1685)的《国禁耶稣书》,京都书坊明和八年(1771)的《禁书目录》等。不仅列在目录中的禁书不能入境,其他与基督教主题无关的书,往往因为其中含有西洋人的诗作或书信,也同样遭禁,如《福建通志》《地纬》《帝京景物略》等。当然,幕府的政策时紧时松,并非一贯,但无论怎样,中国输入日本的书籍,都要经过政治、宗教过滤网的筛选,认为是"安全的"方可放行。在中日书籍交流的研究中,人们极为重视的珍贵资料,无论如赍来书目、大意书、交易帐(书籍元帐、见帐、直组帐、落札帐)等第一手资料,还是如各类《舶载书目》《唐本目录》等第二手资料,其实都是在政教因素干涉下催生的副产品。它表明当时的书籍贸易并不是纯粹的商业活动,而是经受了"政治审查"的干预、处分后的结果。如果忽略了这项重要的因素,就难以了解当时中日书籍交流的真相。面对如此普遍存在的历史现象,我们可以从中获得一个强烈的印象,那就是,与西方书籍史研究重视商业活动不同,东亚书籍史研究应该更重视

〔1〕 大庭修《江户时代中国典籍流播日本之研究》,戚印平、王勇、王宝平译,杭州大学出版社,1998年版,页53。

政治因素的作用。政治就如同社会生命体中的主动脉，透过毛细血管网的作用，渗透到每一个细胞，任何领域、任何个人都注定无处可逃。

不止基督教书籍难以入境，在日本，《孟子》的命运也属多舛，尽管它是儒家经典，平安时代的大学寮明经科甚至不以它为教科书。《孟子》在日本“运交华盖”，原因在于其书强调“易姓革命”的正当性，这与日本万世一姓的天皇制度“国体”不合，所以很受排斥。谢肇淛《五杂组》曾记载：“倭奴亦重儒书，信佛法，凡中国经书皆以重价购之，独无《孟子》，云有携其书往者，舟辄覆溺。”[1]日本方面的记载中，如藤原贞干《好古日录》、桂川中良《桂林漫录》、冢田虎《随意录》等书都曾予以转录。直到德川幕府势力抬头，与天皇分庭抗礼，《孟子》才受到人们的重视，所以宽文年间（1661—1673）刊行的《五杂组》中，上文引录的一则也被删去。随着尊王（朝廷）贱霸（幕府）思想的逐步抬头，像高松芳孙（贝陵）这样的尊王派就对孟子恶语相加，所谓“轲也是仁义之贼，圣人之大罪人，君子之宜所诛讨者”[2]。到明治维新时国学与汉学发生争辩，大学不允许将《孟子》列入正科，同时还禁止人们私下阅读[3]，这几乎又像是回到了平安时代。当政治力量介入的时候，即使儒家经典也难逃厄运。但比起朱元璋读到《孟子》“君之视臣如草芥，则臣视君如寇雠”而大怒，几乎动了杀心，最后罢其配享，并命人删改其书近百条之多[4]，相对来说，日本君臣对《孟子》的态度还是温和了许多。

---

〔1〕 谢肇淛《五杂组》卷四，上海书店出版社，2001 年版，页 86。

〔2〕 《正学指南》卷二，关仪一郎编《日本儒林丛书》第 11 册，页 46。案：原文为日语。

〔3〕 参见宇野精一《明治以后的儒教》，许正雄编译《日本儒学史概论》，文津出版社，1993 年版，页 115。

〔4〕 参见吴晗《朱元璋传》，北京联合出版社，2020 年版，页 119—120。

书籍史和历史研究、文学研究的最大不同，是要以书籍和阅读为中心，将焦点凝聚在书籍自身和实际的阅读活动。从这一点出发，我们还要注意政治因素对书籍的内容、署名、字体、装帧、收藏等诸多方面的影响。

首先看内容。日本正德元年（1711），朝鲜通信使正副使赵泰亿、任守干与日本新井白石有一番笔谈，经记录整理后成书。任守干整理（署赵泰亿名）者为《江关笔谈》，新井白石整理者为《坐间笔语》（一题《朝鲜使燕乐笔语》），这是第一次由官方层面展开的两国外交之间的"文战"记录[1]。在《坐间笔语》中，新井氏口口声声自称日本为"天朝"，这固然是一种自大的表现，但也还可以理解。至于其中记录朝鲜使臣语，以"皇京"称日本京都，则绝对出于改换。按朝鲜人的习惯用法，仅以"皇京"称明朝国都，以"燕京"称清朝国都，而以"倭京"称日本国都。至于《江关笔谈》，朝鲜方面有任守干《东槎日记》附录本，日本方面亦有刊本，两者差异颇多。兹举一例以比对之。《东槎日记》本载：

> （新井）白石曰："当今西方诸国，皆用大清冠服之制，贵邦独有大明之旧仪者，何也？"平泉（赵泰亿）曰："天下皆左衽，而独我国不改华制，清国以我为礼义之邦，亦不敢加之以非礼。普天之下，我独为东周，贵邦亦有用华之意否？今看文教方兴，深有望于一变之义也。"[2]

---

〔1〕参见张伯伟《"文和"与"文战"：东亚诗赋外交的两种模式》，载《中华文史论丛》2022年第2期。

〔2〕任守干《东槎日记》附《江关笔谈》，复旦大学文史研究院编《朝鲜通信使文献选编》第3册，复旦大学出版社，2015年版，页200。

日本刊本：

> 白石曰："当今大清易代改物，因其国俗，创制天下。如贵邦及琉球，亦既北面称藩，而二国所以得免辫发左衽者，大清果若周之以德而不以疆［彊］然否？抑二国有假灵我东方？亦未可知也。"〔1〕

《江关笔谈》原本就是由朝鲜方面整理，日本刊本的署名也还是"通政大夫吏曹参议知制教赵泰亿辑"，是以朝鲜本为蓝本的。两者之间出现的差异，集中在对朝鲜的贬低和对自我的抬举，显然是日本方面出于"文化自大"的心理而实施的政治修辞术，是体现其国家意识形态的伪诈之词。这一书籍交流过程中从朝鲜本到和刻本的变化，绝非跨国传抄过程中自然形成的讹脱衍倒，仅仅从文献学角度校其异同，补其阙漏，而不进一步洞察其异文背后政治性的本国文化叙事，就只能得出一些浮表幼稚的结论。

至于在朝鲜和清朝之间，由于当时人的文集都以崇祯纪元后多少年系年，在具体作品中也多有对清朝的丑化之词，所以肃宗四年(1678)"清使侍卫噶等求观东国文籍"，提供的文集作者都是生卒于明代的。三十九年(1713)"因清帝求观东国诗文，令大提学抄出前后东人诗文，删定印出"〔2〕。在这样的书籍交流中，因为出于时忌，所以改变了内容。

其次看署名。许筠在光海君十年(1618)以谋逆罪被诛杀，其名遂成忌讳，著述亦颇有散佚。约六十年后的金锡胄编《海东辞赋》，作者二十七人，辞赋五十八篇，其中有《思旧赋》《竹楼赋》《北归赋》《东林城赋》《梦归赋》五篇，署名"无名氏"。韩国太学社影印此书时，请

---

〔1〕 平安书肆群玉堂，天明己酉(1789)刊本，日本京都大学附属图书馆藏。

〔2〕 《增补文献备考·艺文考》，《朝鲜时代书目丛刊》第6册，页2902—2903。

东国大学校金起东教授撰写解题，也仍然将此五篇作品归为无名氏之作[1]，实则皆为许筠作品。他由于“刑死”而蒙受“恶名”，但其文才甚美[2]，若以人废言，实在可惜，故以无名氏署之。金氏此书编次以作者生年为序（极个别者略有出入），无名氏编于象村（申钦）之后，申钦的生年为朝鲜明宗二十一年（1566），而许筠为宣宗二年（1569），所以，金锡胄是知道这五篇赋的真正作者的，只是缘于政治忌讳，遂改变了其书的署名方式。这一类书可存、名当废或名当改的避忌，即便在21世纪的东亚，也还能够看到其后遗症。

再看字体、装帧。朝鲜显宗九年（1668），“上以眼患，艰于看书，令玉堂写进四书五经，大其字样，以便览阅”[3]。这种大字本当然是特殊的字体和装帧，也是仅仅属于国王一人拥有的“特权”。好读书本身无可非议，但利用手中的政治权力以达到其目的，多少可以满足帝王的虚荣心。

最后再来看藏书。朝鲜各地多有书院，每个书院都有享祀之主，故其藏书也富有特色。以《庆州府校院书册目录》为例，其著录次序除儒家经典外，以被享祀者著作居首。如鹤岗书院祀李齐贤，故在《礼记》之后便继之以其《益斋集》《栎翁稗说》；东江书院祀孙仲暾，《周礼》后继之以其《愚斋集》；仁山书院祀宋时烈，即以其《尤庵集》居首。然而到了朝鲜时代后期，党争频生，书院风气受到很大影响。仁祖二十二年（1644）林墰上启，指责众多书院由“尊贤尚德之义转成私党”[4]。英祖时已呈现“党议纷争，多起于书院”[5]的状况。书

---

〔1〕《海东辞赋》卷首“解题”，韩国太学社，1991年版。

〔2〕洪万宗《小华诗评》卷下载：“朱太史之藩（蕃）尝称：端甫（许筠字）虽在中朝，亦居八九人中。”赵锺业编《韩国诗话丛编》，第3册，太学社，1996年版，页525。

〔3〕《增补文献备考·艺文考》，《朝鲜时代书目丛刊》第6册，页2879。

〔4〕《仁祖实录》卷四十五，《朝鲜王朝实录》第35册，页191。

〔5〕《英祖实录》卷一百二十七，《朝鲜王朝实录》第44册，页543。

院的藏书和刻书也就染上党争色彩，属于同一派别的个人文集的增多就是一个象征[1]。此类书籍藏量的增多，也就象征着某一党派势力的壮大以及声音的宏亮，反之，则是势力的萎缩和声音的细弱。

以上描述东亚书籍史上的现象，多涉及书籍本身的内容、外观和藏弃，虽未必都与书籍交流有关，但都反映了政治与书籍史的或轻或重、或远或近的关系，体现了东亚书籍史的特征。在研究汉籍交流的时候，超越了文献学的方法，引入书籍史的视角，理应对政治因素的强大而又复杂的影响予以充分重视。如果把统治者尤其是强势的专制君王的思想比作一个社会的主动脉，那么，透过由上而下、由近及远的层层渗透，就如同毛细血管网，最终抵达个人。在传统社会中，“良民”对于政治的反应大多是顺从的，但也有少数特出之士，以“弱者的武器”(weapons of the weak)作出谨慎的或激烈的反抗。如果他们的反抗体现了某种同理心，那么，就会赢得越来越多的同情、理解、响应和支持，并最终使社会得到改善或导致革命。而从书籍史的角度研究这个问题，就需要从流通领域进入到阅读。

---

〔1〕 参见李春熙《朝鲜朝教育文库的相关研究》第四章“书院叠设置弊端与后期之书院文库”，韩国景仁文化社，1989年版，页34—48。

后　记

在大学工作，总要承担各类教学任务，包括指导本科生、硕士生和博士生。葛兆光教授说"给大学生常识，给硕士生方法，给博士生视野"，我对这一基本原则是相当认同的。若以禅宗"出语尽双""来去相因"法为之下一转语，我相信这个表述乃"就其异者而观之"，实则难以截然分割。试以方法而言，它不仅是一个研究对象和研究目的的"对应物"，而且和学术范式的转移、学术传统的重建密切相关，所以"给硕士生方法"，无疑会拓展其新视野，也无疑会由新视野带来若干新常识。正是出于对此种理念的认同，当兆光教授约写这本书的时候，我也就欣然接受了。

对于多数研究生来说，"域外汉籍"恐怕还是一个较为陌生的名词，尽管自新世纪以来，这门学问的研究已呈方兴未艾之势，也引起了越来越多的年轻学子的兴趣。在本书中，我介绍了一些属于"常识"的内容，希望有助于读者对这门学问有更多的了解；也介绍了一些自觉适用的"方法"，却并不认为堪当金科玉律。至于眼光所及，只要进入该学问领域，就必然会拥有超越国别、民族、地域的"视野"。梁启超在百年前曾有"中国之中国""亚洲之中国"和"世界之中国"的说法，域外汉籍研究，追求的就是"世界之中国"或"亚洲之中国"，是把东亚文明的主要载体——"汉籍"放在汉文化圈的范围内来认识，也期待对汉文化和其他文化之关系及异同作出更好的解释。

毫无疑问，保存在世界各地的汉籍是异常丰富的文化资源。如何珍视这份文化资源，理解并阐释其意义，从中提炼出特有的理论和方法，实有待于“好学深思，心知其意”的后起诸君。此刻，本书校样已经看完，后记也写到了末尾，看着即将与读者见面的书稿，我仿佛置身于山崖之上，面对重峦迭嶂，鼓足全力发出了一声单薄的喊叫，然后，伫足等待天地间雄浑持久的大山的回声。

二〇一二年九月三日域外汉籍研究所由鼓楼迁往仙林之首日

新版后记

此书初版于十一年前，市面上早已售罄，屡见盗版。套用一句《物不迁论》中“犹昔人，非昔人也”的句式，就是“犹我书，非我书也”。凤凰出版社或有鉴于此，希望重印，兹略加增订，交付出版。

增订的含义是增补并修订。本书的修订部分相当有限，只是删改了少量误字和不太妥帖的表述；增补部分集中在十二篇附录，可以见出在该领域中我的一些新思考。其中以讲话稿居多，因为讲于不同场合，难免有些重复，若加削减，又往往不成体段，也就一仍其旧了。另外有较多增补的是国内外的相关网站，这一部分得到了左江、张宇超、叶杨曦三弟的帮助，尤其以杨曦出力最多。其他提供建议和意见的，还有刘玉珺、童岭等人，我也曾酌采若干。钱大昕年逾七十时自我描述为“目眊耳聋，记一忘十”，我虽未及七十，“而视茫茫，而发苍苍”。收到校样时，恰好在讲授博士生课程“域外汉籍研究”（以此书为教材），也有硕士生来旁听，所以就请予协助，她们是：汤晓雯、毛馨棣、金智慧（韩籍）、朱妍榕、朱玉婷、董悦尔，统此一并致谢！

三十年前开始在国内倡导“域外汉籍”研究，在主编的《中国诗学》第三辑设置了专栏，并写了一篇《域外汉诗学研究的历史、现状及展望》，时在1993年6月。如今人们对这一名词已耳熟能详，但能够引起人们关注兴趣的“最大公约点”似乎还是文献。我只能说，将域外汉籍的意义停留在或局限在“文献”一端，是相当短视而肤浅的，但愿后来者能够对此有所超越，将关注重心从新材料向新问题、新方法转移并付诸实际探索。这虽然不是“为长者折枝”般的轻松，但终究也不是“挟太山以超北海”般的困难，“是不为也，非不能也”。有志者，事竟成。

二〇二三年六月十九日